Raphael Breidenbach

Freizeitwirtschaft und Tourismus

Raphael Breidenbach

# Freizeitwirtschaft
# und Tourismus

GABLER

Die Deutsche Bibliothek – CIP-Einheitsaufnahme
Ein Titeldatensatz für diese Publikation ist bei
Der Deutschen Bibliothek erhältlich

**Professor Dr. Raphael Breidenbach** lehrt an der Fachhochschule Koblenz Umweltwirtschaft,
Umweltmanagement, Freizeitwirtschaft und Tourismus sowie Human Resource Management.
Außerdem berät er Unternehmen in den Bereichen Personal-/Organisationsentwicklung und
betrieblicher Umweltschutz.

1. Auflage September 2002

Alle Rechte vorbehalten
© Betriebswirtschaftlicher Verlag Dr. Th. Gabler GmbH, Wiesbaden 2002

Lektorat: Ralf Wettlaufer / Irene Buttkus

Der Gabler Verlag ist ein Unternehmen der Fachverlagsgruppe BertelsmannSpringer.
www.gabler.de

Umschlaggestaltung: Ulrike Weigel, www.CorporateDesignGroup.de
Druck und buchbinderische Verarbeitung: Hubert & Co., Göttingen
Gedruckt auf säurefreiem und chlorfrei gebleichtem Papier
Printed in Germany

ISBN 3-409-11970-1

# Geleitwort

*„Professionalität und überzeugende Angebotsqualität – Erfolgsfaktoren für den Tourismus"*

Als Präsident einer Landesbehörde, deren Aufgabe es ist, durch ihr Verwaltungshandeln für eine prosperierende und nachhaltige Entwicklung des nördlichen Rheinland-Pfalz Sorge zu tragen, begrüße ich die Publikation „Freizeitwirtschaft und Tourismus" außerordentlich. Ich freue mich sehr, dass sich mit Herrn Dr. Raphael Breidenbach, verantwortlich für das Lehrgebiet Freizeitwirtschaft und Gesundheitstourismus, ein Professor des Rhein-Ahr-Campus in Remagen der Aufgabe unterzogen hat, ein Lehrbuch über eine der wichtigsten Wachstumsbranchen, den Tourismus, zu verfassen.

Das nördliche Rheinland-Pfalz, geprägt durch das rheinische Schiefergebirge und die Flusslandschaften an Rhein, Mosel, Nahe, Lahn, Ahr und Sieg, ist von der Natur reich gesegnet mit gesundem Wasser, guter Luft und einem angenehmen Klima. Dazu kommen die Besonderheiten einer über Jahrhunderte entwickelten, abwechslungsreichen Kulturlandschaft mit Weinbergen, Wäldern und Feldern. Heilquellen und Bäder ergänzen den Reichtum. Das Mittelrheintal, mittlerweile als Weltkulturerbe anerkannt, mit seiner weltweit größten Dichte an Burgen und Schlössern, der Nürburgring und demnächst der in Andernach springende größte Kaltwassergeysir sind weltweit einmalige Anziehungspunkte, um diese Region zu besuchen, sich dort zu erholen und eine erfüllende Freizeit zu verbringen.

Aber um im Wettbewerb mit anderen Regionen bestehen zu können, und das gilt für jede Region, brauchen wir noch mehr Professionalität in der Tourismusbranche und der Gastronomie. Dazu muss eine Einstellung gegenüber dem Gast zur Regel werden, die ihn durch Freundlichkeit, Zuvorkommenheit und Qualität so überzeugt, dass er wiederkommt und andere dafür begeistert, ebenfalls die Region zu besuchen.

Dies in der Lehre zu vermitteln, angereichert mit vielen anschaulichen Beispielen, auch aus dem nördlichen Rheinland-Pfalz, ist die Absicht des Autors. Ich wünsche daher dem Buch eine weite Verbreitung, eine gelehrige Leserschaft und allen, die in der Tourismusbranche und der Gastronomie arbeiten, den notwendigen Erfolg.

Hans-Dieter Gassen
Präsident der Struktur- und Genehmigungsdirektion Nord, Koblenz

# Geleitwort

*„Wir müssen wieder dienen lernen ..."*

Die Freizeitwirtschaft und die Tourismusbranche gelten als *die* Zukunftsindustrien des 21. Jahrhunderts. Nach einer Schätzung der Welt-Tourismus-Organisation (WTO) wird die Zahl der Touristen bis zum Jahr 2010 weltweit auf über 900 Millionen anwachsen. Schon heute steuert der Tourismus rund zehn Prozent zum Bruttosozialprodukt der Weltwirtschaft bei. Die Reisebranche hat sich damit zum größten Wirtschaftszweig der Welt entwickelt. Bis zum Jahr 2010 werden rund 150 Millionen Menschen im Tourismus beschäftigt sein – jeder neunte Arbeitsplatz hängt vom Tourismus ab.

Als gesellschaftlicher und ökonomischer Faktor ist der Tourismus damit heute unbestritten. Seine insgesamt stabilisierende Wirkung auf Gesellschaft und Wirtschaft ist allgemein bekannt. Weniger bekannt, oder besser weniger sichtbar, sind dagegen die Schattenseiten touristischer Expansion: Gravierende ökologische Schäden, kulturelle Spannungen und Verschiebungen im Sozialgefüge sind vielfach die Begleiterscheinungen. Eine zügellose bzw. planlose, der gastgebenden Region nicht angepasste Tourismusentwicklung könnte auf längere Sicht eher krisenhafte Auswirkungen zeigen. Sustainable Tourism Development, nachhaltige Tourismusentwicklung, ist daher das Gebot der Stunde für die Entscheider in der Tourismuswirtschaft.

Mit der enormen Entwicklung der freizeittouristischen Branche hat sich auch der Wettbewerbsdruck spürbar erhöht. In allen touristischen Teilbereichen sind weltweit bereits erhebliche Überkapazitäten entstanden. Trotz des Anstiegs der Nachfrage erhöhen sich damit Wettbewerb und Kostendruck. Zudem sind die Kunden erfahrener und auch realistischer, in ihren Ansprüchen aber ambitionierter geworden. Via Internet werden in Sekundenschnelle Ferien- und Freizeitangebote miteinander verglichen und Kaufentscheidungen getroffen. Auch soll der Urlaub möglichst perfekt und stimmig sein. Qualität und nicht Quantität wird zunehmend nachgefragt. Individuelle Angebote und Betreuung, ein hoher Standard an Service und Leistung sind Anforderungen, denen ein markt- und kundenorientiertes Management nachzukommen hat.

Angesichts der Dynamik der Marktentwicklungen wird sich in Zukunft in der Dienstleistungsbranche Tourismus nur der behaupten, der die Bedürfnisse und Wünsche seiner Kunden kennt und sie mit seinen Dienstleistungen begeistert. An diesem Grundsatz ist das vorliegende Buch orientiert. Es bietet den Verantwortlichen und Praktikern der Branche vielfältige Hinweise und Anregungen, um ein kunden- und marktorientiertes Tourismusmanagement auf den Weg zu bringen. Es bleibt zu wünschen, dass die praxisnahen und konkreten Hilfestellungen im alltäglichen Betriebsablauf breite Anwendung finden.

W. Schumacher
Human Resource Direktor, Düsseldorf
(Hon.) Sen. Lecturer, University of Birmingham, UK.

# Vorwort

Unbestreitbar zählen die Freizeitwirtschaft und der Tourismus zu den wichtigsten Wachstumsbranchen. Sie haben maßgeblichen Anteil an der zunehmenden Bedeutung des Dienstleistungssektors in Europa. Auch für den Einzelnen hat Freizeit einen ausgesprochen hohen Stellenwert. Freisein und Unterwegssein, der Drang, endlich das tun zu dürfen, was einem wirklich Freude macht, dem Stress des Alltagslebens zu entkommen, sind dann die Erwartungen, die mit dem Begriff Freizeit verbunden werden. Vor allem der Urlaub, vielfach als Krone der Freizeit, als schönste Zeit im Jahr bezeichnet, rückt hier in den Blickpunkt. Bleibt jedoch die Frage, ob die Freizeit- und Tourismuswirtschaft diese Erwartungen, die zudem noch sehr individuelle Ausprägungsgrade erfahren, wirklich erfüllen kann.

Dieses Buch greift aktuelle Entwicklungen und Herausforderungen auf, denen sich die Unternehmen der Freizeit- und Tourismuswirtschaft in einem wettbewerbsintensiven Markt stellen müssen. Im Zentrum stehen dabei die spezifischen Interessen und Erwartungen der Kunden, auf die anbieterseitig mit einem qualitativ hochwertigen, passgenauen Angebot reagiert werden muss. Touristische Unternehmen müssen ihr Handeln verstärkt nach aktuellen Markterfordernissen ausrichten und neben pragmatischen verstärkt strategische Konzeptionen im Sinne einer kundenorientierten Unternehmensführung entwickeln. Dieses Buch will in diesem Sinne Hilfestellungen bieten.

Das erste Kapitel behandelt zunächst freizeitwissenschaftliche Fragestellungen und analysiert moderne Freizeitinteressen, lebenslagenbezogene Bedürfnisstrukturen und Freizeitstile sowie aktuelle Freizeittrends. Als industrielles Produkt kommt der Freizeit hohe ökonomische Bedeutung zu. Inzwischen hat sich eine leistungsfähige, international ausgerichtete Freizeit- und Tourismusindustrie mit einer Vielzahl an Gütern und Dienstleistungen herausgebildet. Das System des Tourismus wird aus betriebswirtschaftlichem Blickwinkel aufbereitet und hinsichtlich seiner Angebots- und Nachfragestrukturen analysiert. Aktuelle Reisetrends werden beschrieben, wobei auf die Entwicklungen des Event-, Gesundheits- und Sporttourismus sowie der Kultur- und Städtereisen besonders eingegangen wird.

Als wichtige Rahmenbedingungen für die weitere Entwicklung der Freizeitwirtschaft und des Tourismus gelten der soziostrukturelle und der demographische Wandel, die allgemeine ökonomische Entwicklung und die globale Umweltsituation, denen sich Kapitel II zuwendet. Genauso wie die übrige Weltwirtschaft prägen Internationalisierung und Wettbewerbsdynamik die Tourismuswirtschaft. Auf der Angebotsseite unterliegen alle Stufen der touristischen Wertschöpfungskette einem zunehmenden Konkurrenzdruck. Größenwachstum, Konzentrations-

und Standardisierungstendenzen oder Allianzen sind durchgängige Symptome. Informations- und Kommunikationstechnologien nehmen bei diesen Entwicklungen eine Schlüsselfunktion ein. Angesichts der wachsenden Verbreitung und Bedeutung elektronischer Marktplätze ist ein touristisches Leistungsangebot, das nicht auf dem globalen elektronischen Markt verfügbar ist, in Zukunft wenig chancenreich.

Leider ist die ökonomische Entwicklung freizeittouristischer Aktivitäten nicht immer eine Erfolgsstory. Kapitel III befasst sich daher neben freizeittouristischen Nutzeneffekten mit Tourismuskritik. Komplexe Probleme im sozial-gesellschaftlichen und ökologischen Bereich sind oft Begleiter freizeittouristischer Expansion. Ökonomische Probleme können sich aus der Abhängigkeit regionaler Entwicklung vom Tourismus ergeben. Diese Probleme haben in jüngster Zeit den unterschiedlichsten Ansätzen einer nachhaltigen freizeittouristischen Entwicklung zu Popularität verholfen. Ihr gemeinsames Ziel ist die Entwicklung eines ökonomisch erfolgreichen, sozial- und umweltverträglichen Angebots. Kapitel III stellt Gründzüge nationaler und internationaler Freizeit- und Tourismuspolitik und wichtige tourismuspolitische Akteure vor und geht auf Reaktionen der Anbieter auf die Forderung nach einer nachhaltigen Tourismusentwicklung ein.

Kapitel IV wendet sich den konkreten Handlungsfeldern eines markt- und kundenorientierten Freizeit- und Tourismusmanagements zu. Dabei wird auf dessen Besonderheiten eingegangen und auf die konkreten Anforderungen freizeittouristischer Praxis abgestellt. Mehr als in anderen Wirtschaftsbereichen ist das Tourismus-Marketing durch nicht-ökonomische Aspekte geprägt. Auch stoßen die traditionellen einzelbetrieblichen Initiativen mehr und mehr an ihre Grenzen. Das Marketing-Management ganzer Regionen, die überbetriebliche Angebotsbündelung, die gemeinsame strategische Grundausrichtung werden hier zu relevanten Erfolgsfaktoren. Schließlich verlangt der besondere Charakter der touristischen Leistungen bzw. Leistungserstellung, insbesondere der vorwiegende Dienstleistungscharakter, nach Flexibilität und Kundenorientierung, nach einer Management-Perspektive, bei der Prozessorientierung, Qualitätssicherung und Konvergenz touristischer Leistungsbündel einen zentralen Stellenwert einnehmen. Das vierte Kapitel behandelt die strategisch-konzeptionellen Aufgaben des touristischen Marketing-Managements. Ausgehend von einer betrieblichen Positionsbestimmung werden die Schritte der strategischen Planung im touristischen Unternehmen, von der Entwicklung eines marktfähigen Leitbilds bis hin zur Festlegung einer geeigneten Marketingstrategie, dargestellt und auch handlungspraktische Aspekte wie z.B. Maßnahmen der Qualitätssicherung mit einbezogen.

Prof. Dr. Raphael Breidenbach
Fachhochschule Koblenz

# Inhaltsverzeichnis

# Kapitel I:  Freizeit und Tourismus – komplexe Phänomene moderner Gesellschaften

## 1.  Freizeit – eine Begriffsbestimmung

Das Wort Freizeit erzeugt eine Fülle von Vorstellungen und Wünschen, die oft mehr von traumhaft schönen Sehnsüchten verraten, als dass sie auf die (oft triste) Realität des Alltags verweisen. Eine wichtige Rolle für das Verständnis von Freizeitvorstellungen sind dabei die Emotionen, die mit Freizeit verbunden werden. Vor allem zwei sich scheinbar diametral gegenüberstehende Wünsche scheinen in der breiteren Öffentlichkeit vorzuherrschen:

- Freisein und Ungebundenheit,
  der Drang, endlich das tun zu dürfen, was einem wirklich Freude macht. Aktivität, Erlebnishunger, Tatendurst dürften das Freizeitverhalten prägen.
- Ruhe, Erholung und Abschalten,
  dem Stress des Alltagslebens entkommen, sich der Passivität hingeben. Dementsprechend ist der Unternehmensgeist eher gering.

Das, was beide Wunschdimensionen verbindet, ist der Aspekt der Erholung. In beiden Fällen sucht das Individuum Distanz zum Arbeitsalltag und möchte sich regenerieren, einmal abschalten.[1]

In den modernen Freizeiträumen ist Freizeit die Zeit, die keinen Verpflichtungen oder Zwängen unterliegt. Freizeit wird hier als Pendant zu den Zeiten verstanden, die durch Beruf oder Haushalt ausgefüllt sind. Vor allem der Urlaub, oft als Krone der Freizeit, als die schönste Zeit im Jahr angesehen, kommt hier ins Blickfeld. „Weg von Zuhause", „weg vom Alltagstrott" scheint dann das Freizeitideal zu sein. Auch der Wunsch nach sozialen Kontakten spielt in den meisten Freizeitvorstellungen eine Rolle. Überhaupt strotzen die Beschäftigungen, die mit Freizeit assoziiert werden, vielfach vor Aktivität. Passivität ist verpönt, sportliche Betätigung, Kreativität und Spontaneität dagegen sind in. Nichtstun, Fernsehen, Faulenzen haben im Freizeitideal scheinbar kaum Platz.[2] Allerdings gibt es in der Bevölkerung auch ein steigendes Bedürfnis nach Gesundheit und Wohlbefinden. Freizeitangebote, die um die Modethemen Wellness, Fitness und Beauty kreisen, schießen wie Pilze aus dem Boden. Sport in Maßen, Ruhe, Entspannung, gut zu sich sein in exklusiver Umgebung gewinnen gegenwärtig bei den Freizeit- und Urlaubsbeschäftigungen an Bedeutung.

Für den kritischen Betrachter stellt sich die Frage, ob die tatsächliche Ausgestaltung der freien Zeit diesen Freizeitidealen wirklich entspricht. Der Blick hinter

---

[1]  Vgl. Opaschowski, 1997, S. 18; vgl. Broadhurst, 2001, S. 2-22.
[2]  Vgl. Opaschowski, 1997, S. 18-19.

die Kulissen der Freizeitideale macht vor allem eines schnell deutlich: Freizeitideale haben Klischee- und Illusionscharakter. Die Fassade, sorgsam gepflegt auf
den Hochglanzbroschüren der Reiseveranstalter, ist glänzend, oft aber kalt und
irgendwie verpflichtend zum Mittun, vorausgesetzt, man verfügt über das nötige
Kleingeld. Die konkreten Freizeitaktivitäten zeigen: Freizeit ist nicht gleich
Freisein. Wenn auch mit dem Verlassen des Arbeitsplatzes die arbeitsfreie Zeit
beginnt, so enden damit keineswegs Verpflichtungen, Abhängigkeiten oder
Zwänge. Arbeiten wie Einkaufen, Haushalt, Gartenpflege usw. warten dann auf
ihre Erledigung. Diese arbeitsähnlichen Alltagsverrichtungen sorgen dafür, dass
auch in der arbeitsfreien Zeit Verpflichtungen bestehen. Allerdings weisen diese
Tätigkeiten einen Unterschied zur Berufsarbeit auf: Sie sind selbstbestimmter und
lassen den Akteuren mehr Spielraum im Hinblick auf den Zeitpunkt oder die Art
der Erledigung. Bei denjenigen, die Familie haben, sind die Ausgestaltung, aber
auch das Gelingen oder Misslingen von Freizeitaktivitäten maßgeblich mit der
jeweiligen familiären Situation verbunden. Auch bleiben in der Freizeit ökonomische Zwänge bestehen. Für eine Vielzahl der neuen Freizeitaktivitäten, seien
es nun aktivitäts- oder eher erholungsbetonte Angebote, müssen erhebliche
Geldmittel aufgebracht werden. Für den Wunschurlaub, für das teure Hobby, für
das Freizeitvergnügen muss daher nicht selten Mehrarbeit im Berufsalltag
geleistet werden, was die persönliche Dispositionszeit weiter einschränkt.

Einfluss auf die Freizeit bzw. Freizeitgestaltung haben übrigens auch berufsbe-
dingte Zwänge: Überstunden wegen hohen Arbeitsanfalls oder lange Anfahrts-
wege zur Arbeit schränken die Menge an potenziell freier Zeit erheblich ein. Bei
all den Belastungen und Anspannungen der Berufsarbeit steht oft das Bedürfnis
nach Ruhe, nach Ausspannen im Vordergrund der Feierabendgestaltung bzw. der
Wochenenden. Freizeitwünsche bleiben da oftmals nur Wünsche.[3]
Überdies muss die weit verbreitete Vorstellung von Spontaneität in der Freizeitgestaltung relativiert werden: So scheint auch die konkrete Freizeitgestaltung an
festen Regeln und Ritualen orientiert. Viele kennen z.B. einen festen Termin für
die Ausübung ihres Hobbys, für Verein oder Besuch. Auch konzentrieren sich die
meisten Freizeitaktivitäten auf das Wochenende. Für jeden dritten Bundesbürger
ist der Samstag der Hauptausgehtag.[4]

Was für die einen Wunsch ist, stellt für andere ein ernsthaftes Problem dar: freie
Zeit. In der Arbeitswelt ist das Individuum fest eingebunden in Strukturen, Zeit-
abläufe, Rhythmen. Dies schafft Verhaltenssicherheit. In der Freizeit ist das Indi-

---

[3]   A.a.O., S. 24.
[4]   Derselbe, 2001, S. 43.

viduum jedoch auf sich selbst verwiesen. Es sieht sich vor die Aufgabe gestellt, etwas Sinnvolles mit seiner Zeit und damit auch mit sich selbst anzufangen. Für nicht wenige liegt hier genau das Problem. Dies gilt insbesondere für Arbeitslose und alleinstehende Personen. Auch für die, die aus dem Berufsleben ausscheiden, stellen sich Herausforderungen. Sie verfügen über zeitliche Freiräume, die gefüllt werden wollen. Die neue Lebenssituation schafft deutlich veränderte Freizeitbedingungen, an die es sich anzupassen gilt. Dies bereitet vor allem denen Probleme, die zuvor von ihrer Berufsarbeit vollständig ausgefüllt waren.

Sinnvolle und zufrieden stellende Freizeitbeschäftigung ist übrigens keineswegs voraussetzungslos. Neben Angebotsmöglichkeiten bzw. notwendiger Infrastruktur muss das Individuum zumindest über Freizeitinteressen verfügen und ggf. auch geeignete Kommunikationspartner finden. Für Menschen, die unter Kontaktarmut leiden, ergibt sich hier bereits ein ernsthaftes Problem. Bei manchen stellen sich Verhaltensunsicherheiten, Langeweile, aber auch Frustration ein. Andere sehen das Ende des Wochenendes herbei und freuen sich auf den Arbeitsbeginn am Montag. Manch einer rettet sich durch die Teilnahme am Freizeitmarkt. Die Angebote der Freizeitindustrie erscheinen dann als ein wichtiges Vehikel zur Problemlösung.

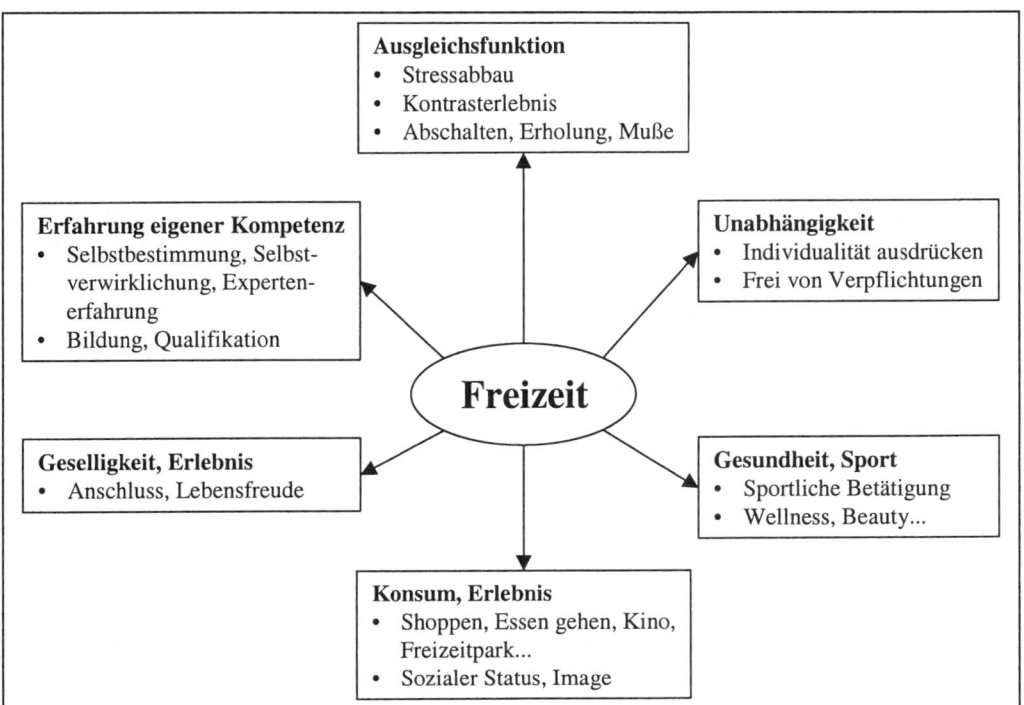

**Abbildung 1:**   Individueller Bedeutungsgehalt von Freizeit

Für ein tragfähiges Verständnis des Phänomens Freizeit ist es somit notwendig, Freizeit und Freizeiterleben sowohl in ihrer positiven als auch ggf. in ihrer das Individuum belastenden Dimension zu begreifen. Überhaupt: Freizeit ist ein Rahmenbegriff, der zunächst hinsichtlich seines Inhalts wenig besagt. Einige verstehen unter Freizeit vorwiegend private Mußezeit. Andere sehen hingegen die Chance, aktiv zu sein, Tätigkeiten nachzugehen, die nicht die Züge von Notwendigkeit, Zwang oder Verpflichtung tragen. Freizeit ist letztlich das, was der Einzelne, seine soziale Gruppe, die gesellschaftliche Öffentlichkeit als eben solche empfinden. Demzufolge gibt es auch nicht **das** Freizeitverhalten. Jedes Individuum, jede soziale Gruppe kann ihr eigenes Freizeitprofil entwickeln. Freizeitverhalten ist letztlich Ausdruck individueller Entscheidungsprozesse, die wiederum nur innerhalb eines Kontexts aus Möglichkeiten und Rahmenbedingungen wirklich verstehbar sind.[5]

## 1.1 Historische Dimension

Unbestritten ist die historische Dimension von Freizeit. Im antiken Griechenland kam der „Muße" (Freizeit als Zeit der Muße) eine besondere Bedeutung zu. So teilte *Aristoteles* das menschliche Leben in verschiedene Abschnitte ein: Tätigkeit und Muße sowie Krieg und Frieden. *Aristoteles* verbindet dabei Muße mit Frieden: Kriege, so *Aristoteles*, werden geführt, um Frieden zu erlangen. Frieden wiederum ist Voraussetzung für Muße. Neben der Tat und dem Kriegführen muss der Bürger in der Lage sein, ein Leben des Friedens und der Muße zu führen.
Falsch verwendete freie Zeit ist für *Aristoteles* jedoch keine Muße. Muße (Scholé) bedeutet dabei „Einhalten", folglich Ruhe und Frieden haben. Später wurde der Bedeutungsgehalt erweitert um den Aspekt „Zeit übrig haben". Das Wesen der Muße umschreibt *Aristoteles* als die Freiheit, nicht arbeiten zu müssen. Dennoch ist Muße Tätigkeit, auch wenn es ein nicht erkennbares Handeln ist: Denkende sind nicht-sichtbar Tätige. Muße ist demnach ein Zustand, in dem zwar eine Tätigkeit ausgeführt wird. Dies allerdings um ihrer selbst willen, als Selbstzweck (z.B. zur Selbstentfaltung). Erholung von der Arbeit ist, da nicht absichtsfrei (Erholung, um wieder zu arbeiten), keine Muße. Eine Tätigkeit, die den Namen der Muße verdient, ist für *Aristoteles* die Kontemplation.

In der alltäglichen Lebenspraxis dürfte das Recht auf Muße jedoch der herrschenden Klasse der Wohlhabenden vorbehalten gewesen sein. Der philosophische Anspruch findet hier seine Erdung in ökonomischen und soziokulturellen Rahmenbedingungen. Der Mehrheit der Bevölkerung wird die freie Verfügbarkeit von Lebenszeit über längere Zeiträume eher unbekannt gewesen sein. Ihre Zeit dürfte

---

[5]  Derselbe, 1997, S. 16-18.

nahezu aufgegangen sein in der Mühsal um die Befriedigung der materiellen Elementarbedürfnisse. Der Unfreiheit während der Arbeitszeit folgte die weitgehende inhaltliche Festlegung der wenigen arbeitsfreien Zeit mit Kult, Spiel, Fest und Feier.

Das Ideal der Muße gelangte hauptsächlich durch die Werke von *Plato, Aristoteles* und *Epikur* nach Rom. Die meisten römischen Schriftsteller erörterten die Frage der Muße in der dialektischen Sicht von „otium" (Muße) und „negotium" (Arbeitsanstrengung). Der Mensch arbeitet, dann ruht er aus und kommt wieder zu Kräften. Otium ist nach diesem Verständnis nicht mehr Selbstzweck, sondern dient dem negotium.

In der Mitte des 4. Jahrhunderts zählte man in der römischen Republik 175 Ruhetage pro Jahr. In Rom eröffneten sich im Circus Maximus erste Möglichkeiten für eine Freizeitgestaltung der Massen. „Panem et circenses" wird zu einer Devise der freien Bürger. [6]

Im Mittelalter ist die Kontemplation weiterhin bedeutsam. Der Mensch, der sich in die Kontemplation vertieft, versucht Gott zu schauen. Kontemplation wird zu einer Suche nach religiösen Wahrheiten, sie bleibt damit das höchste Gut des Menschen. Arbeit wird hingegen als eine Form der Buße aufgefasst. Religiöse Aktivitäten übertreffen die säkularen, aber zuoberst steht die Kontemplation. Sie wird als in sich selbst beglückend empfunden.

Es war dabei vor allem der Herrschaftsanspruch der Kirche, der im Mittelalter das Verhältnis von Arbeit, Muße und Zeitverwendung prägte. „Ora et labora" hieß die klerikale Parole, die im 13. Jahrhundert in der hohen Zahl von 90 bis 115 Feiertagen – neben den 52 Sonntagen – zum Ausdruck kam.

Um 1350 tauchte der Begriff „frey zeyt", Marktfriedenzeit auf. Während der Marktzeiten wurden die zum Markt Reisenden vor Störungen und Angriffen geschützt. Verstöße gegen den Marktfrieden wurden dabei doppelt geahndet. „Frey zeyt" bedeutet damit Frieden auf Zeit. Neben dem Friedenselement klingt damit bereits der neue Freiheitsbegriff an, der später mit dem Begriff Freizeit als Zeit der Freiheit verbunden werden sollte.[7]

Folgt man *I. Fetscher*, so implizierte der Begriff Arbeit für die Menschen die Vorstellung von schwerer Mühe und Unglück. Nur der Unfreie musste arbeiten. Mit Beginn des 15. Jahrhunderts ergibt sich jedoch eine allmähliche Änderung der Wertschätzung der Arbeit im Zusammenhang mit dem Aufstieg des Stadtbürgertums und des Zunftwesens. Mehr und mehr wird die soziale Rangfolge nach dem Quantum geleisteter Arbeit bestimmt. Die Verteilung des Eigentums ist nicht mehr Folge einer gottgewollten Rangordnung. Nunmehr erfolgt die Ableitung des

---

[6]  A.a.O., S. 25.
[7]  Vgl. Müller, 1999, S.9.

Eigentums aus den Ergebnissen der individuellen Arbeit. Arbeit und Fleiß werden als einziger Weg zum Glück empfunden. [8]

*Thomas A. Kempis* (1410, *Imitatio Christi*): „Was suchst Du nach Ruhe, da Du zur Arbeit geboren bist? Ohne Arbeit gelangst Du nicht zur Ruhe, ohne Kampf nicht zum Sieg". Oder *Sebastian Brant* (1494, *Narrenschiff*): „Die müßig Gehenden straft der Herr – und gibt der Arbeit Lohn und Ehr". Charakteristisch für solche Äußerungen über die Arbeit ist dabei die Verinnerlichung des Zwangs. Arbeit bedarf nicht mehr eines äußeren Herrn, sondern wird zur Ehre Gottes und in Befolgung des göttlichen Gebots geleistet.
Diese Auffassung verfestigt sich mit der aufkommenden Reformation. Die vom Calvinismus geförderte protestantische Berufsethik mit ihren Grundprinzipien Arbeitswille, Leistung, Ordnungssinn, Fleiß und Disziplin rückte die Arbeit endgültig ins eigentliche Lebenszentrum. Demgegenüber wird die Muße als Trägheit verstanden. *Luther*: „Der Mensch ist zur Arbeit geboren, wie der Vogel zum Fliegen."

Als Kennworte des 18. Jahrhunderts können Ökonomie und Industrie angesehen werden. Arbeitszeiten von bis zu 18 Stunden waren keine Seltenheit. Freizeit oder gar Muße stellten allenfalls für die Oberschicht bekannte Größen dar. Muße, Luxus und ökonomisch nutzloses Geldausgeben galten in diesem Kreisen als Indiz eines privilegierten Sozialstatus. Ironischerweise hielt die Oberschicht es aber für ein dringendes Bedürfnis, neben der Selbsterhaltung des ökonomischen Systems zugleich den Eindruck allgemeiner Arbeitsamkeit und Arbeitspflicht zu erwecken. [9]

Die schrittweise Überwindung der Knappheit an Gütern ließ für immer mehr und mehr Menschen eine Zeit der Nicht-Arbeit entstehen. 1839 trat das Fabrikregulativ in Preußen in Kraft, das die tägliche Arbeitzeit für Kinder und Frauen auf maximal zehn Stunden festsetzte. Für die übrigen Erwerbstätigen blieb damit die Arbeitszeit bis zur physischen Grenze ausgedehnt.
Unter dem Druck der gewerkschaftlichen Organisierung, aber auch aufgrund der wirtschaftlichen Ineffizienz von übermüdeten Arbeitskräften sowie wegen des von Seiten des Militärs beklagten schlechten Gesundheitszustands der Rekruten, begannen die Arbeitszeiten in der zweiten Hälfte des 19. Jahrhunderts zu sinken. In Deutschland halbierte sich die Arbeitszeit zwischen 1860 und 1930 von rund 90 auf 45 Wochenstunden. Der damit einhergehende Zuwachs an erwerbsfreier Zeit ermöglichte Bildung, erholungsorientierte Beschäftigung, aber auch die politische Betätigung. Nach dem ersten Weltkrieg nahm dabei der Anteil der politischen Beschäftigung zugunsten der erholungsorientierten Freizeitbeschäfti-

---

[8]  Vgl. Fetscher, S. 7, 1970.
[9]  A.a.O. S. 9.

gungen, verbunden mit mehr Konsum, ab. 1918/19 kann es dann zur Einführung des Acht-Stunden-Tages.

Neben der weitgehenden Sicherung der materiellen Grundversorgung hat auch die gestiegene Lebenserwartung, Ergebnis einer zunehmend besser werdenden Gesundheitsversorgung sowie verbesserter Arbeitsbedingungen mit kürzeren Arbeitszeiten Anteil daran, dass sich Freizeit in unserem Jahrhundert zu einer eigenständigen Größe entwickeln konnte. Aufgrund der Verdoppelung der Lebenserwartung seit 1850 bildete sich der von der Erwerbsarbeit befreite Lebensabend heraus.[10]

Nach dem zweiten Weltkrieg war das Leben vorwiegend durch Arbeiten, Aufbauen, Existenzsicherung gekennzeichnet. Freizeit war im Wesentlichen Erholungszeit. Der Alltag war bestimmt vom Rhythmus der Sechs-Tage- bzw. 48-Stunden-Woche. Einmal im Jahr gab es 15 Tage Erholungsurlaub, der meist zuhause oder mit Besuchen bei Verwandten verbracht wurde.

Im Jahr 1970 bildete die Fünf-Tage- bzw. 42-Stunden-Woche mit 238 Arbeitstagen und 127 freien Tagen die Rahmenbedingung. Hinzu kam ein oft nicht unerheblicher Zeitaufwand für die Wege zur und von der Arbeit. Arbeit und Geldverdienen erschienen breiten Bevölkerungskreisen wichtiger als Freizeit. Die zwei freien Tage am Wochenende bekamen einen eigenen Erlebniswert für Geselligkeit und außerhäusliche Unternehmungen.

Um 1990 überholt die Freizeit erstmals die Arbeitszeit. Die Fünf-Tage-Woche gab es noch, aber die 40-Stunden-Woche wurde auf breiter Ebene unterschritten. Der Stellenwert der Arbeit veränderte sich spürbar. Genauso wichtig wie Arbeit und Geldverdienen werden Freizeit, Erlebnis, Spaß. Die klassische Arbeitsgesellschaft scheint eine Art Schwelle erreicht zu haben: Arbeit und Freizeit nähern sich qualitativ und quantitativ immer mehr an. Die Konturen einer sich entwickelnden Freizeit- und Arbeitsgesellschaft zeichnen sich ab. Das Konzept der „Lebensqualität" rückt in den Blickpunkt der Diskussion.[11]

---

[10] Vgl. Müller, 1999, S. 12-14.
[11] Vgl. Opaschowski, 1997, S. 28-30.

## 1.2  Arbeit und Freizeit – die freizeitwissenschaftliche Perspektive

In der vorangegangenen Diskussion ist die Entstehung von Freizeit vorwiegend im Kontext gesellschaftspolitischer und wirtschaftlicher Transformationsprozesse erklärt worden. Vor allem der systemare Zusammenhang von Arbeit und Freizeit ist deutlich geworden. Vor dem Hintergrund der sich entwickelnden Freizeit – Arbeitsgesellschaft soll dieser Zusammenhang genauer aufgearbeitet und vertieft werden.

Umgangssprachlich wird heute unter dem Begriff Arbeit in erster Linie Erwerbsarbeit verstanden. Arbeit wäre demnach der Anteil entgeltlich geleisteter Tätigkeiten. Gleichwohl gibt es auch andere Tätigkeiten, die mit dem Begriff Arbeit belegt werden:
*   Subsistenzarbeit – im Sinne der Versorgung des Haushalts, Gartenarbeit oder der Versorgung Angehöriger (z.B. Kinderbetreuung) usw.
*   Sozialarbeit – im Sinn von unbezahlter sozialer, politischer und kultureller Arbeit, die über die Existenzsicherung für sich und die Angehörigen hinausgeht.

Arbeit beinhaltet daher „... alle zweckgerichteten menschlichen Tätigkeiten, unabhängig davon, ob diese ökonomisch bewertet, innerhalb oder außerhalb der formellen (beruflichen) Arbeitszeit vollbracht werden."[12] In diesem Zusammenhang kann man auch zwischen formeller Arbeit (ökonomisch bewertet und zumeist erfasste Erwerbsarbeit) und informeller Arbeit (ökonomisch nicht erfasste Arbeit mit oder ohne Entgelt) unterscheiden.

Da Freizeit als Rahmenbegriff verschiedenste Vorstellungen und Konzepte umfasst, lässt sich eine Reihe von Tätigkeiten nicht eindeutig der Freizeit zuordnen. Die Grenzen zwischen Arbeit und Freizeit erscheinen deshalb gelegentlich fließend und unscharf, was die Bestimmung ihres wechselseitigen Verhältnisses verkompliziert. Die Beschäftigung mit Kindern z.B. wird sicher nicht von allen als Freizeitbeschäftigung angesehen. Hausfrauen oder Erzieherinnen und Erzieher sehen die Kinderbetreuung wohl eher als Pflichtbeschäftigung, während der berufstätige Mann vorwiegend in seiner Freizeit der Beschäftigung mit Kindern nachgeht.[13] Ein weiteres Beispiel für Abgrenzungsprobleme ist die Hausarbeit. Sie wird zwar nicht der Freizeit zugeordnet. Gleichwohl findet sie in der berufsarbeitsfreien Zeit statt.

---

[12] Müller, 1999, S. 23.
[13] Auf die besonderen Belastungen Alleinerziehender soll an dieser Stelle nicht eingegangen werden.

Zum Verhältnis von Freizeit und Arbeit existiert eine Vielzahl von Publikationen und wissenschaftlichen Beiträgen. Es lassen sich dabei drei Hauptrichtungen unterscheiden:

a) Arbeitspolarer Ansatz

Die Erwerbsarbeit steht im Lebenszentrum des Menschen, alle anderen Lebensbereiche werden von ihr dominiert. Freizeit befindet sich damit auch unter dem Primat der Arbeit und wirkt damit als Kontrast- und Kompensationsprogramm: Individuellen Interessen und Bedürfnissen wird in der Freizeit nachgegangen. Die Arbeitszeit ist fremdbestimmt und wenig dazu angetan, sich selbst zu verwirklichen.

Kongruenzhypothese: Arbeitstugenden, Verhaltensmuster der Arbeit werden auf den Freizeitbereich übertragen.

Folge dieser Position ist ein eher „negatives" Verständnis von Freizeit. Freizeit ist hier eine Restgröße der Arbeit. Eine andere Negativdefinition von Freizeit findet sich bei *I. Fetscher. Fetscher* sieht die moderne Freizeit vorwiegend vom Konsum besetzt. Damit bleibt der Freizeitsuchende letztlich für die Produktion tätig. Auch *Habermas* befürchtet eine zunehmende Indienstnahme der Freizeit. Der Wirtschaftssektor sei im Begriff, Freizeit im Zuge zunehmender Kommerzialisierung der Freizeitaktivitäten aufzusaugen. Durch das künstliche Wecken von Bedürfnissen, durch das willkürliche Kreieren von Freizeittrends, mündet Freizeit in Konsumterror, den sich im Übrigen immer weniger Menschen leisten können. Der Mensch wird so in eine Art Scheinfreizeit entlassen.

b) Freizeitpolarer Ansatz

Die Arbeitswelt ist den individuellen Interessen und Bedürfnissen entfremdet. Selbstverwirklichung ist nur in der Freizeit möglich. Der Sinn des Daseins, Möglichkeiten der Selbstentfaltung werden damit nicht mehr in der (Erwerbs-) Arbeit, sondern im Bereich der Freizeit gesehen. Freizeit wird damit zum eigentlichen Zentrum des Seins und Arbeit als bloßer Broterwerb verstanden.

c) Freizeit als integrativer, nicht abtrennbarer Teil des individuellen und gesellschaftlichen Lebens

Mit Blick auf die in Punkt 1.1 beschriebenen Entwicklungen scheinen die Ansätze a) und b) zunehmend historischen Charakter zu erhalten. In der Freizeit- und Arbeitsgesellschaft wird Freizeit als integrativer, nicht abtrennbarer Teil des individuellen und gesellschaftlichen Lebens verstanden. Der Dualismus von Freizeit und Arbeit, so wie ihn die beiden vorher dargestellten Auffassungen vertreten, wird bei diesem Ansatz nicht aufrechterhalten. Gemeinsam mit anderen Lebenssegmenten bildet Freizeit einen zusammenhängenden

Komplex. Für *Opaschowski* ist die Unterscheidung zwischen Arbeit und Freizeit irreführend. Letztlich käme es nicht darauf an was jemand tut. Entscheidender sei vielmehr, warum er es tut. Er unterteilt deshalb Lebenszeit in

*   Dispositionszeit
    Hauptkennzeichen: Selbstbestimmung, Freisein von Verpflichtungen.
*   Obligationszeit
    Tätigkeiten, zu denen man aus gesellschaftlichen, familiären, sozialen Gründen verpflichtet ist. Hauptkennzeichen ist die Zweckbestimmung.
*   Determinationszeit
    Zeitlich, inhaltlich und räumlich festgelegte Zeit, Zeit der Berufsarbeit. Hauptkennzeichen ist die Fremdbestimmung.[14]


## 1.3   Freizeitverhalten

Ein allgemein gültiges, schlüssiges Konzept zur Erklärung von Freizeitverhalten liegt bislang noch nicht vor. Zwar lassen sich mit der Feststellung der Rahmenbedingungen für die Entwicklung von Freizeit und Tourismus relevante Einflussfaktoren für das Freizeitverhalten bestimmen. Konkrete Verhaltensformen, Freizeitstile oder aktuelle Trends in Freizeit und Tourismus lassen sich damit aber nur unzureichend erfassen und erklären. Im Folgenden sollen über Fragen der zeitlichen Erfassung verschiedener Freizeitaktivitäten, über die Identifikation von Lebenslagen und darauf bezogener Lebens- bzw. Freizeitstile unter Berücksichtigung der Diskussionen über die Folgen des allgemeinen Wertewandels, Erklärungsversuche für beobachtbares Freizeitverhalten unternommen werden.


### 1.3.1   Zeitliche Erfassung von Freizeitaktivitäten

Die zeitliche Erfassung verschiedener Freizeitaktivitäten im Tagesablauf ist eine schon fast traditionelle Form der Bestimmung verschiedenster Freizeitbeschäftigungen. Empirischen Studien zufolge gehört z.B. die Nutzung von Medien offensichtlich zu den beliebtesten Freizeitbeschäftigungen. Ungefähr vier Fünftel der Befragten lesen täglich Zeitung oder hören Radio bzw. Musik. Über drei Viertel der Bevölkerung sitzen jeden Tag mindestens eine Stunde vor dem Fernseher. Dabei bestehen in Bezug auf Alter, Geschlecht und Bildung z.T. erhebliche Unterschiede beim Medienkonsum. Mit zunehmendem Bildungsniveau sinkt z.B. der Fernsehkonsum.

---

[14] Vgl. Opaschowski, 1995, S. 19-20.

Die Beschäftigung mit der Familie gehört für viele der Befragten zu den täglichen Beschäftigungen in der berufsarbeitsfreien Zeit. Eine Mehrheit der Befragten geht mindestens einmal wöchentlich einkaufen (> 75 %), besucht Freunde
und Bekannte, treibt Sport oder liest Bücher. Heimwerken und Gartenarbeit
werden ebenfalls als wöchentlich ausgeführte Freizeitbeschäftigungen genannt.
Eher monatlich ausgeführte Tätigkeiten scheinen dagegen Aus- und/oder Essen-
gehen, Reisen und der Besuch kultureller Veranstaltungen zu sein.[15]

Einer Schweizer Untersuchung zufolge nutzen rund 14 % der Befragten mindes-
tens einmal die Woche das Internet, wobei sechs % dies täglich zu tun scheinen.
Weitere 33 % nutzen dieses Medium mindestens einmal im Monat. Eine stetige
Zunahme verzeichnet auch der Fernsehkonsum. Rund 77 % der Bevölkerung nutzen dieses Medium mittlerweile täglich. Eine weitere klare Zunahme kann im
Bereich Weiterbildung beobachtet werden. So gaben 57 % der Befragten an, sich
mindestens einmal monatlich weiterzubilden. Reisen und Ausflüge sowie der
Besuch kultureller Veranstaltungen zeigen sich stark abhängig von der
wirtschaftlichen Lage und unterliegen daher entsprechenden Schwankungen.[16]

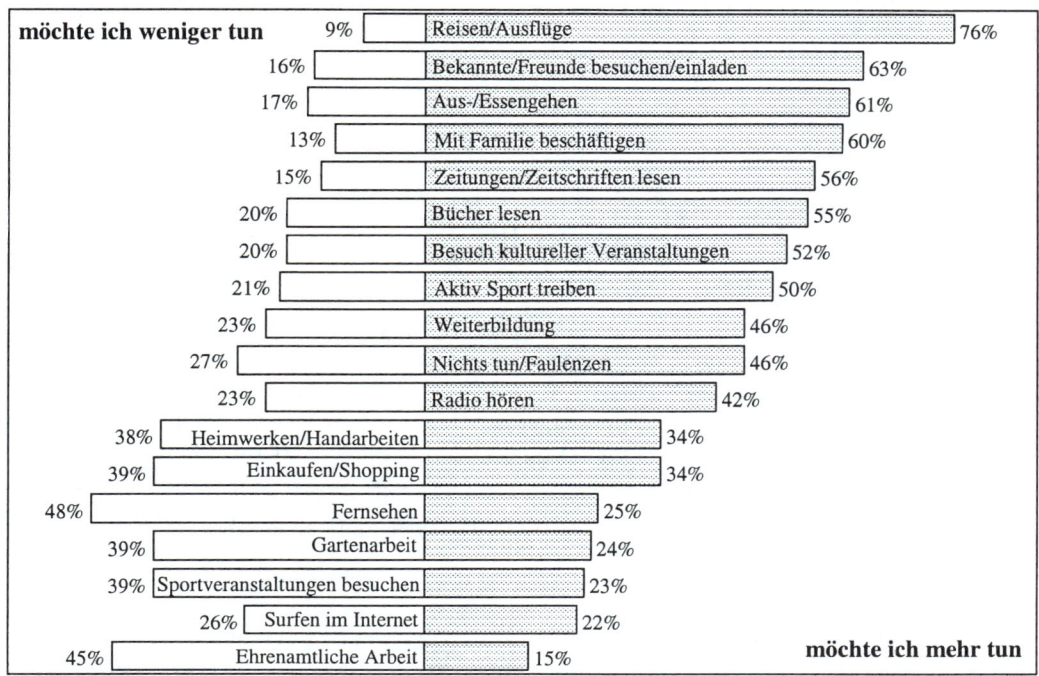

**Abbildung 2:** Freizeitinteressen, FIF 1999.

---

[15]  Vgl. Müller, 1999, S. 47.
[16]  A.a.O., S. 46.

### 1.3.2   Lebenssituation, Lebensstil – Freizeitstil

Ein interessanter Versuch, Freizeitbedürfnisse und Freizeitverhalten zu verstehen, setzt bei der Identifikation von Lebenssituationen und dem daraus erwachsenden jeweiligen Lebensstil an. Eine bestimmte Lebenslage begünstigt nicht nur die Ausprägung eines bestimmten Lebensstils, sie beeinflusst zugleich auch die Entstehung eines bestimmten Freizeitstils, so die Grundannahme. Damit wird die Entwicklung von Freizeitstilen letztlich in einem systemaren Zusammenhang von sozialgesellschaftlichen, ökonomischen und ökologischen Daseinsbedingungen gesehen und damit auf eine breitere Basis gestellt. Individuelles Freizeitverhalten ist demnach Ergebnis individueller Auseinandersetzung mit eben diesen Daseinsbedingungen und deren Verarbeitung zu einem individuellen Lebens- und Freizeitstil. Dabei wird letztlich angenommen, dass bei vergleichbarer Lebenslage von Bevölkerungsgruppen auch eine Gruppierung bzw. Typologisierung von Lebens- und Freizeitstilen möglich wird.

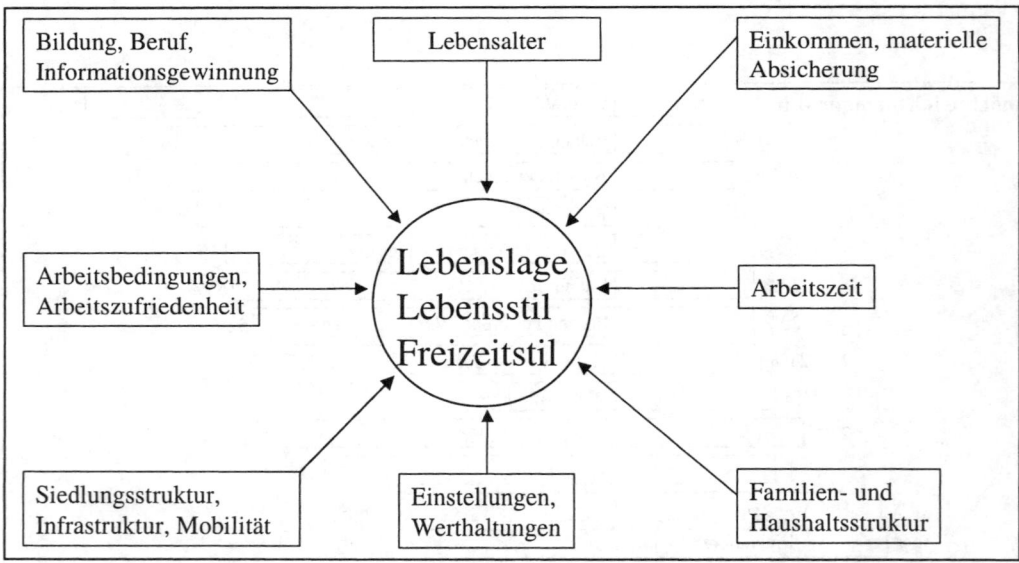

**Abbildung 3:**   Freizeitverhalten im Kontext von Lebenslage und Lebensstil

Die nachfolgenden Übersichten zeigen skizzenhaft die Verwiesenheit des Freizeitverhaltens auf die jeweilige Lebensphase und Lebenslage. Unter Rückgriff auf die spezifische Lebenssituation und der damit verbundenen Bedürfnisse und Verhaltensweisen lassen sich für ein freizeittouristisches Marketing-Management unterschiedliche potenzielle Konsumententypen bilden und passgenaue Angebote zusammenstellen.

**Tabelle 1:** Lebenssituation und Freizeitorientierung von Familien und Verheirateten sowie Singles und Allein Lebende[17]

| Lebensphase | Lebenslage, Lebensstil | Freizeitorientierung, Freizeitverhalten |
|---|---|---|
| Familien und Verheiratete<br>• Eltern mit kleinen, heranwachsenden und erwachsenen Kindern<br>• Erwachsene mit ihren älteren und betagten Eltern bzw. Enkelkindern<br><br>58 % aller Einwohner Deutschlands bilden Eltern-Kind-Gemeinschaften, 22 % der Bevölkerung sind Ehepaare. | • Alltagsleben ist auf die familiäre Situation ausgerichtet<br>• Zeitliche Belastungen, Rücksichtnahme auf Familienmitglieder, persönliche Bedürfnisse werden oftmals zurückgestellt, finanzielle Begrenzungen | • Feierabend ist erlebnismäßig keine richtige Freizeit, Wochenenden sind mit Gemeinschaftsaktionen ausgefüllt<br>• Sehnsucht nach Ruhe, Muße und Entspannung, nach individueller Freizeittätigkeit: Balanceakt zwischen eigener und gemeinsamer Freizeitgestaltung<br>• Freizeit läuft als „Standardprogramm" ab<br>• Ausflüge mit der Familie<br>• Hausarbeit, Instandsetzungsarbeiten, Shopping<br>• Nachholen, was unter der Woche versäumt wurde |
| Singles und Allein Lebende<br>• Personen im Alter von 25 bis 49 Jahren, die gewollt oder ungewollt allein leben<br>• Singles auf Zeit, Langzeitsingles | • Bewusst Allein Lebende wollen finanzielle Unabhängigkeit, hohe Erwartungen an Lebensstil<br>• Berufsorientierte: Lebenszentrum bildet der Beruf, Freizeit nur am Wochenende<br>• Freizeitorientierte: ständig unterwegs, gesellig, spaßorientiert<br>• Starke Konsumorientierung<br>• Angst vor dem Altwerden, Sehnsucht nach belastbaren sozialen Kontakten, Angst vor Misserfolg und Einsamkeit | • Freiheit der Freizeitgestaltung, hohes Freizeitbewusstsein<br>• Gestaltung der Freizeit in Eigenregie, Aktivurlaub<br>• Intensiver Freizeitkonsum, teure Freizeitaktivitäten<br>• Aufsuchen von Sozialkontakten, Geselligkeit vor allem im Urlaub wichtig<br>• Sonntag hat wenig Lebensqualität<br>• Mitunter Einsamkeit, Langeweile |

In Deutschland wird durch die gegenwärtige demographische Entwicklung die Alterspyramide auf den Kopf gestellt. Der Alterungsprozess der Gesamtgesellschaft geht zum einen auf die sowohl absolut als auch prozentual steigende Anzahl der Hochaltrigen zurück. Zum anderen sinken die Geburtenzahlen. Aus

---

[17] Vgl. Opaschowski, 1997, S. 49-72, S. 115-147.

Sicht der Freizeitwissenschaft, aber auch der freizeittouristischen Anbieter werden die Senioren damit immer bedeutsamer. [18]

**Tabelle 2:** Lebenssituation und Freizeitorientierung der älteren Generation[19]

| Lebensphase | Lebenslage, Lebensstil | Freizeitorientierung, Freizeitverhalten |
|---|---|---|
| Ältere Generation • Jungsenioren, 50 bis 64 Jahre; körperlich gesund, geistiges Wohlbefinden | • Erleben sich als junge Ruheständler, mitunter Anpassungsschwierigkeiten an die neuen Rolle • Relativer Zeit- und Geldwohlstand, kauf- und konsumfreudig • Kultur- und bildungsinteressiert • Sport und Gesundheit sind wichtig | • Hobbyspektrum wird erweitert • Reiselust, Outdoor-Aktivitäten, Sport • Vereinstätigkeit • Seniorberater |
| • Senioren, 65 bis 75 Jahre, körperliche und geistige Einschränkungen | • Durchstrukturierter, gleichförmiger Tagesablauf, Tendenz zur Ritualisierung • Wollen nicht „zum alten Eisen" gehören • Sparsam • Oft allein stehend, primär familiäre Sozialkontakte | • Vorsatz, die Freizeit sinnvoll zu gestalten • Aktivitäten außer Haus eher selten • Tendenz zur Passivität, wollen viel Ruhe und Muße • Eigene Vorsätze, Erwartungen werden selten erfüllt • Unzufriedenheit, schwer zu aktivieren • Wenig Wünsche für die Freizeit • Spazieren gehen, Lesen, Fernsehen, den eigenen Gedanken nachhängen |
| • Hochaltrige ab 80 Jahre, hilfs- und pflegebedürftig | • Abhängig von der Pflege, die den Tagesverlauf strukturiert • Unflexibel, wenige Aktivitäten • Eingeschränkte Mobilität | • angewiesen auf Hilfestellung, Freizeitaktivitäten, soweit möglich, meist durch Betreuung organisiert • Vielfach Einsamkeit, Resignation • Gesunderhaltung |

---

[18]  Vgl. Deutscher Bundestag, 1999, S. 15-16.
[19]  Vgl. Opaschowski, 1997, S. 178-180.

### 1.3.3 Wandel der Wertorientierungen – Veränderungen in der Freizeitorientierung ?

Für das vertiefte Verständnis von Freizeitverhalten und Freizeitaktivitäten kann auch der allgemeine Wertewandel herangezogen werden. So dürfte die zunehmende Relevanz der personalen Entfaltung für das Freizeit-, Urlaubs- und Reiseverhalten von besonderer Bedeutung sein. Genuss, Abenteuer, Abwechselung, Kreativität, Wellness werden in den nächsten Jahren sicher nicht an Bedeutung verlieren. So wird der (post-) industrielle „Freizeitler" z.B. zunehmend erlebnisorientiert. Freizeit soll Spaß machen und Emotionen ansprechen. Von Produkten und Dienstleistungen wird ein entsprechender Mehrwert erwartet, der sich auch in gestiegenen Qualitätserwartungen niederschlägt. Die übergreifenden Veränderungen in der Wertestruktur spiegeln sich also in den vielfältigen Wunsch- und Bedürfnisstrukturen der Freizeit Suchenden wider. Sie führen im Zusammenhang mit der Ausdifferenzierung unterschiedlicher Lebensstile zu einer starken Diversifizierung des Freizeitverhaltens. Die Freizeitaktivitäten und Reiseentscheidungen werden somit immer komplexer. Für die Anbieter wird es deshalb immer schwieriger, das Verhalten der Kunden einzuschätzen, Moden und Trends zu antizipieren und das Angebot entsprechend auszurichten. Entscheidend ist nicht mehr **der** Konsument, sondern **dieser** Konsument.[20]

### 1.3.4 Konsum und Erlebnis

Freizeitaktivitäten sind vielfach konsumorientiert und werden unternommen, um etwas besonderes zu erleben. Dabei sieht sich der Erlebnissuchende einer Fülle von Angeboten gegenüber, die ihm faszinierende und unvergessliche Erlebnisse versprechen.[21] Im Gegensatz zum lebensnotwendigen Konsum, erscheint Freizeitkonsum als die attraktivere Konsumart. Er gilt als freiwilliger oder selbstbestimmter Konsum. Lebensnotwendiger Konsum zeigt sich als funktional, fast schon trivial, während dem Freizeitkonsum stets etwas Außergewöhnliches, Attraktives, Luxuriöses anhaftet. Beim Freizeitkonsum kauft sich z.B. das Individuum etwas, was es nicht unbedingt zum Leben braucht.

Freizeitkonsum als soziales Phänomen vermittelt soziale Erlebnisse durch Geselligkeit, Spiel oder Fest. Konsum dient hier offenbar der sozialen Orientierung, insofern Menschen sich zu Gruppen zugehörig fühlen, die den gleichen oder einen ähnlichen Freizeitstil pflegen. Der Erwerb vieler freizeitbezogener Konsumgüter entspringt dann u. a. dem Wunsch nach Mitgliedschaft und Anerkennung in der jeweiligen Bezugsgruppe.

---

[20] Vgl. Deutscher Bundestag, 1999, S. 20.
[21] Vgl. Allmer, 2001, S. 57.

Mittels Freizeitkonsum lässt sich aber auch Individualität ausdrücken. Durch ein Set von Verhaltensweisen und entsprechenden Inanspruchnahmen von Freizeitangeboten kann man sich eine persönliche Note geben. Darüber hinaus fördert Freizeitkonsum durch mehr oder weniger demonstrative Formen der Differenzierung und Abgrenzung das soziale Prestige. Sozialer Status und Anerkennung leiten sich eben auch vom Konsumstil in der Freizeit ab.

Freizeitkonsum erfüllt in diesem Sinne eine Doppelfunktion. Er bietet die akzeptierte Mitgliedschaft in einer sozialen Gruppe. Zugleich soll er Individualität und Schutz vor Vermassung garantieren. Dabei versteht sich schon fast von selbst, dass die Balance zwischen den beiden Funktionen nicht konfliktfrei zu halten ist.[22]

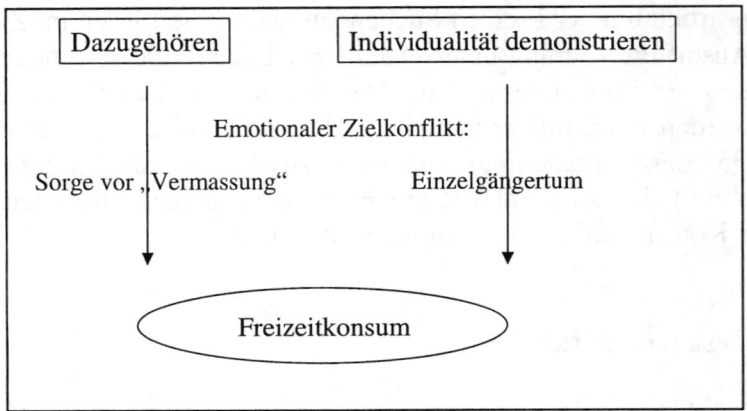

**Abbildung 4 :** Doppelfunktion des Freizeitkonsums

Der Begriff Freizeitkonsum wird oft in kritischer, mitunter fast abfälliger Weise, im Sinne von Konsumhaltung in der Freizeit gebraucht. Damit wird auf eine bestimmte innere Einstellung des Konsumenten Bezug genommen, die Freizeitaktivitäten auf Unterhaltung, Zerstreuung, Vergnügen oder Spaß zu beschränken scheint. Freizeitangebote werden käuflich erworben, das Individuum selbst ist dagegen kaum gefordert, etwas Sinnvolles aus seiner freien Zeit zu machen. Es bleibt eher passiv und lässt sich bedienen. Bei einer solchen Ausgestaltung von Freizeitkonsum wird dann jede Eigenaktivität unnötig.[23]

Der Verbrauch einzelner Konsumgüter verlangt übrigens freie Zeit – und auch Geld. In den vergangenen Jahren sind die Gesamtausgaben für Freizeitgüter erheblich gestiegen. Rund zwei Monatsgehälter werden im Jahr ausschließlich für

---

[22]    Vgl. Opaschowski, 1995, S. 81.
[23]    A.a.O., S. 26-27.

Freizeitzwecke ausgegeben.[24] Nach Angaben der *Deutschen Gesellschaft für Freizeit* wurden 1998 rund 228 Mrd. Euro in den Bereichen Tourismus, Medien, Kultur, Sport und Hobby umgesetzt. Der Freizeitmarkt trägt mittlerweile mit rund zwölf Prozent zum Bruttosozialprodukt bei.[25] Diese Zahlen bringen nicht zum Ausdruck, wie die Freizeitausgaben in der Bevölkerung verteilt sind. Vor allem die Bezieher höherer Einkommen können größere Anteile für Freizeitzwecke aufwenden und tun dies auch. Für Bevölkerungsgruppen mit niedrigerem Einkommen bleibt nach Abzug des lebensnotwendigen Konsums oft wenig übrig, was für Freizeitaktivitäten verwendet werden könnte. In der Folge driftet der Freizeitmarkt auseinander in Angebote für einkommensschwächere und solche für einkommensstarke Kunden. Die Gut- und Besserverdienenden reisen z.B. viel und stellen höhere Qualitätsansprüche. Freizeitkonsum ist für sie Teil eines demonstrierten Sozialstatus, aber auch von Freiheit und Unabhängigkeit. Für Personen mit geringerem Einkommen werden zwar auch Freizeitangebote bereitgehalten. Sie stehen jedoch immer vor dem Problem der Finanzierung.[26] Damit schafft die mit Konsum einhergehende Kommerzialisierung der Freizeit subtile Wohlstandsgrenzen, die kaum wahrnehmbar, aber dennoch existent sind. Jede Bevölkerungsgruppe findet ihre Konsumnische, die objektiv vorhandenen Ungleichheiten werden durch die Angebotsvielfalt überdeckt. Da jede soziale Gruppe sich jeweils in ihrer Freizeitsituation trifft, werden die unterschiedlichen finanziellen Möglichkeiten scheinbar nicht so krass wahrgenommen.[27]

Gegenwärtig ist ein starker Trend zur Standardisierung im Freizeitkonsum zu beobachten. Dieser Prozess ist auch ein Ergebnis steigenden Markenbewusstseins der Konsumenten. Vor allem jüngere Kunden zeigen sich in ihrem Kaufverhalten ausgesprochen stark von Markennamen geleitet. Dieses Phänomen basiert weniger auf rational-ökonomischen als vielmehr auf psychologischen Aspekten. Marken sind u.a. ein Element der Lebensstilgestaltung und beeinflussen die Gruppenbildung aufgrund gemeinsam empfundener Affinitäten gegenüber Marken. Zugleich helfen Marken bei der Orientierung in der Angebotsvielfalt. Auch die Anbieter im freizeittouristischen Bereich versuchen gezielt diese Markenorientierung für sich auszunutzen, indem sie sich mit eigenen Marken am Markt zu profilieren versuchen.[28]

---

[24]  A.a.O., S. 34-40.
[25]  Vgl. Franck, 2000, S. 32.
[26]  Vgl. Opaschowski, 1995, S. 40-45.
[27]  A.a.O., S. 95.
[28]  Vgl. Steinecke, 2000, S. 13-15.

*Mixed-Use-Center*

Als Versuch einer möglichst perfekten Verknüpfung von Freizeit, Konsum und Erlebnis können die so genannten Mixed-Use-Center oder Freizeit-Einkaufs- und Erlebnis-Center angesehen werden. Hier handelt es sich um meist größere Shopping-Center, die über eine größere Freizeitkomponente verfügen. Verkaufsflächen liegen hier direkt neben Freizeitflächen, beide gehen bisweilen sogar ineinander über. In einer anderen Variante dominiert der Freizeit- und Entertainmentcharakter, der mit einem eher geringfügig ausgeprägtem Einzelhandelsangebot ergänzt wird. Die Standorte dieser Einrichtungen variieren von Stadtmitte bis Stadtrandlagen.

Die überwiegende Anzahl der Entertainment-Center wird in Kombination mit Einzelhandelsangeboten entwickelt. Auf diese Weise kann ein Konglomerat aus Freizeitangeboten, Gastronomie und Einzelhandel gebildet werden. Die Nähe zu großflächigen Einzelhandelsangeboten gewährleistet dabei höhere Tagesbesucherzahlen und damit eine bessere Auslastung der Gastronomie. Dort, wo der Einkaufscharakter dominiert, sorgen freizeitbezogene Angebote für zusätzliche Erlebnisse und steigern die Erlebnisqualität der Gesamteinrichtung.

Für die Zukunft wird eine weitere Verschmelzung von Freizeit und Einkauf erwartet. Die Angebotskombinationen bestehen dann vermehrt aus einer Vielzahl thematisch gegliederter Entertainment- und Shoppingangebote in einem räumlich gegliederten Kontext. Des Weiteren zeichnet sich eine zunehmende Integration modernster Informations- und Entertainmenttechnologie ab. Der Einkauf wird immer mehr zum Shoppingerlebnis und die Freizeitaktivitäten finden immer mehr in diesem konsum- und erlebnisorientierten Kontext statt, so hoffen zumindest die Planer solcher Center. Die Kunden können dann immer bequemer unterschiedliche Freizeit- und Versorgungsinteressen an einem Ort befriedigen. Attraktive und häufige Veranstaltungen bzw. Events gewährleisten nicht nur den hohen Erlebniswert, zugleich sind sie für eine hohe Wiederholungsbesucherquote unerlässlich.[29]

*Freizeit- und Erlebnisparks*

Freizeiterlebnisse werden auch zunehmend in künstlichen Freizeitwelten organisiert. Riesen-Spaßbäder, Erlebnisparks und Abenteuerwelten halten im großen Stil Erlebnis, Spaß, Spiel und Vergnügen bereit. Dabei stört es die Besucher offenbar kaum, dass diese Freizeitwelten künstlich und die darin erlebten Abenteuer Ergebnis einer kommerziell organisierten Inszenierung sind. Ganz im

---

[29]  Vgl. Franck, 2000, S. 28-34.

Gegenteil, es wird sogar die ausdrückliche Distanz zur Alltagswelt gesucht. So weisen Filmkulissen mehr Besucher auf als echte Ruinen. Zu Euro Disney strömen mehr als doppelt so viele Besucher wie zum Louvre nach Paris. Dabei sieht nur jeder achte Besucher (12 %) in den künstlichen Freizeit- und Erlebniswelten eine Kitsch-Inszenierung. Fast viermal so vielen (47 %) bereitet dagegen der Besuch eines Parks ein echtes Vergnügen für die ganze Familie und/oder mit Freunden. Jeder zweite Jugendliche im Alter von 14 bis 17 Jahren bewundert die künstlichen Attraktionen als „erlebbare Sehenswürdigkeiten" und fühlt sich in der „anregenden Atmosphäre" ausgesprochen wohl. Jeder vierte Bundesbürger liebt die gelungene Ablenkung vom Alltag, die man in den inszenierten Erlebniswelten finden kann. Trotzdem bleiben offenbar viele Realisten: 21 % der Besucher sehen in den Angeboten überwiegend „Geschäftemacherei". Insbesondere Besucher höherer Bildungsabschlüsse kritisieren die „totale Kommerzialisierung", was sie aber nicht davon abhält, sich in solchen Einrichtungen unterhalten zu lassen.[30]

Freizeit- und Erlebnisparks sind meist im Naherholungsbereich von Städten und Ballungszentren angesiedelt. Sie bieten eine Reihe in sich geschlossener, aber ständig veränderbarer bzw. erweiterbarer Themenbereiche. Neben perfekten Kulissen und Landschaften und aufwändigen Shows wird vor allem auf die Sauberkeit der Anlage und eine hohe Servicebereitschaft des Personals geachtet. Allen Konzepten ist gemein, dass sie einen Kontrast zur Alltagswelt der Besucher bieten wollen. Die Gäste sollen sich zumindest vorübergehend ihrer Sorgen entledigen, sich in eine Phantasie- und Traumwelt versetzen und Freude, Entspannung und Zerstreuung erleben. Dabei stehen die Betreiber solcher Einrichtungen unter einem enormen Innovationszwang. Es besteht nämlich die Gefahr der Gewöhnung, die nach immer neuen, spektakuläreren Erlebnismöglichkeiten verlangt. Die Erlebnisspirale dreht sich fortwährend und verlangt nach immer neuen Angeboten, um Abnutzungseffekte zu vermeiden.

In Deutschland ist das Netz aus Freizeitparks und Spaßbädern in den letzten Jahren erheblich angewachsen. Einige Anbieter haben sich zu Verbänden zusammengeschlossen wie z.B. die *European Waterpark Association e.V.* für die Freizeit- und Erlebnisparks. Fasst man die Besucher aller Freizeit- und Erlebnisparks in Deutschland zusammen, dann haben 1998 rund 24 Mio. Personen eine solche Einrichtung besucht.[31]
Auch für die Zukunft werden den Freizeitparks erhebliche Wachstumschancen eingeräumt. Vor allem auf Kinder, Jugendliche und Familien scheinen sie eine zunehmende Faszination auszuüben. So sieht jede fünfte Familie mit Kindern ihre eigenen Urlaubswünsche für die Zukunft am ehesten in Freizeit-, Erholungs-

---

[30] Vgl. Opaschowski, 2000, S. 20-35.
[31] Vgl. Hopfinger/Ullenberger, 2001, S. 102-106; vgl. Quack, 2000, S. 194.

und Themenparks verwirklicht. Rund elf Prozent der Bundesbürger können sich vorstellen, den Urlaub dort zu verbringen. Als Freizeittrend für die Zukunft werden diese Einrichtungen vor allem als Kurzurlaubsressort mit Erlebnis- und Infotainmentcharakter an Bedeutung gewinnen.[32] Allerdings wird der Verdrängungswettbewerb zwischen den Betreibern zunehmen. Nicht zuletzt aufgrund stagnierender Realeinkommen werden die Kunden die Angebote genau prüfen und das für sie hochwertigste wählen.

## 1.4   Negative Erfahrungen individueller Freizeit

Das Freizeit nicht nur eine positive, sondern auch eine negative, das Individuum belastende Dimension aufweist, zeigt sich z.B. darin, dass Einsamkeit und Langeweile, Stress und Überforderungsgefühle angesichts scheinbarer Erlebnis- und Konsumnotwendigkeiten vielfach Begleiterscheinungen von individueller Freizeit sind.

### 1.4.1   Einsamkeit und Langeweile

Im öffentlichen Bewusstsein gelten die Begriffe alt, einsam und allein beinahe als Synonyme. Es überrascht daher, dass neuere wissenschaftliche Studien das Gefühl von Einsamkeit, von Isolation, keineswegs als eine Frage des Alters ansehen. Zwei von fünf Bundesbürgern geben an, diese Gefühle nicht zu kennen. Dagegen fühlen sich 25 % der Bevölkerung selten, 23 % manchmal und rund sechs Prozent häufig einsam und sehr allein. Von der Einsamkeit fühlen sich die jüngere (unter 30 Jahre) und die ältere Generation (über 60 Jahre) besonders betroffen.[33] Die Lage wird für sie nicht gerade vereinfacht, wenn in der industriellen Freizeitwelt Kontakt- und Lebensfreude überaus deutlich demonstriert werden. Man schätzt die zwanglose, unverbindliche Freizeitgeselligkeit, über Einsamkeitsgefühle schweigt man lieber. Übrigens: Die so genannte Freizeitclique bietet hier relativ wenig Hilfestellung. Man ist dann zwar nicht allein, vielleicht aber dennoch einsam. Es mangelt nicht an Einladungen, Festen und Partys, wohl aber an tiefer gehenden Beziehungen, die über oberflächliche Freizeitkontakte hinausgehen.

Es sind vor allem die 14- bis 29-Jährigen, die von der Unverbindlichkeit der meist zufälligen Freizeitkontakte betroffen sind: 41 % dieser Altersgruppe vermissen echte Gesprächskontakte und Bezugspersonen. Sich cool geben und Sprüche auf Lager haben mag zwar „in" sein. Auf der Strecke bleibt dabei jedoch

---

[32]   Vgl. Opaschowski, 2001, S. 140-141.
[33]   Vgl. Allensbach, 1993, S. 32.

der ernsthafte zwischenmenschliche Austausch. Der Kult der Lässigkeit fordert seinen Tribut. Aus Lässigkeit wird schnell Nachlässigkeit, auch, was das Gegenüber anbelangt.[34] Mit der Unverbindlichkeit gegenwärtiger Freizeitorientierung geht eine Abnahme der Bereitschaft einher, soziale Verpflichtungen einzugehen. Sozialverhalten wird immer mehr zu einer inszenierten öffentlichen Aktivität, worunter der echte zwischenmenschliche Kontakt leidet. Der mitmenschliche Umgang wird zunehmend unverbindlicher, während gleichzeitig die Einbindung in Gruppen, Organisationen und Vereine sinkt. Tatsächlich aber müssen zwischenmenschliche Beziehungen in der freien Zeit ernsthaft gepflegt werden. Wer dies nicht tut, kann mitten unter vermeintlichen Freunden rasch einsam werden.[35]

Neben der Einsamkeit gehört die Langeweile zu den wichtigsten negativen Erfahrungen individueller Freizeit. Beide stehen in enger Beziehung zueinander. Aus psychologischer Sicht ist Langeweile gleichbedeutend mit dem Erleben eines leeren Zeitgefühls, mit Stillstand und einem Mangel an Interessen und Zielstrebigkeit. In der öffentlichen Diskussion wird langweilige Arbeitszeit interessanterweise als verkaufte und bezahlte Lebenszeit oder als unangenehme Notwendigkeit angesehen. Langweilige Freizeit wird dagegen als verlorene Lebenszeit empfunden.[36]
Langeweile passt so gar nicht in das sorgsam gepflegte Freizeitideal von Eigenaktivität, Kreativität und jugendlicher Dynamik. Dementsprechend wird sie geflissentlich übergangen. Dennoch ist das Freizeitproblem von Alleinstehenden und Nichtberufstätigen durchaus in der Öffentlichkeit bekannt. Gleiches gilt für die Probleme Jugendlicher, ihre Freizeit sinnvoll zu gestalten.

Die individuellen Reaktionen auf Langeweile-Situationen sind ganz unterschiedlich. Auffallend hoch ist die Suche nach Sozialkontakten an (vermeintlich) kommunikationseröffnenden Orten wie Gaststätten oder Diskotheken. Andere wenden sich dem Kommunikationsersatz Medienkonsum (Fernsehen) zu. Andere beginnen irgendeine Aktivität, Hauptsache, das Gefühl der Langeweile kommt nicht auf. Irgendeine Ablenkung suchen, schnell telefonieren usw. sind dann beliebte Aktivitäten. Frustration und Gewalt oder Alkoholkonsum sind die extremeren Folgen.[37]

---

[34]  Vgl. Opaschowski, 1997, S. 97.
[35]  A.a.O., S. 199-210.
[36]  Natürlich besteht auch in der Arbeitszeit ein starkes Bedürfnis nach Sinnerfüllung, Verwirklichung und Zufriedenheit. Monotone, fremdbestimmte Arbeit, die keine Freiräume lässt für individuelle Ausgestaltung, wird zusehends als Verlust von Lebensqualität empfunden.
[37]  Vgl. Opaschowski, 1997, S. 212-219.

1.4.2  Freizeitstress

Für viele Menschen industrieller Gesellschaften ist die Arbeitszeit zwar deutlich gesunken, zugleich fehlt ihnen aber die Ruhe, ihre freie Zeit zu genießen. Freizeit wird zunehmend kostbarer, obwohl theoretisch ihr Anteil an der Lebenszeit zugenommen hat. Offenkundig bringen u.a. die Vielfalt der Freizeitangebote und die Konsumansprüche immer mehr Zeitprobleme mit sich. Wer gönnt sich schon Ruhe im actiongeladenen Freizeitideal. Nur nichts verpassen ! Allerdings klagen rund 79 % der Bundesbürger darüber, dass ihnen die Hektik und das Menschengedränge bei Freizeitveranstaltungen gründlich auf die Nerven gehen. Vor allem Familien mit Kindern unter 14 Jahren haben sehr unter der räumlichen Enge bei solchen Veranstaltungen zu leiden. Störend wird zunehmend die Höhe des Geräuschpegels bei Freizeitveranstaltungen empfunden. Dies gilt auch für den Druck, zu konsumieren. Letzteres führt nicht selten zu Überlastungen des privaten Budgets.
Eine Belastung stellt vielfach auch die Anzahl der Besuche und privaten Einladungen dar. Auf der einen Seite stören sie, verlangen nach Gegenbesuchen und verhindern so Phasen der Ruhe. Andererseits sind Sozialkontakte hoch willkommen.[38]

Auch das überaus populäre Konzept „Urlaub = Reise = Ruhe und Erholung" stimmt bei genauerem Hinsehen nicht automatisch. Ohne Frage ist die Erholungsbedeutung von Urlaub eine zentrale Urlaubsintention. Urlaub soll eine Art „Erholungsoase" im Arbeitsprozess sein. Diese Erholungswirkung lässt jedoch vielfach auf sich warten. Auch im Urlaub scheint zu gelten: Zeit ist Geld. Viele Urlauber verbringen deshalb die „schönste Zeit im Jahr" überaus stressreich. Lange Wartezeiten im Straßenverkehr oder bei der Abfertigung am Flughafen wirken hier nur noch stressverstärkend. Ob eine Erholungswirkung eintritt, scheint übrigens im ganz erheblichen Maße auch von der spezifischen Situation der Person vor Reisebeginn abzuhängen, insbesondere von ihrer körperlichen und sozialen Belastung. Gelingt es z.B. nicht, sich gedanklich vom Arbeitsalltag zu lösen, bleibt ein Großteil der erhofften Erholungswirkung aus. Auch treten Erholungseffekte unabhängig von der Länge der Urlaubsreise auf. Die Erholungswirkung scheint vor allem vom Grad der Urlaubszufriedenheit abzuhängen. Je größer die Urlaubszufriedenheit ist, desto eher zeigen sich Erholungseffekte.[39]

---

[38] A.a.O., S. 228-229.
[39] Vgl. Lohmann, 1993, S. 253-285; derselbe, 1996, S. 15; vgl. Keul, 2001, S. 50-52; vgl. Allmer, 2001, S. 55-59.

### 1.4.3 Freizeitkonsum als individuelle Herausforderung

Für nicht wenige Menschen entsteht bei intensiverem Nachdenken über den eigenen Freizeitkonsum der Eindruck der Lawinenhaftigkeit. Der Konsument fühlt sich überfordert, vereinnahmt oder gar überrollt. Eben weil die meisten Freizeitaktivitäten mit Konsum verbunden sind, sehen sich nicht wenige in ihrem individuellem Freiraum eingeschränkt. Der Wunsch nach sportlicher Betätigung z.B. führt unmittelbar zu einem breiten Angebot an Konsummöglichkeiten: Sportbekleidung und -ausrüstung, Trainerstunden, Vereinsbeiträge, Sportevents usw. Daraus können Zwänge, zumindest aber Verpflichtungen erwachsen, denen sich der Freizeitsuchende ausgesetzt sieht. Für manche stellt sich das Gefühl ein, sie müssten konsumieren, um nicht zum Außenseiter zu werden. Interessanterweise wird der soziale Zwangscharakter des Freizeitkonsums aber weniger bei sich selbst, sondern vorwiegend bei anderen gesehen.[40]

Viele erleben den heutigen Freizeitkonsum als ein eher flüchtiges, unbefriedigendes Vergnügen. Eigenleistungen sind auf das Durchhalten von Freizeitstress beschränkt. Echter Genuss droht im Freizeitkonsum verloren zu gehen. Und selbst das Vorhaben, andere Wege zu gehen, wird mangels Gleichgesinnter zu einem schwierigen Unterfangen.
Überhaupt ist die Vorstellung, sich zumindest in der Freizeit allen Konsumzwängen zu entziehen, illusorisch. Eben weil Menschen ihre Freizeit in einem gesellschaftlichen und kulturellen Kontext verbringen, unterliegen sie auch dessen Spielregeln. Völlige Konsumfreiheit in einer erlebnis- und konsumorientierten Freizeitwelt ist daher eher unrealistisch. Damit sieht sich der Einzelne vor die Aufgabe gestellt, in der Menge des Angebots, aber auch in Bezug auf die Erwartungshaltungen seiner Bezugsgruppen, die Angebotsvielfalt für sich zu ordnen und eine persönlich sinnvolle, Zufriedenheit ermöglichende Auswahl zu treffen. Mit der Bewältigung dieser Aufgabe sehen sich aber einige überfordert.[41]

Die Notwendigkeit des dosierten Konsums gilt natürlich auch für die Jugendlichen. Wegen der gerade in dieser Altersgruppe sichtbaren Standardisierung des Freizeitkonsums und der daraus erwachsenden Handlungszwänge scheint es diese Altersgruppe besonders schwer zu haben, sich in der Angebotsfülle zu orientieren. Insbesondere die sozialen Zwänge führen hier zu einen regelrechten Anpassungskonsum: Wer sich dem Mainstream verweigert, gerät schnell in Gefahr, Außenseiter zu werden. „In" und „im Trend" zu sein ist demnach für rund 60 % der Jugendlichen zu einer Art Grundbedürfnis geworden. Dabei haben sie zugleich Angst vor dem Out-Sein, wenn sie sich z.B. in ihrem Outfit nicht dem Trend anpassen. 58 % der 14- bis 17-Jährigen sind der Überzeugung, dass viele

---

[40] Vgl. Opaschowski, 1995, S. 83.
[41] A.a.O., S. 85-86.

Freizeitbeschäftigungen erst richtig Spaß machen, wenn man dafür die beste, modernste Ausrüstung zur Verfügung hat. Um die finanziellen Mittel für ihren Freizeitkonsum aufzubringen, nehmen die Jugendlichen schon während ihrer Schulzeit Teilzeitjobs an. Mit dem verdienten Geld werden Luxusartikel, insbesondere teure Kleidung, Reisen, Sport- und Hobbyausrüstungen erworben bzw. unterhalten. Und manch ein Teenager ist verschuldet.[42]

## 2. Das System des Tourismus

Tourismus ist heute zu einem bedeutenden gesellschaftlichen und wirtschaftlichen Faktor geworden. Für eine große Zahl der Deutschen ist z.B. die jährliche Urlaubsreise schon fast eine Selbstverständlichkeit geworden. Im Rahmen der Entwicklung zur Arbeits- und Freizeitgesellschaft erhält der Urlaub auch subjektiv für die Bürger eine wachsende Bedeutung.
In Deutschland kann von einer leistungsfähigen Tourismusindustrie gesprochen werden. Im Folgenden soll in System Tourismus, welches als Bestandteil der Freizeit bzw. der Freizeitwirtschaft verstanden werden kann, eingeführt werden.

Eine angemessene Betrachtung des Phänomens Tourismus verlangt danach, den Blick nicht nur auf die Kernbereiche, sondern auch auf die ökonomischen, ökologischen und sozialgesellschaftlichen Rahmenbedingungen zu lenken. Letztlich formt und entwickelt jede Gesellschaft ihren Tourismus. Sie schafft die notwendigen Voraussetzungen, lässt ihn zu, verhindert oder verändert ihn. Handlungspraktischer formuliert: Tourismus ereignet sich im Prinzip zwischen drei Akteursgruppen: den Reisenden, den Bereisten und der Tourismuswirtschaft. Die dabei entstehenden Interaktionen ereignen sich in spezifischen Kulturräumen unter den jeweiligen Daseinsbedingungen.
Tourismus ist aber auch ein Faktor bzw. ein soziales Ereignis, das zur Transformation kultureller Gepflogenheiten und damit zur Veränderung der Sozial- und Kulturräume und ihrer ökonomischen und ökologischen Gegebenheiten führt. Tourismus wird also durch seine Rahmenbedingungen nicht nur gestaltet. Er verändert und gestaltet seinerseits diese Rahmenbedingungen. Tourismus wirkt so mitunter erheblich mitgestaltend auf die Gesellschaft zurück, in der er sich ereignet.

---

[42] A.a.O., S. 137-138.

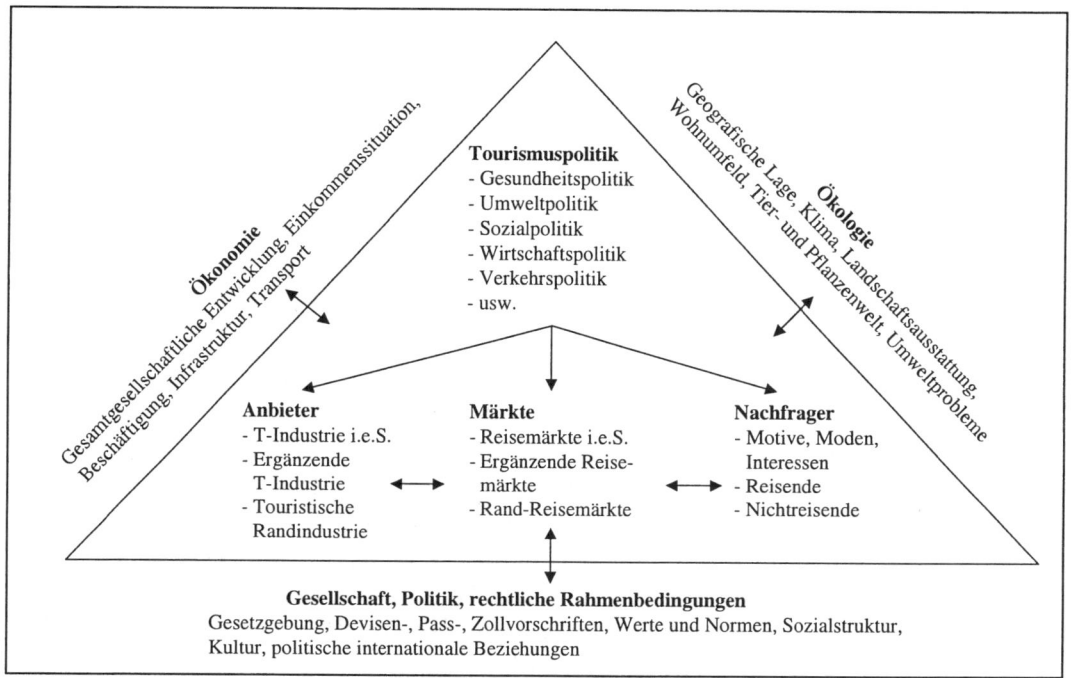

**Abbildung 5:**  Das System des Tourismus

Tourismus kann daher als offenes, interaktives System verstanden werden. Die einzelnen Systemelemente sind dabei aufeinander verwiesen, miteinander verwoben und letztlich in einen übergreifenden Kontext eingebettet. Eine konkrete Analyse kann dann auf der Ebene des gesamten Systems, der einzelnen Systemelemente oder des Beziehungsgefüges (und deren Qualitäten) zwischen den Systemelementen erfolgen. Dabei sollten stets ökonomische, sozialgesellschaftliche und ökologische Aspekte gemeinsam bedacht werden.

## 2.1  Grundbegriffe der Tourismusstatistik

Gemäß einer Definition der *Welttourismusorganisation (WTO)*, umfasst Tourismus „die Aktivitäten von Personen, die an Orte außerhalb ihrer gewohnten Umgebung reisen und sich dort zu Freizeit-, Geschäfts- oder bestimmten anderen Zwecken nicht länger als ein Jahr ohne Unterbrechung aufhalten".[43]
Gründe (= Reisezweck) für solche Aufenthalte sind z.B.:
* Freizeit, Erholung und Urlaub/Ferien,
* Besuch bei Freunden, Bekannten und Verwandten,

---

[43]  World Travel Organization, 1993.

- Geschäft und Beruf,
- Gesundheit,
- Religion/Wallfahrt,
- Sonstiges.

Demnach zählen zum Tourismus nicht nur die privaten, sondern auch Dienst- und Geschäftsreisen.

Wesentliche Elemente der Tourismusdefinition der *WTO* sind:
- der Ortswechsel und damit eine räumliche Veränderung des Aufenthaltsortes einer Person,
- der Aufenthaltsort darf weder Wohn- noch ständiger Arbeitsort sein,
- Aktivitäten und Übernachtung am Urlaubsort,
- das Vorhandensein von Anbietern und Abnehmern touristischer Leistungen.

Diese Begriffsbestimmung schafft jedoch das Problem, dass wichtige Phänomene ausgeschlossen werden. Da mindestens eine Übernachtung erforderlich ist, bleiben Tagesbesuche und Mobilität außerhalb der täglichen Wegstrecke unberücksichtigt. Die Tourismusdefinition im angelsächsischen Raum versteht unter Tourismus deshalb eine temporäre Bewegung/Reise von Personen an Destinationen außerhalb ihrer normalen Arbeits- und Wohnstätte.

*Reisende - Visitors*

Die zentrale Bezugskategorie für die Tourismusdefinition der *WTO* ist der Besucher (visitor). Da die *WTO* dabei auf einen Ortswechsel der Person abstellt, dessen hauptsächlicher Zweck ein anderer ist als die Ausübung einer Tätigkeit, die vom besuchten Ort/Land entgolten wird (vgl. Berufsarbeit), sind Pendler hier ausgeschlossen. Besucher, die wenigstens eine Nacht in einem Beherbergungsbetrieb oder einer Privatunterkunft im besuchten Ort/Land verbringen, werden als Touristen (= übernachtende Besucher) bezeichnet. Besucher, die am besuchten Ort/in dem besuchten Land nicht übernachten, gelten als Tagesbesucher.

Besucher können jedoch auch nach ihrer Nationalität kategorisiert werden. Der Begriff „internationaler Besucher" beschreibt „... jede Person, die für die Dauer von nicht mehr als zwölf Monaten ihre gewohnte Umgebung verlässt und in ein anderes als dasjenige Land reist, in dem sie ihren gewöhnlichen Wohnsitz hat, und deren hauptsächlicher Reisezweck ein anderer ist als die Ausübung einer Tätigkeit, die von dem besuchten Land aus entgolten wird."[44]
„Inländische Besucher" bezeichnet „... jede Person, die in dem gegebenen Land ihren Wohnsitz hat und für die Dauer von nicht mehr als zwölf Monaten ihre

---

[44] Statistisches Bundesamt, 1999, S. 14.

gewohnte Umgebung verlässt, um an einem anderen Ort innerhalb dieses Landes zu reisen, und deren hauptsächlicher Reisezweck ein anderer ist als die Ausübung einer Tätigkeit, die von dem besuchten Ort aus entgolten wird."[45]

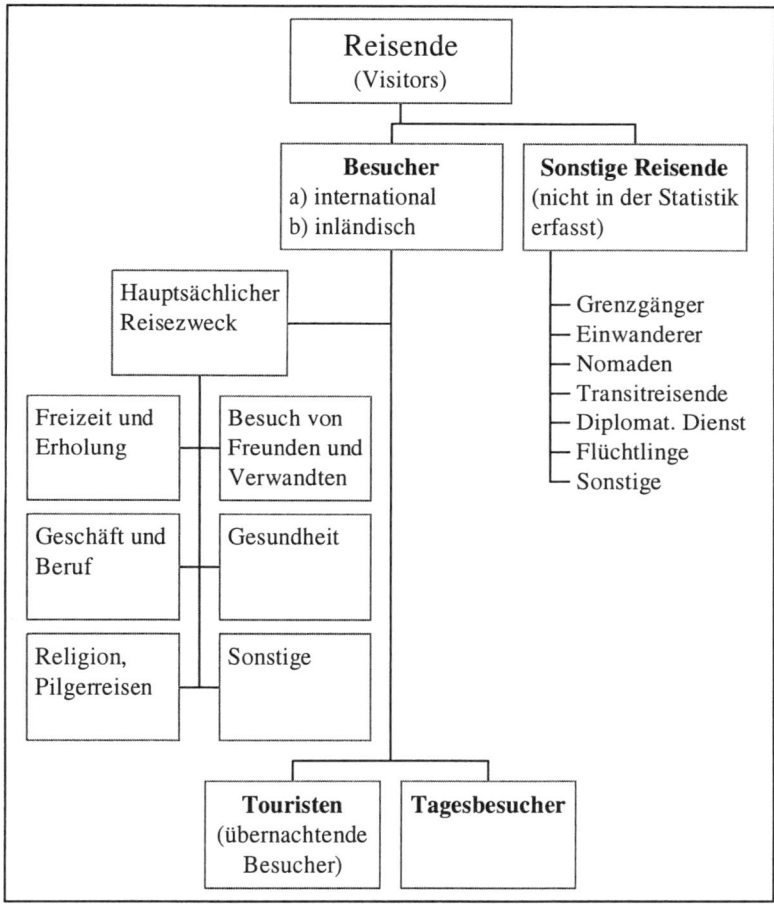

**Abbildung 6:**   Tourismusdefinition der WTO

*Reiseverkehrsströme, Grundformen des Tourismus*

Die Analyse der Reiseströme eines bestimmten Landes ermöglicht die Unterscheidung folgender Arten von Reiseströmen:

a) Binnenreiseverkehr (domestic tourism): bezieht sich auf die Bürgerinnen und Bürger eines gegebenen Landes, soweit sie nur innerhalb des Landes reisen.
b) Einreiseverkehr (incoming tourism): bezieht sich auf Angehörige anderer Staaten, die in das gegebene Land einreisen.

---

[45]  A.a.O., S. 15.

c) Ausreiseverkehr (outgoing tourism): bezieht sich auf Inländer, die in ein anderes Land reisen.

Mit Hilfe dieser drei Arten von Reiseverkehrsströmen werden drei Grundformen des Tourismus gebildet:

a) Inlandstourismus (internal tourism): Binnenreiseverkehr und Einreiseverkehr.
- Binnentourismus: Gesamtheit aller Phänomene, die sich aus der Reise oder dem Aufenthalt von Inländern im Inland ergeben.
- Incoming tourism (inbound tourism): Gesamtheit aller Phänomene, die sich aus der Reise oder dem Aufenthalt von Angehörigen anderer Staaten im Inland ergeben.

b) Nationaler Tourismus (national tourism): Binnenreiseverkehr und Ausreiseverkehr.
- Binnentourismus
- Outgoing tourism: Gesamtheit aller Phänomene, die sich aus der Reise oder dem Aufenthalt von Inländern im Ausland ergeben.

c) Internationaler Tourismus: Einreise- und Ausreiseverkehr
- Incoming tourism
- Outgoing Tourism.[46]

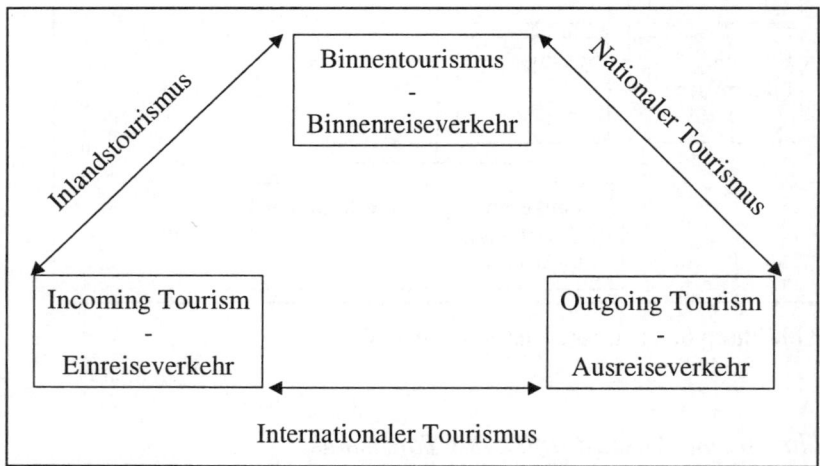

**Abbildung 7:**   Reiseverkehrsströme und Grundformen des Tourismus[47]

---

[46] A.a.O., S. 12-13.
[47] In Anhalt an Statistisches Bundesamt, 1999, S. 13.

## 2.2  Der betriebswirtschaftliche Blickwinkel

Aufgabe der Tourismusbetriebswirtschaftslehre ist die Beschreibung und Analyse der mit der Leistungserstellung beschäftigten Betriebe. Die von den meisten Tourismusbetrieben erstellten Leistungen sind Dienstleistungen. Nur in wenigen Fällen werden vorrangig Sachgüter hergestellt. Insofern hat eine Tourismus-BWL viele Gemeinsamkeiten mit der BWL von Dienstleistungsunternehmen.

Grundsätzlich können eine funktionale und eine institutionelle Tourismusbetriebswirtschaftslehre unterschieden werden.
*   Die funktionale BWL des Tourismus bezieht sich üblicherweise auf die Bereiche Management, Beschaffung, Leistungserstellung, Finanzierung, Personal sowie Absatz oder Marketing. Die organisationelle Zuordnung der Funktionsbereiche sowie die normative, strategische und operative Ausgestaltung stehen hier im Mittelpunkt.
*   Die institutionelle BWL des Tourismus konzentriert sich auf die institutionellen Besonderheiten einzelner Arten von Tourismusbetrieben. So werden z.B. Reiseveranstalter und -mittler, Beherbergungsbetriebe, touristische Transportunternehmen sowie Fremdenverkehrsdestinationen behandelt.[48]

### 2.2.1  Touristische Nachfrage

Ein wichtiger Bereich ökonomischer Tourismusbetrachtungen ist die Analyse der Nachfrageseite. Hier gibt es einen relevanten Unterschied zur üblichen, typischen Nachfrageanalyse: Der Einfluss des Preises auf die Kaufentscheidung der Nachfrager scheint nicht die zentrale Größe zu sein. Andere Einflüsse wie Image des Reiselandes, Art des Urlaubs (z.B. Sporturlaub, Badeurlaub, Bildung), die generellen Umweltbedingungen und andere, individuelle und subjektive Einflussfaktoren spielen hier eine große Rolle.
Insgesamt lassen sich die Einflussfaktoren touristischer Nachfrage in folgende Bereiche untergliedern:
*   Individuelle Einflüsse
    (Motive, Interessen, Anlass, finanzielle Möglichkeiten, familiäre Situation usw.)
*   Gesellschaftliche Einflüsse
    (Werte und Normen, Trends, Arbeitszeit, Sozialstruktur usw.)
*   Umwelt
    (Klima, Landschaftsbild, Ökologie, Verstädterung, Wohnumfeld)

---

[48]  Vgl. Freyer, 2001[2], S. 6-7.

- Ökonomie
  (Gesamtwirtschaftliche Entwicklung, Preise und Wechselkurse, Handelsbeziehungen usw.)
- Anbieter
  (Leistungen, Produkte, Preis, Absatzwege, Werbung)
- Staat
  (Gesetzliche Regelwerke, Devisen-, Pass- und Zollvorschriften, politischen Beziehungen, innere Sicherheit und Stabilität)

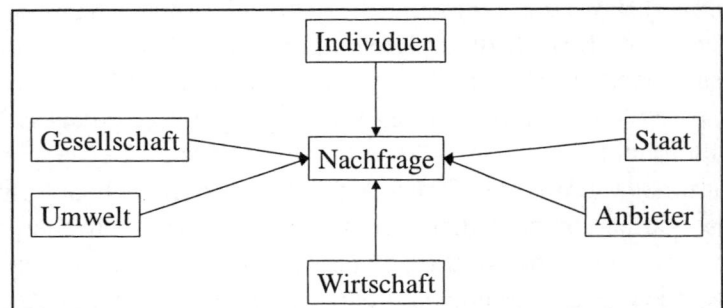

**Abbildung 8:**    Einflussfaktoren auf die individuelle Nachfrage

Aus ökonomischer Sicht wird die touristische Nachfrage parallel zur volkswirtschaftlichen Konsumtheorie als Teil des privaten Konsums angesehen. Die Nachfrage nach Fremdenverkehrsleistungen ist u.a. abhängig von der individuellen und gesamtwirtschaftlichen Situation. Eine Orientierungsgröße ist hier die Entwicklung und Höhe der Einkommen privater Haushalte.[49] Allerdings ist der Blick auf die Einkommensentwicklung nicht ausreichend, um die Höhe der Reiseintensität bzw. die Zahl der gemachten Reisen zu erklären. Bedeutsam ist auch die Dauer, mit der diese Einkommen zur Verfügung stehen. So geben offensichtlich die meisten erst dann mehr Geld für Erholungs- bzw. Urlaubsreisen aus, wenn sie sich relativ konstanter Einkommensüberschüsse über mehrere Jahre hinweg gewiss sein können.[50]

---

[49]  Derselbe, 2001, S. 65-68.
[50]  Vgl. Mundt, 2000, S. 24-25.

**Tabelle 3:** Ausgabefähiges Jahreseinkommen und die Jahreseinnahmen privater Haushalte sowie Aufwendungen für den privaten Verbrauch[51]

| Monatl. Haushalts-einkommen | 1969 alte Bundesländer | | | 1993 alte Bundesländer | | |
|---|---|---|---|---|---|---|
| | Jahresein-kommen | Aufwand privater Verbrauch | davon für Urlaubs- und Erholungs-reisen | Jahresein-kommen | Aufwand privater Verbrauch | davon für Urlaubs- und Erholungs-reisen |
| 409-614 | 6.6679 | 5.769 | 208 | 6.859 | 7.292 | 314 |
| 614-920 | 9.808 | 7.991 | 311 | 9.734 | 9.695 | 470 |
| 920-1.278 | 13.526 | 10.355 | 458 | 13.599 | 12.475 | 675 |
| 1.278-2.557 | 20.480 | 13.919 | 781 | 23.298 | 19.322 | 1.324 |
| 2.557 und mehr | 22.266 | 14.505 | 847 | 50.285 | 32.397 | 2.612 |

**Fortsetzung Tabelle 3:** Neue Bundesländer

| Monatl. Haushalts-einkommen | 1993 neue Bundesländer | | |
|---|---|---|---|
| | Jahreseinkommen | Aufwand privater Verbrauch | davon für Urlaubs- und Erholungsreisen |
| 409-614 | 6.710 | 6.650 | 261 |
| 614-920 | 9.645 | 9.033 | 564 |
| 920-1.278 | 13.396 | 12.119 | 945 |
| 1.278-2.557 | 22.672 | 18.462 | 1.141 |
| 2.557 und mehr | 41.038 | 26.937 | 2.096 |

Die Bedeutung der gesamtwirtschaftlichen Situation für die Reiseintensität hat sich in den letzten Jahren verändert. Bis in die 80er Jahre hinein konnte eine starke Abhängigkeit von der gesamtwirtschaftlichen Entwicklung festgestellt werden. Seit Beginn der 90er Jahre lässt sich ein solcher Zusammenhang nicht mehr ohne Weiteres herstellen. Trotz mehrfacher konjunktureller Dellen Anfang der 90er zeigte sich keine Abwärtsentwicklung auf dem Reisemarkt. Offenbar hat sich die Urlaubsreise für weite Kreise der Bevölkerung als soziale Selbstver-ständlichkeit etabliert, auf die auch in wirtschaftlich unsicheren Zeiten nur ungern verzichtet wird.[52]

Während der Urlaubs- und Erholungsreiseverkehr überwiegend dem Vergnügen dient und der Freizeit- und Konsumsphäre zuzuordnen ist, ist der Geschäfts-

---

[51] Vgl. Statistisches Bundesamt, 1999, S. 84.
[52] Vgl.Mundt, 2000, S. 25-26.

reiseverkehr i.d.R. produktionsbedingt. Reisen und Reiseausgaben sind in diesem Zusammenhang Teil der Produktion bzw. Teil der Dienstleistungserstellung. Sie gehen als Investition oder Vorleistung in den Leistungserstellungsprozess ein. In Bezug auf diese Reisen wird ein besonderer Einfluss der wirtschaftlich-konjunkturellen Situation auf die Nachfrage angenommen.[53]

*Touristische Nachfragegruppen*

Ansetzend an dem Zweck einer Reise lassen sich folgende wichtige touristische Nachfragegruppen unterscheiden:

a) Erholungs- und Freizeittouristen/Freizeitreisende:
   Das meiste Interesse der Fremdenverkehrslehre gilt den Urlaubsreisenden. Sie stellen die Hauptnachfragegruppe des modernen Tourismus dar. Häufig wird freie Zeit zum Reisen verwendet. Diese Reisen dienen dann vorwiegend der Erholung bzw. dem Vergnügen. Sie werden um ihrer selbst willen durchgeführt. Erholungs- bzw. Freizeitreisende werden vielfach noch weiter untergliedert nach Bildungs-, Sport-, Winter- oder Badetouristen usw.[54]

b) Geschäftstouristen:
   Geschäftstouristen sind Reisende, die in ihrer Arbeitszeit aus beruflichen Gründen unterwegs sind. Neben den klassischen Geschäftsreisen (zu Geschäftspartnern) umfasst diese Gruppe auch den Tagungs- und Seminartourismus sowie Messe- und Montageaufenthalte. Die Reisedauer ist im Gegensatz zu den Erholungstouristen meist kürzer (ein bis drei Tage), die Reiseausgaben sind pro Tag höher und die Reisedestinationen sind häufig Städte. Bei den Verkehrsmitteln und Beherbergungsbetrieben wird oftmals eine gehobene Klasse gewählt. Die Anreise erfolgt zu rund 50 % per Pkw. Zurzeit geht man von rund fünf Millionen Geschäftsreisenden aus, wovon 3,8 Millionen innerdeutsch reisen. Diese fünf Millionen Reisenden unternehmen ca. 20 Millionen Reisen (ohne Tagesgeschäftsreisen). Jeder Geschäftsreisende absolviert im Durchschnitt pro Jahr sieben Geschäftsreisen.[55]
   Insgesamt sind Geschäftsreisende anspruchsvolle Kunden. Da sie beruflich unterwegs sind, erwarten sie ein hohes Maß an Unterstützung von der Reiseindustrie. Von Bedeutung sind für sie z.B. Pünktlichkeit und Zuverlässigkeit, Schnelligkeit (Reservierung, Ein- und Auschecken), vereinfachte Zahlungsmöglichkeiten (über Firma, bargeldlos) oder Komfort. Der typische Geschäftsreisende ist männlich (71 %), mittleren Alters (58 % sind zwischen 30 und 43

---

[53] Freyer, 2001, S. 76-77.
[54] A.a.O., S. 71-76.
[55] Vgl. Deutscher Bundestag, 1999, S. 25.

Jahre), verfügt über einen leitenden bzw. qualifizierten Beruf. Als Reiseanlass steht die Business-to-Business-Kommunikation im Vordergrund. An zweiter Stelle folgen Tagungen, Seminare, Kongresse, Kurse, danach Ausstellungen und Messen.

Exakte Daten über die ökonomische Bedeutung des Geschäftstourismus liegen zurzeit nicht vor. Gleichwohl wird der Geschäftsreiseverkehr als ebenso bedeutend wie der Urlaubsreiseverkehr eingeschätzt: Er erreicht ca. 45 % des Gesamtumsatzes des deutschen Fremdenverkehrs.[56]

c) Kur-Touristen:
Der Kur- und Bädertourismus stellt ein eigenes Segment der touristischen Nachfrage dar. Kuraufenthalte erfolgen aufgrund ärztlicher Verordnung. So gesehen sind sie nicht als freiwillige Nachfrage zu verstehen. Auch dienen Kuraufenthalte zumeist nicht dem Vergnügen, sondern sind als therapeutische Maßnahmen weitgehend gesundheitlich bedingt. Das Ziel der Kur ist die Prävention oder Heilung bzw. Rehabilitation krankhafter Zustände.
In der Bundesrepublik Deutschland gibt es zur Zeit über 300 staatlich anerkannte Heilbäder, Kurorte und heilklimatische Kurorte. In diesen Kurorten übernachten jährlich rund 16 Millionen Gäste, die 104 Millionen Übernachtungen buchen.[57]

d) Gesundheitsbetonte- und Wellness-Touristen:
In den letzten Jahren treten immer mehr verschiedene Formen des sogenannten gesundheitsbetonten Tourismus in den Vordergrund. Hier stehen nicht medizinische Leistungen, sondern Bewegung, Sport, gesunde Ernährung und Beratung zu einer gesunden Lebensweise im Vordergrund. Wellness umschreibt eine praxisorientierte Lebensphilosophie, deren Ziel das größtmögliche körperliche und geistig-seelische Wohlbefinden ist. Bleibt jedoch anzumerken, dass das, was Wellness bedeuten kann, sich vorwiegend aus der Perspektive des Wellness-Suchenden, also des Nachfragers, erschließt.
Umsatzmäßig ist der Wellness-Tourismus bedeutender als mengenmäßig. Gesundheits-, Fitness-, Beauty- oder Wellnessreisen erfolgen häufig in die traditionellen Kur- und Bäderorte. Die Marktstruktur zeichnet sich vor allem durch überdurchschnittlich große Hotels der Mittel- und Luxusklasse aus.

---

[56] Vgl. Freyer, 2001, S. 76-80.
[57] Vgl. Dettmer, 1998, S. 186-189.

e) Die Privat-Touristen:
   Mit Privat-Touristen wird die Gruppe der Verwandten- und Bekanntenreisen bezeichnet. Diese Gruppe wird mengenmäßig oft unterschätzt. Verlässliche Daten sind hier Mangelware.

f) Die Nichtreisenden:
   Die Nichtreisenden (rund 22 % der Bundesbürger) stellen für die Tourismuswirtschaft durchaus eine interessante Nachfragegruppe dar. Ihre Motive für das Zuhausebleiben bieten Ansatzpunkte, diese Gruppe für das Reisen zu gewinnen. Zur Gruppe der daheim Gebliebenen gehören 39 % der Bezieher von Haushaltsnettoeinkommen unter 1.023 Euro, 31 % der Ruheständler sowie 28 % der Landbewohner.[58]

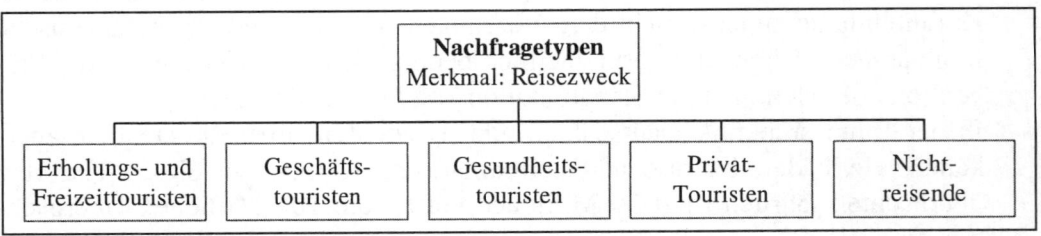

**Abbildung 9:**  Touristische Nachfrage

## 2.2.2  Die Anbieter: Touristische Betriebe

Die Gesamtheit der für die Erstellung von Fremdenverkehrsleistungen notwendigen oder einbezogenen Bereiche wird als Tourismusindustrie bezeichnet. Allerdings ist der Begriff Tourismusindustrie etwas unscharf: Tourismus ist nämlich kein Industrieprodukt, sondern vor allem eine Dienstleistung. Außerdem stellen die Anbieter tourismusbezogener Leistungen keinen einheitlichen Industriezweig dar, sondern setzen sich aus Teilbereichen anderer Industriezweige zusammen.[59]
Das Feld der touristischen Anbieter ist demnach ausgesprochen vielfältig. Als tourismusspezifische Betriebe können z.B. die Reiseveranstalter bzw. -mittler, Beherbergungsbetriebe oder touristische Transportbetriebe genannt werden. Sie wirken an der Bereitstellung und Durchführung von touristischen Reisen an verschiedenen Orten und in verschiedenem Umfang mit.

---

[58]  Vgl. Opaschowski, 2001, S. 34.
[59]  Vgl. Freyer, 2001, S. 106.

Grundsätzlich kann die Einteilung der Tourismusbetriebe nach folgenden zwei Prinzipien erfolgen:

a) Angebotsseitige Einordnung: Nach Art der Leistungserstellung
   Üblicherweise werden Betriebe aufgrund ihrer Leistungsendprodukte den jeweiligen Wirtschaftssektoren zugeordnet. Betriebe, die ausschließlich reise- bzw. tourismusbezogene Leistungen erstellen, werden daher als touristische Betriebe angesehen.
   Dies trifft insbesondere für Reiseveranstalter-, Reisemittler- und Beherbergungsbetriebe mit ihren touristischen Leistungen zu.
   Allerdings erbringen z.B. die Transportunternehmen neben der engeren touristischen Teilleistung auch Transportleistungen für Nicht-Touristen (z.B. im Rahmen des ÖPNV). Auch werden einige typische Tourismusleistungen von Betrieben erbracht, die nicht als typische Tourismusbetriebe anzusehen sind. Reiseversicherungen, Souvenirhersteller, Buchläden mit Reiseliteratur usw. sind nur zum Teil auf Touristen/Reisende als Zielgruppe spezialisiert.

b) Bei der nachfrageorientierten Einordnung werden alle Betriebe der Tourismuswirtschaft zugeordnet, deren Absatz ganz oder zu einem strukturbestimmenden Teil tourismusabhängig ist. Solche Betriebe müssen keine spezifischen Tourismusleistungen bereitstellen. Hier genügt es, dass ihre Leistungen von Touristen nachgefragt werden.

Aufgrund der Abgrenzung nach angebotsseitigen und nachfrageorientierten Tourismusbetrieben ergeben sich zwei unterschiedliche Gruppen von Tourismusbetrieben:
- Tourismusbetriebe im engeren Sinne:
  Dies sind Betriebe, die tourismustypische Leistungen erstellen und damit ausschließlich Leistungen für Touristen erbringen.
- Tourismusbetriebe im weiteren Sinne:
  Dazu zählen Betriebe, die nicht ausschließlich tourismustypische Leistungen herstellen, sich aber
  a) mit Teilen ihrer Leistungserstellung auf touristische Leistungen spezialisiert haben und diese vornehmlich Touristen zielgruppengerecht anbieten (= untypische Tourismusbetriebe, die sich mit typischen Tourismusprodukten auf Touristen als Zielgruppe spezialisiert haben und deshalb auch dem Bereich der ergänzenden Tourismuswirtschaft zugeordnet werden).
  b) überwiegend auf Touristen als Nachfrager stützen (untypische Tourismusbetriebe, die sich mit untypischen Tourismusleistungen auf Touristen als Zielgruppe spezialisiert haben bzw. einen (Groß-) Teil ihres Umsatzes

durch den Tourismus erzielen).[60] Diese tourismusabhängigen Betriebe werden auch unter dem Begriff touristische Randindustrie geführt.

**Tabelle 4:**   Die Tourismuswirtschaft[61]

| Tourismuswirtschaft im engeren Sinne | Tourismuswirtschaft im weiteren Sinne | |
|---|---|---|
| | Ergänzende Freizeitwirtschaft, tourismusspezialisierte Betriebe | Touristische Randindustrie, tourismusabhängige Betriebe |
| Beherbergung, Reiseveranstalter, Reisemittler, Fremdenverkehrsämter, Destinationen, Reise-Transportunternehmen usw. | a) Produktion: Souvenirindustrie, Reiseausrüster, Fahrzeugbau, Bücher- und Zeitschriftenverlage usw.<br><br>b) Dienstleister: Animateure, Versicherungsunternehmen, Journalisten, Kreditinstitute, Behörden, Verwaltung usw. | a) Produktion: Sportartikelindustrie, Bekleidungsindustrie, Fotoindustrie, Bäcker usw.<br><br>b) Dienstleister: Gastronomie, Sportlehrer, Friseure, Kulturanbieter, Spielbanken usw. |

In Anhalt an diese Untergliederung können verschiedene touristische Leistungsbereiche unterschieden werden. Dies sind der tourismustypische Bereich, in dem vorwiegend Dienstleistungen von den touristischen Leistungsträgern bereitgestellt werden. Der tourismusspezialisierte Leistungsbereich erstellt sowohl Produkte als auch Dienstleistungen. Gleiches gilt für die Leistungsträger des tourismusabhängigen Bereichs.[62]

*Tourismuswirtschaft im engeren Sinne*

Die typische Tourismuswirtschaft umfasst alle jene Betriebe, die typische Fremdenverkehrsleistungen erbringen. Diese Leistungen stehen in direktem Zusammenhang mit dem Fremdenverkehr und der Reise. Die Betriebe der typischen Tourismuswirtschaft erstellen ihre Leistungen nahezu ausschließlich für Reisende, nur selten sind Nichtreisende Leistungsempfänger. Nachfrager sind die Reisenden selbst, aber auch andere Anbieter der typischen Tourismuswirtschaft.[63]

---

[60]   Derselbe, 2001[2], S. 16-17.
[61]   In Anhalt an Freyer, 2001, S. 111.
[62]   Vgl. Dettmer/Hausmann/Kloss/Meisel/Weithöner, 1999, S. 12-13.
[63]   Vgl. Freyer, 2001, S. 110.

Anbieter der Tourismusindustrie im engeren Sinne sind die Beherbergungs- und Transportbetriebe als Produzenten der Tourismusleistung „Reise". Die Reiseveranstalter bündeln diese Leistungen, was ggf. zur Erstellung eines neuen Produktes führt: der Pauschalreise. Als Zwischenhändler fungieren Reisemittler, die das touristische Produkt an den Endkunden, den Reisenden, weitergeben.

Das Produkt der **Beherbergungsindustrie** ist die Übernachtungsleistung (Zimmer), die eventuell mit Verpflegungsleistungen (Frühstück, Halb- oder Vollpension) ergänzt wird. Hinzukommen können weitere Betreuungs- und Unterhaltungsleistungen. Die Hotels können nach einem internationalen Standard klassifiziert werden, was den Nachfragern eine gewisse Orientierung bei der Auswahl bietet. Zu den bedeutendsten Klassifikationsschemen zählen die der *WTO* und der *Alliance International de Tourisme (AIT)*. Daneben gibt es verschiedene nationale Klassifikationen. Auch den so genannten Sterne-Klassifikationsschemen kann kein einheitlicher Bedeutungsschlüssel zugrunde gelegt werden. Unterschieden werden hier De-Luxe, First-Class, Second-Class, Economy-Hotels oder einfache Unterkünfte (Pensionen). Versuche, eine einheitliche Klassifikation einzuführen, scheiterten bisher an den Anbietern. Qualitative Stärken bzw. Schwächen wie Service, Flair, Atmosphäre usw. ließen sich nur ungenügend durch eine standardisierte Klassifikation abbilden, so ihr Argument.
Die Struktur der Beherbergungsindustrie stellt sich wie folgt dar: Neben der klassischen Hotellerie (Hotel, Hotel Garni, Pension, Gasthöfe) und den speziellen Beherbergungsbetrieben (Motel, Aparthotel, Kurhotel, Kurheim, Feriendorf) umfasst die Parahotellerie (= zusätzliche oder ergänzende Hotellerie) vor allem Privatappartements, Ferienwohnungen, Privatzimmer, Camping, Caravaning, Jugendherbergen, Bauernhöfe, Ferienheime, aber auch Kurkliniken und Sanatorien. Die Betriebe der Parahotellerie werden häufig als Nebenerwerbsbetriebe unterhalten.
Geschäftspartner für die Beherbergungsindustrie sind sowohl die Reisenden als auch verschiedene Betriebe der Tourismuswirtschaft selbst. So buchen Einzelreisende ihre Hotelleistung direkt beim Anbieter. Reiseveranstalter buchen ganze Bettenkontingente. Die Reisemittler bieten den nachfragenden Einzelkunden im Auftrag der Beherbergungsindustrie Unterkünfte an, vorausgesetzt, freie Kapazitäten werden zeitnah angezeigt.[64]

Aus touristischer Sicht sind vor allem die **Transportbetriebe** für Flugleistungen, Bahntransport und Seefahrt von Bedeutung. Ein Großteil der Urlaubsreisen findet jedoch auf den Straßen statt, was übrigens die Tourismusindustrie zu einem wichtigen Faktor für die Automobilindustrie macht. Tank- und Raststätten partizipieren ebenfalls am Urlaubsreiseverkehr.

---

[64] A.a.O., S. 116-120.

Das Produkt der Transportbetriebe ist die Transportleistung, die in der Regel die Beförderung zwischen Abreise- und Zielort, ggf. auch den Transport am Zielort umfasst. Mitunter sind Verpflegungsleistungen während des Transports eingeschlossen. Wenn auch die Transportleistung bei allen Transportmitteln prinzipiell gleich ist, so gibt es doch erhebliche Leistungsunterschiede. Es ist daher auch denkbar, die Leistungen als verschiedene Produkte anzubieten.

Ein wichtiger Transportbetrieb ist die Bahn. Ihre Entwicklung bereitete letztlich den Boden für das Aufkommen des Tourismus überhaupt. Das Leistungsangebot der Bahn ist hinsichtlich der Produktqualität nach Klassen differenziert. Hinzu kommen Nebenleistungen wie Bewirtschaftung, Telefonbenutzung, Park & Ride usw. Die Preisdifferenzierung der Bahn orientiert sich z.B. an Reisezeit, Reiseklasse, Zugart oder Zahl der Personen. Daneben gibt es Sondertarife, z.B. für Reiseveranstalter. Geschäftspartner der Bahn sind die Reisenden selbst sowie die verschiedenen Teilbereiche der Tourismusindustrie.[65]

Das Schiff spielt in Deutschland für den Personentransport eine eher untergeordnete Rolle. Hier ist vor allem der Ausflugsverkehr zu nennen, der allerdings weniger als ein Prozent der jährlichen Urlaubsreisen ausmacht. Bei Schiffsreisen tritt die eigentliche Beförderungsleistung meist in den Hintergrund. Der Aufenthalt „an Bord" wird dagegen in den Vordergrund gerückt. Unter touristischen Gesichtspunkten spielen vor allem Kreuzfahrten auf See oder auf Flüssen eine Rolle.[66]

Das Flugzeug ist als Transportmittel bei Urlaubsreisenden außerordentlich beliebt. Dazu hat die Attraktivität ausländischer Flugziele und speziell von Fernreisen sicherlich beigetragen. Die stark anwachsende Nachfrage findet ihren Niederschlag in einer starken Zunahme des internationalen Luftverkehrs. Zwischen 1980 und 1996 hat sich dessen Umfang fast verdreifacht.[67] Heute ist die Luftfahrtindustrie ein bedeutender und vielgestaltiger Teil der Tourismusindustrie. Dabei ist bei der Flugindustrie nach internationalen Luftfahrtgesellschaften, nach Flughäfen als eigenständigen Wirtschaftseinheiten und nach verschiedenen Zulieferern zu unterscheiden. Die Beförderungsleistung der Fluggesellschaften wird grundsätzlich nach Beförderungsklassen (auch als eigenständige Produkte zu verstehen) und Preis (Tarifklasse) differenziert. In Anlehnung an die Beförderungsklasse gelten unterschiedliche Leistungen bei der Abfertigung (z.B. Sonderschalter für First Class) und bezüglich des Services während der Beförderung (komfortablere Sitze, besseres Essen, Freigetränke). Die Tarifgestaltung beinhaltet unterschiedliche Zu- und Abschlags- sowie Bonussysteme.

---

[65] A.a.O., S. 142-144.
[66] A.a.O., S. 135.
[67] Vgl. Deutscher Bundestag, 1999, S. 54.

Darüber hinaus gibt es Sondertarife (Flug & Spar, Standby-Flüge, Holiday-Tarife usw.) und die Angebote des so genannten grauen Marktes. Letztere liegen meist unter den niedrigsten offiziellen Sondertarifen und werden von Airlines angeboten, die sich nicht an die Tarife der *International Air Transportation Association (IATA)* halten. Geschäftspartner der Fluggesellschaften sind die Reisenden selbst, aber auch Reiseveranstalter und Reisebüros.[68]

Weitere wichtige Leistungsträger in der Tourismusindustrie sind die **Reiseveranstalter**. Sie kombinieren die verschiedenen Teilleistungen der Leistungsträger zu einem verkaufsfähigen Produkt. Auf dem Markt für Veranstalterreisen ist gegenwärtig eine Vielzahl sehr unterschiedlicher Anbieter präsent. Da wären zunächst die großen Generalisten wie die *TUI* oder *C&N*, die nahezu alle Zielgebiete, Reisearten (Badeurlaub, Sportreisen, Wellnessreisen usw.) und Verkehrsmittel national wie international in ihre Kataloge aufgenommen haben. Ebenso gibt es so genannte Spezialisten, die eine Programmspezialisierung (z.B. Kreuzfahrt, Pilgerreisen, Abenteuerurlaub oder ausschließlich eine bestimmte Destination), Zielgruppenspezialisierung (Jugend, Senioren, Behinderte) oder Verkehrsmittelspezialisierung (Busreisen) ausweisen. Andere Veranstalter sind z.B. nur national aktiv (Spezialisierung nach der Angebotsregion).

Als Schwarztouristik werden jene Organisatoren von Reisearrangements verstanden, die ihre Leistungen privat und ohne die gesetzlich vorgeschriebene Kundengeldabsicherung anbieten (z.B. lokale Busreiseunternehmer, die Ausflugsfahrten anbieten). Nicht ganz ins Bild passen die Paketreiseveranstalter. Sie treten nicht mit eigenem Namen auf dem Markt für Endverbraucher auf, sondern verkaufen in der Regel ihre Reisen an Busunternehmen. Diese Unternehmen agieren meist regional bzw. lokal.[69]

Die von den Betrieben der Tourismuswirtschaft hergestellten Fremdenverkehrsleistungen werden häufig nicht direkt dem Endverbraucher angeboten. Es bedarf daher geeigneter Zwischenhändler, der Reisebüros. Die **Reisemittler** verkaufen im Auftrag der Produzenten die jeweilige Tourismusleistung. Sie sind Handelsvertreter; Handelsherren sind die Reiseveranstalter, die auch den Einzelverkaufspreis festlegen. Neben den Reisebüros vermitteln auch andere Institutionen Fremdenverkehrsleistungen, z.B. Reiseclubs oder Fremdenverkehrsämter.

Für den Endkunden ist die Abgrenzung zwischen Reiseveranstalter und Reisemittler nicht immer klar zu erkennen. Dies liegt auch daran, dass Reiseveranstalter sich eigener Reisebüros als Mittler bedienen oder ihre Reisen über selbstständige, aber markengebundene Agenturen absetzen (z.B. *TUI*-Agenturen). Zugleich bedienen sie sich unabhängiger Reisebüros.

---

[68]  Vgl. Freyer, 2001, S. 133-141.
[69]  Vgl. Mundt, 2000, S. 29.

Das Produkt der Reisemittler ist die Vermittlungsleistung, eine reine Dienstleistung. Hierzu gehören die Beratung des Kunden, die Weiterleitung der Buchung an den Reiseveranstalter und die Entgegennahme des Reisepreises.[70]

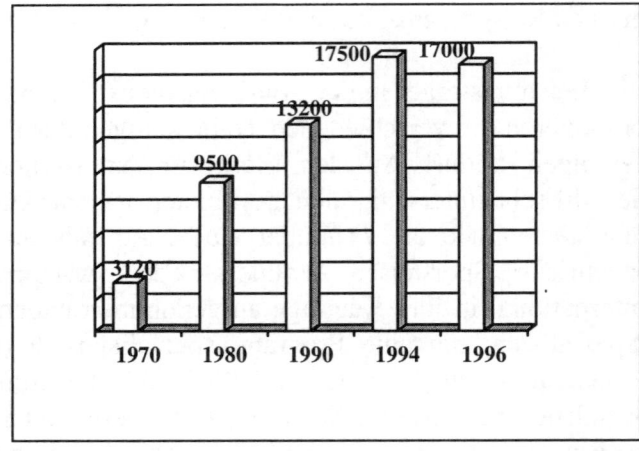

**Abbildung 10:**    Entwicklung der Reisevermittlungsstellen[71]

*Ergänzende Tourismuswirtschaft*

Diese Gruppe von Reiseverkehrsbetrieben ist in ihrer Gesamtheit nicht dem Fremdenverkehrsbereich, sondern verschiedenen anderen Wirtschaftsbereichen zugeordnet. Einige dieser Betriebe bzw. deutlich abgrenzbare Betriebsteile haben sich auf Fremdenverkehrsleistungen spezialisiert. Sie stellen typische Tourismusprodukte her: Souvenirs, Reiseliteratur, Campingartikel, Surfbretter usw. An tourismusspezifische Dienstleistungen stellen sie z.B. Reiseführung, Geldwechsel, Reiseversicherung, Auto- oder Fahrradverleih, Touristenbetreuung.
Neben tourismusbezogenen Dienstleistungen und Produkten werden in diesem Wirtschaftsbereich weitere Leistungen, die keinen Bezug zum Tourismus haben, bereitgestellt.[72]

*Touristische Randindustrie*

Die touristische Randindustrie wird auch als Folgeindustrie, unspezifische oder mittelbare Tourismusindustrie bezeichnet. Die hier zugeordneten Betriebe erstel-

---

[70]  A.a.O., S. 58-60; vgl. Freyer, 2001, S. 167-170.
[71]  Vgl. Deutscher Bundestag, 1999, S. 45.
[72]  Vgl. Freyer, 2001, S. 112.

len Produkte bzw. Dienstleistungen, die keine Fremdenverkehrsleistung darstellen. Ihr Angebot ist an alle Nachfrager gerichtet. Je nach lokalen Gegebenheiten kann der Absatz überwiegend durch Touristen erfolgen. In diesen Fällen sind die Betriebe oft tourismusabhängig.[73]

*Die Destination*

Aus der Perspektive der Reisenden tritt die Destination insofern in Erscheinung, als dass der Reisende ein Leistungsbündel an einem bestimmten Ort oder in einer bestimmten Region konsumiert. Bei der Auswahl des Reiseziels vergleicht er Räume mit ihren Leistungsbündeln untereinander und wählt aus den im Wettbewerb stehenden Räumen denjenigen aus, der seinen Vorstellungen und Bedürfnissen am ehesten entspricht. Dabei muss der Raum nicht notwendig ein Ort sein. Es kann dies ein Ortsteil, eine Ferienanlage, eine ganze Region, ein Land, ja sogar eine Ländergruppe sein, die er als Ziel auswählt und in der sich der Reisende bewegt und Leistungen konsumiert.[74]

Die *WTO* definiert Destination als einen Ort mit einem Muster an Attraktionen und damit verbundene touristische Einrichtungen und Dienstleistungen, den ein Tourist für seinen Besuch auswählt und den die Leistungsersteller vermarkten.[75] Für die *WTO* stellt die Destination demnach sowohl ein Reiseziel als auch ein Tourismusprodukt dar. Letztlich scheint der Begriff Destination ein Überbegriff zu sein, der sämtliche Größen von Reisezielen bzw. Produkten abdeckt. Destination als Konzept verbindet Anbieter, Nachfrager, Produkte und Dienstleistungen in einem Raum mit spezifischen soziokulturellen, ökonomischen und ökologischen Gegebenheiten. Die Destination ist ein geografischer Raum, den der jeweilige Gast als Reiseziel auswählt. Sie enthält sämtliche für den Aufenthalt notwendigen Einrichtungen für Beherbergung, Verpflegung, Unterhaltung u.a. Die Destination „... ist damit das eigentliche Produkt und die Wettbewerbseinheit im Tourismus, die als strategische Geschäftseinheit gesehen werden muss."[76] Ein tragfähiges Destinationsmanagement bedenkt aber, dass der touristische Reiz der Destination, ihre Attraktivität, sich letztlich aus den Vorstellungen und Einschätzungen des Reisenden und seinen Beurteilungen erschließt.[77]

Im Hinblick auf die Einordnung touristischer Betriebe können Destination und die damit verbundenen Institutionen wie Fremdenverkehrsämter, Fremdenver-

---

[73] A.a.O., S. 112.
[74] Vgl. Bieger, 2000, S. 73.
[75] Vgl. WTO, 1993, S. 52.
[76] Bieger, 2000, S. 73.
[77] A.a.O. S. 74.

kehrsvereine und -verbände der Tourismuswirtschaft im engeren Sinne zuge-
schlagen werden. Im Feld der typischen Tourismusbetriebe nehmen sie eine
gewisse Zwitterstellung ein. Zum einen erfüllen sie Aufgaben der Leistungsträger, indem sie z.B. Transport oder Unterkunft zur Verfügung stellen. Zum
anderen übernehmen sie Aufgaben der Reiseorganisation und -vermittlung,
soweit sie selbst Reisepauschalen zusammenstellen und anbieten sowie Unterkünfte und Transportleistungen vermitteln. Im System der Tourismuswirtschaft
treten sie deshalb sowohl als Reiseveranstalter als auch als Reisemittler auf.[78]

Das touristische Produkt ist zunächst der Ort selbst mit seinen natürlichen und
abgeleiteten Angebotsfaktoren. Destinationen produzieren und bieten Attraktivität. Sie verfügen über eine gewisse Ausstattung an landschaftlichen, klimatischen, historischen und ökonomischen Faktoren, die die natürlichen Angebotsfaktoren bilden. Zugleich werden speziell für den Tourismus Angebote und
Leistungen erstellt (touristische Infrastruktur, spezielle touristische Angebote,
Freizeitinfrastruktur). Diese stellen dann das abgeleitete Angebot dar.[79]

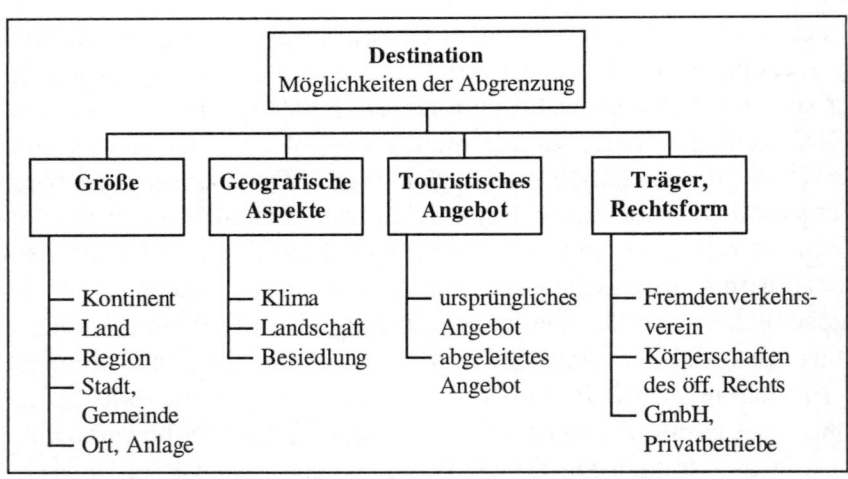

**Abbildung 11:**   Destination – Möglichkeiten der Abgrenzung

Eine besondere Form des abgeleiteten touristischen Angebots stellen die Freizeit-
und Ferienparks dar. Sie umfassen eine ganze Reihe von unterschiedlichen Angebotsformen, die von relativ naturnah bis vollkommen künstlich reichen.
Freizeitparks lassen sich untergliedern in naturorientierte Freizeitanlagen (Wild-
gatter, Botanischer Garten, Naturpark, Biosphärereservat) und in Themen- und
Erlebnisparks (Legoland, Disney Land). Eine dritte Gruppe, eine Art „Zwischen-

---

[78]  Vgl. Freyer, 2001, S. 19.
[79]  A.a.O., S. 180.

welt", sind Badelandschaften (Spaßbäder, Wellness-Parks) oder Sportparks. Die meisten Freizeitparks sind auf Tages- und Ausflugsangebote spezialisiert. Tourismusanlagen mit Übernachtungsmöglichkeiten, so genannte Freizeitparks, stehen der Hotellerie schon sehr nahe (z.B. Center Parcs).

### 2.2.3 Das touristische Produkt

Bei der Bestimmung des touristischen Produkts, der Fremdenverkehrsleistung, wird vielfach von einem erweiterten Begriffsverständnis ausgegangen: Touristische Leistungen sind alle mit dem in- oder ausländischen Reiseverkehr zusammenhängenden Produktions- und Dienstleistungen. Für die Zuordnung unproblematisch sind sicher alle Leistungen, die direkt mit der Reise zu tun haben, also z.B. Transportleistungen, Reiseorganisation, Werbung. Schwieriger sind die Beiträge z.B. der Buchindustrie oder Lederwarenhersteller zuzuordnen. Deren Leistungen können zwar für den Fremdenverkehr nutzbar gemacht werden, sie sind aber sicher nicht „typische" touristische Produkte.[80]

Das touristische Produkt setzt sich aus Einzelleistungen verschiedener Leistungsträger zusammen:
- die Transportbetriebe erstellen die Beförderungsleistung,
- die Hotels die Beherbergungsleistung,
- die Reiseführer die Reiseleitung,
- die Souvenirindustrie die Souvenirs usw.

Aus Sicht der Nachfrager ergeben diese Teilkomponenten jedoch nur in ihrer Gesamtheit einen Sinn. Der Konsument nimmt also ein Leistungsbündel als touristische Gesamtleistung (Fremdenverkehrsleistung) wahr. Zugleich ist es aber eine Kette von Unternehmen (Leistungskette), die diese Leistungen erbringt.
Die Fremdenverkehrsleistung ist in ihrer Gesamtheit
- eine nichtmaterielle Leistung, man kann sie weder fühlen noch sehen: Der Kunde kauft Urlaub, Erholung, Urlaubsglück (= ein immaterieller, schwer bestimmbarer Zusatznutzen des Produkts) und keine Einzelleistungen wie Transport, Beherbergung usw. Bezogen auf den jeweiligen Kunden, ergibt sich daraus ein spezielles, komplexes Leistungsbündel.
- etwas Abstraktes, zusammengesetzt aus den Komponenten Zeit, Raum und Person. Die unterschiedliche Reisedauer, die verschiedenen Destinationen und Zielgruppen erfüllen sehr differenzierte Nutzenvorstellungen der Reisenden.
- etwas Vergängliches, sie kann nicht gelagert werden (ein gebuchtes, aber nicht in Anspruch genommenes Hotelbett verfällt).

---

[80] Vgl. Freyer, 2001, S. 107.

- eine Kombination aus erstellten Sach- und Dienstleistungen sowie vorgefundenen natürlichen, baulichen, kulturhistorischen und sonstigen Gegebenheiten der Destination.
- aus vielen Teilkomponenten zusammengesetzt; sie ist ein Leistungsbündel, wobei die Leistungsbausteine an unterschiedlichen Orten erstellt und zugleich konsumiert werden (Verbrauch am Ort der Leistungserstellung).

Ihrem Wesen nach ist die Fremdenverkehrsleistung eine Dienstleistung mit spezifischer Ausprägung. Sie weist eine hohe Komplementarität der Teilprodukte auf, d.h. die verschiedenen Teilprodukte/-elemente beeinflussen sich gegenseitig.

Die Gesamtqualität des touristischen Produktes ergibt sich aus der Summe der Teilqualitäten der einzelnen Leistungsbausteine, wobei eine Kompensation von Qualitätsunterschieden verschiedener Leistungskomponenten nicht möglich ist. Dies liegt zum Teil daran, dass verschiedene Leistungsträger beteiligt und die Teilleistungen relativ unabhängig voneinander sind. Aus Sicht des Nachfragers können gravierende Qualitätsmängel eines einzelnen Bausteins selten durch eine andere herausragende Teilqualität ausgeglichen werden.[81] Für den Reiseveranstalter ergibt sich daraus die Herausforderung, für eine möglichst hohe Qualität der Teilleistungen sowie für eine möglichst optimale Abstimmung derselben aufeinander Sorge zu tragen. Hierzu bedarf es einer effizienten Koordination der Leistungsträger und einer wirkungsvollen Kontrolle vereinbarter Qualitätsstandards.

*Beispiel Pauschalreise*

Das Grundprodukt des Tourismus ist die Reise. Die Pauschalreise ist eines der typischen Reiseprodukte. Sie umfasst mehrere Teilleistungen. Die Einzelleistungen werden dabei an verschiedenen Orten erbracht.

Für Pauschalreisen ist es charakteristisch, dass sie zu einem Gesamtpreis angeboten werden. Dabei sind für den Kunden die Preise der darin enthaltenen Einzelleistungen nicht ersichtlich. Die Pauschalreise ist zudem im Sinne einer Konfektionsware vom Veranstalter zumindest teilweise vorgefertigt: Die Erstellung des Angebots erfolgt vor der Nachfrage des Kunden, wobei einzelne Elemente angepasst bzw. ausgetauscht werden können. Da vor der Angebotserstellung die Kunden nur idealtypisch bzw. nur im Sinne von Zielgruppen/Kundensegmenten bekannt sind, erfolgt die Produktgestaltung auf der Basis angenommener Kundenbedürfnisse und fiktiver Teilnehmerzahlen.[82]

---

[81]  Vgl. Rudolf, 1999, S. 17-19.
[82]  Vgl. Mundt, 2000, S. 74.

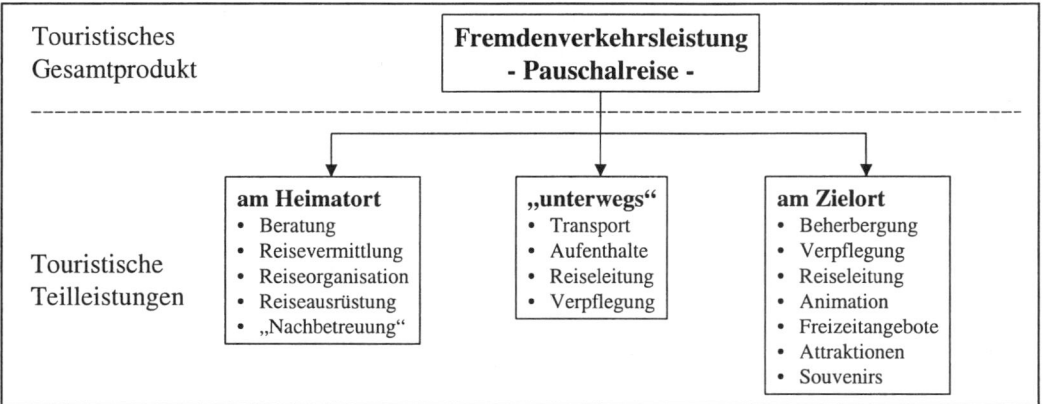

**Abbildung 12:**   Orte der Leistungserstellung

Pauschalreisen können in unterschiedliche Kategorien eingeteilt werden. Nach dem Kriterium Leistungsumfang können folgende Produkttypen unterschieden werden:

- Teilpauschalreise:
  Das Angebot besteht nur aus einer katalogmäßig angebotenen Leistung (z.B. Beförderung, Unterkunft)
- Standardreise (inclusive tour) :
  Bei Reisen mit Aufenthalt enthält sie mindestens Transport und Übernachtung. Sie kann aber noch weitere Elemente (z.B. Eintrittsgelder) umfassen.
- Alles-inklusive-Reise (all inclusive Tour):
  Die meisten bzw. alle Leistungen, die der Kunde während seines Aufenthalts in Anspruch nehmen will, sind hier im Kaufpreis eingeschlossen.
- Individuelle Pauschalreise:
  Der Kunde hat die Möglichkeit, aus katalogmäßig angebotenen Einzelelementen die Reise nach dem Baukastenprinzip selbst zusammenzustellen.[83]


*Produktelemente, Kernleistung, Grundnutzen*

Touristische Produkte weisen verschiedene Produktelemente auf. Zunächst sollen jedoch Kern- und Zusatzleistung touristischer Produkte unterschieden werden. Die Kernleistung besteht z.B. aus den im Reisepreis enthaltenen Leistungen wie Transport, Übernachtung, Verpflegung, Reiseleitung. Zusatzleistungen sind die freundliche Verkaufsberatung, die Schnelligkeit der Abfertigung am Flughafen, der Sitzkomfort im Flugzeug.

---

[83]  Vgl. Pompel, 2000, S. 77.

Die Kernleistung ist also die touristische Grundleistung. Kernleistung im weiteren Sinne ist aber auch der Basisservice, den alle Wettbewerber aufweisen und der kaum Differenzierungspotenzial aus Sicht der Kunden bietet. Zusatzleistungen gehen über die eigentliche Kundenleistung hinaus. Sie sollen – aus Kundensicht – zur Differenzierung der angebotenen Leistungen dienen und – aus Produzentensicht – Wettbewerbsvorteile schaffen.

Betrachtet man das gesamte touristische Produkt, indem es alle Kontakte des Kunden mit den Reiseveranstaltern und seinen Leistungsträgern, mit der Verkaufsagentur und dem Zielgebiet umschließt, dann können folgende Gruppen von Produktelementen aus Kundensicht identifiziert werden:

- Organisatorische Elemente:
  Kundeninformationen, Buchung, Reiseziel und Reisezeitpunkt, Beförderung, Transfer, Unterkunft, Verpflegung, Reiseleitung, Dauer des Aufenthalts, Programm vor Ort u.a.
- Wirtschaftliche Elemente:
  Reisepreis, Preis-Leistungs-Verhältnis, Informations- und Aufsuchkosten, Nebenausgaben, Rabatte, Bonus usw.
- Rechtliche Elemente:
  An- und Abmeldebedingungen, Haftung und Gewährleistung, Zahlungsbedingungen usw.
- Soziale Elemente:
  Beratung, Image des Reiseveranstalters bzw. des Zielorts, Größe und Homogenität der Gruppe u.a.

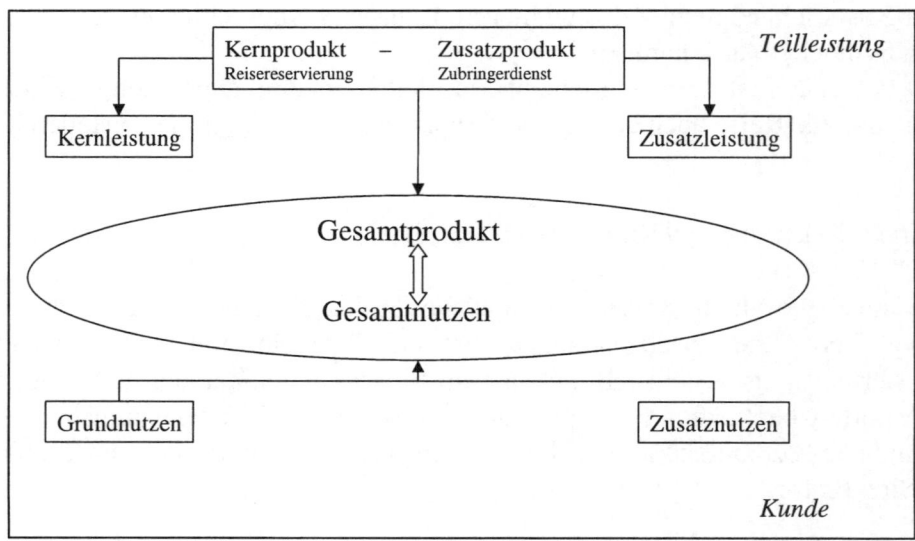

**Abbildung 13:**    Gesamtprodukt und Gesamtnutzen

Überdies kann aus Sicht der Konsumenten dem touristischen Produkt ein Grund- bzw. Zusatznutzen zugeordnet werden.

Für die Bereitstellung des Angebots ist die Kenntnis der Nutzenstruktur aus Sicht des Nachfragers von besonderer Bedeutung. Auf diese Weise kann der Anbieter sein Angebot zielgruppenorientiert erstellen.

Zu unterscheiden sind folgende Nutzenarten:

a) Grundnutzen:    Basiert auf der touristischen Leistung und leitet sich aus dem Ge- bzw. Verbrauchsnutzen des Gutes ab.

b) Zusatznutzen:   Basiert nicht auf der touristischen Leistung, sondern ist sozialgesellschaftlicher, psychologisch-philosophischer Natur. Er lässt sich weiter untergliedern in den Erbauungsnutzen, den Selbstachtungsnutzen und den Fremdachtungsnutzen.

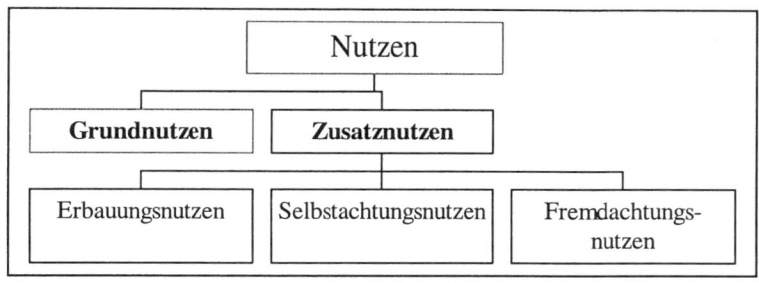

**Abbildung 14:**   Systematisierung von Grund- und Zusatznutzen

Unter Zugrundelegung des Gesamtnutzens (Grundnutzen + Zusatznutzen) kann das Kundenverhalten wie folgt abgeleitet werden:

a) Ist der Nutzen touristischer Produkte und Leistungen des Anbieters A höher als der konkurrierender, konventioneller Produkte bzw. Leistungen, wird der Konsument für Anbieter A optieren.

b) Ist der Nutzen touristischer Produkte und Leistungen des Anbieters A niedriger als der konkurrierender Produkte und Leistungen, wird sich der Konsument für die Angebote der Konkurrenz entscheiden, es sei denn:

- die individuelle Präferenz (Tendenz, sich in einer bestimmten Weise zu verhalten), die nicht unmittelbar dem Kosten-Nutzen-Verhältnis unterliegt, führt zu einem anderen Verbraucherverhalten,
- Ereignisse/Geschehnisse werden handlungsleitend (z.B. Unruhen oder Algenplage),
- ein Zusatznutzen beeinflusst die Handlungsentscheidung.

Bei Reisen ergibt sich der Grundnutzen u.a. aus der angemessenen Befriedigung des Reisemotivs (z.B. Erholung). Das gute ökologische Gewissen, das sich z.B. durch den Kauf einer umweltverträglichen Reise einstellt (Selbstachtungsnutzen) oder die Anerkennung der Freunde und Bekannten (Fremdachtungsnutzen) stiften den Zusatznutzen. Der Zusatznutzen, der einen Mehrwert für den Kunden repräsentiert, ist für ein zukunftsorientiertes Marketing von besonderem Interesse. Hier bietet sich ein wichtiges Differenzierungspotenzial und damit eine gute Möglichkeit, sich gegenüber den Angeboten der Konkurrenz abzuheben.

Bleibt noch anzumerken, dass die verschiedenen Nutzenarten nicht objektiv gegeben sind. Sie werden eher subjektiv wahrgenommen. Damit sind individuelle Schwankungen in den Ausprägungsgraden unvermeidlich. Außerdem ist zu bedenken, dass Leistungen, die heute noch als Zusatznutzen aufgefasst werden, schon morgen von den Kunden als normal, als Standard aufgefasst werden.

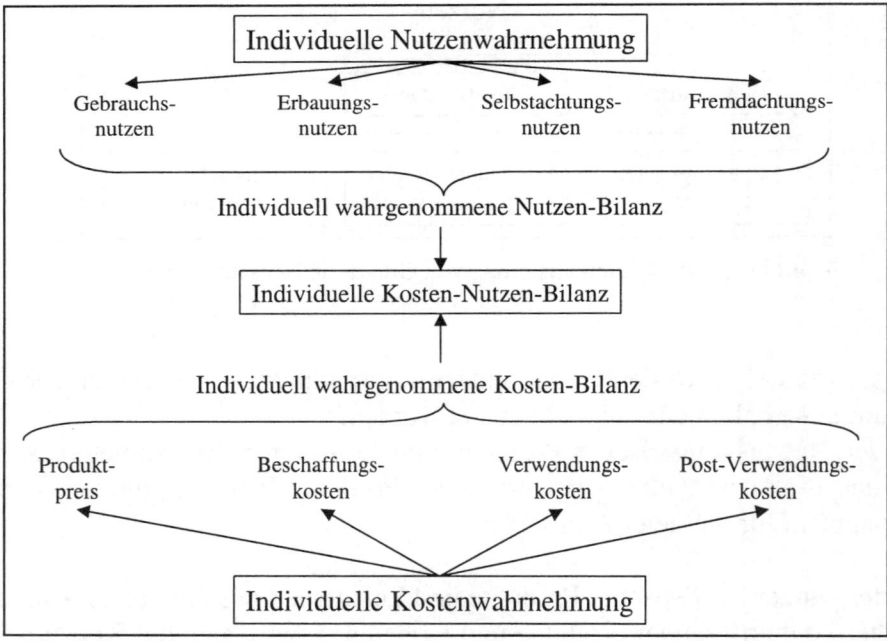

**Abbildung 15:**   Individuelle Kosten-Nutzen-Bilanz

Letztlich besitzt jedes touristische Produkt von sich aus bestimmte Eigenschaften, trägt jedoch keinen Nutzen in sich selbst. Erst das Wissen um die Verwendung, um das Prestige, um die gesundheitsförderliche Wirkung, welche mit der Nutzung des Produkts verbunden sind, schafft den unmittelbaren Nutzen. Der Nutzen ist damit keine absolute Größe, sondern wird relativ in Abhängigkeit vom Einzelnen bewertet.

*Das touristische Produkt als Ergebnis einer Leistungskette*

Das touristische Produkt stellt nicht nur ein Leistungsbündel dar, es ist zugleich als Ergebnis einer Leistungskette zu verstehen. Die Glieder dieser Kette sind verschiedene Leistungsträger, die ihrerseits bestimmte Teilleistungen erbringen. Diese Leistungen sind zu einem bestimmten Zeitpunkt an einem bestimmten Ort bereitzustellen.

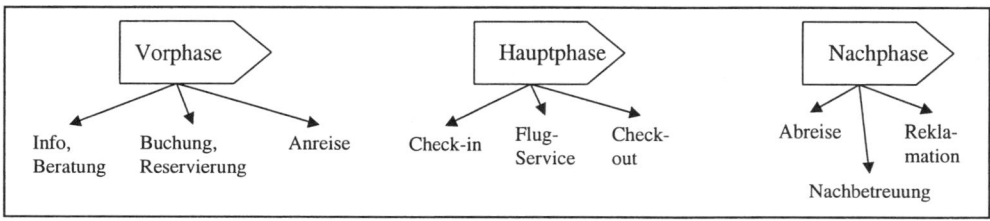

**Abbildung 16:** Differenzierte Leistungskette für Transportbetriebe[84]

Aus der Perspektive des einzelnen beteiligten Betriebes ergibt sich eine betriebsbezogene Leistungskette, in der die einzelnen betrieblichen Leistungsabläufe weiter differenziert werden (Mikro-Perspektive). Die touristische Gesamtkette wird von verschiedenen, zusammenwirkenden Leistungsträgern gebildet, die zur Erstellung des Gesamtprodukts zusammen arbeiten (Makro-Perspektive).

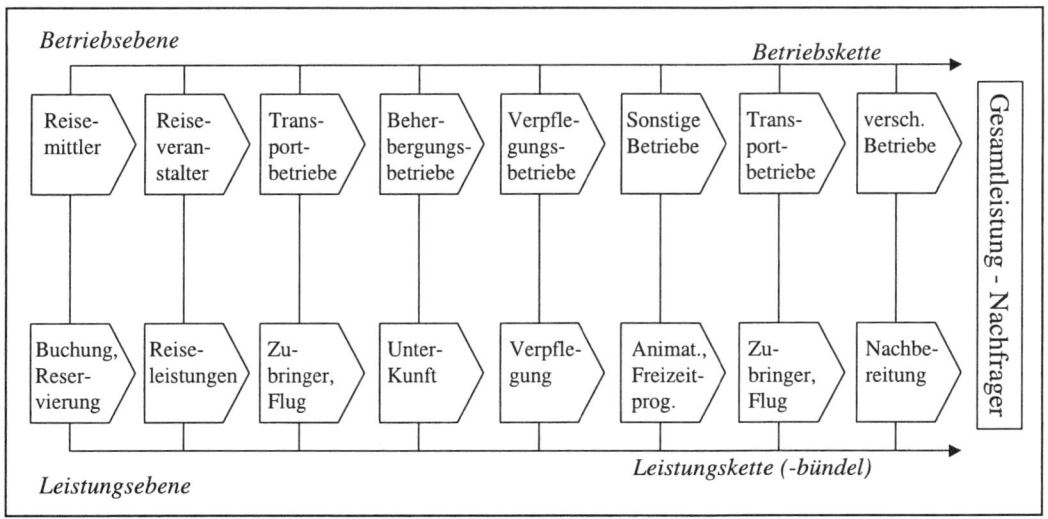

**Abbildung 17:** Betriebs- und Leistungskette der touristischen Gesamtleistung[85]

---

[84] Vgl. Freyer, 2001, S. 83.

## 2.2.4   Touristische Märkte im Überblick

Üblicherweise spricht man von dem Reisemarkt. Die Analyse der Tourismuswirtschaft, oder besser der Angebots- und Nachfrageseite legt dagegen nahe, von
mehreren Märkten im Tourismusbereich auszugehen. Begrifflich meint Tourismusmarkt eine gedankliche Konstruktion, in der Angebot und Nachfrage zusam-
mentreffen. Auf touristischen Märkten werden Güter- und Dienstleistungen ge-
tauscht, die im Zusammenhang mit der Reise stehen. Jeder Anbieter und jeder
Nachfrager muss die für ihn relevante Marktstruktur und die jeweils gültigen
Bedingungen des Marktes erfassen. Nur so vermögen Anbieter ihre Produkte und
Dienstleistungen erfolgreich am Markt zu positionieren und abzusetzen bzw.
Nachfrager für ein für sie passgenaues Angebot zu finden.
In Anlehnung an die Unterscheidung der Angebotsseite in Leistungsbereiche und
zugehörige Leistungsträger können drei große Marktbereiche (Teilmärkte) unter-
schieden werden:

a) Reisemärkte im engeren Sinne:
   Auf diesen Märkten werden typische Fremdenverkehrsleistungen gehandelt.
   Auf dem Beherbergungs-, Transport, Reisemittler- und Reiseveranstaltermarkt
   finden sich die Anbieter der typischen Tourismuswirtschaft wieder. Nachfrager sind vor allem die Reisenden, aber auch Betriebe der Tourismusindustrie.

b) Reisemärkte im weiteren Sinne:
   Hier werden typische Fremdenverkehrsleistungen von untypischen Fremden-
   verkehrsbetrieben angeboten. Verlage bieten z.B. Reiseliteratur an. Die Nachfrager sind sowohl die Reisenden als auch Betriebe der typischen Tourismusindustrie.

c) Touristische Randmärkte:
   Auf diesen Märkten werden untypische Tourismusleistungen gehandelt. Diese
   Leistungen sind ganz normale Produkte und Leistungen. Dieser Bereich wird
   nur deshalb der Tourismusindustrie zugerechnet, da auch Touristen die
   Leistungen dieser Betriebe nachfragen. Je nach zeitlichen bzw. lokalen Gege-
   benheiten können Reisende auch die Hauptkunden sein.

Diese drei Teilmärkte können noch in weitere Unter-Märkte differenziert werden.
So wird z.B. der Reisemarkt in den Beherbergungsmarkt, den Markt für Transportleistungen oder den Reiseveranstaltermarkt untergliedert. Der Gesamtreise-
markt umfasst alle Anbieter, Nachfrager, Produkte und Dienstleistungen, die mit
dem Reiseverkehr im Zusammenhang stehen.[86]

---

[85]   In Anhalt an Freyer, 2001², S. 87.
[86]   A.a.O., S. 14-15.

**Tabelle 5:**   Übersicht Tourismusmärkte

| Anbieter/ Leistungsträger | Leistungsbereich | Markt | Nachfrager |
|---|---|---|---|
| Tourismustypische Betriebe (Tourismuswirtschaft im engeren Sinne) | Tourismustypischer Leistungsbereich | Reisemarkt i.e. Sinne: Beherbergungsmarkt, Markt für Transportleistungen, Reiseveranstaltermarkt usw. | Reisende, Betriebe der Tourismuswirtschaft |
| Tourismusspezialisierte Betriebe (Ergänzende Tourismusindustrie) | Tourismusspezialisierter Leistungsbereich | Ergänzender Reisemarkt: Souvenirmarkt, Reiseausrüstermarkt, usw. | Reisende, Betriebe der Tourismuswirtschaft |
| Tourismusabhängige Betriebe (Ergänzende Tourismusindustrie) | Tourismusabhängiger Leistungsbereich | Rand-Reisemärkte: Gastronomiemarkt, Sportartikelmarkt, Fotomarkt usw. | Reisende, normale Kunden  Nicht-Reisende |

Eine andere Möglichkeit ist die Segmentierung des touristischen Marktes nach dem Oberkriterium Absatzquote. Als primär wird dann derjenige Markt bezeichnet, auf dem solche touristischen Anbieter Leistungen vermarkten, deren touristische Absatzquote über 50 % liegt. Anbieter dürften hier vor allem typische Tourismusbetriebe sein. Als sekundär wird folglich derjenige touristische Markt bezeichnet, auf dem die Anbieter touristischer Leistungen eine Absatzquote von bis zu 50 % erzielen. Hier werden vor allem Betriebe der ergänzenden bzw. touristischen Randindustrie zu finden sein.[87]

Eine nachfrageorientierte Segmentierung ist insofern relevant, als touristische Märkte in der Regel Käufermärkte sind. Hier dominieren die Nachfrager und üben eine gestaltende Wirkung auf die Angebotsstruktur aus. Nach dem Ort der Nachfrage kann z.B. unterschieden werden in touristische Produkte, die
- vor der Abreise (Information, Buchung, Vorbereitung usw.),
- auf dem Transport (Anreise, Zwischentransport, Rückreise usw.),
- am Zielort (Ausflüge, Beherbergung, Essen und Trinken usw.),
nachgefragt werden.[88]

---

[87]  Vgl. Dettmer, 1998, S. 57.
[88]  A.a.O., S. 57.

## 3.  Urlaub und Reisen – von der Notwendigkeit zum Massenphänomen

Urlaub machen und Reisen, das sind heute zentrale Freizeitvorstellungen. Freizeit ist Reisezeit, „unterwegs sein" heißt die Devise des modernen Freizeitmenschen. Der Reisende überwindet scheinbar Grenzen und gelangt in eine alltagsferne, irgendwie ideale Welt. Urlaub und Reisen werden aus dieser Perspektive fast zu Synonymen für die Suche nach dem verlorenen Paradies oder besser nach dessen irdischer Variante: dem Ferienparadies. Allerdings muss der paradiesische Traum von den „schönsten Wochen des Jahres" regelrecht verdient und gekauft werden. Wo aber liegt dieses Freizeitparadies und was macht es konkret aus ? Hier ist die kritische Frage erlaubt, ob im bezahlten Paradies tatsächlich die Wünsche und Sehnsüchte wahr werden, oder ob der Reisende nur einem Mythos nachjagd.[89]

### 3.1   Entwicklung des Reisens

Die Geschichte des Reisens ist auf das Engste mit der Zunahme des Handels ver-knüpft. Die ersten Reisenden dürften Händler und Kaufleute gewesen sein, die durch die Lande reisten, um ihre Waren zu verkaufen, um Handelsbeziehungen zu knüpfen. Schon im römischen Reich entwickelte sich ein reger Reiseverkehr auf dem vielverzweigten Straßennetz. Reisen war jedoch auch nötig, um an religiösen bzw. kulturellen Festen teilzuhaben.

Im Mittelalter wurde neben den Handelsreisen vor allem aus religiöser und/oder kriegerischer Absicht gereist (Wallfahrten, Kreuzzüge). Auch Schüler und Studenten reisten ins Ausland, vornehmlich, um dort berühmte Lehrer aufzusu-chen und in den Besitz neuer Erkenntnisse zu gelangen. So wurde das Wandern nach Paris, Oxford und anderen bekannten Bildungsstätten ein allgemeiner Brauch. Während sie reisten, lernten sie. „Durchfahrt die Welt !" wurde zu einem Lebensprinzip der studierenden Jugend. Die fahrenden Scholaren sahen sich selbst als weltoffen, als unbeständig und ruhelos. Mitunter war es die reine Freude am Unterwegssein, die die Studenten antrieb.[90]

Renaissance und Aufklärung brachten andere, individualisierte Reisemotive wie Bildungs-, Entdecker-, Gesundheits- und Kurmotiv. Die Bildungsreisen der jungen Adeligen (17. und 18. Jahrhundert) in Europa können vielleicht als Früh-form des Tourismus betrachtet werden. Diese auch als Kavalierstouren bezeich-

---

[89]   Vgl. Opaschowski, 2001, S. 130.
[90]   Derselbe, 2002, S. 30-31.

neten Reisen dienten dem Ziel, im Laufe von drei oder vier Jahren Fremd-
sprachen zu lernen, den provinziellen Geist abzubauen und mit erweitertem
Horizont heimzukehren. Reisen sollte dazu beitragen, dass die jungen Männer für
ihre vorbestimmten Rollen in einer starren Klassengesellschaft vorbereitet
würden. An den fremden Höfen sollten sie sich die Hofkunst aneignen und
lernen, sich als gebildeter Weltmann zu verhalten. Gereist wurde mit einem Leib-
diener und einem Privatlehrer, wobei Letzterem die Aufgabe zufiel, den Zögling
zu unterweisen und zu beaufsichtigen. Man war also nie allein unterwegs und
reiste niemals in der Nacht. Auch wurde die notwendige Verpflegung mitgeführt.
Dabei war es ein ernstes Problem, auf Reisen gesund zu bleiben. Reiseziele
waren vor allem die Hauptstädte Europas sowie die Kur- und Badeorte. Transportmittel waren Schiff und Pferdekutsche.
Die jungen Handwerksgesellen jener Zeit reisten ebenfalls, wenn auch in anderer
Absicht. Ihre Wanderschaft sollte zur persönlichen wie auch fachlichen Qualifizierung beitragen. Dabei eröffnete das Reisen die Möglichkeit, den strengen und
engen Beschränkungen und Verordnungen der heimatlichen Zünfte zu entkommen. Das Handwerkswandern entwickelte sich sogar zu einer internationalen
Bewegung. Als begehrte Auslandsziele galten die Länder Schweden, Dänemark,
Holland, die Schweiz sowie Ungarn und Polen. Hauptanziehungspunkte waren
die Großstädte.

Der Beginn des modernen Reisetourismus liegt etwa in der Mitte des 19. Jahrhunderts. Bis dahin waren nur wenige Badeorte im Binnenland und an den
Küsten sowie wichtige Städte als touristische Ziele relevant. Wesentliche Voraussetzungen für die Ausbreitung des Reisetourismus in der Fläche waren die
industrielle Revolution und der Ausbau der Verkehrsinfrastruktur. Mit der Erfin-
dung der Dampfmaschine, mit dem Aufbau eines Eisenbahn- und Nachrichten-
wesens, aber auch mit der Entwicklung der Hotellerie, wurden die Grundlagen
für die Herausbildung neuer Möglichkeiten und Formen des Tourismus geschaffen. Eine wohlhabende Industriebourgeoisie fühlte sich bemüßigt, die Welt zu
sehen. Reisen wurde zum attraktiven gesellschaftlichen Ereignis, das möglichst
komfortabel und luxuriös stattzufinden hatte. Den Vergnügungsreisenden dieser
Zeit war jedenfalls eines gemein: Sie gehörten der finanzkräftigen Oberschicht
an. Die Bevölkerungsmehrheit blieb davon ausgeschlossen.
Die, die es sich leisten konnten, wohnten in prächtig ausgestatteten Hotels und
nutzten die prunkvollen Ozeanliner und Luxuszüge – und gaben dabei nicht
selten ganze Vermögen aus. In der kalten Jahreszeit ging der wohlhabende Europäer ans Mittelmeer, ansonsten war man unterwegs, um sich unterhalten zu lassen
oder um sich im Kreise der Mächtigen und Reichen dem gesellschaftlichen Leben
hinzugeben. Die Sommermitte gehörte den Bädern oder Bergkurorten. Der
Herbst brachte Jagden auf den großen Gütern in England, Frankreich oder Österreich. Später kamen so genannte Abenteuer- und Kulturreisen hinzu. Diese hatten

vor allem die antiken Städten im Mittelmeerraum, die Pyramiden in Ägypten oder die Weiten Amerikas oder Russlands zum Ziel – natürlich mit dem gebotenen Luxus. Weltreisen gehörten für die Wohlhaben bald schon zum Pflichtprogramm. Es waren übrigen die Engländer, die diesen Reisetourismus anführten. Von England aus hatte die industrielle Revolution ihren Lauf genommen. Die Kolonien des Empires brachten Reichtum und lockten die Unterhaltung suchende, neureiche Gesellschaft. Für die neureichen Amerikaner war England fast immer die erste Anlaufstelle bei ihren Reisen in die „alte" Welt.

Die Gastronomie spielte in dieser Phase des Reisetourismus eine zentrale Rolle. Insbesondere das Essen stand hoch im Kurs. Kunstvoll aufgebaute, möglichst exotische Menüs mit schier endloser Menüfolge waren die Höhepunkte der gesellschaftlichen Ereignisse. Lokale Spezialitäten, die gewöhnlich als bäuerliche Nahrung abgetan wurden, spielten dabei keine Rolle. Insgesamt ergab sich dadurch eine Art Standardisierung des Angebots, die dazu führte, dass man auf Reisen stets mit bekannten Speisen und Speisefolgen versorgt wurde.

Die ersten Hotels gab es in den Vereinigten Staaten. Das Fehlen von Staatsgrenzen ermöglichte es dem freien Bürger dort schon früh, ungehindert zu reisen, auch über große Entfernungen. Da diese Mobilität vor allem von der Oberschicht genutzt wurde, erforderte dies den Bau großer komfortabler Hotels. Das erste amerikanische Hotel war das 1794 erbaute New Yorker City Hotel. Es verfügte über 73 Zimmer auf fünf Etagen. Da erste Luxushotel war das Tremont House in Boston. Mit seinen 170 Zimmern, seinen Salons und dem Speisesaal für 200 Personen erregte es bei seiner Eröffnung im Jahre 1829 großes Aufsehen. Sieben Jahre später entwarf Rogers das New Yorker Astor House mit doppelt soviel Zimmern, verbesserter Beleuchtung, Zentralheizung und fließend warmen Wasser. Es war übrigens das erste der von den Astors gebauten Luxushotels.[91]

In Europa begann in der zweiten Hälfte des 19. Jahrhunderts eine Hotelbauwelle, in der eine Reihe heute noch bestehender Grandhotels entstanden. Eisenbahnen und Ozeandampfer beförderten immer mehr wohlhabende Touristen, die angemessene Unterkünfte suchten. Das Great Western Hotel, das 1851 im Londoner Paddington Bahnhof gebaut wurde, darf als erster Versuch gelten, in Europa ein Luxushotel einzurichten. In fast allen Großstädten Europas schossen alsbald große Stadthotels fast wie Pilze aus dem Boden. Einige sind heute noch in Betrieb. Die neureiche Bourgeoisie des 19. Jahrhunderts, die wie die Fürsten leben wollte, ahmte in den Hotels die Pracht der Paläste des 18. Jahrhunderts nach. Ebenso sollte der Name der Grandhotels an ihre aristokratischen Vorbilder erinnern: Regina, Royal, Imperial, Excelsior usw.

---

[91] Vgl. Gregory, 1990, S. 75.

Äußerst wichtig war die Lage eines Grandhotels. In den Städten zogen die Grandhotels von den Bahnhöfen auf die neuen Boulevards und die schönen alten Plätze. In den Kurorten wurden sie möglichst an besonders bevorzugten Standorten, etwa in der Nähe der Quartiere und Paläste des Hochadels oder am See bzw. Meerufer, platziert. Bei ihrem Bau wurde selten auf die Umgebung Rücksicht genommen. Landschaftsangepasste Bauweise war noch unbekannt.[92]

## 3.2   Phasenschema des Reisens

Den Ablauf einer Reise kann aus betriebswirtschaftlicher Sicht in drei Phasen einteilen. An diesen Phasen sind sowohl die Anbieter als auch die Nachfrager orientiert.

1. Vorbereitungsphase:

Vielfach nimmt diese Phase die meiste Zeit in Anspruch und dauert oft länger als die Reisedurchführung selbst. Nur selten werden bei Urlaubsreisen Reiseentschlüsse spontan getroffen. Die Intensität der Vorbereitung ist jedoch auf Seiten der Nachfrager höchst unterschiedlich. Manche Reisende bereiten sich intensiv auf ihre Reise vor und besuchen sogar Sprachkurse, Informationsveranstaltungen oder lesen Bücher. Sie beschaffen sich eine angemessene Ausrüstung für ihre Tour, suchen Mitreisende und befragen Personen, die bereits in diesen Ländern waren.

Die Analyse des Informationsverhaltens der Kunden zeigt, dass die eigene Erfahrung im Laufe der letzten Jahre zu rund 34 %, Berichte von Bekannten und Verwandten zu rund 38 %, Prospekte über Urlauberregionen und Reiseangebote zu 50 % für die Reiseentscheidung genutzt werden. Der bewusste Einfluss von Medien wird mit 25 % angegeben. Keine Informationsquellen nutzen zehn Prozent.[93]

In der Vorbereitungsphase fallen die wichtigsten Reiseentscheidungen. Hierzu gehört auch die Entscheidung, ob man sich die Reise individuell zusammenstellt oder ein vorgefertigtes Reisepaket in Anspruch nimmt. Im Falle der Pauschalreise wird ein Reisemittler aufgesucht (Reisebüro), der dann die Buchung an den Reiseveranstalter weiterleitet. Der Individualtourist muss sich dagegen selbst um die Organisation des Transports, der Unterkunft usw. bemühen. Dabei können Transportunternehmen, aber auch die Reisemittler angefragt werden. Übrigens lassen sich grundsätzlich die meisten Leistungen direkt beim Leistungsträger nachfragen.

Die Reiseproduzenten treten in dieser Phase allenfalls im Sinne von Reiseveranstaltern auf den Plan. Die touristische Ergänzungs-, Rand- oder Nebenin-

---

[92]   A.a.O., S. 73-75.
[93]   Vgl. Freyer, 2001, S. 83.

dustrie tritt mittelbar in Erscheinung, etwa wenn der Reisende seine Reiseausrüstung zusammenkauft.

2. Reisedurchführungsphase:
Die eigentliche Reise beginnt mit dem Reiseantritt. Diese Phase besteht aus mindestens folgenden Elementen:
- Transport zum und vom „fremden" Ort,
- Aufenthalt und Unterkunft am Urlaubsort (Reiseziel),
- Verpflegung und Aktivitäten am Urlaubsziel,
- Nebenleistungen wie Reiseleitung, Besichtigungen, Events usw.

Zu bedenken ist, dass die Reisezeiten aufgrund der Zunahme von Fernreisen gelegentlich zehn bis 15 Stunden dauern können. Aus Sicht der Reisenden wird diese Zeit eher als lästiges Übel gesehen und bereitet daher wenig Freude. Am Zielort selber stellen verschiedene touristische und nicht-touristische Leistungsträger Angebote zur Verfügung, die der Reisende in Anspruch nimmt. Typische touristische Dienstleistungen sind hier Unterkunft und Verpflegung sowie die Reiseleitung. Hinzu kommen Leistungen wie Kur- und Gesundheitsdienstleistungen, Ausflugsprogramme, Souvenirs usw., die von Leistungsträgern erbracht werden, die vielfach auch andere, nicht touristische Leistungen erbringen.
Mit der Rückkehr ist die Reise beendet.

3. Nachbereitungsphase
Die Entwicklung der Filme, das Gespräch mit Freunden über der Verlauf der Reise sind Aktivitäten, die in diese Phase gehören. Der Reisebericht nach Rückkehr gehört mittlerweile zum festen Bestandteil des gesamten Reiseerlebnisses. Für die Reiseanbieter ist hier zu bedenken, dass ein zufriedener Kunde ein höchst wirkungsvoller Werbeträger ist. Dementsprechend ist es für die Reiseanbieter, aber auch für die Tourismusindustrie relevant, den gesamten touristischen Kreislauf im Auge zu haben. Hierzu gehört auch ein aufmerksames Beschwerdemanagement. Auch sollten die Leistungsträger nicht von einer einmaligen Begegnung mit dem Touristen während der Reisebuchung, während des Transport oder während seines Aufenthalts ausgehen. Der zufriedene Kunde kommt wieder in das gleiche Reisebüro, nutzt den gleichen Reiseveranstalter, die gleiche Hotelkette usw.[94]

---

[94] A.a.O., S. 43-45.

## 3.3   Urlaub und Reisen als Massenphänomen

Heute lässt sich ein rasanter Anstieg freizeitbezogener Reisetätigkeit feststellen. Wie der Blick auf die weltweite Nachfrage zeigt, hat vor allem die Zahl der Auslandsreisen stark zugenommen. Ebenso ist die Zahl der Fernreisen absolut erheblich angewachsen. Auch in Zukunft wird die Zahl der grenzüberschreitenden Tourismusankünfte weiter zunehmen, allerdings langsamer als bisher. Trotzdem rechnet die *WTO* für die nächsten zwei Jahrzehnte mit einem durchschnittlichen jährlichen Wachstum der weltweiten Ankünfte von 4,3 %. Für das Jahr 2020 geht man von weltweit rund 1.600 Mio. touristischen Ankünften aus. Das wären fast dreimal so viel wie im Jahr 1996. Vermutlich wird der Anteil der Fernreisen ebenfalls weiter steigen. So prognostiziert die *WTO*, dass im Jahr 2020 rund sieben Prozent der Weltbevölkerung internationale Reisen unternehmen werden (1996 waren dies noch 3,5 %) – angesichts der zu erwartenden Bevölkerungszunahme ein brisanter Wert. Die stärksten interkontinentalen Reisebewegungen werden weiterhin zwischen Europa und Amerika stattfinden, die bereits heute über drei Viertel aller touristischen Ankünfte auf sich vereinen. Es folgen die Reisebewegungen zwischen der Region Ostasien/Pazifik und Amerika sowie zwischen Europa und Ostasien/Pazifik.

**Tabelle 6:**   Schätzung der internationalen Ankünfte nach Regionen[95]

| Region | Geschätzte Ankünfte in Millionen | | | durchschnittliches |
|---|---|---|---|---|
|  | 1995 | 2000 | 2010 | jährliches Wachstum |
| Europa | 337,2 (59,4 %) | 403 (57,7 %) | 525 (51,6 %) | 3 % |
| Ostasien/ Pazifik | 84,0 (14,8 %) | 112 (16,0 %) | 229 (22,5 %) | 7,6 % |
| Amerika | 111,9 (19,7 %) | 129 (18,5 %) | 195 (19,2 %) | 3,7 % |
| Afrika | 18,7 (3,3 %) | 27,6 (4,0 %) | 37 (3,6 %) | 4,6 % |

Während für Amerika ein jährlicher Zuwachs um rund 3,7 % bei den weltweiten touristischen Ankünften prognostiziert wird, erwartet man für Europa „nur" ein Wachstum von rund drei Prozent. Vor allem die Europäer streben verstärkt Reiseziele in den USA, aber auch in der Karibik an. Gleichwohl wird Europa auch in Zukunft Spitzenreiter bei den internationalen touristischen Ankünften sein, gefolgt von Amerika und Ostasien. Allerdings handelt es sich bei Europa und Amerika um nur verhaltende wachsende bzw. sich stabilisierende Tourismusmärkte.

---

[95]   Vgl. WTO, 1997; WTO, 2001, S. 2.

**Tabelle 7:**   Prognose der beliebtesten Reisezielen im Jahre 2020[96]

| Land | Ankünfte von ausländischen Gästen in Mio. | durchschnittliche Wachstumsrate pro Jahr in % |
|------|------|------|
| China | 137 | 8,0 |
| USA | 102 | 3,5 |
| Frankreich | 93 | 1,8 |
| Spanien | 71 | 2,4 |
| Hongkong | 59 | 7,3 |
| Italien | 53 | 2,2 |
| Großbritannien | 53 | 3,0 |

Quelle:   *WTO*, 1997

Als Wachstumsmärkte mit besonderer Dynamik werden der Nahe Osten, China und insbesondere die Region Südostasien/Pazifische Inseln eingestuft. Dies gilt sowohl im Hinblick auf deren Bedeutung als Reiseziel als auch in Bezug auf die Integration von Reisenden dieser Regionen in die weltweiten Reiseströme.
Auch für die Mittelmeerländer werden hohe Zuwachsraten vorausgesagt. Bei derzeit rund 100 Mio. Touristen pro Jahr könnte, in Abhängigkeit von der gesamtwirtschaftlichen Entwicklung, bis zum Jahr 2025 ein Anstieg auf 360 Mio. Touristen pro Jahr erfolgen.[97]

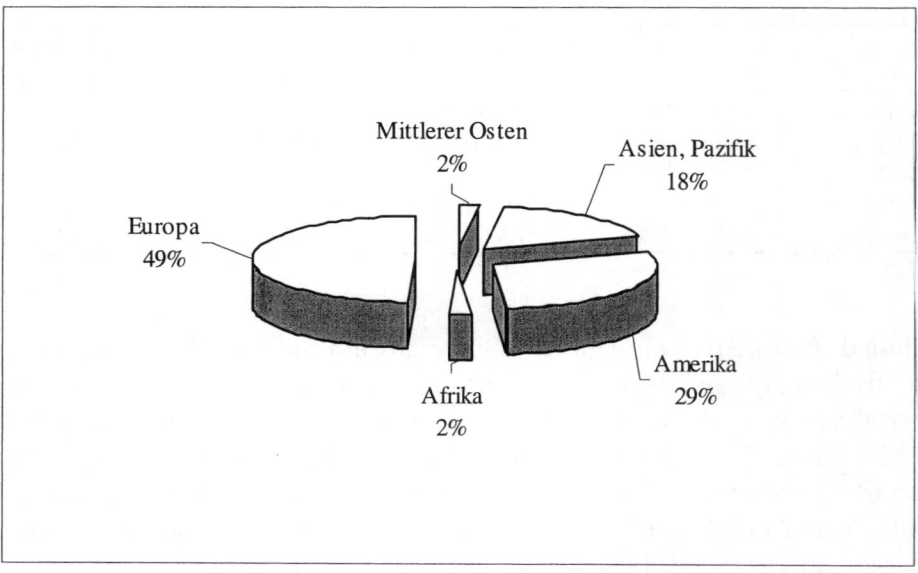

**Abbildung 18:**   Weltweite Reiseverkehrseinnahmen, *WTO* 2001.

---

[96]   Vgl. WTO, 1997.
[97]   Vgl. Deutscher Bundestag, 1999, S. 23-25.

Vergleicht man die Einnahmen aus dem internationalen Reiseverkehr, so lagen die USA im Jahr 2000 mit 85,2 Mrd. US-Dollar, das sind 17,9 % der weltweiten Reiseverkehrseinnahmen, an der Spitze. Nord- und Südamerika vereinen 28,7 % der Einnahmen auf sich. Spanien (31,0 Mrd. US-Dollar), Frankreich (29,9 Mrd. US-Dollar) und Italien (27,4 Mrd. US-Dollar) folgen mit großen Abständen. Auf Deutschland entfielen 2000 rund 17,8 Mrd. US-Dollar. Dies sind rund 3,7 % der weltweiten Reiseverkehrseinnahmen.[98]

Es sind auch die USA, die die höchsten Ausgaben im Bereich des Reiseverkehrs tätigen. 2000 waren dies 65 Mrd. US-Dollar, gefolgt von Deutschland mit 47,6 Mrd. US-Dollar. Dies waren 13,7 % (USA) bzw. 10,0 % (D) der gesamten Reiseausgaben weltweit.[99]

**Tabelle 8:**  Ausgaben im internationalen Tourismus[100]

| Land | Ausgaben in Mrd. US-Dollar | | Anteil an den Gesamtausgaben in % |
|------|------|------|------|
|      | 1999 | 2000 | Bezugsjahr: 2000 |
| USA | 59,4 | 65,0 | 13,7 |
| Deutschland | 48,5 | 47,6 | 10,0 |
| Großbritannien | 35,6 | 36,6 | 7,7 |
| Japan | 32,8 | 31,5 | 6,6 |
| Frankreich | 18,6 | 17,2 | 3,6 |
| Italien | 16,9 | 15,5 | 3,2 |
| Niederlande | 11,4 | 11,8 | 2,5 |
| Canada | 11,3 | 12,4 | 2,6 |
| China | 10,9 | - | - |

## 3.3.1  Reisetätigkeit in Europa

Im weltweiten Tourismus nimmt die *Europäische Union (EU)* eine führende Rolle ein. Europa ist sowohl Hauptquelle als auch Hauptziel der internationalen Tourismusströme. Der Anteil der *EU* am Weltmarkt belief sich 1998 im Hinblick auf die Einnahmen auf 42 % und auf die Ausgaben auf 44 %, während sich der Anteil an den Ankünften internationaler Touristen auf 40 % belief. Spanien, Frankreich und Italien hatten 1998 einen Anteil von mehr als 50 % an der EU-Einnahmen. Auf diese drei Länder entfielen 60 % aller in die EU einreisenden Touristen. Damit wählt sie jeder vierte Tourist der Welt als Reiseziel.

---

[98]  Dieselbe, 2001, S. 2.
[99]  Vgl. WTO, 2001, S. 5.
[100]  A.a.O., S. 5.

**Tabelle 9:**  Ankünfte internationaler Touristen in Europa

| Land | Ankünfte von ausländi- schen Gästen in 1.000 | | Wachstumsrate in % | | Marktanteil in % | |
|---|---|---|---|---|---|---|
| | 1999 | 2000 | 1998/99 | 99/2000 | 1998/99 | 99/2000 |
| Frankreich | 73,042 | 75,700 | 4,3 | 3,4 | 19,2 | 18,7 |
| Spanien | 46,776 | 48,201 | 7,8 | 3,0 | 12,3 | 12,0 |
| Italien | 36,516 | 41,182 | 4,5 | 12,8 | 9,6 | 10,2 |
| Großbritannien | 25,396 | 25,191 | -1,4 | -0,8 | 6,7 | 6,2 |
| Deutschland | 17,116 | 18,983 | 3,9 | 10,9 | 4,5 | 4,7 |
| Österreich | 17,467 | 17,982 | 0,7 | 2,9 | 4,6 | 4,5 |
| Polen | 17,950 | 17,400 | -4,4 | -3,1 | 4,7 | 4,3 |
| Ungarn | 14,402 | 15,571 | -14,3 | 8,1 | 3,8 | 3,9 |
| Griechenland | 12,164 | 12,164 | 11,4 | 2,8 | 3,2 | 3,1 |
| Portugal | 11,632 | 12,037 | 3,0 | 3,5 | 3,1 | 3,0 |
| Schweiz | 10,7 | 11,400 | -1,8 | 6,5 | 2,8 | 2,8 |
| Niederlande | 9,881 | 10,200 | 6,0 | 3,2 | 2,6 | 2,5 |

In Bezug auf die Hotelkapazitäten stellt Europa fast zwölf der 29 Mio. Betten weltweit (= 41 %), davon drei Viertel in der EU. EU-Mitgliedstaaten stellen fünf der zehn weltweit beliebtesten Touristenziele. Frankreich war mit elf Prozent an der Gesamtzahl der Ankünfte das populärste Zielland, gefolgt von Spanien mit 7,5 %. Im Vergleich dazu kamen die USA auf 7,3 %, Italien auf 5,5 % und das Vereinigte Königreich auf 4,1 %.

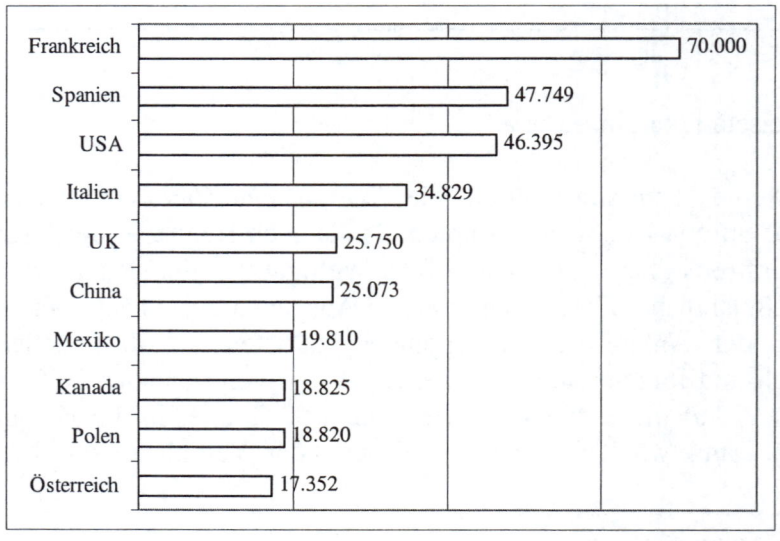

**Abbildung 19:**  Die zehn wichtigsten Touristenziele, Ankünfte internationaler Touristen (in 1.000), Eurostat 1998

Das finanzielle Gesamtergebnis im Bereich des Tourismus zeigt z.B. für Europa einen positiven Trend. Die Einnahmen stiegen 1998 auf 379,3 Mrd. ECU. Dies sind rund 52 % der weltweiten Reiseverkehrseinnahmen. Ein Vergleich zeigt jedoch, dass die durchschnittliche Wachstumsrate von jährlich neun Prozent zwischen 1992 und 1997 auf 2,1 % in 1998 deutlich abgesunken ist. Gleichwohl wird der Tourismus als einer der wichtigsten und am schnellsten wachsenden Wirtschaftszweige in Europa betrachtet. Auf ihn entfielen 1998 z.B. 27 % des gesamten EU-Außenhandels.[101]

*Die Bürgerinnen und Bürger der Europäischen Union auf Reisen*

Die Bürgerinnen und Bürger der Europäischen Union zeigen sich insgesamt recht reiselustig. So unternahm 1997 jeder zweite Europäer eine Urlaubsreise. Dabei haben 1997 rund 33 % zwei, elf Prozent drei und drei Prozent vier Urlaubsreisen unternommen. Die Mehrheit macht mindestens eine Woche Urlaub, 36 % zwei und 21 % mehr als zwei Wochen. Die Zahl der Kurzreisen steigt. So unternehmen beispielsweise rund 40 % der Bundesbürger im Durchschnitt 2,4 Kurzreisen (ein bis drei Übernachtungen) pro Jahr. Der August ist für 41 % der attraktivste Reisemonat.

Viele Europäer sehen ihr Heimatland als attraktivstes Urlaubsland an. Dies gilt insbesondere für Italien, Griechenland, Spanien, aber auch für Finnland. Die Bürgerinnen und Bürger anderer EU-Staaten verbringen ihren Urlaub dagegen schwerpunktmäßig in einem anderen Land der Gemeinschaft. Dies gilt insbesondere für Belgien mit 74 % und Deutschland mit 73 %. Nur neun Prozent wählen übrigens ein Land außerhalb der EU als Urlaubsland.
Am liebsten verbringen die Europäer ihren Urlaub an der See bzw. am Meer (63 %). Um ihr Urlaubsziel zu erreichen, nutzen 58 % ihr eigenes Auto, 31 % ein Flugzeug und nur zehn Prozent Züge oder Busse. Als Unterkunft wählen 42 % Hotels oder Clubanlagen, 16 % wohnen bei Angehörigen, 14 % nutzen Campingplätze und 13 % nutzen eine Mietwohnung.
Es sollte hier noch angemerkt werden, dass 67 % der europäischen Urlauber rund 2.000 Euro für ihre Urlaubsreise ausgegeben.

Die 46 %, die keine Urlaubsreise unternehmen, nennen dafür folgende Gründe: Finanzielle Gründe (49 %), familiäre Belange (24 %), berufliche Verpflichtungen (17 %), gesundheitliche Gründe (16 %). Rund 18 % haben noch nie eine Urlaubsreise unternommen.[102]

---

[101] Vgl. Eurostat, 2000[1], S. 1.
[102] Vgl. European Commission, 1998, S. 1-13.

3.3.2  Bundesrepublik Deutschland – größtes touristisches Entsendeland

Der so genannte Outgoing-Tourismus der Deutschen verzeichnet seit 1982 ein durchgängiges Wachstum. Die WTO hat für 1996 rund 78 Mio. Ankünfte von Deutschen im Ausland verzeichnet. Gaben deutsche Urlauber 1990 für ihre Urlaubsreise ins Ausland noch ca. 24,5 Mrd. Euro aus, so waren es 1995 bereits 35,3 Mrd. Euro und im Jahr 2000 rd. 43,5 Mrd. Euro.
Bei gleich bleibenden Rahmenbedingungen kann bis zum Jahr 2010 ein Anstieg der Urlaubsreisen von 49 Mio. (1994) auf 122 Mio. erwartet werden. Dieser Anstieg ist vor allem auf die Zunahme der Mehrfachreisen zurückzuführen.

Deutschland zählt zu den größten touristischen Entsendeländern. 1997 waren rund 69 % aller von Deutschen unternommen Urlaubsreisen Auslandsreisen. Bis zum Jahr 2010 könnte Deutschland mit 122 Mio. Auslandsreisen der weltgrößte Entsendstaat sein.
In Bezug auf Fernreisen verbrachten 1997 insgesamt 8,7 % der Deutschen ihren Urlaub im außereuropäischen Ausland. Da über 80 % der deutschen Bevölkerung noch nie eine Fernreise unternommen haben, dürfte sich hier für die Zukunft ein mögliches Wachstum des Fernreiseanteils abzeichnen. Dabei dürften sich die Veränderungen im Fernreiseanteil vor allem in Anhalt an die Entwicklungen des Dollarkurses ergeben. Impulse für den Fernreisetourismus könnten sich auch aus dem Heranwachsen einer vermögenden Erbengeneration ergeben.

**Tabelle 10:**    Die Deutschen auf Reisen (Privatreisen, mind. eine Übernachtung), Statistisches Bundesamt 1999

| Reisezweck | | Benutztes Verkehrsmittel | | Unterkunft | |
|---|---|---|---|---|---|
| Urlaub/Erholung | 65 % | Pkw | 65 % | Hotel | 33 % |
| Besuch | 28 % | Flugzeug | 11 % | Familie/ | |
| | | | | Bekannte | 31 % |
| Sonstiges | 7 % | Bahn | 10 % | Ferien- | |
| | | | | wohnung | 15 % |
| | | Bus | 10 % | Privatzimmer | 8 % |
| | | Sonstiges | 4 % | Camping | 8 % |
| | | | | Sonstiges | 5 % |

Zu den bevorzugten Feriendestinationen deutscher Urlauber dürften zukünftig Australien, Südafrika, Neuseeland, Nordamerika, Pazifikinseln, aber auch China und die Karibik zählen.

Beliebteste Zielgebiete der Deutschen sind jedoch die europäischen Nachbarn, wobei Spanien und Griechenland an Attraktivität augenscheinlich gewonnen haben.[103]

Die Inlandsreisen haben 2000 den tiefsten Stand seit zehn Jahren erreicht. Urlaub in Deutschland liegt also immer weniger im Trend. Hielten sich 1960 noch rund 69 % der deutschen Urlauber in Deutschland auf, so waren dies 2000 nur noch 31 %.

In dem Maße, in dem die inländischen Ferienregionen immer mehr Marktanteile am Tourismus verlieren, nimmt auch der interne Verdrängungswettbewerb in Deutschland zu. Die Küste verdrängt dabei zusehends die Berge. Wellen, Wind und Sand liegen derzeit in der Urlaubergunst deutlich vorn. Trotz der starken in- und ausländischen Konkurrenz haben die Ferienregionen an der Nordseeküste ihre Position halten können. Die Ostsee-Feriengebiete haben dagegen einen leicht rückläufigen Marktanteil. Größere Verluste beklagen seit längerem fast alle Alpenländer. Mitunter ist von einer allgemeinen Alpenmüdigkeit die Rede. In der vergangenen Urlaubssaison hatten Ostbayern, Oberbayern und das Allgäu einen weiteren Rückgang des Marktanteils auf nunmehr fünf Prozent zu beklagen. Für die Zukunft zeichnet sich ab: Deutschland wird mehr und mehr zum Kurzurlaubsland.[104]

Der Incoming-Tourismus hat für Deutschland eine vergleichsweise geringe Bedeutung. So waren 1998 rund 295 Mio. Übernachtungen von 34,5 Mio. ausländischen Gästen zu verzeichnen. Nur 10,8 % aller Übernachtungen in gewerblichen Betrieben wurden 1996 von ausländischen Gästen getätigt. Rund 71 % aller Auslandsgäste kamen dabei aus Europa. Angewachsen ist dabei die Zahl der Gäste aus Asien, deren Anteil an allen Auslandsgästen bei rund 11,4 % liegt.
Auch für die Zukunft wird ein stärkerer Anstieg der Fernreisen nach Deutschland nicht erwartet. Deutschland scheint gegenwärtig vornehmlich ein Reiseland für Deutsche zu sein. Im Vergleich empfängt eine Zielregion wie die USA, die gegenüber Deutschland eine gut dreimal so hohe Bevölkerungszahl aufweist, mehr deutsche Gäste, als US-Amerikaner nach Deutschland reisen. Besonders deutlich wird die Differenz zwischen Incoming- und Outgoing-Tourismus bei den klassischen Auslandsreisezielen der Deutschen wie Spanien, Österreich oder auch Griechenland.[105]

---

[103] Vgl. Deutscher Bundestag, 1999, S. 26.
[104] Vgl. Opaschowski, 2001, S. 1.
[105] Vgl. Deutscher Bundestag, 1999, S. 26.

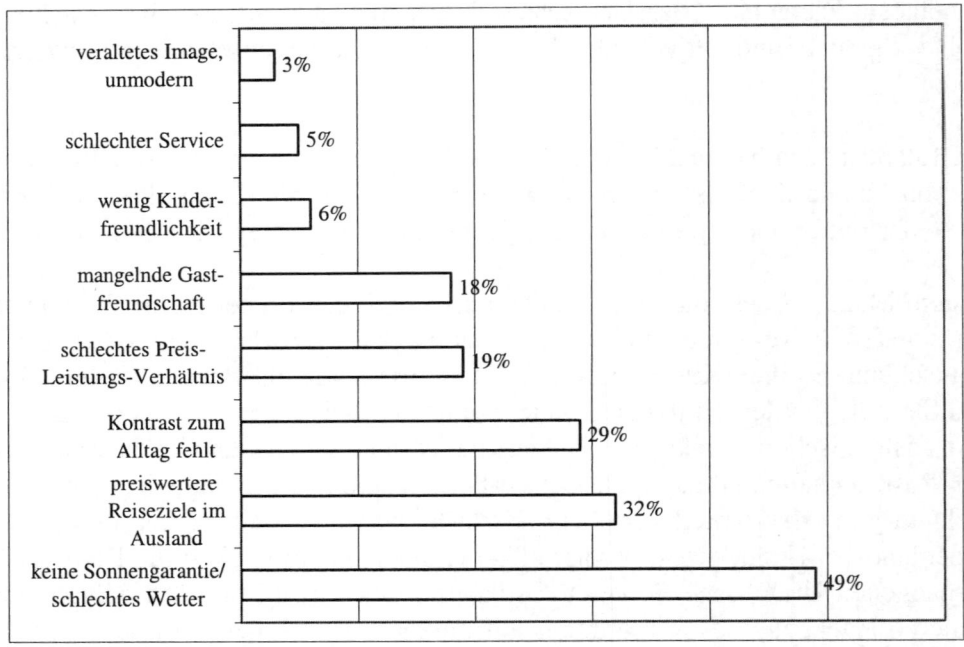

**Abbildung 20:**    Gründe für die Reise ins Ausland, Freizeitforschungsinstitut, Bern 1997

Diese Datenlage und die oben in der Graphik abgebildeten Gründe für die Urlaubsreise ins Ausland lassen einen ersten Handlungsbedarf erkennen, dem sich ein zeitgemäßes Tourismus-Marketing-Management zu stellen hat. Offensichtlich muss die touristische Infrastruktur modernisiert bzw. ausgebaut werden. Die Feriengebiete benötigen mehr Erlebniskontraste, mehr Differenz in Architektur und Ambiente. Touristische Marketingstrategien müssen vermehrt auf eine zielgruppengerichtete Angebotsgestaltung achten, vermehrt Erlebnismöglichkeiten bzw. Erlebniskontraste bieten, aktuelle Medien nutzen, effiziente Vertriebswege ausbauen, Trendthemen aufgreifen und umsetzen (z.B. Wellness, Sporttourismus) und eine Qualitäts- und Qualifizierungsoffensive in den anbietenden touristischen Betrieben starten. Zugleich bedarf es der offensiven Pflege des Images des Reiseziels Deutschland, aber auch der jeweiligen Region im In- oder Ausland. Auch sollten vermehrt Überlegungen in Richtung Gesundheits- und Seniorentourismus angestellt werden.[106] Im Rahmen der Strukturförderung müssen der Ausbau der Verkehrsverbindungen und die Förderung regionsübergreifender, integrierter Entwicklungskonzepte verstärkt werden.

Für die Zukunft wird für Deutschland eine durchschnittliche Steigerungsrate des Binnentourismus um 0,5 % jährlich angenommen. Gründe für den eher geringen

---

[106] Vgl. Dettmer, 1998, S. 234.

Anstieg des inländischen Tourismus sind eine steigende Anzahl von Mehrfachreisen und Kurzreisen. Deutschland gilt als „reifer" Touristikmarkt, Stagnation
auf hohem Niveau bzw. geringe Wachstumsraten sind die Folge.[107]

### 3.3.3  Organisationsform des Reisens

Bis Mitte der 70er Jahre dominierte bei ca. drei Viertel der Urlauber die
Individualreise, die ohne Hilfe des Reisebüros geplant und arrangiert wurde. Im
Laufe der Jahre stieg jedoch der Anteil der Urlaubsreisen, die über das Reisebüro
gebucht werden, kontinuierlich an. Gegenwärtig liegt das organisierte Reisen voll
im Trend des Urlaubsverhaltens. Pauschalreisen[108] gelten als relativ kosten-
günstig und bequem. Die Individualreise muss hingegen auf eigene Faust
zusammengestellt werden. Die Gründe für die Zunahme der Pauschalreise sind
sicher auch in dem Umstand zu sehen, dass neue, entfernt liegende Reiseziele
angestrebt werden, die individuell nur sehr schwierig oder verbunden mit hohen
Kosten zu bereisen sind. Reiseveranstalter sind dagegen in der Lage, diese Reisen
einfacher und zu günstigeren Preisen anzubieten.[109]

Analysiert man die Gruppe der Pauschalreisenden genauer, lassen sich folgende
Unterscheidungen treffen:
a) Die Vollbucher:
   Die Vollbucher buchen eine Pauschalreise mit Transport, Unterkunft und viel-
   fach Programmteilen bei einem Reisebüro oder Reiseveranstalter und zahlen
   vor Antritt der Reise. Zu dieser Gruppe von Reisenden gehören vor allem die
   Singles (25 bis 49 Jahre), die kinderlosen Paare (25 bis 29 Jahre) sowie die
   Höherverdienenden. Familien sind zu 40 % den „Selbstorganisierern" zuzu-
   ordnen.
b) Die Teilbucher:
   Die Teilbucher buchen eine Teilpauschalreise bei einem Reiseveranstalter oder
   Reisebüro und zahlen sie vor Antritt der Reise.

Auch unter den Individualreisenden gibt es eine Gruppe, die für ihre Reisevorbe-
reitung die Hilfe des Reisebüros in Anspruch nimmt. Die so genannten Service-
reisenden machen eine Teilindividualreise, stellen Route, Ziel, Unterkunft und/
oder Transport selber zusammen und nehmen bei der Vorbereitung die Hilfe des
Reisebüros in Anspruch. Nur die Selbstorganisierer planen ihre Reise selbst und
führen sie auch völlig ohne jede fremde Hilfe aus. Tendenziell verschwimmen

---

[107] Vgl. Deutscher Bundestag, 1999, S. 27.
[108] Für den Deutschen Reisebüro- und Reiseveranstalterverband gilt jede komplett gebuchte
Reise als Pauschalreise.
[109] Vgl. Freyer, 2001, S. 93.

aber die Grenzen zwischen Pauschal- und Individualtourismus. Je nach zeitlichen, finanziellen, familiären oder persönlichen Möglichkeiten entscheidet sich
der Urlauber mal für Fremd-, mal für Selbstorganisation. Ob pauschal oder individuell ist vielfach keine Frage der Urlaubsphilosophie mehr, eher eine Frage des
Reiseziels. Es sind also praktische, reiseorganisatorische Gründe, die den Aus-
schlag geben. Vor allem dann, wenn das Verkehrsmittel Flugzeug genutzt werden
soll, stützen sich die Reisenden auf den Service der Reisebüros.

Die Branche hat bereits auf den Wechsel zwischen Fremd- und Selbstorganisation reagiert: Es gibt Baukastenreisen, Self-made-Tours usw., die eine flexible
Kombination von Einzelleistungen ermöglichen. Auch für den Urlaub „jenseits
der Trampelpfade", scheinbar bisher die Domäne der Individualreisenden, gibt es
auf dem Pauschalreisemarkt Angebote. Der Urlauber ist zwar pauschal unterwegs, fühlt sich aber irgendwie als individuell Reisender. Mit Hilfe eines ziel-
gruppenorientierten Marketings und passender Produktdifferenzierung ist es den
Veranstaltern offensichtlich gelungen, den Konsumenten ein attraktives Angebot
und zugleich die Pauschalreise „salonfähig" zu machen. Vielleicht hat sich auch
bei den eingefleischten Individualreisenden die Einsicht breit gemacht, dass bei
tausenden reisenden Individualisten am Ende immer Massentourismus heraus-
kommt. Die Urlaubsreise ist letztlich stets ein Massenartikel, wenn auch mit
unterschiedlicher Beschaffenheit.[110]

## 3.3.4  Hemmende Faktoren

Trotz der überwiegend auf Wachstum ausgerichteten Prognosen für den internationalen Reisetourismus muss doch sowohl auf die Nachfrage als auch auf das
Angebot hemmende Faktoren hingewiesen werden. So erscheint es für die Zukunft als nicht unwahrscheinlich, dass das disponible Einkommen vieler privater
Haushalte stagniert bzw. sich sogar verringert. Hinweise darauf sind sicherlich
die gestiegenen Energie- bzw. Sozialversicherungskosten sowie die Steuerer-
höhungen. Selbst wenn der Urlaubsreise bei der Ausgabenplanung bisher eine
gewisse Priorität eingeräumt wurde, ist doch zu erwarten, dass vor allem die
Bezieher mittlerer und niedrigerer Einkommen Einschnitte in ihrem Reisebudget
vornehmen müssen. Auch die Erhöhung der Transportkosten, insbesondere Ver-
teuerungen aufgrund zusätzlicher, aufwändiger Sicherheitsmaßnahmen auf den
Flughäfen und bei den Airlines, werden zu einer Kostensteigerung von Urlaubsreisen führen und damit die Reisetätigkeit der eben genannten Personengruppe
weiter einschränken.

---

[110] Vgl. Opaschowski, 2001, S. 33-39.

Politische Konflikte, soziale Spannungen, Umweltkrisen, aber auch Menschenrechtsverletzungen in den Zielgebieten beeinflussen (zumindest temporär) das Nachfrageverhalten in Bezug auf bestimmte Länder bzw. Destinationen negativ.[111] Ein Beispiel aus jüngster Zeit ist die Situation nach den Terrorattentaten auf das World Trade Center in New York vom 11. September 2001. Der USA-Tourismus oder besser der weltweite Tourismus wurde davon erheblich in Mitleidenschaft gezogen. Eine renommierte Airline (*Swiss Air*) musste in der Folge aufgeben, andere haben erhebliche Umsatzeinbußen und reagieren mit Personalabbau oder anderen Sparmaßnahmen.

Umweltprobleme wie Algenbelastung, Waldbrände, Trinkwasserknappheit usw. haben in manchen Regionen den Fremdenverkehr nahezu zum Erliegen gebracht und zugleich zu rasanten Preisverfällen geführt. Hier dürften vor allem Sicherheits- und Umweltfragen für die weitere Tourismusentwicklung entscheidend sein.
Ein weiterer wichtiger Faktor in jüngster Zeit ist der wachsende Widerstand der Bereisten in manchen Destinationen. Aus sozialkulturellen, religiösen oder ökologischen Gründen wird gelegentlich der Tourismus völlig abgelehnt bzw. seine weitere Entwicklung wirkungsvoll behindert. Sollte dieser Widerstand anhalten oder sich noch verstärken, wird sich bei den Urlaubern schnell das Gefühl des Unerwünscht-Seins festsetzen. Die Folge wird eine Verschiebung oder gar Abnahme der internationalen Tourismusströme sein.

Ebenfalls relevant für die weitere Entwicklung dürfte die Angst vieler Urlauber vor Krankheiten sein, die sich vor allem im außereuropäischem Ausland ergeben können. Epidemien, Hauterkrankungen (durch ultraviolette Strahlung als Folge des Ozonlochs) oder die Angst vor der Immunschwäche AIDS werden dazu beitragen, dass die Nachfrage nach bestimmten Zielländern sich verringert.
Schließlich besteht auch die Möglichkeit einer gewissen Sättigung der zunehmend reiseerfahren gewordenen Urlauber. Es kann nicht ausgeschlossen werden, dass in Zukunft Urlaub im eigenen Land bzw. zu Hause wieder modern wird.[112]

## 3.4   Was Urlauber und Reisende zu finden hoffen

Was bewegt Menschen heute unterwegs zu sein ? Was hoffen sie auf ihrer Urlaubsreise zu finden bzw. zu erleben ? Wir können davon ausgehen, dass die gesellschaftlichen und ökonomischen Rahmenbedingungen, aber auch die ganz individuellen Lebensumstände der Reisenden Reisemotive und Reiseerwartungen

---

[111] Vgl. Lassberg von, 2000, S. 225-227.
[112] A.a.O., S. 227-300.

hervorbringen. Natürlich werden auch Marketinganstrengungen touristischer Anbieter Einfluss ausüben. Modetrends sind ebenfalls von Bedeutung.

Für den touristischen Anbieter ist es außerordentlich wichtig, über Motivlagen von Reisenden und daraus resultierende Reiseerwartungen orientiert zu sein. Sei es, wenn es darum geht, neue Kunden zu gewinnen, oder dass über eine Steigerung der Kundenzufriedenheit eine stärkere Kundenbindung erreicht werden soll. Da das Freizeitverhalten mit der Lebenslage und dem daraus resultierenden Lebensstil verbunden ist, können unter Berücksichtigung dieses Umstands weitere wichtige Informationen für die Angebotsbildung gewonnen werden.

**Tabelle 11:    Reisemotive[113]**

| **Entspannung, Erholung, Gesundheit** | • Abschalten, Ausspannen | 59 % |
| | • Zeit füreinander haben | 39 % |
| | • Sich verwöhnen lassen | 31 % |
| **Abwechslung, Erlebnis, Geselligkeit** | • Dem Alltag entfliehen | 55 % |
| | • Spaß und Unterhaltung, sich amüsieren | 28 % |
| | • Viel erleben | 27 % |
| | • Neue Leute kennen lernen, Geselligkeit | 25 % |
| **Natur erleben, Wetter** | • Natur erleben | 34 % |
| | • Reine Luft, sauberes Wasser | 34 % |
| | • „Sonne tanken", sich bräunen | 23 % |
| **Bewegung und Sport** | • Sportlich aktiv sein | 15 % |
| | • Explizite sporttouristische Interessen | 8 % |
| **Eindrücke, Entdeckung, Bildung** | • Neue Eindrücke gewinnen | 28 % |
| | • Fremde Kulturen kennen lernen, viel von der Welt sehen | 27 % |
| | • Horizont erweitern, etwas für Kultur und Bildung tun | 18 % |
| | • Abenteuertourismus | 18 % |

Untersuchungen haben gezeigt, dass bestimmte Freizeitverhaltensweisen zu Hause im Wohnumfeld die Urlaubserwartungen mitbestimmen. Freizeit-Aktivitäten zu Hause spielen bei den Urlaubsüberlegungen daher eine wichtige Rolle. Wer zu Hause gern spazieren oder wandern geht, erwartet entsprechende Möglichkeiten auch am Urlaubsort.
Angesichts der Vielfalt von Interessen, Motiven, Wünschen bleibt die Frage, ob Reiseveranstalter diesen mit passgenauen Angeboten auch entsprechen können.

---

[113] Vgl. Müller, 1999, S. 105.

Die Realität zeigt nur zu oft, dass Reiseerwartungen Glücksvorstellungen zu sein scheinen, die unerfüllbar sind. Dies gilt vor allem dann, wenn „die Reise aus dem Alltag als eine Art zweites Leben, in dessen Gefäße man seine wahren Lebenswünsche und Hoffnungen hineinpumpt" verstanden wird. Dann ist „der Karren überladen, mit Wünschen und Sehnsüchten überbesetzt."[114]

Trotz unterschiedlicher Motiv- und Interessenlagen lassen Untersuchungen den Schluss zu, dass touristische **Verhaltensmuster** identifiziert werden können; quasi als kleinster gemeinsamer Nenner der einzelnen, sehr unterschiedlichen touristischen Verhaltensweisen.

- Reproduktion von Alltagsstrukturen:
  Alltägliche Gewohnheiten, Ansprüche und Verhaltensweisen lassen sich auch im Urlaub nicht so einfach abschütteln. Arbeitstugenden, feststehende Tagesabläufe und mitunter die Unfähigkeit, freie Zeit wirklich souverän zu nutzen, lenken Touristen oftmals wieder in den gewohnten Alltagstrott. Dies bietet Verhaltenssicherheit, die nur gelegentlich von wohlgeplanten und wohldosierten Veränderungen in Gefahr gebracht werden soll.
- Ich-bezogene Motivationslagen führen oft zu einem anderen Typ von Verhaltensweisen: Weg von zu Hause zeigt der Tourist dann (ein für seine Umgebung mitunter als unangenehm empfundenes) Sonderverhalten. Die touristische Sondersituation motiviert dann zu Aktivitäten, die am Arbeitsplatz oder in der Familie zumindest als ungewöhnlich eingestuft würden.[115]
- Die Suche nach Bestätigung der Vorstellungen, die der Tourist von seinem Reiseziel hat, ist ein weiteres typisches Merkmal im Verhalten des Touristen. Träume und Wünsche, ausgelöst durch die Werbung, sollen dann bitte schön auch in Erfüllung gehen, Versprechungen eingelöst werden. Dies führt dazu, dass nur wenige wirklich bereit zu sein scheinen, sich aktiv auf das Neue, auf die fremde Umgebung, einzustellen. Selbst wenn sie mit authentischen Situationen konfrontiert werden, nehmen sie deren Künstlichkeit an und zeigen sich enttäuscht.

Die Betrachtung konkreter reisetouristischer Aktivitäten lässt nicht nur Rückschlüsse auf Verhaltensorientierungen, sondern auch auf Formen touristischer **Erlebnisse** zu:

1. Das Authentische und Einfache erfahren:
   Offensichtlich kehren Menschen vielfach in ihrem Urlaub an den Ort zurück, dem sie gerade entronnen sind – an dem Arbeitsplatz. Diese Rückkehr zur Arbeit zeigt sich z.B. in der Besichtigung von Arbeitsstätten am Zielort bzw. von handwerklich-historischen Beschäftigungen: Töpfern, Glasbläserei usw.

---

[114] Krippendorf, 1984, S. 17.
[115] Vgl. Müller, 1999, S. 114.

Dabei geht es sicher weniger darum, z.B. einen netzflickenden Fischer in seiner Tätigkeit zu beneiden. Die wenigsten Touristen dürften sich an seine Stelle wünschen. Die Echtheit und Einfachheit der beobachteten Szene „netzflickender Fischer" berührt dagegen einige Reisende offensichtlich. Vergleichbare Emotionen werden bei der Besichtigung besonders schöner Naturbilder berichtet. Die zivilisationsferne Natur, die unberührte Landschaft, scheint die Sehnsucht nach dem Unverfälschten, noch nicht Besetzten, Kommerzialisierten zu wecken.

2. Der Reisende als Pilger und sich Bildender:
Das Gefühl der Ergriffenheit, der Ehrfurcht, scheint ebenfalls eine wichtige Rolle zu spielen. So ist die Besichtigung kulturhistorischer, religiöser Stätten, das Beiwohnen bei religiösen Handlungen vielfach mit einem besonderen, aber als angenehm empfundenen Gefühl, verbunden. Neben dem Bildungscharakter solcher Touren spielen diese Emotionen eine wichtige Rolle.

3. Der romantische Blick:
Zweifelsfrei neigen Touristen zum Romantisieren. Der romantische Blick auf die Tätigkeit des besagten netzflickenden Fischers in einem kleinen, unberührten Fischerdorf hat sicher wenig mit einer bewussten, analytischen Wahrnehmung der tatsächlichen Lebensverhältnisse gemein. Es ist dies wohl eher ein Blick, der Freiheit, Ungebundenheit von den Zwängen der Moderne wahrnimmt. Eine Freiheit, die jedoch nicht mit den tatsächlichen individuellen oder gesellschaftlichen Möglichkeiten ergriffen werden kann. Der Tourist empfindet diese Freiheit vor allem deshalb, weil er die Situation nur besichtigt und sich nicht selbst in derselben befindet.
Die romantische Verklärtheit scheint ein zentrales Leitbild des Reisetourismus zu sein. Wo sie fehlt, wird sie ggf. inszeniert (vgl. Besichtigung historischer Lebens- und Arbeitsstätten). Reisen gerät hier leicht zu dem Versuch, den in die Ferne projizierten Wunschtraum von Freiheit und Romantik leibhaftig zu verwirklichen – und sei es auch nur für Augenblicke. Tourismus so verstanden wäre dann auch eine Art kollektiven Fluchtversuchs aus als zu nüchtern, steril und vorbestimmt erlebten alltäglichen Verhältnissen.

4. Der Tourist als Soziologe:
Für manchen Touristen ist es weniger bedeutsam, im Urlaub der Moderne, seinem Alltag zu entkommen und in eine andere Welt zu fliehen. Sie nutzen ihre Urlaubsreise für den Versuch, eine unbekannte, mitunter undurchsichtige gesellschaftlich-soziale Wirklichkeit zu verstehen. Sie wollen die fremde gesellschaftliche Realität von außen betrachten und versuchen zu begreifen, freilich im Rahmen der jeweiligen Verstehensmöglichkeiten. Das Fremde, Exotische steht hier im Blickpunkt eines analytischen Interesses. Reisetouris-

mus inszeniert Transparenz von gesellschaftlichen Verhältnissen und Strukturen. Bleibt allerdings die Frage, ob dies wirklich gelingen kann. Insbesondere die Reiseveranstalter werden zumindest darauf bedacht sein, diese Erkundung möglichst risikoarm, konfliktfrei und angenehm auszugestalten. Inszenierungen sind vielfach die Folgen.

Zusammengefasst lassen die Punkte 1 bis 4 ein Bedürfnis nach Echtheit und Unverfälschtheit des touristischen Erlebnisses erkennen. Auch wenn das Unberührte in der touristischen Wertehierarchie ganz oben zu stehen scheint, ergibt sich doch ein ernsthaftes Problem: Der Reisende, der das Unberührte sucht, verändert, ja zerstört es oftmals, indem er es findet. Jemand, der das wirkliche Leben anderer Menschen kennen lernen will, kann immer weniger darüber hinwegsehen, dass er es durch eben diesen Versuch verändert. Das Aufsuchen einer unberührten Landschaft macht aus dieser eben eine betretene Landschaft. Das daraus ggf. resultierende Gefühl, etwas Unwiederbringliches, Einzigartiges mit verändert zu haben, ist für eine Reihe von Touristen belastend. Schließlich wollen sie ein Gut zwar konsumieren, aber nicht zu seiner Zerstörung beitragen. Ein Verzicht würde jedoch bedeuten, auf diese so hochgeschätzte Erfahrung des Unberührten zu verzichten. Andere scheinen hingegen nur die ersten sein zu wollen, die etwas erkunden, bevor die „Masse" darüber hinweggegangen ist.[116]

## Urlaub als Erlebnis und Herausforderung

Ging es im Vorangegangenen noch um das Bemühen des Touristen, eine fremde, faszinierende Welt zu entdecken, gesellschaftliche Fassaden zu durchdringen, zum wirklichen Leben, wenn auch in romantischer Absicht, vorzudringen, scheint der Tourismus der Inszenierung eine andere Richtung einzuschlagen. Die Kunst des Reisen besteht hier eher darin, die Distanz zum wirklichen Leben zu suchen: Die Inszenierung einer stimmigen, interessanten, originellen und möglichst fesselnden Erlebniswelt.

Überhaupt scheint das Erlebnis für den Reisenden einen zentralen Stellenwert einzunehmen. In einer schnellen Abfolge von Ereignissen und Landschaften finden offensichtlich viele Urlauber ihr besonderes Urlaubsvergnügen. Dabei muss sich dieses Erleben keinesfalls stets in einer subjektiven Reaktion auf einen konkreten Reiz (z.B. eine schöne Landschaft oder abenteuerliche Bootsfahrt) erschöpfen. Es sind vielfach die Erlebniskontraste, also weniger die Erlebnisqualität der einzelnen Ereignisse an sich, die über den subjektiven Erlebnisgehalt und damit über den Erfolg der Urlaubsreise entscheiden. Kontraste ergeben sich z.B.

---

[116] Vgl. Günther, 1998, S. 95-107.

durch Erlebnisketten, die den Urlaub strukturieren: Sonnen und Baden am Meer, Wandern durch einen Gebirgszug, Wildwasserfahrt, Feste und Feiern, kulturelle Veranstaltungen. Wie gesagt, nicht das einzelne Ereignis an sich, sondern der Kontrast im Ensemble der Angebotskette bilden das Urlaubserlebnis.

Ganz konkret zeigt sich das Bedürfnis nach intensivem Erleben, nach Abenteuerlichkeit in der starken Zunahme von Sportarten wie Car-Racing, Sky Surfing, Paragliding, Extreme Skiing, Speed Skiing, Free Climbing usw. Je schneller und spektakulärer die Erlebnisabfolge, je stärker die emotionalen Impulse, desto intensiver das Erleben. Die Verwendung englischsprachiger Bezeichnungen suggeriert dabei noch Internationalität. Hinzu kommt nach vollbrachter Tat die stimulierende Wirkung von Bewunderung und Akzeptanz in der sozialen Gruppe. Strukturelemente solcher Aktivitäten sind z.B.:

- Körperbetonung, Exponierung des eigenen Körpers,
- Fitness, Geschicklichkeit,
- Bewegungsdrang, Mobilität,
- Bedürfnis nach Geschwindigkeit und Beschleunigung,
- Aufsuchen körperlicher oder seelischer Belastungen, teilweise mit extremen Anforderungen an die Dauerleistungsfähigkeit,
- Aufsuchen von Risiko und Gefahr (vom einfachen Verletzungsrisiko bis zur aktuellen Todesgefahr),
- Starke emotionale Impulse: Fun, Hochgefühl, Angst, Nervenkitzel, Thrill,
- Beweisen von Mut, Tollkühnheit, Nervenstärke, Coolness,
- Möglichkeit der Steigerung, Leistungsprinzip.[117]

Man könnte fast vermuten, dass der Reisende, der Urlauber alles das, was er als Wohlstandsmensch nicht mehr zu vergegenwärtigen hat, nämlich Not, Bedrohung und Anspannung, im Reiseerlebnis kontrolliert" und zeitlich begrenzt durchleben will – natürlich mit einer gehörigen Portion Spaß und Bequemlichkeit, versteht sich. Urlaub und Reisen werden so zu einem Kontrastprogramm und zu einer Art Selbstvergewisserung, wobei kaum der echte Wunsch bestehen dürfte, die im Urlaub erfahrene Erlebnisdichte und -intensität wirklich in den normalen Alltag hinein zu verlängern.

Außerdem begreifen eine ganze Reihe von Reisenden ihren Urlaub offensichtlich als Herausforderung. Der erlebnis- und abenteuergeladene Urlaub tritt dann in Kontrast zur beruflichen Alltagswelt, die den individuellen Ansprüchen und Bedürfnissen nicht genügt. Fehlende Möglichkeiten Arbeitsabläufe zu gestalten und ein gewisses Maß an Risiko zu erleben, führen zu einer Spannungslosigkeit des Alltags vieler Berufstätiger. Zum Ausgleich der unbefriedigt gebliebenen Ansprüche und Bedürfnisse werden herausfordernde Urlaubsaktivitäten gewählt, die

---

[117] Vgl. Haubel, 1998, S. 210.

auch dabei helfen sollen, Kompetenzerfahrungen zu machen und die persönliche Leistungsgrenze auszutesten.[118]

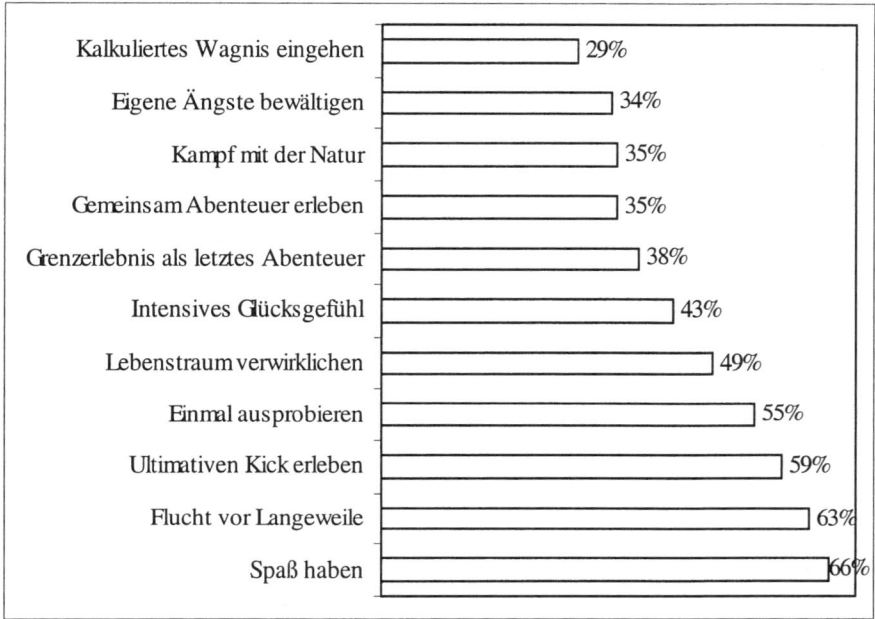

**Abbildung 21:** Warum Extrem- und Abenteuersport betreiben [119]

Die Freizeit- und Tourismusindustrie hat bereits auf das Bedürfnis nach Abenteuer, nach Erlebnissen und Erlebniskontrasten reagiert. Sie bietet ein sorgfältig geschnürtes Paket an Reise- und Freizeitangeboten an, in denen vielfältige Erlebnis und Abenteuer versprechenden Events enthalten sind. Erlebnismarketing lautet das Gebot der Stunde, auf dass der Kunde seiner extrovertierten Freizeitorientierung frönen kann.

## 3.5 Reiseenttäuschungen

Der Blick in die Kataloge der Reiseveranstalter macht deutlich, dass im Alltagsverständnis, in der Medienöffentlichkeit, Urlaub offenbar als Traum und Paradies verstanden wird. Urlaubstraum, Traumurlaub oder Urlaubsparadies sind hier schon fast die Standardbegriffe. Bleibt jedoch die Frage, was von den Hoffnungen, Sehnsüchten und Wünschen, die von einer solchen Begriffsbildung ab-

---

[118] Vgl. Luger, 2001, S. 124-125.
[119] Vgl. Freese, 2001, S. 34.

geleitet werden können, tatsächlich auch einlösbar ist. Was geschieht, wenn Probleme, Konflikte und Enttäuschungen im Urlaub erfahren werden, also die Urlaubserwartungen nicht in Erfüllung gehen ? Werden diese Unstimmigkeiten tatsächlich als solche wahrgenommen und wenn ja, auch offen kommuniziert ?

Im Hinblick auf die individuelle Erwartungshaltung zeigt sich Untersuchungen zufolge ein Problem: Urlauber wollen zwar das Paradies, sie können es aber selten konkret beschreiben. „Sie wissen, dass sie etwas brauchen, aber sie wissen nicht, was. Was Urlaub zu sein hat, können sie nur abstrakt mit einem Wort umschreiben: anders."[120] Zugleich verfügen die meisten über genug Realismus, um zu wissen, dass den Anpreisungen der Branche keinesfalls immer Glauben geschenkt werden kann. Eine gewisse Abweichung vom Idealbild wird also schon vorweg angenommen. Wenn sich dann der Urlaubsort, das Urlaubserlebnis als nicht zufrieden stellend erweist, dann bedeutet dies noch lange nicht, dass dies sich selbst gegenüber eingestanden bzw. anderen mitgeteilt wird. Gegenüber Freunden und Bekannten scheint jedenfalls entscheidend zu sein: das ganze zeitliche Unternehmen muss als persönlicher Erfolg dargestellt werden. Urlaubserlebnisse müssen den kritischen Fragen des sozialen Umfeldes standhalten können, will man nicht als bedauernswerter Tropf dastehen. In der Retrospektive werden dann Urlaubserfahrungen umgedeutet, vor allem dann, wenn das soziale Umfeld z.B. dem Reiseziel an sich einen hohen Prestigewert einräumt. Es sind dann die Reaktionen der Freunde und Bekannten auf die Exklusivität der Destination, die (im Nachhinein) zu einer positiven Urlaubsbewertung führen, auch wenn dies so nicht erfahren wurde.

In Bezug auf die Frage der persönlichen Urlaubszufriedenheit sollte auch bedacht werden: Urlaub hat immer auch mit Inszenierung zu tun. Dabei hängt die Frage nach der Wahrheit und Wirkung des Stückes nicht nur allein von der Qualität der Erlebnisse, der Leistungen oder der Destinationen ab. Selbst wenn der Urlaubsverlauf dem Reiseveranstalter als stimmig erscheint, muss dies beim Kunden noch lange nicht der Fall sein. Wichtig am Urlaub scheint zu sein, die eigene Rolle in einem den individuellen Bedürfnissen entsprechenden Stück zu finden. Urlauber nehmen Rollen ein, die ihrem (tatsächlichen oder angestrebten) Selbstbild nahe kommen. In diesem Stück soll es Enttäuschungen oder Probleme nicht geben. Gibt es sie doch, finden hinter den Kulissen regelrechte Schlachten um den Ausgleich entgangener Urlaubsfreuden statt, die dann oft nur durch Gerichtsentscheid beigelegt werden können (vgl. dazu www.reisemangel.de).

Neben diesen eher verhaltenspsychologischen Aspekten der Urlaubszufriedenheit gibt es natürlich auch eine Reihe konkreter Urlaubsbedürfnisse, die erfüllt werden sollen. Der Grad ihrer Erfüllung, der sich aus einer persönlichen Soll-Ist-

---

[120] Opaschowski, 2002, S. 63.

Bilanz ableitet, gilt dann als Messlatte für den Grad an Zufriedenheit mit dem Angebot, dem Anbieter. So wollen z.B. viele Urlauber einfach nur zur Ruhe kommen und weder Stress noch Hektik erleben. Tatsächlich lassen sich gerade im Urlaub die freien Stunden selten unabhängig verplanen, einmal abgesehen davon, dass schon die Anreise alles andere als stressfrei verläuft. Reiseleiter machen Vorschläge und Mitreisende äußern Erwartungen; feste Programm-, Essens- oder Abfahrtzeiten geben dem ersehnten individuellen Freisein schnell wieder einen äußeren Rahmen. Urlauber sind im Wohnwagen oder Hotelzimmer geradezu zur Gemeinsamkeit vergattert. Rückzugsnischen sind dagegen eher selten, für Spontaneität bleibt wenig Platz. Hinzu kommt die Überfüllung der Feriengebiete zu den Haupturlaubszeiten.

Andere suchen ihr Urlaubsgebiet aus einem Bedürfnis nach Sonne, Wärme, Strand und Wasser aus. Bleiben dann Sommer und Sonne aus, wird die Reisezufriedenheit nachhaltig beeinflusst, wird das schlechte Wetter zur größten Urlaubsenttäuschung. Unzufriedenheit stellt sich auch ein, wenn der erwartete Komfort ausbleibt. Komfort gehört heute für viele schon zur Grundausstattung und wird einfach vorausgesetzt.[121]

## 3.6  Aktuelle Trends

Eine Reihe von Trends lassen sich gegenwärtig auf dem Reisemarkt ausmachen. Eine Zunahme der Erlebnis- und Eventorientierung bei der Angebotsgestaltung, ein verstärktes Angebot in den Bereichen Sport- und Städtetourismus sowie gesundheitsbetonte Reisen seien hier als wichtige Belege genannt. Im Hinblick auf die Dauer der Reisen, ist eine deutliche Zunahme der Kurzzeitreisen zu verzeichnen, wobei Kurzreisen mehrfach im Jahr unternommen werden. Sie werden damit zunehmend zum Normalfall, wobei die inländischen Gebiete davon am meisten betroffen sind. An der Nordsee halten sich z.B. die Urlauber mit 13,1 Tagen knapp zwei Wochen auf, im Schwarzwald mit 11,7 Tagen noch weniger. In Bayern liegt der Durchschnittsaufenthalt nur mehr bei zehn Tagen. Als Anlass ihrer Kurzreise geben immer mehr eine Städtereise an (33,9 % der Befragten). Damit ist die Städtereise bei den Kurzreisen derzeit am attraktivsten. Immerhin wählten 1998 rund zwei Drittel der ca. 11,3 Mio. deutschen Städtereisenden eine deutsche Stadt als Ziel aus.

Für die überwiegende Zahl der Reisenden bedeutet Unterwegssein immer auch, etwas Neues, bisher nicht Bekanntes zu entdecken. Sie wollen attraktive Gegenden sehen, neue Menschen kennenlernen und neue Eindrücke gewinnen. Aus diesem Grund sind wohl auch nur 25 % der deutschen Urlauber Stammgäste. Die überwiegende Mehrheit sucht dagegen möglichst neue Reiseerlebnisse.[122]

---

[121] A.a.O., S. 93-110.
[122] Vgl. Obier/Baake, 2000, S. 116-117.

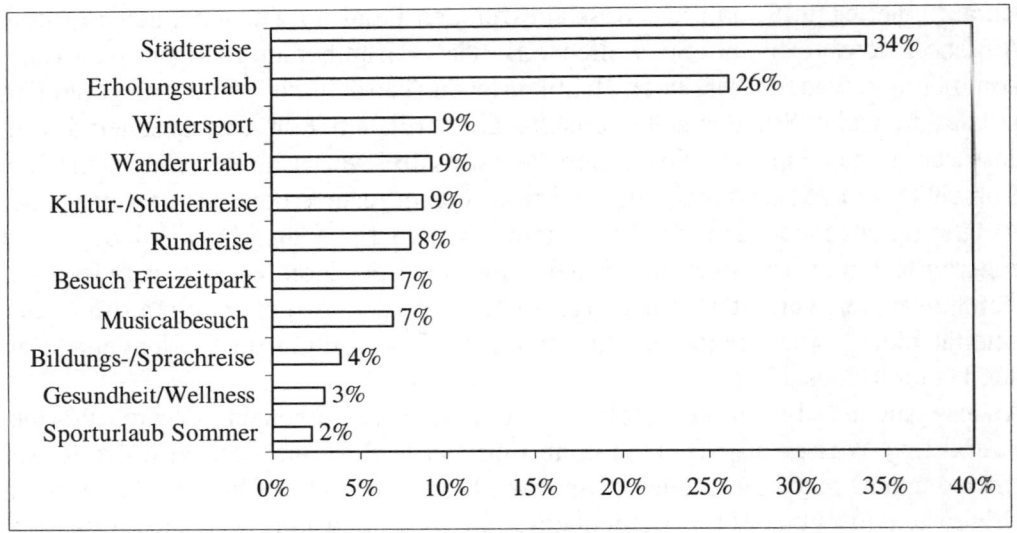

**Abbildung 22:**    Gründe für eine Kurzreise [123]

## 3.6.1  Eventorientierung

Herausragende Veranstaltungen spielen heute im Tourismus eine immer wichtigere Rolle. Für viele Destinationen, Reiseveranstalter oder Tourismuszentralen ist es daher von großer Bedeutung, zusätzlich zu den bereits vorhandenen touristischen Angeboten etwas Besonderes zu bieten. Jede Saison ein (neues) Ereignis, das Einmaliges, Außergewöhnliches verspricht. Auf diese Weise wollen sie sich am Markt profilieren und von der Konkurrenz abheben. Um ein unverwechselbares Profil zu entwickeln, bieten sich u.a. Inszenierungen von Events z.B. in Form von Großveranstaltungen an. Die Vielfalt der Events im Tourismus scheint dabei geradezu grenzenlos zu sein, wobei die Veranstaltungsorganisation immer professioneller wird.[124] Für den Erfolg von Events haben sich die perfekte Inszenierung bzw. Illusionierung als maßgeblich erwiesen. Dabei besteht der Anspruch, das Virtuelle so echt wie möglich zu inszenieren, wobei der Event durchaus schöner, beeindruckender als die Realität sein darf. Die Eindringlichkeit des Events, abgeleitet aus seinen Attraktionen, stellt einen zweiten Erfolgsfaktor dar. Überraschungen, das Moment des Unvorhersehbaren gehören hierzu. Schließlich müssen Events bis ins kleinste Detail geplant und durchgeführt werden. Alles muss stringent sein, Brüche sind zu vermeiden.[125]

---

[123] A.a.O., S. 116.
[124] Vgl. Bialas, 2001, S. 113-118.
[125] Vgl. Opaschowski, 2001, S. 86.

Jeder fünfte Bundesbürger ist heute Event-Tourist. Rund 22 % der Bevölkerung ab 14 Jahren nennen den Besuch von Veranstaltungen als Grund für private Reisen in den letzten Jahren. Der typische Event-Tourist gehört der jüngeren Generation an und zählt zu den Besserverdienenden. Kulturelle, sportliche und gesellige Events nutzen Männer zu rund 26 % und Frauen zu rund 20 %. Was die Anreise anbelangt, zeigen die 20- bis 29-Jährigen die größte Mobilität.[126]

Event-Tourismus gleicht letztlich einer Mischung aus Erlebnissuche, Herausforderung und Happening. Auch die Volksfeste kommen diesen Intentionen entgegen. Sie ziehen mittlerweile mehr Besucher an als der gesamte öffentliche Kulturbetrieb aus Theatern, Opern, Konzerten, Festspielen, Museen, Volkshochschulen und Bibliotheken. Dabei werden Umsätze in Milliardenhöhe erzielt. Die Volksfeste haben daher vielfach eine herausragende Bedeutung für den Kurzreise-, Städte- und Eventtourismus erlangt.

Der Marktstudie „Die Bedeutung des Wirtschaftsfaktors Volksfest im Bereich des mittelständischen Fremdenverkehrsgewerbes in der Bundesrepublik Deutschland" des Bundeswirtschaftsministeriums zufolge ziehen die ca. 14.000 Volksfeste in Deutschland jährlich rund 170 Mio. Besucher an. Hinzu kommen rund 50 Mio. Besucher der Weihnachtsmärkte. Statistisch betrachtet besuchen etwa 63 % der Deutschen Volksfeste. Die Volksfestbesucher geben jährlich etwa 3,9 Mrd. Euro aus, wobei auf jeden Besucher im Durchschnitt 23,2 Euro entfallen.[127]

### 3.6.2 Sport-, Kultur- und Städtereisen

Sport-, Kultur- und Städtereisen liegen voll im Trend. Mal ist es der Sport selbst oder aber das sportliche Ereignis, bei dem man zugegen sein will, mal motiviert eine spezielle Kulturveranstaltung (Opernfestspiele, Konzerte, Ausstellungen usw.), sich auf Reisen zu begeben. Reine Städtereisen sind gleichermaßen gefragt, wobei die Attraktivität einer Stadt auch einen gewissen Eventcharakter hat. Shoppingtouren nach London oder Paris scheinen für viele ausgesprochen reizvoll und kurzweilig sein.[128]

*Sportreisen*

In den letzten Jahren haben rund 20 % der Bundesbürger einen auf die Sportausübung ausgerichteten Aktivurlaub unternommen. Dabei reichte die konkrete sportliche Aktivität von Wandern, Tennis- oder Golfspielen bis hin zu Fall-

---

[126] A.a.O., 2001. S. 84-85; derselbe, 2000, S. 44-51.
[127] Vgl. BMWi, Berlin, 2001.
[128] Vgl. Opaschowski, 2001, S. 91.

schirmspringen oder Extremsportarten. Übrigens bedeutet die Buchung einer Sportreise nicht unbedingt, dass dann während des Urlaubs wirklich intensiv Sport getrieben wird. Relaxurlaub ist für viele dann doch wichtiger als Aktivurlaub.

Der sportorientierte Veranstaltungstourismus dient nicht der Möglichkeit, selbst Sport zu treiben, sondern dem Besuch einer sportlichen (Groß-) Veranstaltung bzw. Sportereignissen. Dabei werden oft noch zusätzlich weitere Leistungen wie Besichtigungstouren oder aber auch erholungsbetonte Angebote gebucht. Übrigens haben die Direktübertragungen im Fernsehen den Reiz eines Live-Erlebnisses kaum schmälern können – im Gegenteil sogar – die Telegenität mancher Sportarten hat sogar den Reiz erhöht, selbst live dabei zu sein.[129]

**Tabelle 12:**   Nachfrageformen und Nachfragetypen im Sporttourismus[130]

| Formen der Nachfrage | Nachfragetyp | Motivationslage |
|---|---|---|
| Aktivurlaub (Sport im Urlaub) | Sportorientierter Aktivurlauber, Ausübung verschiedener Sportarten | • aktive Erholung <br> • Fitness und Gesundheit <br> • Rehabilitation <br> • Geselligkeit <br> • Spaß, Erlebnisdrang |
| Sporturlaub | Sporturlauber, vollständige Ausrichtung der Reise auf die Ausübung einer bestimmten Sportart | • Sport treiben <br> • Bewegungsdrang <br> • Erlernen einer neuen Sportart <br> • Spaß und Freude <br> • Wunsch nach Anerkennung <br> • persönliche Entfaltung |
| Trainings- und Wettkampfreise | Trainings- bzw. Wettkampfreisender, Reise ins Trainingslager oder zum Wettkampf | • Leistungsverbesserung <br> • Erfolg und Spaß <br> • Wunsch nach Anerkennung <br> • finanzielle Motive |
| Sportveranstaltungstourismus | Reise zum Besuch einer Sportveranstaltung, passiv Interessierter | • Wunsch nach Abwechslung <br> • Geselligkeit <br> • Prestigeträchtige Veranstaltungen besuchen |

Aus Sicht der Nachfrager lassen sich bei genauerer Betrachtung des sporttouristischen Marktes verschiedene Formen der Nachfrage beschreiben. Für den Nachfragetyp „sportorientierter Aktivurlauber" bilden sportliche Aktivitäten einen wesentlichen Teil des Aktivurlaubs, wenngleich sie nicht die einzige Betätigung sind. Der Aktivurlauber konzentriert sich nicht auf eine bestimmte Sport-

[129] A.a.O., S. 94.
[130] In Anhalt an Dreyer, 1995, S. 14.

art, sondern widmet sich verschiedenen Sportaktivitäten. Der Wintersport und der Wassersport gehören dabei zu den Favoriten. Solche Reisenden buchen z.B. häufig einen Urlaub in einem Club oder in einer Destination, die besonders auf sportliche Aktivitäten ausgerichtet sind. Der Sporturlauber richtet seinen Urlaub vollständig auf die Ausübung von Sport aus, wobei die Ausübung einer bestimmten Sportart im Vordergrund steht, wie z.B. Skiurlaub in den Alpen oder Surfurlaub auf Hawai. Trainings- und Wettkampfreisende sind unterwegs, um im Trainingslager ihre Leistung zu steigern bzw. im Rahmen eines Wettkampfes zu demonstrieren.[131]

In Bezug auf Altersstufen können Sporttouristen in die Gruppe der bis 29-Jährigen und die der 40- bis 49-Jährigen eingeteilt werden. Sie befinden sich entweder in der Berufsausbildung oder üben vielfach selbstständige Berufe aus bzw. sind leitende Angestellte. Weitere Differenzierungen sind nach der Sportart möglich. Snowboarding dürfte wohl eher für die jüngere Altersgruppe und Skilanglauf für die Älteren attraktiv sein.[132]

Sportreisen sind in 47 % der Fälle ca. fünf bis 13 Tage lang. Die Teilnahme ist stark einkommensabhängig. Reisende, die über ein Haushaltseinkommen von über 2.560 Euro verfügen, sind mit 31 % am häufigsten vertreten. Die überwiegende Zahl der Sportreisen ist auf den Wintersport gerichtet, gefolgt vom Wassersport. Wandern, Bergsteigen oder Radfahren stehen ebenfalls hoch im Kurs. Insgesamt liegen naturbezogene Outdoor-Sportarten deutlich im Trend. Nur relativ wenige Urlauber nutzen ortsfeste Sportanlagen und andere touristische Infrastruktureinrichtungen.[133]

In den letzten Jahren haben sich die Vorstellungen und Gewohnheiten der Sporttreibenden verändert, was auch Konsequenzen in Bezug auf die Nachfrage nach Sportreisen hat. So lässt sich ein Trend
• zum Spaß (Fun-Sportarten),
• zur Bewegungs- und Körperkultur (lustvolle Bewegung, Ästhetik, Spiel, Gesundheit, Gemeinschaftserlebnis),
• zu Körper, Geist, Seele (Body- und Mind-Programme, Fitness und Wellness, möglichst mit exotischen Einschlägen),
• zum Sport als Abenteuer (Erlebnis, Aktion, Grenzen austesten),
• zur Inszenierung des Sports (Sport-Event)
erkennen.

---

[131] Vgl. Dreyer, 1995, S. 32-39.
[132] A.a.O., S. 40-49.
[133] Vgl. Opaschowski, 2001, S. 94-95.

Aus Sicht des Reisenden steht dabei immer weniger der leistungs- und wett-
kampforientierte Sport im Vordergrund. Vielmehr geht es um ein erweitertes,
lustbetontes, geselliges und gesundheitsbetontes Sportverständnis.[134]

Der Markt der sporttouristischen Reiseveranstalter stellt sich als sehr inhomogen
dar. Es gibt nur wenige große Anbieter von sportlichen Pauschalreisen. Dagegen
treten eine größere Anzahl von Spezialisten auf den Markt, die sich entweder
lokal oder in Bezug auf bestimmte Sportarten profiliert haben, sowie einige Ge-
legenheitsveranstalter. Zu Letzteren zählen insbesondere Sportvereine und Sport-
verbände, aber auch Reisebüros, die einmal oder mehrmals im Jahr Sonderreisen
für Sportgruppen veranstalten. Auch im Hochschulbereich sind sporttouristische
Angebote verbreitet.
Die Gründe für die Zurückhaltung der Großen sind wohl darin zu sehen, dass
pauschalreisende Sporttouristen insgesamt ein kleines Marktsegment ausmachen
und wegen des geringen Buchungsaufkommens wenig attraktiv sind. Zudem gibt
es zu viele Sportarten, für die klassische Reiseveranstalter zu wenig Kompeten-
zen aufweisen. Auch erschweren die sehr individuellen Ansprüche der Sportler
mit unterschiedlichem Leistungsniveau eine Standardisierung des Angebots. Der
Markt wird daher eher den Kleineren überlassen, die flexibler und individuell
passgenauer anbieten können.[135]

Eine für die Branche interessante Sonderform des Sporttourismus ist der so genannte Aktivurlaub, der oft in Clubanlagen angeboten wird. Hier wird oft ein
breites Sportprogramm, zum Teil inklusive, angeboten. Das harte Sporttreiben,
also intensives Trainieren, Sich-Quälen, ist dabei deutlich in der Minderheit.
Dagegen ist eine Mischung aus aktivem Sport und Geselligkeit sehr beliebt. In
den Clubs dominieren die klassischen Angebote wie Tennis, Wassersport oder
Fußball. Auch Trendsportarten verzeichnen regen Zulauf. Vielfach werden
Schnupperkurse oder Sport-Cocktails angeboten, die dem trendigen Image der
Clubs entsprechen sollen. An die Trainer werden hohe Ansprüche hinsichtlich der
Vermittlungskompetenz gestellt. Es wird eine professionelle und individuelle
Betreuung gewünscht bis hin zum Personal Trainer, wie es z.B. der *Club Robin-
son* anbietet. Neben Trainingsmethoden wird dabei vielfach sportmedizinisches
Wissen nachgefragt und auch vermittelt. Ein weiterer Trend sind die so genann-
ten Sport-Camps mit Top-Trainern oder Top-Sportlern.

---

[134] Vgl. Freyer, 2001³, S. 45-48.
[135] A.a.O., S. 38-45.

*Kulturtourismus*

Beim Kulturtourismus sind die Reiseangebote mit Kulturelementen ausgefüllt. Es können drei Gästesegmente unterschieden werden:

a) Die erste Gruppe der Kulturreisenden wählt das Reiseziel nicht wegen seines Angebots aus, zeigt sich jedoch offen für den Besuch kultureller Sehenswürdigkeiten und Veranstaltungen (Kulturinteressierte).

b) Die zweite Gruppe, die explizit Kulturreisenden, entscheidet gerade wegen eines spezifischen kulturellen Angebots für ihr Reiseziel. Der Zielort selber ist dabei nicht so wichtig wie das Kulturangebot.

c) Die Event-Touristen bilden die dritte Gruppe der Kulturreisenden. Sie wählen ein kulturell herausragendes Reiseziel für einen zumeist einmaligen Besuch aus.[136]

Insgesamt zeigt sich der Kulturtourismus als recht expansiver Markt. Kulturerlebnisse der vielfältigsten Art locken mitunter Reisende massenhaft an, wobei die Reisedauer bei rund zwei bis vier Tagen liegt. Ganz oben auf der Attraktivitätsliste der Kulturreisenden stehen Musicals (28 %) und Open-Air-Konzerte (20 %), gefolgt von sportlichen Großveranstaltungen (14 %) und Volks- bzw. Stadtfesten (12 %). Kulturelle Events als Reiseanlass werden vor allem von den Frauen bevorzugt. Aufgrund der recht großen Nachfrage wird Kultur ihren hohen Stellenwert als touristischer Standortfaktor behalten. Dies gilt nicht zuletzt wegen ihrer hohen ökonomischen Begleiteffekte.[137]

*Städtetourismus*

Auch der Städtetourismus steht derzeit hoch im Kurs. Obwohl der nationale Tourismus eher stagniert, werden in den touristisch attraktiven Städten und Metropolen Zuwächse erzielt. Diese touristischen Zentren bieten dabei eine ganze Reihe von verschiedenen Erlebnismöglichkeiten und damit auch von Erlebniskontrasten. Allerdings sind Städtereisen nicht zuletzt wegen des höheren Preisniveaus in den Metropolen ausgesprochen kostspielig. Für deutsche Städtereisende stellen Berlin und München die wichtigsten inländischen sowie Paris, London und Wien die wichtigsten ausländischen Reiseziele dar. Die Dauer einer Städtereise liegt in rund 51 % der Fälle bei 2 bis 4 Tagen.[138]

Unter den Städtereisenden sind die Bezieher höherer Einkommen deutlich überrepräsentiert. 24,2 % von ihnen haben ein Haushaltsnettoeinkommen von mehr

---

[136] Vgl. Meier, 1996, S. 9-10.
[137] Vgl. Opaschowski, 2001, S. 97-98; vgl. Schmude, 2000, S. 38-48.
[138] Vgl. Opaschowski, 2001, S. 100.

als 3.000 Euro im Monat. Rund 63 % verfügen noch über ein Einkommen von über 2.000 Euro im Monat. Das durchschnittliche Einkommen der Städtereisenden liegt bei 1.700 Euro im Monat.

Auch der Bildungsgrad spielt im Städtetourismus eine Rolle. Höher Gebildete sind unter den Städtetouristen überproportional vertreten. Neben dem Bildungsgrad und der Einkommenshöhe ist die Altersstruktur der Städtetouristen eine weitere wichtige Variable zur Abgrenzung gegenüber anderen Zielgruppen. Insbesondere die 20- bis 29-Jährigen und die 50- bis 59-Jährigen führen häufig Städtereisen durch.

Es sind vor allem Singles, die zu den häufigsten Besuchern in Städten und Ballungsräumen gehören. Aber auch die „Mixed Singles" sind hier zu nennen. Dies sind meist junge Leute, die zu zweit auf Reisen gehen oder andere Freizeitangebote wahrnehmen. Sie werden in privater wie auch in finanzieller Hinsicht nicht als Paar definiert. Offensichtlich entspricht das Angebot der Städte mit einer reichhaltigen Abwechslung genau den Bedürfnissen dieser Gruppe. Paare mit doppeltem Einkommen ohne Kinder sind eine weitere relevante Bezugsgruppe. Hier wird ihnen der richtige Mix zwischen Kultur-, Freizeit- und Einkaufsmöglichkeiten geboten. Gerade diese Gruppe verfügt über ein höheres Haushaltsnettoeinkommen. Die dritte wichtige Besuchergruppe sind die so genannten „Jungen Alten", die ebenfalls über entsprechende Geldmittel verfügen.

Als Motiv für ihre Reise geben Städtereisende Erlebnis und Aktivität, Genuss und Wohlbefinden, aber auch Bildung, Kultur und Lernen an. Es ist wieder in Mode gekommen, ein Museum zu besuchen, wobei das multimediale/interaktive Museum deutlich auf dem Vormarsch ist. Im Hinblick auf den Lebensstil zeigen sich Städtetouristen eher prestigeorientiert und auf den gepflegten Genuss ausgerichtet. Vor allem das Segment der mittel- bis hochpreisigen Hotels und Gastronomiebetriebe wird von ihnen nachgefragt. Das Einkaufsverhalten konzentriert sich eher auf modischen Chic mit hoher Qualität und gutem Service. Der Zuwachs an Markengeschäften in den touristischen Städten spricht hier für sich.[139]

Die Städte selber haben in den letzten Jahren erheblich in ihre Infrastrukturausstattung investiert, um ihre touristische Anziehungskraft zu erhalten. So wurden u.a. Einkaufspassagen und -galerien errichtet sowie städtebauliche Voraussetzungen für Großveranstaltungen geschaffen. Ebenso wurde die qualitätsorientierte Gastronomie und Hotellerie gefördert. Damit findet die qualitative Profilierung der Stadt zwischen Sightseeing und Lifestyle statt, was vielfach den erhofften Imageschub bringt. Auch wird über Events bzw. herausragende Kulturereignisse versucht, sich am städtetouristischen Markt zu profilieren. So gehen z.B.

---

[139] Vgl. Obier/Baake, 2000, S. 119-120.

eine Reihe von Städten und Regionen dazu über, einen eigenen Kultursommer zu organisieren. Damit soll ein zugkräftiges Angebot nicht nur für die Städtereisenden, sondern auch für die daheim Gebliebenen geschaffen werden. Wirtschaftliche Begleiteffekte, eine Steigerung des urbanen Erlebniswertes, aber auch die Verbesserung des kulturellen Freizeitangebots insgesamt sind wichtige Gründe für dieses Engagement der Städte und Regionen.[140]

Bleibt noch anzumerken, dass Städtereisen einer hohen Saisonalität unterliegen, wobei sich Nachfragerspitzen insbesondere in den frühen Sommermonaten, an Feiertagen sowie bei sportlichen oder kulturellen Großveranstaltungen ergeben. Die Themen, Events und Veranstaltungen sind dann der Reiseanlass. Das normale freizeittouristische Angebot der Stadt tritt dann eher in den Hintergrund.


Der Wunsch nach veranstaltungsbezogenen Erlebnissen wird auch in Zukunft von großer Relevanz für die Weiterentwicklung des städtetouristischen Angebots sein. Die Stadt an sich ist dann weniger Grund des Reisens, als vielmehr die Themen, die sie zu einem bestimmten Zeitpunkt zu bieten hat. Eine Stadt wird auch dann mehrfach besucht, wenn sie andere oder zusätzliche Attraktionen anbietet. Auch ist zu erwarten, dass Programme mit festem Ablauf, Pauschalangebote oder Ähnliches im Städtetourismus immer weniger nachgefragt werden. Individuelle Wahlmöglichkeiten, persönliche Interessen und die Möglichkeit diese zu realisieren werden wohl bei den Reiseentscheidungen handlungsleitend sein. Die Luxusorientierung der Städtereisenden wird die Weiterentwicklung zu qualitätsorientierten Angeboten weiter fördern. In diesem Zusammenhang wird auch dem Trend zu mehr Bequemlichkeit (convenience) entsprochen, der offensichtlich relevant für die Auswahl des Reiseziels ist. Der Konsument will bei der Nutzung von Angeboten möglichst wenig Zeit oder Mühen auf sich nehmen. Anbieter von Leistungen für Städtereisende sollten daher ihr Angebot auf ein möglichst hohes Maß an Bequemlichkeit für die Reisenden hin optimieren (z.B. Internetbuchung und zugleich Bereitstellung von City-Cards für öffentliche Verkehrsmittel, Museen etc.).[141]


### 3.6.3  Gesundheitstourismus

Gesundheit, Fitness und Körperbewusstsein sind zu einem zentralen Lebensgefühl breiter Gesellschaftsschichten geworden. Das Bewusstsein, etwas für sich und seinen Körper zu tun, hat sich zu einem Konsumartikel entwickelt, der vornehmlich mit eigenen, privaten Mitteln nachgefragt wird. Freizeit- und Ferienangebote, die um die Modethemen Wellness, Fitness und Beauty kreisen, haben denn auch Hochkonjunktur. Der Nachfrage nach Entspannung und Ent-

---

[140] Vgl. Opaschowski, 2001, S. 100-101.
[141] Vgl. Obier/Baake, 2000, S. 121-123.

schlackung, nach Verwöhnen und Verschönern wird mit einem reichhaltigen Angebot begegnet. Im Programm sind ganzheitliche Kuren, die Körper, Geist und Seele in Einklang zu bringen versuchen und zumeist einen längeren Aufenthalt erfordern sowie Verwöhnwochenenden mit Beauty-Angeboten.

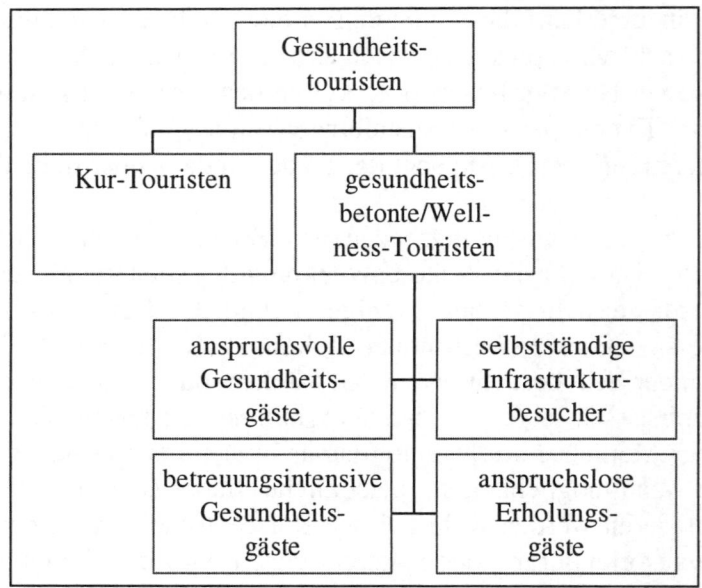

**Abbildung 23:**    Gesundheitsreisende

Konkret unternahmen im vergangenen Jahr rund 2,3 Mio. Bundesbürger, das sind vier Prozent der Urlauber, eine Reise mit dem Schwerpunkt Wellness, Fitness oder Beauty. Doch das Interesse scheint zu wachsen, wobei gegenwärtig vor allem jüngere Leute diese Zuwächse zu verursachen scheinen. Zwei Drittel der Klientel sind dabei weiblich, aber auch die Zahl der gesundheitsreisenden Männer nimmt zu. Die Tourismusszene jedenfalls sieht in diesem Marktsegment ein großes Wachstumspotenzial.

Die *TUI* hat seit 1998 mit *TUI Vital* ein umfangreiches Programm auf den Markt gebracht und damit nach eigenen Angaben die Zahl der Buchungen um 150 % gesteigert. Dabei wurden auch zunehmend Wellnessangebote im Inland, die sich besonders für Kurzreisen eignen, nachgefragt.[142]

Bei genauerer Betrachtung der Angebote fällt auf, dass die Anbieter dem Begriff Gesundheitstourismus offensichtlich verschiedene Bedeutungsgehalte geben. Tatsächlich ist dieser Begriff bisher nicht hinreichend inhaltlich bestimmt

---

[142] Vgl. Krohn, 2001, S. 38.

worden. Ziel des Gesundheitstourismus ist die Erhaltung, Stabilisierung oder Wiederherstellung der Gesundheit. In Abgrenzung zu einem normalen Ferienaufenthalt stehen dabei Gesundheitsleistungen im Vordergrund. Es gibt aber auch Anbieter, die gesundheitsbetonte Angebotselemente mit normalen Urlaubsbestandteilen kombinieren.

Von der Tourismusbranche werden Gesundheitsleistungen in verschiedensten Formen angeboten. Unter dem Stichwort Gesundheitsurlaub werden anbieterseitig z.B. Wellness-, Fitness-, Antistress-Urlaub, Fastenkuren oder Ayurveda-Kuren präsentiert.[143]

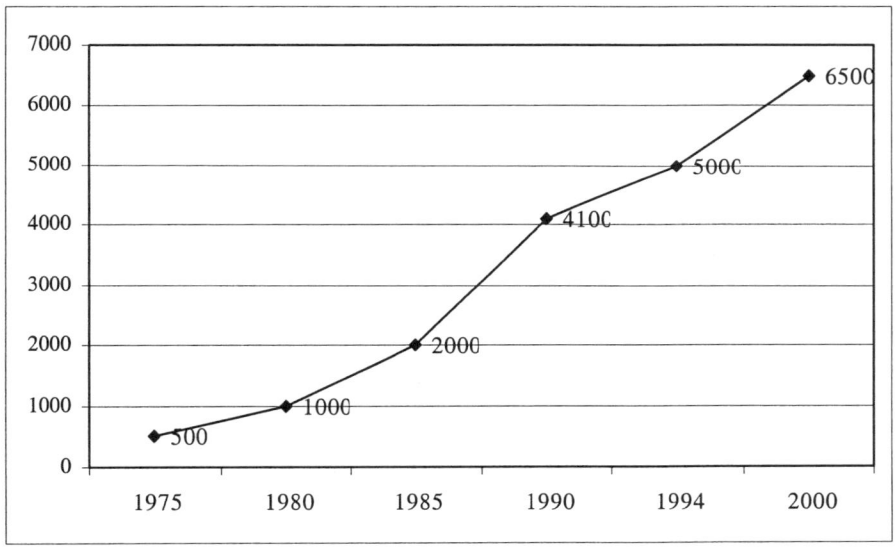

**Abbildung 24:**    Zahl der Fitness-Studios in Deutschland[144]

Es sei an dieser Stelle nochmals erwähnt, dass auch der Bereich Fitness derzeit eine starke Nachfrage verzeichnen kann. Fitness, Spaß und Entspannung sind die Motive der rund 4,6 Mio. Besucher von ca. 6.500 Fitness-Studios. Dabei wurden im vergangenen Jahr über 2,6 Mrd. Euro umgesetzt.[145]

---

[143] Vgl. Dettmer, 1998, S. 185.
[144] Vgl. DIE ZEIT, 2001, S. 38.
[145] Vgl. Krohn, 2001, S. 38.

*Kur- und Heilbäder*

Auch die Heilbäder und Kurorte treten verstärkt als Anbieter auf den Markt. Neben den klassischen Kuraufenthalten hat sich für sie der Gesundheitstourismus mehr und mehr zum zweiten Standbein entwickelt. Heilbäder und Kurorte sehen sich vermehrt als Gesundheitszentren sowie Oasen der Erholung und Entspannung für die unterschiedlichsten Erwartungen und Anforderungen der Gäste. Dabei setzen sie auf ihre touristische Anziehungskraft für alle Bevölkerungskreise: Familien, Urlauber, Singles, Kongressteilnehmer usw. Attraktive Angebote zur Urlaubsgestaltung sollen hier mit Gesundheitselementen kombiniert werden, wobei die Nutzung therapeutischer Angebote für die gesundheitsbewussten Gäste eher im Hintergrund steht.

Ein Motor für das Engagement der heute rund 350 Kurorte und Heilbäder in Deutschland ist sicher auch der Rückzug des Staates und der Kommunen aus der Trägerschaft durch Privatisierung der Einrichtungen. Hinzu kommen Reduzierungen der Zuschüsse durch Sozialversicherungen und Krankenkassen. Ebenso wurde das Kurintervall, also der vorgesehene Abstand zwischen zwei Kuren mit Krankenkassenzuschuss, von drei auf vier Jahre verlängert und die Kurdauer von vier auf drei Wochen gekürzt. Zugleich war die Anrechnung von zwei Tagen des gesetzlichen Urlaubsanspruchs pro Kurwoche eingeführt worden. Gäste- und Übernachtungsrückgänge in Heilbädern und Kurorten von im Schnitt 35 %, im Einzelfall sogar auf unter 50 %, waren die Folge. Auch Klinik-Belegungen von weniger als 50 % waren in den Jahren 1997 und 1998 keine Seltenheit. In der Folge mussten rund 120 Kliniken schließen oder in ihrer Aufgabenstellung umgewidmet werden. [146]

Nach den sehr deutlichen Einbrüchen durch die Kurkrise in den Jahren 1996 bis 1998 ist jetzt eine leichte Entlastung, partiell auch wieder ein leichtes Wachstum zu bemerken. Dies dürfte – neben der Erhöhung des Reha-Budgets der Rentenversicherungen und entlastende kurzfristige Maßnahmen seitens der Bundesregierung – vor allem auf neue, attraktive Angebote für gesundheitsbewusste Urlauber, Kurzaufenthalte und neue Angebotskonzepte für Privatzahler zurückzuführen sein.

Im ersten Halbjahr 1999 wurden in den Heilbädern und Kurorten rund sieben Mio. Gäste mit 42,7 Mio. Übernachtungen gezählt. Dies entspricht einer Zunahme zum Vorjahreszeitraum von etwas mehr als vier Prozent. Die durchschnittliche Aufenthaltsdauer liegt bei 6,3 Tagen, wobei die Kur- und Reha-kliniken im gleichen Zeitraum 0,7 Mio. Patienten mit rund 15,6 Mio. Übernachtungen ausweisen. Die durchschnittliche Aufenthaltsdauer betrug hier 21 Tage.

---

[146] Vgl. Wilms-Kegel, 1999, S. 1-3.

Allein die gesetzlichen Krankenversicherer haben für den Sektor Kur 1999 rund 1,3 Mrd. Euro aufgebracht.[147]

Trotz der gegenwärtigen leichten Zuwächse stehen die Heilbäder und Kurorte vor der Aufgabe, vermehrt selbst zahlende Gäste zu umwerben. Nur so dürfte sich die erforderliche Auslastung erzielen lassen. Dabei ist das verstärkte Aufgreifen des anwachsenden Bedürfnisses nach körperlichem Wohlbefinden ein zentraler Ansatzpunkt. Zukunftsorientierte Konzepte sehen deshalb eine Ergänzung der strengen Kur mit medizinisch-therapeutischem Schwerpunkt vor und bieten den Gästen Wellness in Verbindung mit privater Atmosphäre und modernem Ambiente sowie qualitativ hochwertigen Service. Von den Anbietern wird ein verstärktes Maß an Flexibilität, vor allem bei kurzfristigen Reiseentscheidungen der Kunden verlangt.

In diesem Sinne hat denn auch der Deutsche Heilbäderverband ein 15-Punkte-Programm „Der Kurort der Zukunft" aufgelegt. Neben der Erweiterung des Angebotsspektrums und der Weiterentwicklung des touristischen Segments im Kurort stehen vor allem die Steigerung der Gästezufriedenheit, u.a. durch die Einführung von Qualitätsmanagementsystemen in den Einrichtungen bzw. durch deren Zusammenschluss zu so genannten Güte- und Qualitätsgemeinschaften, sowie die Vernetzung von ambulanten Leistungsbereichen mit Kliniken, verbunden mit einem gemeinsamen Marketing, auf der Agenda.[148]

Auch für die Zukunft werden sich mit der Entwicklung neuer Angebotsstrukturen und der Gewinnung neuer Kundenkreise interessante Perspektiven für die Einrichtungen ergeben. Dabei darf die Aquisition neuer Zielgruppen nicht gleichzeitig die Aufgabe bisheriger Gästegruppen bedeuten. Auch sollte die Gewinnung neuer Zielgruppen in erster Linie der Gesundheitskompetenz des Kurortes zuträglich sein, weshalb selbst touristische Schnupperangebote gesundheitsorientierte Komponenten beinhalten sollten (Gesunde von heute sind die Kur-Kunden von morgen).

Natürlich bedeuten neue Zielgruppen nicht die Preisgabe von Tradition und Ambiente. Auch Kurzurlauber, Bustouristen, Tagungsteilnehmer oder Tagesgäste suchen die Identität des Ortes, denn sie kommen gerade in diesen Ort wegen seines Images. Im Übrigen kann sich zwischen der Ausrichtung auf neue Kundengruppen und einer traditionsbewussten Grundhaltung ein durchaus positives Spannungsfeld entwickeln. Im Ergebnis könnte eine authentizitätsorientierte, hinreichend flexible Strategie für die Zukunft entstehen, die markt- und kundenorientiert ist, zugleich aber auch der Tradition bzw. der Identität des Ortes gerecht wird. Die daraus erwachsenden Leistungsangebote dürften auch zu einer Unverwechselbarkeit bzw. Differenzierung gegenüber Mitbewerbern beitragen.

---

[147] Vgl. Baumgartner, 2000, S. 231-234.
[148] Vgl. Deutscher Heilbäderverband, 2001, S. 1-8.

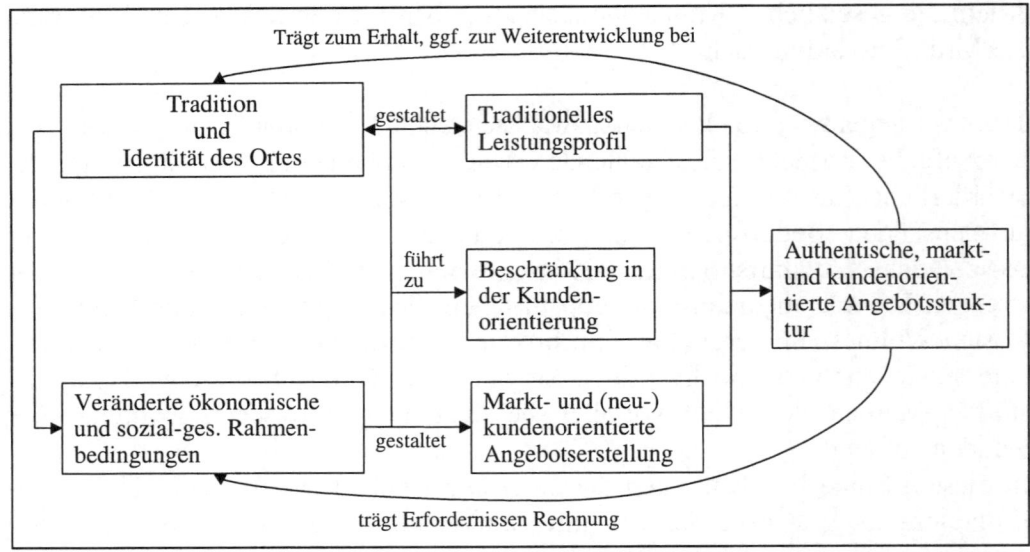

**Abbildung 25:**  Zwischen Tradition und Markt: Authentizitätsorientierte, markt- und kundenorientierte Strategie[149]

Allerdings wird nicht jeder Kurort, nicht jeder Leistungsträger im Ort alles
machen können. Nicht jeder Anbieter dürfte für jede Zielgruppe geeignet sein.
Jeder Gast, jede Zielgruppe erwartet schließlich das spezielle, möglichst passgenaue Angebot. Fehlen z.B. die infrastrukturellen Voraussetzungen, wird sich nach
bescheidenen Anfangserfolgen später eventuell ein negatives Image in der Tourismusbranche entwickeln. Auch ist zu bedenken, dass sich verschiedene Zielgruppen in einem Hotel aus Gründen unterschiedlicher Alters- oder Sozialstruktur oder ganz einfach unterschiedlicher Erwartungen nicht miteinander vertragen.
Ruhe und Erholung Suchende dürften über lautstarke Partys in der Hotel-Lobby
nicht eben erfreut sein. Was auf Ebene des Ortes funktioniert, muss bezogen auf
die jeweilige Einrichtung nicht unbedingt von Vorteil sein. Es bedarf daher einer
gewissen Selbstbeschränkung in der Ansprache potenzieller Zielgruppen.[150]

Von der Gewinnung neuer, vor allem selbst zahlender Gäste kann auf längere
Sicht auch eine weitere Verringerung der Abhängigkeit vom Kostenträger
erwartet werden. Die bereits bestehende Konkurrenz zwischen den Anbietern
wird jedoch auch weiterhin einen erheblichen Handlungsdruck schaffen. Bei ver-
gleichbaren Kosten dürften die Orte oder Einrichtungen bevorzugt werden, die
über modernste Einrichtungen verfügen. Einer Reihe von Kurorten wird es
jedoch nicht möglich sein, einen grundlegenden Umbau bzw. eine Erneuerung
ihrer Infrastruktur vorzunehmen. In den Boom-Zeiten realisierte Ausbauten und

---

[149] In Anhalt an Koob/Weber, 2001, S. 69.
[150] Vgl. Dobschütz von, 2001, S. 69-70 ; vgl. Koob/Weber, 2001, S. 66-68.

Kapazitätsvergrößerungen dürften überdies einer Neupositionierung nicht gerade förderlich sein. Den mittlerweile doch recht hohen Ansprüchen an Ambiente und moderne, zeitgemäße Ausstattung können eine Reihe von Orten und Einrichtungen wohl nicht gerecht werden. Im Verdrängungswettbewerb dürfte ihre Position nicht gerade zuversichtlich stimmen.[151]

**Tabelle 13:** Denkbare neue Zielgruppen für Heilbäder und Kurorte (Beispiele)[152]

| | |
|---|---|
| Genussorientierte Familie | • sehr gute Ausbildung, meist in leitenden Positionen<br>• Motto könnte lauten: Haben, Sein, verwöhnen lassen, Genuss<br>• Bereitschaft, für hochwertigen Urlaub angemessen zu zahlen<br>• erwarten vorzüglichen Service, wenn möglich internationalen Flair<br>• sind gerne unter Menschen, vor allem unter Gleichgesinnten<br>• Offenheit gegenüber Neuem<br>• erwarten für ihre Kinder die gleiche Behandlung |
| Junge Alte | • meist sehr (auslands-) reiseerfahren<br>• deutliche Bildungs- und Kulturorientierung<br>• Aktivitäten im Bereich Fitness, Sport, Wellness<br>• Interesse an erlebnisorientierter Gastronomie (z.B. Biergärten)<br>• erwarten Qualität, Atmosphäre und Service, wollen umsorgt sein<br>• sind gewillt, für angemessenen Service zu zahlen |
| Junge, mobile Familie | • lebhaft, aktiv, höherer Geräuschpegel<br>• recht unkompliziert, pflegeleicht<br>• mitunter auch als „Caravaner" unterwegs (Stellplätze in Nähe der Einrichtungen und Anlagen schaffen !)<br>• Kurz- und Wochenendurlauber<br>• Kostenbewusst, aber noch recht einkommensstark, vielfach als Kundensegment unterschätzt<br>• Eltern suchen Erholung und Entspannung (separates Kinderprogramm, Betreuungsmöglichkeiten vorhalten !)<br>• Kinder sind Kunden von morgen; benötigen separate Bademöglichkeiten, da Nutzung von Thermalbädern aus medizinischen Gründen nicht möglich |

---

[151] Vgl. Weid, 2000, S. 241-242.
[152] Vgl. Rossmann/John, 2001, S. 58-61.

*Der Modebegriff Wellness*

Ein überaus schillernder, mehr und mehr im Alltagssprachgebrauch verwendeter Begriff ist Wellness. Mit ihm assoziieren viele Spannungsabbau, Aufatmen, Energietanken, Loslassen, Eins mit sich Sein. Schöne architektonische Formen mit Liebe zum Detail, warme Farbgebung, leise Geräusche sowie Zuwendung und Verwöhnung, kurz: eine Gegenwelt zur urbanen Reizwelt – das scheint die Wellness-Welt zu bieten.

Unter dem Label Wellness lässt sich scheinbar auch vom Althergebrachten mehr verkaufen. So wird plötzlich Wellness-Butter auf den Markt geworfen und aus der unmodern gewordenen Mineralwassermarke wird eine Wellness-Quelle. Das Schlafzimmer wird einrichtungsmäßig auf Schlaf-Wellness getrimmt, das Badezimmer wird zum Wellness-Tempel. Standardangebote der Reisebranche werden umgelabelt zum Wellness-Erlebnis-Event. Wellness regt offensichtlich die Phantasie und auch die Ausgabebereitschaft der Kunden an. Ihren Ort hat Wellness in den traditionellen Kureinrichtungen, den Ferienclubs der Reiseveranstalter, in Erlebnisbädern, in Tagungshotels mit Fitnessraum im Keller. Aber auch die Pharma-Industrie wittert Marktchancen. Kosmetik, Körperpflege, aber auch Vitaminpräparate oder Lifestyle-Drugs markieren nur die erste Welle der Wellness-Orientierung in der Pharmabranche. Gekauft werden Medikamente nicht nur gegen Krankheit, sondern auch, um Körpergefühle (Unwohlsein, Energielosigkeit etc.) zu „behandeln". Für die Zukunft werden diesen Wellness-Medikamenten größere Marktchancen eingeräumt.[153]

Wellness gab es übrigens schon bei den Römern, den Griechen oder den Chinesen. Das Bad in der Natur oder dafür gebauten Einrichtungen (z.B. Bäder und Thermen) diente neben dem Wohlergehen und der Pflege des Körpers auch der Meditation und Kontemplation. Körper, Geist und Seele bildeten hier die Adressaten von Wellness-Angeboten. Außerdem galten die Baderituale als lebensverlängernd. Allerdings standen diese Angebote nicht breiten gesellschaftlichen Schichten zur Verfügung. Sie waren den Reichen und Wohlhabenden vorbehalten. Mitunter nahm Wellness auch dekadente Züge an: Gärten zum Lustwandeln, Bäder in Gold oder Völlerei, die vorgeblich die inneren Kräfte stärken sollten, wechselten ab mit Vergnüglichkeiten aller Art.

Der Begriff Wellness im heutigen Verständnis und die damit verbundene Wellness-Idee wurde im Jahre 1959 von *Dunn* entworfen. Der US-amerikanische Arzt beschrieb damit einen speziellen Zustand von „hohem menschlichen Wohlbefinden", welches den Menschen bestehend aus Körper, Seele und Geist sowie abhängig von seiner Umwelt versteht. Diesen Zustand persönlicher Zufriedenheit

---

[153] Vgl. Horx/GfK Marktforschung, ohne Jahresangabe, S. 3-4.

nennt er „high level Wellness", wobei sich Wellness inhaltlich aus den Konzepten „well-being" und „fitness" zusammensetzt. Für das Individuum besteht die
Herausforderung, das individuell unterschiedliche Potenzial zum Zustand der
highlevel Wellness zu entwickeln.[154] Eine für heutige Verhältnisse sicher zeitge-
mäßere Inhaltsumschreibung versteht unter Wellness „... einen Gesundheitszu-
stand der Harmonie von Körper, Geist und Seele. Wesensbestimmende Elemente
sind Selbstverantwortung, körperliche Fitness, gesunde Ernährung, Entspannung,
geistige Aktivität sowie Umweltsensibilität."[155]

Fragt man also nach der Essenz von Wellness, so geht es zunächst um einen
Kontrast zu Stress, Burnout oder Zeitnot. Wellness soll dabei helfen, die Balance
zwischen Familie, Beruf, zwischen Außen- und Innenwelt zu finden. In Bezug
auf die Bewältigung der Ansprüche der modernen Welt scheint Wellness damit
das ideale „Tool" zu sein: Wellness als Wiederherstellung der durch Beschleuni-
gungsstress und Komplexitätssteigerung verlorengegangenen Balance im Leben.
Bei genauerer Betrachtung wird deutlich, dass in dem Bestreben nach Wohlfühlen zwei Dimensionen des Wellness-Begriffs zum Ausdruck kommen: Zum einen
geht es um Spaß haben und sich selbst verwirklichen, sich verwöhnen und sich
etwas gönnen. Wellness zeigt sich hier in einer eher narzistisch-konsumorientier-
ten Ebene. Zum anderen wird eine sozial-psychologische, philosophisch-kogni-
tive Ebene angesprochen: Selbstvergewisserung, Reifung, mentales Wachstum,
Träume und auch Defizite des Individuums. Neben der Welt des Konsums und
der gesteigerten Selbstwahrnehmung beinhaltet Wellness damit persönlichkeits-
bezogene Aspekte, welche ihren Rückbezug in den alltäglichen Lebensumständen
der modernen, technisierten Welt zu haben scheinen. Die Anpassungsnot-
wendigkeit an eine sich immer schneller verändernde Welt erzeugt Unsicherheiten und Stress, also Unwellness und damit das Bedürfnis nach Wellness im
Sinne von psychosozialer Gesundheit. Damit tritt Wellness aus der Sphäre des
bloßen Marketings heraus und wird zu einem Konzept für Lebensqualität im 21.
Jahrhundert.
Insofern Wellness mit Lebensphilosophie, mit Selbstverwirklichung und Selbst-
findung assoziiert wird, ist der Weg zu einer Art Meta-Wellness nicht mehr weit.
Meditation und spirituelle Aspekte, Esoterik bis hin zu Begriffen wie Cocooning
prägen teilweise die Wellness-Szene.[156]

Um Wellness zu erreichen, muss der Mensch selbst etwas beitragen, also Selbstverantwortung tragen. Gesunde Ernährung ist ohne Frage wesentlich zur Förderung der Gesundheit. Körperliche Fitness lässt sich im Sinne der World Health
Organisation (WHO) in die Bereiche körperliche, seelische und soziale Fitness

---

[154] Vgl. Dunn, 1959, S. 457.
[155] Lenz-Kaufmann, 1999, S. 37.
[156] Vgl. Horx/GfK, ohne Jahresangabe, S. 7-8.

unterteilen. Im Vordergrund steht im Wellness-Konzept jedoch vielfach die körperliche Fitness, die als Folge von Trainingsprozessen auf physische und motorische Eigenschaften abzielt (z.B. Schnelligkeit, Ausdauer, Beweglichkeit, Koordination). Angestrebt wird weniger die Höchstleistung als vielmehr eine Optimierung dieser Eigenschaften.

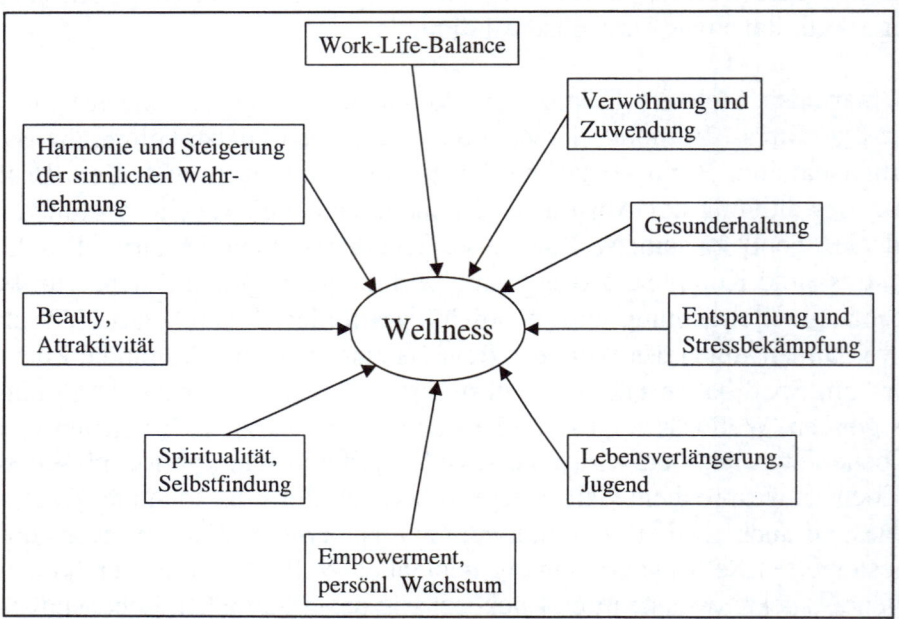

**Abbildung 26:**   Wellness-Motive

Entspannung und Stressabbau sind weitere wichtige Elemente dieses Wellness-Verständnisses. Im Zusammenhang mit der intendierten Gesundheitsförderung ist der Abbau von belastendem Stress (Dysstress) gemeint. Entspannung soll dabei als *eine* Bewältigungsform von Stress ermöglichen, die Belastungen angemessen zu verarbeiten und damit längerfristig körperliche oder psychische Beeinträchtigungen zu vermeiden. Angeboten werden Entspannungstechniken (z.B. Meditation oder Autogenes Training), Einstellungs- oder Verhaltensänderungsprogramme (Belastungen identifizieren, Bewältigungsstrategien erproben, Zeitmanagement usw.) sowie Bewegungsprogramme (Ausdauertraining, Gymnastik, Tai Chi usw.). Im Zusammenhang mit Wellness werden auch geistige Prozesse gefördert. Dies erfolgt durch Gesundheitsbildung, Meditation und kulturell-kreative Angebote.[157]

---

[157] A.a.O., S. 35-43.

Ausgesprochen hilfreich für die Entwicklung von Wellness dürfte die verstärkte Hinwendung zum eigenen Körper sein, der nicht mehr als Anhängsel oder Hülle, sondern vermehrt als Ausdruck der Persönlichkeit, als Sitz der Identität, verstanden wird. Massenphänomene wie Love-Parade oder aber auch die Körper- bzw. Modeinszenierungen der Medien zeugen von einer Neudefinition des Körpers als Lust-Träger, als Kult-Objekt. Der Körper wird zum Refugium, das man scheinbar kontrollieren und verändern kann. Schönheitsoperationen und Fastenkuren sollen vermeintliche Defizite ausgleichen helfen, bis hin zu krankhaften Erscheinungen wie z.B. Bulimie.

Ein anderer Stimulator für Wellness ist die hohe Wertschätzung von Gesundheit in der Bevölkerung: Gesund zu sein, sich wohl zu fühlen wird als zunehmend wichtig bezeichnet. Immer mehr Menschen haben für sich erkannt, dass Gesundheit kein Guthaben ist, das im Laufe ihres Lebens aufgebraucht wird. Gesundheit ist vielmehr eine Zustand, der im Wandlungsprozess des Lebens alterstypisch immer wieder als Gleichgewicht von Kräften und Fähigkeiten, bezogen auf die Lebenssituation und deren Belastungen, selbstverantwortlich hergestellt werden muss. Gesund-sein meint daher nicht nur den Sieg oder die Abwehr einer Krankheit, sondern ein aktives Bemühen um Gesundheit und Lebensqualität. Erhebliche Anstrengungen und auch finanzielle Aufwendungen erscheinen angemessen, wenn es darum geht, die eigene Gesundheit und damit das eigene Wohlfühlen zu sichern.

Auch der Altersanstieg in der Bevölkerung dürfte dem neuen Gesundheitsbewusstsein zuträglich sein. Genuss und Konsum, verbunden mit Maßnahmen zur Gesunderhaltung, haben in der älteren Generation Konjunktur. Für die alternde Gesellschaft wird Wellness zum Sinnbild für die bewusste Verlängerung der Lebensqualität im Alter. Die Idee eines aktiven Alters begründet ein starkes Nachfragemotiv für Wellness-Dienstleistungen.

Natürlich hat auch die Tourismusindustrie den Trend zur aktiven Gesundheitsvorsorge aufgegriffen. So bewegen sich etablierte touristische Anbieter mit ihren Angeboten mehr und mehr in Richtung Wellness-Tourismus. Einzelbetriebe wie z.B. Hotels stellen ihr Angebot um bzw. erweitern es und versuchen so, sich als Wellness-Hotel neu zu positionieren und profilieren. Zugleich bemühen sich ganze Fremdenverkehrsregionen um den Einstieg in den Gesundheits- und Wellness-Tourismus. Allerdings geschieht die Ausrichtung auf das neue Angebotsfeld in unterschiedlicher Intensität. Sie reicht von der Bereitstellung einer zusätzlichen Basisinfrastruktur (z.B. Therme mit einigen Zusatzeinrichtungen) bis hin zu umfassenden Konzepten und Maßnahmen.[158]

Letztlich ist Wellness-Tourismus eine Form des Gesundheitstourismus. Im Gegensatz zur Kur, bei der medizinisch-therapeutische Maßnahmen im Vorder-

---

[158] Vgl. Steinbach, 2001, S. 80-83.

grund stehen, geht es hier um ein umfassendes Leistungsbündel, bestehend aus den Elementen körperlicher Fitness, gesunde Ernährung, Verwöhnen und Erleben, Entspannung und geistige Aktivität. Nachfragerseitig wird Wellness-Tourismus demnach durch Menschen bestimmt, die sich ein individuelles Gesundheits- und Harmonieprogramm während ihres Ferienaufenthalts zusammenstellen. Je nach individuellen Bedürfnissen können die Gesundheitsdienstleistungen eine unterschiedliche Bedeutung einnehmen.

Folgende Gästesegmente können im gesundheitsbetonten Tourismus gebildet werden:

1. Die anspruchsvollen Gesundheitsgäste:
   Die anspruchsvollen Gesundheitsgäste legen sowohl großen Wert auf Betreuung und Information sowie Fachkompetenz, und außerdem auf ein umfassendes Wellness-Infrastrukturangebot. Kostenlose Zusatzleistungen wie Bademantel, Liegestühle, Fön oder Zwischenverpflegung sind ihnen sehr wichtig.
   Von dieser mit über 40 % größten Gästegruppe im Wellness-Tourismus sind drei Viertel Frauen, das durchschnittliche Alter liegt bei 48 Jahren. Der durchschnittliche Aufenthalt beträgt acht Tage. Verhältnismäßig oft werden als Ziele der Reise gesunde Ernährung, Stressmanagement und Schönheitspflege angegeben. Nachgefragt werden recht häufig Entspannungs- und kulturelle Angebote sowie Aktivitäten in der so genannten Nasszone (Dampfbad, Whirlpool, Schwimmbad).

2. Die selbstständigen Infrastrukturbesucher (ca. 23 %):
   Die selbstständigen Infrastrukturbesucher legen keinen großen Wert auf Betreuung oder Fachkompetenz. Dagegen schätzen sie Wellness-Einrichtungen wie Whirlpool, Dampfbad, Sauna, Schwimmbad sehr. An Aktivitäten steht Sporttreiben ganz oben.
   Diese Nachfrager sind in der Mehrheit Männer und ihr durchschnittliches Alter beträgt rund 49 Jahre. Der Anteil der Hochschulabsolventen und anderer höherer Fachausbildungen ist mit knapp 80 % außerordentlich hoch. Der Aufenthalt beträgt 6,5 Tage. Für dieses Kundensegment ist die Qualität der Infrastruktureinrichtungen das entscheidende Erfolgsgeheimnis.

3. Die betreuungsintensiven Gesundheitsgäste (ca. 25 %):
   Die betreuungsintensiven Gesundheitsgäste nennen als Hauptaufenthaltszweck Heilung, Therapie oder Rehabilitation, aber auch ganz allgemein Gesundheitsförderung. Entsprechend großen Wert legen sie auf Fachkompetenz sowie individuelle Betreuung und Beratung. Die Ansprüche an das Servicepersonal sind jedoch etwas geringer als bei den anspruchsvollen Gesundheitsgästen. Rund 60 % dieser Gästegruppe sind weiblich, überdurchschnittlich viele davon allein stehend. Das Durchschnittsalter beträgt 53 Jahre, die Aufenthaltsdauer

liegt im Durchschnitt bei zehn Tagen. Gesunde Ernährung und aktives Sport-treiben sind diesen Gästen am wichtigsten.

4. Die anspruchslosen Erholungsgäste:
Die anspruchslosen Erholungsgäste machen mit ca. 14 % den kleinsten Anteil unter den Gästegruppen aus. Mehr als die Hälfte dieser Gäste gibt als Haupt-aufenthaltszweck Erholung und Entspannung an. „Natur und Wetter genießen" werden als wichtige Gründe genannt. Die Wellness-Infrastruktur sowie die Betreuung oder Fachinformationen sind dieser Gästegruppe weniger wichtig. Gleichwohl schätzen sie das Schwimmbad sehr. Genießen und verwöhnen lassen ist das meist genannte Urlaubsziel.
Das Durchschnittsalter liegt bei rund 58 Jahren, 50 % der Kunden sind Frauen. Der Aufenthalt beträgt rund neun Tage und wird selten allein verbracht.[159]

Zunehmend werden auch jüngere Alterssegmente mit Wellness-Erlebnis-Ange-boten erreicht. Auch scheint der Anteil der Männer bei den Gästen zuzunehmen. Young Achiever, also junge und erfolgreiche Männer zwischen 25 und 35, die sport- und fitnessbewusst sind und etwas für ihre Gesunderhaltung tun wollen, werden als neue Zielgruppe ausgemacht. Sie reisen viel, verdienen gut und wollen ihren stressbelasteten Lebensstil durch die Wahrnehmung von Wellness-Angeboten ausgleichen. Wellness dient ihnen neben dem Relaxen, Ausspannen und Erholen auch zur nachhaltigen Leistungssteigerung bzw. Erhaltung der Arbeitsfitness. Aber auch die jungen, beruflich erfolgreichen Frauen benennen diese Motivlage, wenn sie Wellness-Angebote wahrnehmen. Gesunde Ernährung (Bioprodukte), aber auch Beauty-Angebote gehören hierzu.
Ein anderer Typ weiblicher Gäste sind die „Powerladies" zwischen 40 und 60. Sie sind nicht ohne Weiteres den o.g. Gästesegmenten zuzuordnen. Sie verkör-pern Selbstbewusstsein, beruflichen Erfolg, persönliche Unabhängigkeit und Lebenserfahrung sowie Humor. Zwar sind sie nicht mehr jung, empfinden sich aber noch als schön und attraktiv und wollen es auch bleiben. Diese Gruppe ver-fügt über ein hohes Einkommen und ist auch gewillt, für Gesundheit, Reisen, Kosmetik, Schönheit etc. erhebliche Mittel aufzuwenden.[160]

Seit 1990 hat der Markt für wellness-touristische Angebote eine facettenreiche Eigendynamik entwickelt, wobei die Angebote in vielen Fällen vom ursprüng-lichen Konzept deutlich abweichen. Heiler, Therapeuten, Lebensberater, Life-style-Psychologen, Health-Coaches und Wellness-Berater, sie alle versuchen am Wellness-, Psycho- und Beratungsboom zu partizipieren. Mitunter hat dabei der Missbrauch des Begriffs größere Ausmaße erreicht. Für die Kunden ergibt sich

---

[159] A.a.O., 1999, S. 218-224.
[160] Vgl. Horx/GfK, ohne Jahresangabe, S. 36.

damit das Problem, im Wohlfühl-Fieber angemessene Orientierung zu finden und ein für sie brauchbares, qualitativ angemessenes Angebot herauszufiltern.[161]

Was die Anzahl der Wellness-Touristen anbelangt, lässt sich sagen, dass rund 2,3 Millionen Bundesbürger – vier Prozent der Urlauber – im vergangenen Jahr eine Reise mit dem Schwerpunkt Wellness, Fitness oder Beauty unternommen haben.[162] Allerdings scheint sich das Nachfragepotenzial in letzter Zeit nicht mehr so deutlich erhöht zu haben. Offensichtlich ist auch der Wachstumszweig Wellness-Tourismus ein enger werdender Markt, auf dem zunehmend Konkurrenzdruck besteht.[163] Trotz des großes Angebots scheint es jedoch für die Nachfrager nicht immer einfach und schon gar nicht billig zu sein, einen Wellness-Club oder ein Wellness-Hotel für den (Kurz-) Urlaub zu finden.

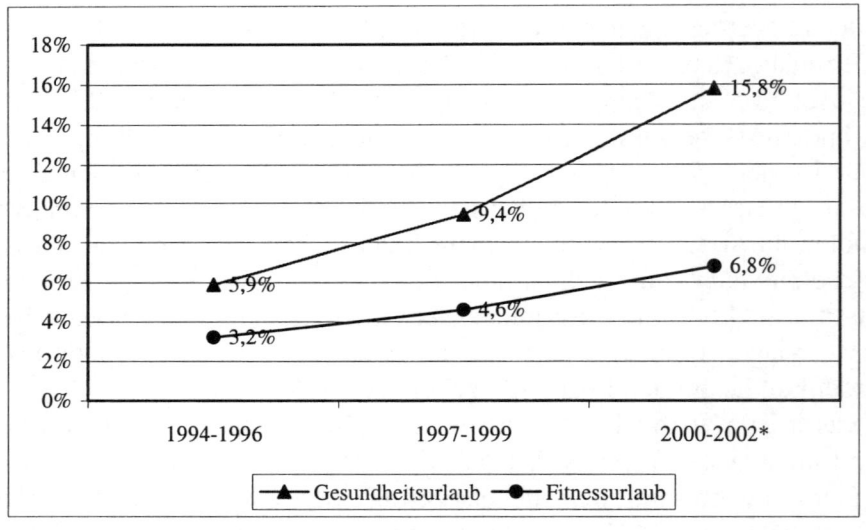

**Abbildung 27:**    Wohltuende Reisen, Zeitraum 1994 bis 2002 in Prozent der Bevölkerung. Die Werte für 2000-2002 sind Schätzungen.[164]

Für die Zukunft sehen sich die qualifizierten Anbieter von Dienstleistungen im Bereich des Wellness-Tourismus einigen Herausforderungen gegenüber. Zunächst stellt sich die Aufgabe, dem potenziellen Gast ein überschaubares, schnell erschließbares Wellness-Angebot zu unterbreiten. Das Angebot sollte dem Gast eindeutig signalisieren, dass es seine persönlichen Wünsche und Bedürfnisse

---

[161] Vgl. Deutscher Wellness Verband, 2001.
[162] Vgl. Krohn, 2001, S. 28.
[163] Vgl. Steinbach, 2001, S. 80.
[164] DIE ZEIT, 2001, S. 28.

optimal erfüllt. Allerdings ist mitunter schwer fassbar, was die Kunden zur Erlangung des Wohlbefindens von Körper, Geist und Seele erwarten. Gleichwohl hat eine zielgruppenspezifische Angebotsgestaltung einen besonders hohen Stellenwert. Ein variables und dennoch pauschalisiertes Angebot könnte hier eine Hilfestellung sein. Der Kunde kann seinen Bedürfnissen gemäß die Wellness-Elemente Verwöhnen, Erleben, Entspannung, gesunde Ernährung, Fitness und geistige Aktivität passend zusammenstellen. Die nachgefragte Individualität im Leistungsangebot wird über kombinierbare Wellness-Bausteine zumindest näherungsweise erbracht. Da der Kunde nicht aus einer Vielzahl der Wellness-Leistungen einzelne auswählt, sondern sich für ein Paket entscheidet, bleibt die Übersichtlichkeit gewahrt. Es versteht sich dabei von selbst, dass die einzelnen Leistungspakete transparente und klare Offerten beinhalten müssen.

Da Wellness-Bedürfnisse über die Maßen individuell sind, erfordert ihre Befriedigung persönliche Betreuung und Beratung (wenn sie nachgefragt werden). Hier sind Ausbildungsstand und Motivation der Mitarbeiterinnen und Mitarbeiter bedeutende Faktoren. Wellness-Leistungen betreffen sehr persönliche Bereiche des Gastes, weshalb besonderes Einfühlungsvermögen hilfreich ist. Zugleich müssen die Kunden zur Wahrnehmung von Selbstverantwortung motiviert werden, was weitere spezielle Schulungen erforderlich macht.

Im Zusammenhang mit Wellness-Angeboten muss auch der Qualitätsfrage besondere Aufmerksamkeit zuteil werden. Die in der Regel personal- und infrastrukturintensiven Angebote haben einen gehobenen Preis, der durch eine entsprechende Qualität gerechtfertigt werden muss. Außerdem bietet ein hohes Qualitätsniveau ein wichtiges Differenzierungspotenzial in einem wettbewerbsintensiven Geschäftsfeld. Auch die Verfügbarkeit moderner Infrastruktur, wie Fitnessräume und Bäder, die eine angenehme Atmosphäre und besondere Sauberkeit vermitteln, sind Teil des Qualitätsanspruchs. Eine bautechnisch sorgfältige Planung und angepasste Architektur müssen auf Wellness-spezifische Erfordernisse hin ausgerichtet werden. Und schließlich sollten auch das soziokulturelle Umfeld sowie das Landschaftspotenzial zuträglich sein. Damit wird deutlich, dass nicht jeder Ort, nicht jede Einrichtung, die Wellness-Erlebnis-Nachfrage angemessen befriedigen können.

Insgesamt leitet sich Qualität aus der gesamten touristischen und nicht-touristischen Infrastruktur (der jeweiligen Einrichtung sowie des Ortes bzw. der Region) inklusive Funktion und Ästhetik, aus der Umweltdimension, dem Service, dem Informationsangebot und der Gastfreundlichkeit ab. Letztlich wird es aber der Kunde selber sein, der die Gesamtqualität seines Aufenthalts beurteilen wird. Für den Wellness-Tourismus jedenfalls stellt ein leistungsfähiges Qualitätsmanagement einen zunehmend wichtiger werdenden Qualitätsfaktor dar.[165]

---

[165] Vgl. Lenz-Kaufmann, 1999, S. 51-53.

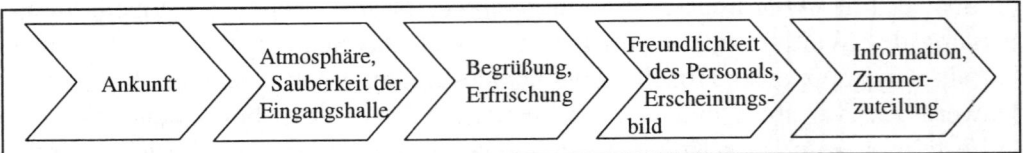

**Abbildung 28:**    Service-Kette „Ankunft der Reisenden in der Einrichtung"

Die Steuerung qualitätsrelevanter Prozesse in den Wellness-Einrichtungen beginnt mit einer sorgfältigen Beschreibung der Prozessketten und ihrer Einzelschritte sowie der dazugehörigen Qualitätsstandards. Neben der Ergebnisqualität liegt hier ein besonderer Focus auf der Verrichtungsqualität, um so bereits bei der Leistungserbringung qualitätsrelevante Aspekte angemessen berücksichtigen zu können.

Der seit 1990 bestehende *Deutsche Wellness Verband (DWV)* will seine Mitglieder bei der Bewältigung dieser Herausforderungen unterstützen (www.wellnessverband.de). So wurde 1997 ein Katalog von Qualitätsanforderungen für Wellness-Hotels erarbeitet, der einen Qualitätsstandard festschreibt und eine Verpflichtung zur Qualitätssicherung beinhaltet. Neben der Überprüfung der Einhaltung der Kriterien durch neutrale Tester soll die Qualität durch Gästebefragungen und regelmäßige Schulungsmaßnahmen der Mitarbeiter gesichert werden. Der Hotelier selber soll mindestens einmal jährlich an einem Qualitätszirkel im Kreise der Kollegen aus der Wellness-Hotellerie teilnehmen. Die Wellness-Trainer sollen mindestens alle zwei Jahre eine fachspezifische Fortbildung besuchen.[166]

---

[166] Vgl. Deutscher Wellness Verband, 2001.

# Kapitel II: Rahmenbedingungen für die weitere Entwicklung

In der Gesamtbetrachtung lassen sich eine Reihe von Faktoren ausmachen, die das System Freizeit und das Teilsystem Tourismus maßgeblich beeinflussen. Dies sind vor allem:
- allgemeiner Wertewandel und Entwicklung der Arbeitszeiten,
- allgemeine wirtschaftliche Entwicklung,
- Einkommen und Erwerbstätigkeit,
- Bildung und Beruf,
- wohnen, Mobilität, Familien- und Haushaltsstrukturen,
- demographischer Wandel,
- globale Umweltsituation und
- Informationsgesellschaft.

Auf die ohne Frage bedeutende Rolle der Politik wird in Kapitel III eingegangen.

## 1. Soziostruktureller Wandel

Seit längerem befinden sich die europäischen Gesellschaften in einer Umbruchphase. Je nach Perspektive wird der sich daraus entwickelnde neue Gesellschaftstyp als Dienstleistungs-, Erlebnis- oder Freizeitgesellschaft bezeichnet. Der Wandel in der Wirtschafts- und Sozialstruktur erfasst ohne Frage auch die Freizeit- und Tourismuswirtschaft.

### 1.1 Arbeit und Freizeit im Wertewandel

In der Diskussion über das Verhältnis Freizeit und Arbeit ist ein gewisser Bedeutungs- und Wertewandel auszumachen. Klassische Arbeitstugenden verlieren zunehmend an Bedeutung. Menschen definieren sich heute nicht mehr nur über ihre Berufsarbeit. Die Moral der Pflicht verliert ihren lebensbeherrschenden Anspruch. Aber auch das Verständnis von Berufsarbeit hat sich geändert. So werden zu den Funktionen von Arbeit gezählt:
- Existenzsicherung (materiell-ökonomischer Aspekt),
- Selbstverwirklichung, Selbstentfaltung,
- Dienst an der Gemeinschaft.

Die Anforderung an die Arbeit selber hat sich ebenfalls geändert, nicht zuletzt aufgrund der gewandelten Bedürfnislagen. Sinnerfüllte, zufrieden stellende Arbeitswelten, die neben der materiellen Absicherung auch Raum zur individuellen Entfaltung und für soziale Kontakte lassen, werden eindeutig bevorzugt. Das Leistungsprinzip ist dabei nicht unbedingt in Frage gestellt. Es erhält aber

seine Bedeutung im Rahmen des individuellen Bedürfnisses selbst etwas zu tun,
was Spaß macht und Sinn hat.

Veränderungen im Arbeitsethos lassen sich u.a. auf folgende gesellschaftliche
und ökonomische Entwicklungen zurückführen:
- allgemeine Verkürzung der Lebensarbeitszeit und Auflösung starrer Arbeits-
  modelle,
- Rückgang der in den Erwerbsprozess integrierten Bevölkerung (Arbeitslosigkeit = unfreiwillige Freizeit),
- fortschreitende Technisierung, Automatisierung und Spezialisierung in der
  (Erwerbs-) Arbeit, die mitunter zur Entfremdung von der Arbeit selbst, aber
  auch zur Notwendigkeit ständiger Weiterbildung führt,
- verkürzte Verweildauer im Job und damit verringerte Identifikation mit der
  beruflichen Tätigkeit,
- Wohlfahrtszunahme und damit zunehmende Relevanz immaterieller Interessen
  und Bedürfnisse,
- allgemeiner Wandel der bislang dominierenden Wertvorstellungen zugunsten
  persönlichkeitsbezogener Selbstentfaltungswerte hedonistischer und individu-
  alistischer Prägung.

Für die Zukunft zeichnet sich die Tendenz ab, dass neue Beschäftigungsformen
das System der Vollarbeitszeit ablösen und eine wachsende Zahl von Arbeitneh-
mern zu Beschäftigten auf Zeit wird. Die flexible Gestaltung der Arbeitszeit wird
zusehends in den Vordergrund rücken. Wochenarbeit, Jahresarbeitszeitmodelle
und Wahlarbeitszeiten werden zunehmen. Es wird zudem verstärkt Teilzeitarbeit,
Zeitarbeit und Selbstständigkeit auf Zeit geben. Ebenso wird die Zahl der Telear-
beiter zunehmen. Damit wird neben der weiteren Aufhebung der starren Trennung von Arbeit und Freizeit die Bedeutung der freien Zeit weiter wachsen.

Interessant ist der Umstand, dass vor allem höhere soziale Schichten einen be-
trächtlichen Rückgang an freier Zeit erfahren, während die niedrigeren sozialen
Schichten deutlich mehr Freizeit haben. Dies kommt einer Umkehrung der Verhältnisse in der Historie gleich. Der Verzicht auf freie Zeit zugunsten eines höheren Einkommens ist in modernen Gesellschaften ein weit verbreitetes Phänomen.
Allerdings wird der Verlust an freier Zeit von den Berufen mit hohem sozialen
Prestige (Manager, Ärzte, Professoren, Anwälte) selten als Verlust empfunden.
Diese Berufsgruppen können relativ frei und selbstständig arbeiten und zugleich
einer individuell befriedigenden sowie gesellschaftlich akzeptierten Tätigkeit
nachgehen. Berufe mit hohem sozialen Prestige haben innerhalb ihrer beruflichen

Arbeitszeit noch Dispositionsmöglichkeiten. Insofern stellt die Verfügungsmöglichkeit über die eigene Arbeitszeit ein besonderes Privileg dar.[1]


**Tabelle 14:** Tarifliche Arbeitszeit 1996 (verarbeitende Industrie)

| Land | | Wochenarbeits- Zeit in Stunden | Jahresurlaub in Tagen | Feiertage | Jahressollarbeits- Zeit in Stunden |
|---|---|---|---|---|---|
| Belgien | | 37 | 20 | 11 | 1702 |
| Dänemark | | 37 | 25 | 11 | 1665 |
| Deutschland | | | | | |
| | West | 35,8 | 30 | 11,3 | 1573 |
| | Ost | 39 | 30 | 10,5 | 1720 |
| Frankreich | | 39 | 25 | 9 | 1771 |
| Großbritannien | | 38,8 | 25 | 8 | 1774 |
| Irland | | 39 | 21 | 9 | 1802 |
| Italien | | 40 | 35 | 9 | 1736 |
| Niederlande | | 38,5 | 31,2 | 7,1 | 1715 |
| Schweiz | | 40,5 | 24,3 | 9 | 1844 |
| USA | | 40 | 12 | 11 | 1904 |
| Japan | | 40 | 18 | 13 | 1840 |

Quelle: BMWI, 1998


In Bezug auf das zunehmende Interesse an Selbstbestimmung bzw. sinn- und spaßorientierten Tätigkeiten bietet Freizeit grundsätzlich vielen Menschen die Chance, diese Interessen zu verwirklichen. Freizeit bringt Menschen mitunter auf den Geschmack, diesen Grad an Zufriedenheit und Selbstbestimmung nicht nur in der Freizeit, sondern auch in der Berufsarbeit erleben zu wollen. Freizeit verändert so in gewisser Weise das Bewusstsein und unterstreicht die Relevanz von individuell empfundener Lebensqualität.[2]


## 1.2  Einkommen und Erwerbstätigkeit

Seit 1970 hat sich weltweit die Zahl der Erwerbsfähigen mehr als verdoppelt (1970: 1,6 Mrd., 1996: 3,5 Mrd.). Hiervon üben etwa zwei Drittel eine Erwerbstätigkeit aus. Rund 60 % der Erwerbstätigen leben in Ländern mit niedrigem Pro-Kopf-Einkommen und ca. 25 % in Ländern mit mittleren Einkommen. 15 % der Welterwerbstätigen entfallen damit auf Länder mit hohem Pro-Kopf-Einkommen.

---

[1]  Vgl. Opaschowski, 1997, S. 27.
[2]  Vgl. Müller, 1999, S. 25-27.

Die weltweiten Ungleichheiten zeigen sich auch darin, dass 1990 das reichste Fünftel der Weltbevölkerung über mehr als 80 %, das ärmste Fünftel nur über 1,5 % des Welteinkommens verfügte. Das Einkommensgefälle lässt sich auch geografisch darstellen. Der Lebensstandard im Norden liegt im Schnitt über 25-mal höher als der im Süden. Die Wachstumstrends in einigen Regionen des Südens lassen erwarten, dass die alte Trennlinie zwischen Nord und Süd teilweise aufgelöst wird. Gleichwohl ist eine weitere Konzentration der Wirtschaftsprozesse in drei Regionen, und zwar Nordamerika, Europa und Südostasien (Triadisierung der Weltökonomie), zu erwarten. In diesen Regionen dürften sich denn auch die Freizeit- und Reisemärkte konzentrieren.

Die Arbeitslosigkeit hat in den westlichen Industrieländern seit 1973 stetig zugenommen und ein seit den 30er Jahren nicht mehr da gewesenes Ausmaß erreicht. Infolge der wachsenden Arbeitslosigkeit ist ein deutlicher Anstieg der Sozialhilfeempfänger zu vermerken. Festzustellen ist auch eine Einkommensschere: 1992 konzentrierten sich rund 58 % des gesamten verfügbaren Haushaltseinkommens in Deutschland auf ein Drittel der Haushalte.[3]
Es sei hier angemerkt, dass der eigentliche Positivbegriff „arbeitsfrei" für Arbeit Suchende einen negativen Bedeutungsgehalt ausdrückt. Die arbeitslose Zeit wird subjektiv als Zwang empfunden und nun mit Ersatz-Inhalten aus der Freizeit ausgefüllt. Der Arbeitslose erlebt diese zusätzliche Zeit als weitgehend unfreie Zeit, die es möglichst sinnvoll auszufüllen gilt. Ehemals positiv getönte Erlebnisinhalte der Freizeit wie Hobby, Reisen, Ausgehen erhalten eine negative Bedeutung. Dies gilt vor allem dann, wenn die Zeit der Arbeitslosigkeit länger andauert und die finanziellen Spielräume enger werden. Der Umgang mit der freien Zeit wird zu einer persönlichen Aufgabe mit Quasi-Arbeits-Charakter, die angepackt und bewältigt werden muss. Es sieht so aus, als würde das, was wirklich an persönlich frei verfügbarer Zeit verbleibt, erst dann als freie Zeit erlebt, wenn es im wahrsten Sinne des Wortes erarbeitet und verdient wurde.[4]

Ohne Frage werden diese Entwicklungen im Bereich Beschäftigung und Einkommen folgenreich für den Freizeit- und Tourismussektor sein. Der insgesamt wachsende Wohlstand in Form zunehmender Einkommen führt zu einer Erhöhung des frei verfügbaren Einkommensanteils. Dies begünstigt natürlich auch die Realisierung von Freizeit- und Konsuminteressen. So ist seit einigen Jahren ein kontinuierlicher Anstieg der Freizeitausgaben festzustellen. Sie machen deutlich über 20 % des gesamten Verbrauchsbudgets eines Haushalts aus. Am meisten Freizeitgeld wird dabei nach wie vor für Ferien und Reisen ausgegeben. Dann folgen Multimedia/Informationstechnik und Telekommunikation, der Besuch von

---

[3]  Vgl. Deutscher Bundestag, 1999, S. 18.
[4]  Vgl. Opaschowski, 1997, S. 44-46.

Gaststätten und Veranstaltungen sowie Aufwendungen für Bücher, Zeitschriften und Sport.[5]
Hohe Arbeitslosenzahlen und die Zunahme von Beschäftigten mit niedrigerem Einkommen werden dagegen das Segment der Immobilen bzw. derjenigen, die ihre Reiseaktivitäten zumindest vorrübergehend einschränken, anwachsen lassen. Allerdings ist auch zu beobachten, dass eine große Zahl der Haushalte einen Teil des Haushaltseinkommens relativ unabhängig von konjunkturellen Schwankungen fest für eine Reise einplant.[6] Offensichtlich werden im Falle einer Einkommensreduktion zunächst Einschnitte in anderen, nicht freizeitbezogenen Aktivitätsfeldern vorgenommen.

## 1.3  Bildung und Beruf

Aufgrund der sich rasch wandelnden Arbeitswelt sind weltweit Bildung und Qualifizierung die Grundpfeiler einer langfristig erfolgreichen Berufskarriere mit entsprechenden Einkommenschancen. Mit höherem Bildungsniveau steigt auch die Wahrscheinlichkeit, eine Vollerwerbsbeschäftigung auszuüben, während das Risiko der Arbeitslosigkeit tendenziell abnimmt. Außerdem prägt das Bildungsniveau auch Werturteile und Anspruchshaltungen der Individuen.

In Deutschland ist das Bildungsniveau der Bevölkerung in den letzten Jahrzehnten insgesamt gestiegen, wie der Blick auf den wachsenden Anteil qualifizierter Abschlüsse zeigt:
• 36 % aller Personen hatten in Deutschland 1995 einen höheren Bildungsabschluss (ab Realschulabschluss).
• Eine Lehre als beruflichen Ausbildungsabschluss konnten 54,5 % nachweisen.
• Zehn Prozent hatten einen Fachhochschul- oder Hochschulabschluss.
Entsprechend dem Trend zur Höherqualifikation wird zukünftig eine wachsende Anzahl der Beschäftigten höher qualifizierte Tätigkeiten ausüben.

Es ist davon auszugehen, dass Veränderungen im Bildungsniveau der Bevölkerung auch ihren Niederschlag im freizeittouristischen Bereich finden. Vom gestiegenen Bildungsniveau und der sich entsprechend verändernden Berufsstruktur hängt z.B. die grundsätzliche Bereitschaft ab, zu verreisen. Mit zunehmendem Bildungsniveau steigt also die Reisetätigkeit. Zudem nimmt die Nachfrage nach Kultur-, Studien- und Bildungsreisen zu. Aber auch das Bedürfnis nach Kurzzeiturlauben wächst. Der traditionelle Jahresurlaub wird immer mehr zurückge-

---

[5]  Vgl. Müller, 1999, S. 46.
[6]  Vgl. Deutscher Bundestag, 1999, S. 22.

drängt, auch aufgrund flexiblerer Arbeitszeitmodelle. Ein nicht unerheblicher Teil des Urlaubs wird dabei für Bildungs-/Weiterbildungszwecke verwendet.[7]

## 1.4 Wohnen und Freizeit

Das Wohnen zählt seit jeher zu den Grundbedürfnissen menschlichen Daseins. Wohnen bedeutet zugleich schlafen, essen, sich zurückziehen, familiäre und soziale Kontakte pflegen, seine Freizeit gestalten, Haus- und manchmal auch seine Berufsarbeit erledigen.
Die Menschen in modernen Gesellschaften verbringen rund zwei Drittel ihrer freien Zeit in ihrer Wohnung oder ihrer unmittelbaren Umgebung. Im Hinblick auf die zunehmend hektischen, stressigen Arbeitsbedingungen kommt gerade dem Wohnen eine entlastende, ausgleichende Bedeutung zu.

Um Freizeit richtig zu verstehen, ist die Einsicht in die Bedeutung des Wohnens von großer Relevanz. Hier ist z.B. die Frage der Wohnqualität von Gewicht. Sie wird über die Indikatoren Größe des Innenraums, Komfortniveau, Außenraum (Verfügbarkeit bzw. Erreichbarkeit privater Räume wie Garten, Balkon oder halböffentlicher Räume wie Spielplätze, Parks), ökonomische Erreichbarkeit (die für das Wohnen zu erbringende finanzielle Leistung), Wohnsicherheit (Kündigungsschutz), physikalische Erreichbarkeit (Erreichbarkeit von Arbeitsplätzen oder von sozialer Infrastruktur) bestimmt.
Von Bedeutung ist auch die subjektiv empfundene Wohnlichkeit eines Quartiers. Diese wiederum wird von verschiedenen, individuell unterschiedlich gewichteten Faktoren bestimmt (Möglichkeit der Selbstentfaltung, Begegnung, Verwirklichung eigener Vorstellungen usw.).

Der Blick auf die Entwicklungen der Wohnwelt macht deutlich, dass der Anteil städtisch geprägten Lebensraums weltweit zunimmt. Während sich in Europa eher Metropolregionen und zentrale Orte entwickeln, entstehen an anderen Orten immer mehr Megastädte. Daraus folgt eine zunehmende Zentralisierung, aber auch Uniformität von Möglichkeiten und Chancen für das Individuum. Die Einschränkung von Spielräumen zugunsten besserer Einkommens- und Beschäftigungsmöglichkeiten sowie einer verbesserten Versorgung mit Dingen des täglichen Bedarfs sind eine Folge.

Vor allem stadtnahe Agglomerationen sehen leider weniger Möglichkeiten für Erholung vor. Die so genannten Trabantenstädte sind oft langweilig gebaut und sozial schwierig. Der Erholung Suchende verbringt unter solchen Bedingungen

---

[7] A.a.O., S. 17, S. 23.

seine Freizeit dort, wo es freie Räume, Natur oder Freizeitinfrastruktur gibt. Der verbindende Schlüssel zum dreigeteilten Leben Arbeiten-Wohnen-Freizeit ist die Mobilität. Individuelle Mobilität ist eine Voraussetzung dafür geworden, das zu finden, was einem fehlt. Schlechte Wohnbedingungen, fehlende individuelle Spielräume stärken das Bedürfnis nach außerhäuslichen Freizeitaktivitäten und führen zur Zunahme von Freizeitmobilität. Die Unterversorgung an Freizeitinfrastruktur wird Untersuchungen zufolge erst als zweitwichtigster Grund für den Drang „raus ins Grüne" empfunden.

Verantwortliche in Planung und Politik sind hier aufgefordert, Anstrengungen zur Verbesserung der Freizeitinfrastruktur zu unternehmen, um stadtnahe Erholung möglich zu machen. Ein Ausbau der Grün- und Parkanlagen und die Einrichtung von Spiel- und Freizeitflächen für Erwachsene und Kinder wünschen sich z.B. 89 % der Befragten in einer Untersuchung des *BAT Freizeit-Forschungsinstitutes*.[8] Damit würde im Übrigen die Lebensqualität in den Ballungszentren insgesamt verbessert.

*Familien- und Haushaltsstrukturen*

In Bezug auf die Entwicklung der Familien- und Haushaltsstrukturen lässt sich eine schwindende Dominanz traditioneller Strukturen und eine Individualisierung der Lebensformen ausmachen. Dies zeigt sich vor allem in der deutlichen Zunahme von Ein- und Zwei-Personen-Haushalten bei gleichzeitiger Abnahme der Haushalte mit fünf und mehr Personen. Der Trend geht ungebrochen weiter, wobei sich dieser Haushaltstyp überdurchschnittlich oft in Städten mit über 100.000 Einwohnern findet. Bundesweit macht er dort bereits rund 44 % aller Haushalte aus. In einigen Großstädten bildet er sogar die Mehrheit der Haushalte. Jüngere Menschen wie Auszubildende, Studenten, junge Erwerbstätige und Singles aller Altersgruppen bilden vorwiegend die Ein-Personen-Haushalte. Eine starke Zunahme erfahren die Zwei-Personen-Haushalte durch die steigende Zahl der ehelichen/nicht-ehelichen Lebens- und Wohngemeinschaften ohne Kinder mit doppeltem Einkommen. Hinzu kommt ein wachsender Anteil Alleinerziehender an der Bevölkerung.[9]

Die persönlichen Lebens- und Wohnverhältnisse bleiben nicht ohne Wirkung auf das individuelle Freizeitverhalten. Vor allem die Single-Haushalte und die Zwei-Personen-Haushalte ohne Kinder „... wollen ihre Freizeit genießen und auf nichts verzichten" (B.A.T. Freizeit-Forschungsinstitut). Bei dieser Bevölkerungsgruppe konnte die Freizeitforschung einen klaren Trend zur Konsumorientierung aus-

---

[8] Vgl. Opaschowski, 2001, S. 74.
[9] Vgl. Enquete-Kommission „Demographischer Wandel", 1998, S. 262 ff.

machen. Dabei werden vielfach soziale Kontakte an konsumintensiven Freizeit-
orten gesucht und hergestellt (Clubs, Cafés, Kinos). Auf diese Single-Kultur hat
die Freizeit- und Tourismuswirtschaft reagiert: „Freizeitangebote für Unab-
hängige", Single-Bars, Single-Reisen usw. Allerdings ist die vielfach prognosti-
zierte Single-Urlaubswelle ausgeblieben. Über zwei Drittel der Singles fährt erst
los, wenn sich ein passender Reispartner (auch Gruppe) gefunden hat, mit dem es
dann auch recht „lustig" zugehen soll. Die verbleibende Gruppe der wirklich
Alleinreisenden sind z.B. bei Rund- und Städtereisen überrepräsentiert.[10]

## 2. Demographischer Wandel

Die Verbesserung der allgemeinen Lebensbedingungen, insbesondere auch die
Sicherung der Gesundheitsversorgung, haben weltweit zu einem Anstieg der
Bevölkerungszahlen geführt. Die Lebenserwartung hat ebenfalls zugenommen,
sodass in westlichen Industriegesellschaften bereits von einer alternden Gesellschaft gesprochen wird. Hier sind eine steigende Anzahl von Hochaltrigen und
eine Abnahme der Geburtenzahlen zu verzeichnen. Solche Veränderungen führen
langfristig zu einer Verschiebung der Relationen zwischen den Bevölkerungsgruppen. Die Zahl der unter 30-Jährigen wird abnehmen, während die der 30 bis
60-Jährigen, insbesondere der über 60-Jährigen, deutlich ansteigen wird. In der
Folge wird die Zahl derer, die altersbedingt nicht arbeitet, also freie Zeit zur Verfügung hat, deutlich zunehmen. Bis zum Jahr 2040 rechnet die Enquete-Kommission *Demographischer Wandel* mit einem Anteil von rund 35 % der über 60-Jäh-
rigen.
Diese Verschiebungen in der Alterspyramide werden sicher nicht ohne Auswirkungen auf die freizeittouristische Nachfrage bleiben.

## 3. Allgemeine ökonomische Entwicklung

Die Weltwirtschaft ist zunehmend durch Internationalisierung und Globalisierung
gekennzeichnet. Dabei umschreibt der Prozess der Globalisierung eine Zunahme
ökonomischer, aber auch politischer, sozialer und kultureller Interdependenzen
im Weltmaßstab sowie die weltweite Universalisierung des Marktprinzips. Gefördert, vielleicht sogar erst ermöglicht, wurde der Prozess der Globalisierung

---

[10]  Vgl. Opaschowski, 1997, S. 115 ff.

durch kostengünstige und schnelle Transportmöglichkeiten sowie durch eine leistungsfähige Kommunikationsinfrastruktur.

---

„Globalisierung der Wirtschaft bezeichnet das Entstehen eines Geflechts grenzüberschreitender Aktivitäten zwischen und innerhalb von Unternehmen, das sämtliche Funktionsbereiche des Unternehmens erfasst, die technologische Entwicklung ebenso, wie die über verschiedene Standorte verteilten Phasen der Produktgestaltung, der Produktion, der Beschaffung und des Marketing." OECD, 1996.

---

Vor allem die großen, transnationalen Unternehmen gelten vielfach als Protagonisten und Triebfedern der Globalisierung. So operieren weltweit tätige Unternehmen mit global angelegten Strategien und bedienen sich der verschiedensten Informations- und Produktionsnetze, um die an ihren zahlreichen internationalen Standorten jeweils gegebenen Vorteile in Bezug auf Technologie, Produktions- und Marketingkapazitäten optimal zu nutzen. Dabei schaffen sie hochkoordinierte, global optimierte Systeme, die eine deutliche Weiterentwicklung bisheriger international tätiger Unternehmen und ihrer Struktur darstellen.[11] Die transnationalen Unternehmen richten ihre Leistungserstellung, ihr Management und Marketing zunehmend global aus.
Rund ein Drittel der Weltproduktion wird mittlerweile durch die transnationalen Konzerne erbracht. Ihr Umsatz entspricht rund einem Viertel des Welt-Bruttoinlandsprodukts. Sie wickeln zwei Drittel des Welthandels ab. Davon wiederum ist die Hälfte Handel innerhalb der transnationalen Konzerne (entspricht in etwa 25 bis 30 % des Welthandels).[12]

Auch für die Zukunft sind eine fortschreitende, weltweite Ausdehnung und Vernetzung ökonomischer Aktivitäten, die Integration von Regionen und Nationen in den Weltmarkt und eine Verschärfung globaler Konkurrenz zu erwarten. Übrigens ist es dabei bisher nicht zu einer deutlichen Zunahme des Welthandels gekommen. Rein quantitativ hat sich der Welthandel in den vergangenen Jahrzehnten nicht dramatisch verändert, sondern eher kontinuierlich entwickelt. Die Expansion und Intensivierung des Welthandels hat auch keinen wirklich globalen Handel bewirkt. Allenfalls 30 % der Weltbevölkerung, darunter zehn Prozent der Bevölkerung der Entwicklungsländer, sind direkt in die Weltwirtschaft integriert. Entsprechend verteilt und konzentriert sich der internationale Handel auf die

---

[11] Vgl. OECD, 1996, S. 15-16.
[12] Vgl. Deutscher Bundestag, 1999, S. 33.

Länder der *OECD*. Mehr als zwei Drittel des Welthandels werden zwischen diesen Staaten abgewickelt.[13]

## 3.1 Internationalisierung und Globalisierungstrends in der Tourismusbranche

Die Globalisierungstendenzen in der Weltökonomie wirken sich selbstverständlich auch im Bereich der Freizeit- und Tourismuswirtschaft aus. Wie nachfolgend zu sehen ist, ergeben sich wegen des zunehmenden Wettbewerbsdrucks anbieterseitige Konzentrationsbewegungen. Größenwachstum, Nischenstrategien und Allianzen sind weitere Symptome für die zunehmende Wettbewerbsschärfe. Aber auch die touristischen Nachfrager haben globale Wünsche und Erwartungen, die erfüllt werden müssen. Für die Reisenden wird die Welt zunehmend zu einem „global holiday village". Eine erste anbieterseitige Konsequenz ist die Angleichung der Freizeit- und Tourismusangebote. Ein internationaler Quasi-Standard, eine internationale Urlaubskultur ersetzen damit zunehmend die lokale Authentizität.

Trotz dieser Tendenzen ist sorgfältig zu prüfen, ob im Tourismus wirklich echte Globalisierung gegeben ist, oder ob nicht treffgenauer von Sonderformen der Internationalisierung auszugehen ist. So gibt es nur wenige echte Global Player im Tourismus. Die meisten touristischen Anbieter agieren offensichtlich eher international. Entsprechend gibt es zahlreiche interregionale und internationale Verflechtungen, verbunden mit den angesprochenen Standardisierungstendenzen. Dies sind aber eher Vorstufen einer Globalisierung. Erst mit nahezu vollständiger Integration und Standardisierung der lokalen und nationalen Unternehmen in einem weltweiten touristischen Angebotsprozess wäre echte Globalisierung gegeben.

Ansätze für globale Tourismusunternehmen zeigen sich vor allem bei Airlines, einigen Reiseveranstaltern, Beherbergungsbetrieben sowie bei den weltumspannenden Computerreservierungssystemen (CRS). Auch im Bereich der touristischen Randindustrie sind größere multinationale Unternehmen entstanden, wie z.B. bei den Kreditkarten- und Versicherungsgesellschaften.[14]

---

[13]  A.a.O., S. 32.
[14]  Vgl. Freyer, 2000, S. 14-15.

## 3.1.1 Reisemittlermarkt

Gegenwärtig ist der Reisemittlermarkt durch eine verstärkte Bildung von Ketten, Kooperationen und Franchise-Systemen gekennzeichnet. Über die Gruppe sollen bessere Konditionen bei Veranstaltern, anderen Leistungsträgern oder auch Zulieferern erreicht werden. Daneben erhofft man sich durch die Zentralisierung bestimmter Aufgaben Synergie- und Kostenvorteile, kurz: eine signifikante Verbesserung der Wettbewerbssituation.

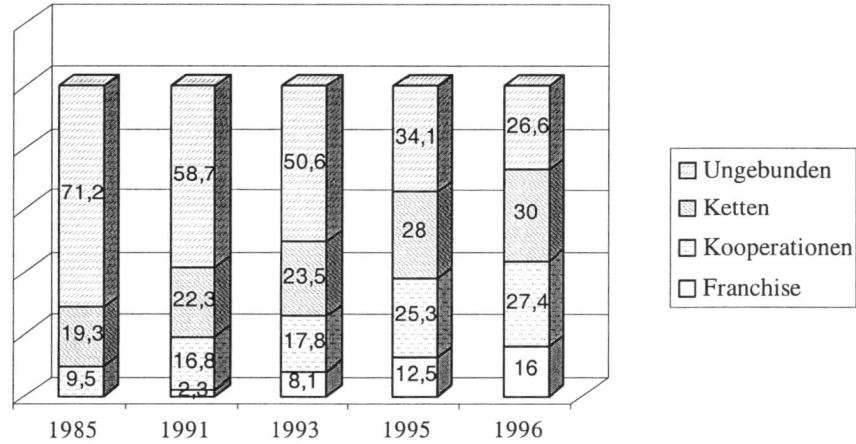

**Abbildung 29:**    Marktanteile am Gesamtumsatz im deutschen Reisemittlermarkt nach Organisationsform[15]

Für das Jahr 1996 ermittelte der *Deutsche Reisebüroverband* rund 17.000 Reisevertriebsstellen. Nachdem sich zwischen 1970 und 1994 die Anzahl der Reisevermittlungsstellen auf das Fünfeinhalbfache gesteigert hatte, sank ab 1994 die Anzahl der Vertriebsstellen. Dagegen konnte der Gesamtumsatz der Branche zwischen 1994 und 1996 um 8,8 % auf rund 22 Mrd. Euro gesteigert werden. Wie Abbildung 29 zeigt, hat der Anteil der ungebundenen Reisebüros am Gesamtumsatz in den vergangenen Jahren drastisch abgenommen. Gleichzeitig wuchs der Anteil der Kettenbüros kontinuierlich. Den stärksten Anteilsgewinn konnten Kooperationen und Franchise-Systeme verzeichnen.

Begünstigt wird dieser Trend durch die zunehmende vertikale Integration von Veranstaltern und Leistungsträgern – mit dem Ziel der besseren Steuerbarkeit des Absatzes –, was eine straffere Organisation des Vertriebs verlangt. 1996 erwirt-

---

[15]  Vgl. Deutsches Wirtschaftswissenschaftliches Institut für Fremdenverkehr e.V., 1998.

schafteten die Top Ten im deutschen Reisevertrieb (Ketten, Franchise und Kooperationen) bereits rund 73 % des gesamten Umsatzes des Reisebüromarktes. Diese Marktanteilsgewinne konnten vornehmlich durch Größenwachstum, d.h. durch den Zukauf oder die Neugründung von Büros erreicht werden.

Interessanterweise sind die beschriebenen Konzentrationsbewegungen nicht unmittelbar auf zunehmenden internationalen Wettbewerb zurückzuführen. Auch die Konkurrenz von ausländischen Ketten und Kooperationen ist nicht als treibende Kraft auszumachen. Branchenfremde wie Handelsunternehmen, Banken, Versicherungen, Auto- und Möbelhäuser sind vielmehr die Motoren. Konzerne wie *Karstadt, Kaufhof, Metro, Quelle, Otto* oder *Rewe* sind mit eigenen Vertriebsstellen, über neue Wege im Direktvertrieb oder durch den Erwerb bestehender Reisebüros im Reisemittlermarkt tätig. Nicht zuletzt wegen ihrer Finanzstärke, aber auch dank der Nutzung bestehender Vertriebsnetze im Stammgeschäft sowie durch besonders geeignete Räumlichkeiten in Citylage haben diese Konzerne ihre Wettbewerbsstärke in der Tourismusbranche zügig unter Beweis gestellt.

International tätige Reisemittler gibt es bislang erst wenige. Diese erwirtschaften einen Großteil ihres Umsatzes im Firmengeschäft (Geschäftsreisen). Hier spielt die internationale Präsenz eine entscheidende Rolle – eine Voraussetzung, die kleinere und mittlere Unternehmen nicht erfüllen können. *American Express* z.B. unterhält 3.200 eigene Büros und Repräsentanzen in über 120 Ländern. Die Business Travel International, eine US-amerikanische Kooperation, agiert mit 47 Partnern in 63 Ländern. Insgesamt lassen die Planungen dieser Unternehmen eine Verstärkung ihrer Präsenz in den internationalen Schlüsselmärkten für die Zukunft als strategisch vordringlich erkennen. Nach Europa und Nordamerika gewinnen dabei Asien, der Nahe Osten, Südamerika und Südafrika an Gewicht.
Eine Ausnahme im Kreis der international tätigen Reisemittler stellt *Thomas Cook* dar. Dieses Unternehmen hat seinen Schwerpunkt im Bereich der Privatkunden.

Im Geschäftsreiseverkehr versuchen die großen Reisebüroorganisationen ein Netzwerk aufzubauen. Auf diese Weise sollen die Dienste an allen Orten in hoher Qualität und möglichst rund um die Uhr angeboten werden. Dafür gibt es gute Gründe:
• Wer nicht international vertreten ist, hat kaum Chancen auf die Reiseetats international tätiger Konzerne.
• Je größer die Reisebüroorganisation ist, desto leistungsfähiger und moderner kann die Informationstechnologie sein, desto eher können größenbedingte Kostenvorteile erschlossen und ein verbesserter, flexibler Service (z.B. im Online-Bereich) angeboten werden.

• Große Organisationen haben durch Corporate Rates Einkaufsvorteile bei den Leistungsträgern.[16]


### 3.1.2  Reiseveranstalter

Auch auf dem Reiseveranstaltermarkt werden zunehmend internationale Verflechtungen aufgebaut. Dies geschieht zum einen durch die Gründung eines eigenen Unternehmens oder durch die Übernahme bzw. Beteiligung an Veranstaltern im Ausland (horizontale Integration). Zum anderen erfolgen Investitionen in andere Stufen der Wertschöpfung (vertikale Integration). Bei den europäischen Veranstaltern führten solche Verflechtungen jedoch bisher eher zu einer Europäisierung als zu einer Globalisierung. Zugleich werden die nationalen Integrationsbemühungen verstärkt.

In jüngster Zeit gewinnt vor allem die horizontale Expansion und Integration eine neue Qualität. Hatten bislang die größten europäischen Anbieter eine Art stillschweigende Übereinkunft, die abgesteckten Territorien zu wahren, weht nun ganz offensichtlich ein anderer Wind. Bisher wuchsen die Inlandmärkte schnell genug, um den Expansionsbedarf der Unternehmen zu decken. Zudem schreckten Schwierigkeiten und kulturelle Barrieren beim Aufbau von Vertriebsnetzen im Ausland ab. Schließlich müssen Reiseveranstalter, die im Ausland erfolgreich tätig sein wollen, über ein auf die Bedürfnisse des ausländischen Nachfragers abgestimmtes, möglichst maßgeschneidertes lokales Angebot verfügen. Nationale Angebote können nicht einfach auf andere europäische oder außereuropäische Länder übertragen werden. So verlief die Internationalisierung der Veranstaltermärkte lange recht zögerlich. Seit einigen Jahren ist jedoch Bewegung in die Szene gekommen. Die europäischen Großveranstalter werden zunehmend außerhalb ihrer angestammten Territorien aktiv. Die großen deutschen Reiseveranstalter konzentrieren sich gegenwärtig noch auf die Nachbarmärkte Österreich, Schweiz, Belgien und die Niederlande. Damit expandieren sie vornehmlich in Ländern, die zur Mentalität der deutschen Kunden passen, und versuchen, sich mit eigenen Hotels und Zielgebietsagenturen zu etablieren.
Die Reiseveranstalter hoffen mit ihrem Engagement im europäischen und zukünftig auch außereuropäischen Ausland Risiken zu begrenzen (Risikostreuung) und ihre Abhängigkeiten von einzelnen Märkten zu reduzieren. Zudem können so saisonale Schwankungen besser aufgefangen werden.

Neben der Tendenz zur horizontalen Expansion und Integration ist ein weltweiter Trend zur vertikalen Integration zu erkennen. Unternehmen erweitern ihr Pro-

---

[16]  Vgl. Deutscher Bundestag, 1999, S. 47-49.

gramm durch Produkte und Leistungen, die von vor- oder nachgelagerten Wertschöpfungsstufen erbracht werden. Vor allem weltweite Investitionen in Hotels und Zielgebietsagenturen sind zu nennen. Die britischen Veranstalter sind hier mit ihren konsequent vertikal integrierten Strukturen die Vorreiter. Die größten Pauschalreiseveranstalter verfügen über eigene Fluggesellschaften, eigene Vertriebssysteme sowie eigene Hotels in den Zielgebieten.[17]

Gründe für die vertikale Integration im Veranstaltermarkt sind:
- Abschöpfen von zusätzlichen Gewinnpotenzialen aus verschiedenen Wertschöpfungsstufen durch Beteiligungen oder Übernahmen (vom Reisepreis verbleiben ca. elf bis zwölf Prozent beim Reisebüro, 30 bis 35 % beim Carrier, 38 bis 45 % beim Hotel, zwei bis vier Prozent bei den Zielgebietsagenturen und lediglich neun bis elf Prozent beim Veranstalter).
- Verbesserung des Zugangs zu den Beschaffungsmärkten:
Beim Einkauf von Hotel- oder Flugleistungen verschaffen Beteiligungen Kostenvorteile. Durch die exklusive Nutzung von Hotels kann ein direkter Preisvergleich mit anderen Anbietern vermieden werden. Vorteile ergeben sich auch aus der Möglichkeit einer zentralen Beschaffung von Flugreisen und von Hotelkapazitäten.[18] Außerdem können Reiseveranstalter mit eigenen Hotels ein Zielgebiet kontinuierlich mit einem genau definierten Angebot vermarkten. Es besteht dann nicht mehr die Gefahr, dass die Hotels nach Vertragsende den Veranstalter wechseln und die Konkurrenz zum Zuge kommt. Dies ist vor allem dann von Bedeutung, wenn der Veranstalter in exklusiven Lagen in den Destinationen arbeiten will (vgl. Präferenzstrategie). Wer möglichst viele gute Lagen an nachgefragten Orten an sich bindet, kann die Konkurrenz in schlechtere Lagen abdrängen und in der Folge höhere Preise für die eigenen Angebote am Markt durchsetzen.[19]
- Große Einflussnahme auf die Qualität auf allen Stufen der Wertschöpfungskette:
Die Veranstalter übermitteln dem Hotel unmittelbar Vorgaben und Standards, zugeschnitten auf den jeweiligen Kundenkreis. Zudem kann die touristische Gesamtkette von konzerneigenen Leistungsträgern gebildet werden. Neben Kostenvorteilen können damit eine Reihe von Qualitäts- und Kontrollproblemen abgebaut werden, die bei autonomen Leistungsträgern entstehen können. Schließlich ist der Reiseveranstalter für alle zugesicherten Bestandteile der Reise verantwortlich.
- Durchgängige Markenpolitik, Präsenz in Reisebüros:
Der Kunde erlebt das Label des Veranstalters in allen Phasen seines Urlaubs, nicht nur bei der Buchung.

---

[17] A.a.O., S. 49-50.
[18] A.a.O., S. 51.
[19] Vgl. Mundt, 2000, S. 35.

Die Präsenz in Reisebüros ist ein wichtiger Erfolgsfaktor im Reisebürovertrieb von Veranstaltern. Den Fremdvertrieb (Verkauf über eigenständige Reisebüros) wird man nicht immer ausreichend dazu motivieren können, die eigenen Angebote optimal zu präsentieren. Müssen hierfür gesonderte Maßnahmen ergriffen werden, erhöht dies die Vertriebskosten. Des Weiteren bildet der steuerbare Vertrieb einen wichtigen Faktor. Für den Markterfolg müssen vorgehaltene Kapazitäten aktiv verkauft werden; auf einen nicht zufrieden stellenden Absatz muss reagiert werden, um drohende Verluste abzuwenden. Entsprechende Maßnahmen sind jedoch nur dann optimal steuerbar, wenn der direkte Zugriff auf die Reisebüros besteht. Eigene bzw. franchiseverbundene Reisebüros spielen deshalb in den Vertriebskonzepten eine wichtige Rolle.[20]

- Prioritäre Verfügbarkeit:
  In der Hochsaison kann es bei bestimmten Flugzielen immer wieder zu absehbaren Engpässen kommen. Eine eigene Fluggesellschaft bietet dagegen die Möglichkeit der gesicherten Verfügbarkeit von Flugkapazitäten für die konzerneigenen Reiseveranstalter.

Am Beispiel der *TUI*[21], deren Unternehmensstruktur fünf Wertschöpfungsstufen umschließt, lässt sich der Trend zur Integration gut darstellen. So wurden insbesondere über die Beteiligung an bzw. die Integration von Zielgebietsagenturen und Hotels vertikale internationale Verflechtungen aufgebaut. Auf der Ebene der horizontalen Integration ist der Konzern (auch über inländische Tochterveranstalter) in verschiedenen Marktsegmenten tätig und bietet entsprechende Reisen in der ganzen Welt an. Geografisch betrachtet weist das Unternehmen ebenfalls eine horizontale Verflechtung auf. *TUI* ist beteiligt oder besitzt Veranstalter in Österreich, Belgien, Schweiz und Griechenland.[22] Für das Geschäftsjahr 1999/2000 werden zehn Mrd. Euro Konzernumsatz erwartet, wobei eine Umsatzrendite von etwa vier Prozent bezogen auf das Betriebsergebnis realisiert werden soll.

Der intensiv vorangetriebene Integrationsprozess, insbesondere die vertikale Integration, setzt erhebliche Investitionen voraus. Vor allem die Hotelanlagen bzw. Flugzeuge sind hier zu nennen. So haben z.B. *Neckermann* und die *TUI* erhebliche Mittel in Hotels und Reisebüros investiert. Eine eigene Fluglinie haben sie jedoch nicht. Als vor allem rentabel haben sich die Hotels erwiesen. Diese Anlagen sind zu einem großem Teil in Ländern errichtet worden, die wirtschaftlich weniger entwickelt sind. Niedrigere Kosten beim Bau und beim Betrieb, vielfach auch steuerliche Vergünstigungen, tragen hier dazu bei, dass sich Investitio-

---

[20] A.a.O., S. 35.
[21] Die *TUI*-Group GmbH mit Sitz in Hannover gilt als führender europäischer Reisekonzern. Die Preussag AG ist die Muttergesellschaft.
[22] Vgl. Deutscher Bundestag, 1999, S. 52.

nen in wenigen Jahren amortisieren. Dazu kommen noch attraktive Zusatzge-
schäfte, die viele Veranstalter innerhalb einer Destination machen können (Miet-
service für Fahrzeuge, Angebot als Kongresshotel, Ausflugsfahrten usw.). Trotzdem gilt bei der vertikalen Integration, dass höhere Gewinnerwartungen auch mit
höheren Risiken einhergehen. Die Analyse der Risikostruktur entlang der Wertschöpfungskette zeigt, dass die höchsten Risiken im Hotelbereich liegen. Diese
Immobilien können rasch zu Ballast werden, wenn das jeweilige Zielgebiet an
Attraktivität verliert. Mangelnde politische Stabilität bzw. eine Verschlechterung
der infrastrukturellen Grundausstattung der Region oder aber ökologische bzw.
gesellschaftspolitische Problemlagen können sehr rasch zu einem Nachfrageein-
bruch und damit zu einer ungenügenden Auslastung des Hotels führen. Möglichkeiten der Risikoverringerung bilden z.B. Pachtverträge, Franchiseverträge oder
Managementverträge.[23]

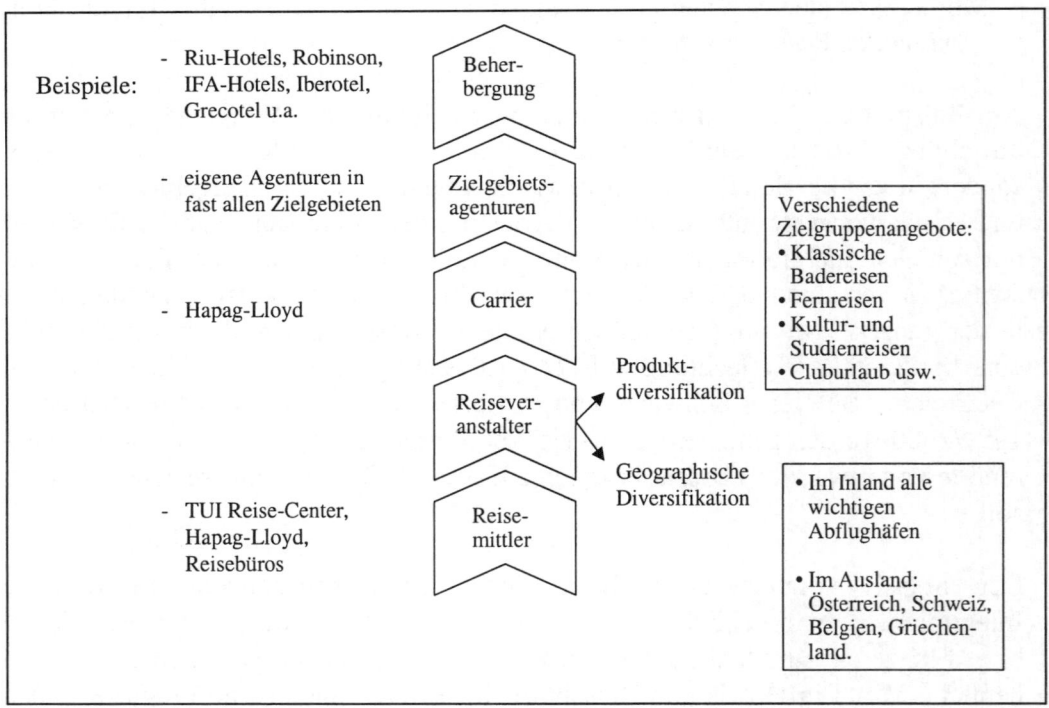

**Abbildung 30:**   Horizontale und vertikale Verflechtung bei der TUI, DWIF, 1998

Der Trend zur Internationalisierung im Veranstaltermarkt wird derzeit vor allem
durch branchenfremde Unternehmen und Kapitalgeber, die die Wachstums-
branche Tourismus für sich erschließen wollen, vorangetrieben. Zumindest in

---

[23]   Vgl. Mundt, 2000, S. 36-51.

Bezug auf die großen europäischen Veranstalter meint Internationalisierung jedoch zunächst eher Europäisierung. Es sind auch die großen Veranstalter, die auf dem deutschen Markt klar dominieren. Die sechs großen, *NUR* bzw. *C&N-Touristik, LTU, DER, ITS, Alltours, FTI*, erwirtschaften nahezu 80 % des Gesamtumsatzes im deutschen Reiseveranstaltermarkt.[24]

In den nächsten Jahren dürfte ein dramatischer Anstieg der Veranstalterreisen kaum zu erwarten sein. Im Moment werden zwar bei den meisten Veranstaltern noch deutliche Zuwächse verzeichnet, allerdings lassen sich Steigerungsraten nur noch zum Teil aus Marktwachstum realisieren. Gegenwärtig wird deshalb versucht, die eigenen Marktanteile über eine aggressive Preispolitik zu erhöhen. In der Folge verringern sich die Gewinnmargen aus dem Veranstaltergeschäft.[25] Bei geringeren Wachstumsraten des Gesamtmarktes sind für die Zukunft ein Anstieg des Wettbewerbsdrucks in der Tourismusbranche und weitere Konzentrationen unvermeidlich. So wird mittelfristig erwartet, dass sich drei bis vier große Reisekonzerne den Markt in Europa teilen werden. Kleinere Traditionsunternehmen könnten dann in ernsthafte Schwierigkeiten geraten. Sie haben dann allenfalls als Spezialanbieter Chancen.[26]

## 3.1.3  Luftfahrtindustrie

Im Luftverkehr lassen sich starke Globalisierungstendenzen beobachten. Neben der Luftfahrtindustrie ist gegenwärtig nur noch das Mietwagengeschäft vollständig globalisiert. Die wachsende Internationalisierung des Luftverkehrs hat zu einer Verstärkung des Preis-, Qualitäts- und Servicewettbewerbs geführt. Dabei wirken vor allem neue Luftfahrtgesellschaften, abnehmende Kundenloyalität und die mitunter knappen Infrastrukturkapazitäten (Flughäfen) wettbewerbsbestimmend. Für die Airlines steht deshalb heute ein gut strukturiertes, effizientes Netzwerk, orientiert an den Bedürfnissen der Kunden, ganz oben auf der Liste wettbewerbsstärkender Maßnahmen. In dieses Netz können übrigens kleinere Airlines als Zubringer zu den Großflughäfen integriert sein (Hub-and-Spoke-Systeme). Auf den großen Luftverkehrsdrehscheiben steigen dann die Passagiere auf die Großraumflugzeuge der großen Airlines um. Neben der Erhöhung der eigenen Auslastung und der Möglichkeit der Konzentration auf profitable Linien ermöglicht der Aufbau solcher Netze dem Kunden, „nahtlos", also ohne Unterbrechung, zu reisen. Die weltweite Deregulierung des Luftverkehrs und die Privatisierung der Airlines haben auch die Entstehung globaler strategischer Allianzen gefördert bzw. zu Kooperationsabkommen geführt.[27] Hier ist z.B. die 1979

---

[24]  Vgl. Deutscher Bundestag., 1999, S. 52-53; vgl. Mundt, 2000, S. 32-37.

[25]  Vgl. Mundt, 2000, S. 29-30.

[26]  Vgl. Deutscher Bundestag, 1999, S. 53.

[27]  A.a.O., S. 58-61.

gegründete *STAR-Alliance* zu nennen, in der sich zunächst die *Deutsche Luft-hansa*, *United Airlines*, *Air Canada*, *SAS* und *Thai* zusammengeschlossen haben, um unter einem gemeinsamen Markenname eng zusammen zu arbeiten. Zwischenzeitlich haben sich dem Verbund vier weitere Gesellschaften ange-schlossen. Weitere Airlines wollen dem mittlerweile größten Verbund von Flug-gesellschaften beitreten.[28]

In Zukunft werden wohl wenige Mega-Carrier, die zudem in Kooperationen bzw. Allianzen eingebunden sind, den internationalen Flugverkehr unter sich aufteilen. Die regionalen Märkte werden dann von den Regionalfluggesellschaften bedient werden, welche ihrerseits Zubringerdienste zu den internationalen Märkten leisten.[29]


### 3.1.4 Beherbergungsbetriebe und Gaststättengewerbe

Auch in der Hotel- und in Teilen der Gastronomiebranche haben die Wachstums-, Konzentrations- und Standardisierungstendenzen eine neue Qualität erreicht. So ist z.B. die weltweite Bettenkapazität mittlerweile auf nahezu 29 Mio. (1997) an-gewachsen – ein Wachstum seit 1980 um rund 78 %, so die World Travel Orga-nization. Vor allem die Großregion Ostasien/Pazifik konnte seit 1980 die höchsten Wachstumsraten verzeichnen, allerdings ausgehend von einem relativ niedrigen Niveau. Dennoch standen 1995 immer noch vier von fünf der weltweit angebotenen Betten in Amerika oder Europa.

**Tabelle 15:** Bettenkapazitäten und Marktanteile[30]

| Region | Bettenkapazitäten in Tausend | | Marktanteil in Prozent | |
|---|---|---|---|---|
| | 1980 | 1995 | 1980 | 1995 |
| Europa | 8.542 | 10.967 | 52,5 | 45,1 |
| Amerika | 6.436 | 8.451 | 39,5 | 34,7 |
| Ostasien/Pazifik | 762 | 3.516 | 4,7 | 14,4 |
| Afrika | 269 | 757 | 1,7 | 3,1 |
| Welt | 16.276 | 24.339 | 100 | 100 |

Der internationale Hotelmarkt ist gegenwärtig durch einen starken Auslese- und Konzentrationsprozess gekennzeichnet. Nach Angaben der amerikanischen Fach-zeitschrift *Hotels* verfügte 1996 die größte Hotelkette der Welt *Hospitality Franchise Systems*, über 490.000 Zimmer in 5.300 Hotels. Die Top Ten der

---

[28]  Vgl. Seitz, 2001, S. 99.
[29]  Vgl. Deutscher Bundestag, 1999, S. 61.
[30]  Vgl. World Travel Organization, 1997.

Hotelketten vereinigen gegenwärtig über 2,4 Mio. Zimmer in über 20.000 Hotels weltweit auf sich. Die deutsche Hotelkette *Maritim Hotels* rangiert im Vergleich dazu mit rund 10.500 Zimmern im internationalen Vergleich auf Platz 49.

Das Tempo der Fusionen und Übernahmen auf dem internationalen Hotelmarkt ist enorm. Antreiber sind vor allem geschlossene Immobilienfonds, aber auch Reisekonzerne, Fluggesellschaften, Versicherungs- und Investmentgesellschaften, Pensionsfonds oder internationale Mischkonzerne. Neben den Fusionen und Übernahmen gewinnen strategische Allianzen weltweit Bedeutung. Dabei versuchen meist kleinere und mittlere Gesellschaften am Namen und am Know-how der großen Ketten zu partizipieren. Des Weiteren werden Synergien bei Einkauf, Management und Vermarktung der Kapazitäten oder die Erschließung neuer Unternehmensfelder erwartet.

Ein besonders effizienter Ansatz der Marktführer ist die Multi-Marken-Strategie. Dabei wird das Angebot stark nach den jeweiligen Gästegruppen differenziert und auf diese möglichst passgenau zugeschnitten. Verschiedene Kategorien mit eigenständigen Marken sind die Folge. Für jeden qualitativen Standard gibt es eine Marke. Kunden sollen so möglichst an die für sie vorgesehene Marke gebunden werden. Der Service und der Zimmerstandard ist dabei weltweit gleich.
Im Low-Budget-Segment ist eine weltweite Standardisierung des Angebots zu beobachten. So genannte Billig-Hotels bieten ihren Kunden ein einfaches, aber funktionales Zimmerangebot an. Notwendig für diese Politik sind eine konsequent betriebene Markenstrategie und eine flächendeckende Präsenz. Eine solche Strategie und ihr Erfolg begünstigt die Großen auf dem Hotelmarkt, die deshalb wohl weiter expandieren werden.[31]

Trotz dieser Entwicklungen halten sich die Experten zurück, wenn es um Aussagen zur Zukunft des Hotelbereichs geht. Zum einen wird angenommen, dass der Trend zur Globalisierung weiter anhält. Zugleich könnte sich aber ein Trend zur Entwicklung regionalspezifischer Beherbergungsbetriebe und -angebote ergeben. Eine Reihe von Experten glaubt an die Chance kleinerer Hotels vor allem in Europa. Hier könnten nationale Unterschiede ein starker Wettbewerbsfaktor für lokale und regionale Anbieter sein. Sollte sich diese Annahme bewahrheiten, dann dürfte sich der Markt, ähnlich wie bei den Luftfahrtgesellschaften, zu einem aufgespaltenen Gesamtmarkt entwickeln.[32]

---

[31]  Vgl. Deutscher Bundestag, 1999, S. 62-63.
[32]  Vgl. Freyer, 2000, S. 34-35.

*Ferienhotellerie*

Anfangs war die Kettenhotellerie in den Feriengebieten nur schwach vertreten. In den großen Feriendestinationen ist jedoch eine wachsende Bedeutung der Ketten und Kooperationen festzustellen. Diese Tendenz wird durch die Expansion veranstaltereigener Ketten verstärkt. So ist z.B. die zur *TUI* gehörende *Robinson Club GmbH* schon unter den 90 größten Hotelketten zu finden (nach Anzahl der Zimmer). Gegenwärtig boomen vor allem Angebotsformen der Ferienclubs. Die Reiseveranstalter nehmen vermehrt All-inclusive-Angebote in ihre Programme auf. In diesem Bereich bietet die *TUI* über 123 Anlagen an.[33]

*Gastgewerbe in Deutschland und Europa*

Innerhalb des Gastgewerbes unterscheidet die amtliche *Statistische Systematik der Wirtschaftszweige in der Europäischen Gemeinschaft (Nomenclature générale des activités économiques dans les Communautés européennes)* fünf Wirtschaftsgruppen:
1. Hotellerie: Hotels, Gasthöfe, Pensionen, Hotels Garnis.
2. Sonstige Beherbergungsbetriebe: Ferienhäuser, Ferienwohnungen, Erholungs-, Ferien- und Schulungsheime, Campingplätze und Jugendherbergen.
3. Speisegastronomie: Restaurants, Cafés, Eisdielen und Imbisshallen.
4. Sonstige Gaststättengewerbe: Schankwirtschaften (umgangssprachlich „Kneipen"), Bars, Diskotheken und Trinkhallen.
5. Kantinen und Caterer.

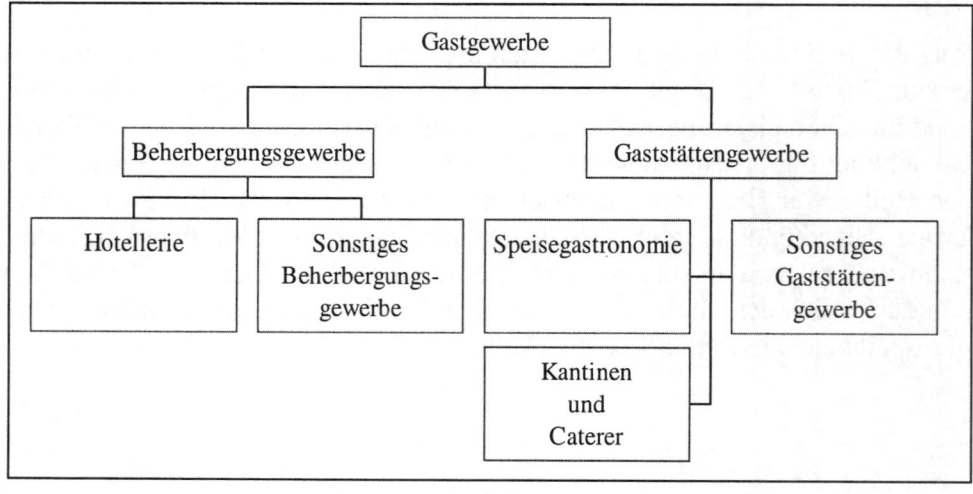

**Abbildung 31:**   Wirtschaftsgruppen des Gastgewerbes

---

[33]   Vgl. Deutscher Bundestag, 1999, S. 63.

Der Anteil des Gastgewerbes an den Umsätzen aller Unternehmen in Deutschland lag 1996 bei knapp 1,4 %. Aufgrund der recht hohen Personalintensität und des großen Anteils an Teilzeitbeschäftigten ist das Gewicht dieses Wirtschaftsbereichs bei der Beschäftigung mit 3,2 % wesentlich größer. Mehr als die Hälfte aller Erwerbstätigen in diesem Bereich sind Frauen.

Im Jahr 1998 gingen die Umsätze der Unternehmen im Gastgewerbe in Deutschland um 2,1 % gegenüber dem Vorjahr zurück. Bereinigt um die Preissteigerungen nahmen sie real um 3,5 % ab. Insgesamt verlief die wirtschaftliche Entwicklung des Gastgewerbes ungünstiger als die gesamtwirtschaftliche Entwicklung in Deutschland.

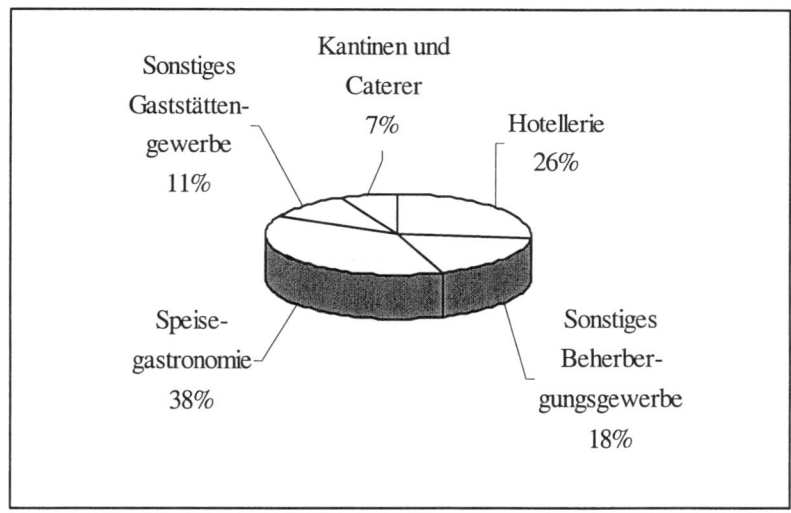

**Abbildung 32:**    Anteile der Wirtschaftsgruppen am Gastgewerbeumsatz[34]

Seit 1995 ist damit die konjunkturelle Entwicklung im Gastgewerbe nach unten gerichtet. Trotz temporärer Umsatzzuwächse erfüllten sich die Hoffnungen auf eine Trendumkehr nicht. Gleichwohl muss vermerkt werden, dass die Umsatzentwicklung in den einzelnen Teilbereichen durchaus unterschiedlich verlief. Kantinen und Caterer konnten wie schon 1977 ihren Umsatz entgegen der Gesamtentwicklung der Branche auch 1998 steigern. Dabei übertraf die Entwicklung bei den Caterern deutlich die bei den Kantinen. Allerdings musste das Gaststättengewerbe 1998 über dem Durchschnitt liegende Umsatzrückgänge hinnehmen. Schon in den Vorjahren deutete sich an, dass die privaten Haushalte in Zeiten knapper werdender finanzieller Mittel sich bei ihren Ausgaben für Gaststättenbesuche spürbar zurückhalten. Entgegen dem Branchentrend konnten auch

---

[34] A.a.O., S. 67.

die Selbstbedienungsrestaurants und die Fast-Food-Gastronomie ihre Umsätzen deutlich steigern (real um + 3,2 %). Ihr Anteil am Gesamtumsatz des Gastgewerbes erhöhte sich 1998 auf 6,6 %.[35]

Der deutsche Beherbergungsmarkt ist im Vergleich zum internationalen Markt, auf dem 70 bis 80 % der Bettenkapazitäten von Ketten bereitgestellt werden, noch von kleinen und mittleren Hotelbetrieben geprägt. So waren 1997 lediglich 4,5 % aller Hotelbetriebe Mitglied einer Kette bzw. werden 25 % aller Hotelbetten von Ketten angeboten. Gleichwohl sind auch in Deutschland Hotelketten und Kooperationen im Aufwind. Die Einzelhotellerie gerät offensichtlich langsam unter Druck. Auch scheinen sich die weltweit operierenden Hotelgesellschaften zunehmend für den deutschen Markt zu interessieren.[36]

Der Blick auf die Entwicklungen der Gästeübernachtungen weist für die neuen Bundesländer einen Anstieg der Übernachtungszahlen im Zeitraum von 1992 bis 1997 um über 70 % auf 46 Mio. aus. Im gleichen Zeitraum verringerten sich die Gästeübernachtungen im früheren Bundesgebiet um 9,6 % auf 241 Mio. Das Beherbergungsgewerbe in den neuen Ländern war in den zurückliegenden Jahren einem enormen Strukturwandel unterworfen. Die Übernachtungskapazitäten, insbesondere im Bereich der Hotellerie, wurden massiv ausgeweitet. Obwohl die Beherbergungsbetriebe in den neuen Ländern starke Zunahmen bei den Übernachtungen verzeichnen konnten, reichte das dennoch nicht aus, um dem noch stärkeren Anstieg der Übernachtungskapazitäten zu entsprechen. Die Folge ist ein kontinuierlicher Rückgang der Kapazitätsauslastung. 1997 lag sie für die neuen Länder und Berlin-Ost bei rund 30 %. Das frühere Bundesgebiet erreichte knapp 33 % Kapazitätsauslastung.
Was die Umsatzergebnisse anbelangt, hatten die Hotellerie und die sonstigen Beherbergungsbetriebe 1998 vergleichsweise geringe Umsatzeinbußen hinzunehmen. Einschränkend ist darauf hinzuweisen, dass diese Ergebnisse im Gegensatz zur Beherbergungsstatistik zu stehen scheinen, die für 1998 einen Zuwachs von 3,2 % bei den Übernachtungen ausweist. Die Hotels erzielen aber gegenwärtig weniger als die Hälfte ihres Umsatzes aus der Beherbergung, den größten Teil dagegen aus Restaurantleistungen. Die rückläufigen Bewegungen in diesem Bereich belasten denn auch die Umsatzentwicklung der Hotellerie. Die Statistik zeigt ebenfalls, dass größere Unternehmen eine deutlich bessere Umsatzentwicklung erzielen: Unternehmen mit mehr als 12,8 Mio. Euro Umsatz konnten ihre Ergebnisse 1998 steigern. Kleinere Unternehmen mit einem Jahresumsatz von bis zu 0,5 Mio. Euro mussten dagegen Einbußen von bis zu 5,5 % verkraften.[37]

---

[35]  Vgl. Statistisches Bundesamt, 1999, S. 66-69.
[36]  Vgl. Eurostat, 2000[2], S. 2.
[37]  Vgl. Statistisches Bundesamt, 1999, S. 64-70.

Auch in **Europa** insgesamt ist das Gastgewerbe immer noch von den kleinen und mittleren Betrieben dominiert. 1996 arbeiteten 6,5 Mio. Menschen in rund 1,4 Mio. Unternehmen des Gastgewerbes und erzielten einen Gesamtumsatz von ungefähr 280 Mrd. Euro. Damit sind etwa 7,7 % aller Unternehmen und 5,8 % aller Beschäftigten in der EU im Gastgewerbe tätig.

---

- 1998 wurden in der EU insgesamt rund 400 Mio. Ankünfte von Gästen in Hotels und ähnlichen Betrieben gezählt.
- Frankreich, Deutschland und Italien lagen dabei an erster Stelle.
- Nicht inländische Gäste waren in Hotels und ähnlichen Betrieben in Frankreich, Italien, Spanien und im Vereinigten Königreich am zahlreichsten.
- Die Zahl der Übernachtungen pro Einwohner in 1998 zeigt für Österreich mit rund 870 pro 100.000 Einwohner den höchsten Wert (Deutschland ca. 210 pro 100.000).

Quelle: Eurostat, 2000[2], S. 2

---

Die genauere Betrachtung des Sektors zeigt, dass Restaurants mit ihren Dienstleistungen in den EU am stärksten vertreten sind. Ihr Anteil beträgt zwischen 44 und 50 %. Hotels machen im Durchschnitt etwa sieben Prozent der Unternehmen dieses Sektors aus, während ihr Anteil an der Beschäftigung 23 % und am Umsatz 26 % beträgt. Im Bereich Hotel und Catering sind die Betriebe im Durchschnitt mit 11 bis 15 Beschäftigten größer als im übrigen Gastgewerbe. Restaurants und Gaststätten sind oft kleinere (Familien-) Betriebe mit einem bis neun Beschäftigten. Das Vereinigte Königreich nimmt in Europa eine Sonderrolle ein: Große Unternehmen beschäftigen hier etwa 42 % der Arbeitnehmer und erzielen 45 % des Umsatzes. Diese Zahlen sind im Wesentlichen auf die Rolle internationaler Hotelketten und Reiseveranstalter und eine Konzentration der wichtigsten Tourismusgebiete zurückzuführen. Aber auch in Finnland, Schweden und Frankreich ist die Rolle der großen Unternehmen nicht zu übersehen.

Zwischen 1994 und 1998 ging die Zahl der registrierten Hotels und ähnlicher Betriebe in der EU von 188.000 auf 185.000 leicht zurück. 1998 wurden ca. neun Mio. Betten bereitgehalten. Vier der 15 Mitgliedstaaten stehen dabei für mehr als 75 % der EU-Gesamtzahl: Vereinigtes Königreich 26 %, Deutschland 21 %, Italien 18 % und Frankreich elf Prozent. Der Trend zu weniger Hotels mit größeren Kapazitäten und zu stärkerer Konzentration bestätigt sich damit auch auf dem europäischen Hotelsektor. Der negative Trend (Zeitraum 1994 bis 1998) ist dabei vor allem auf rückläufige Zahlen in Spanien (- 25,1 %), aber auch in Italien und Österreich zurückzuführen.

Die Daten weisen allerdings auch auf unterschiedliche Marktphasen in Europas Gastgewerbe hin. In einigen Fällen findet eine Ausweitung durch neue Unternehmen statt, in anderen kam es zu Umstrukturierungen und zur Konzentration der vorhandenen Unternehmen. Offensichtlich werden in der Startphase touristischer Erschließung zunächst viele neue, kleine Unternehmen gegründet. In einer zweiten Phase nehmen dagegen die Zahl nationaler und internationaler Hotelketten sowie Fusionen, Übernahmen und somit Marktkonzentrationsprozesse zu.[38]

### 3.1.5 Globalisierung im Bereich der Destinationen

Ein relativ neues Feld ist die Frage touristischer Globalisierung im Bereich der Destinationen. Viele touristische Destinationen waren schon immer international ausgerichtet, andere sehen in diesem Bereich für sich einen erheblichen Handlungsbedarf. Sie bemühen sich um ausländische Gäste und verfügen zum Teil über ein weltweites Netz von Auslandsniederlassungen, die den Weltgast mit regional spezifischen (vgl. Destinationsmarken), gleichwohl aber auch am internationalen Standard orientierten Angeboten sowie mit intensiver Kommunikation umwerben. Viele Destinationen treten regelmäßig auf internationalen Tourismusmessen auf und präsentieren sich mit ihrem Leistungsangebot den Anbietern der Tourismuswirtschaft und Endkunden.

Die Destination als globales Angebotsprodukt ist gegenwärtig noch wenig untersucht. Jedoch sind mit dem Trend zur Standardisierung des regionalen Angebots bzw. der zunehmenden Internationalisierung typische Anzeichen für Globalisierungsprozesse zu erkennen.[39] Gleichwohl gibt es auch eine Reihe von touristisch attraktiven Regionen, die durchaus erfolgreich ihre Kunden z.B. vornehmlich im deutschsprachigen bzw. europäischen Raum sehen und um eine dementsprechende Positionierung bemüht sind. Globale Strategien gehören hier weniger zur Interessenssphäre. Insgesamt gilt aber, dass touristische Regionen bzw. Destinationen zunehmend als Wettbewerbseinheit verstanden werden müssen, die als Gesamtheit auf dem touristischen Markt agieren. Dabei ist es zunächst nicht von Bedeutung, ob nun eine eher internationale oder eher nationale Ausrichtung der Destination/Region intendiert ist. Spezifische Eigenschaften der Region wie z.B. ihr Landschaftsbild, soziokulturelle Eigenschaften sowie die Qualität der

---

[38]  Vgl. Eurostat, 2000[2], S. 2-4.
[39]  Vgl. Freyer, 2000, S. 39-40.

verfügbaren freizeittouristi schen Infrastruktur und das konkrete touristische Angebot begründen hier die Attraktivität für potenzielle Kunden. Um die Region/Destination als kohärentes und attraktives Urlaubsziel präsentieren zu können, sollten für die Zukunft neue Formen der Zusammenarbeit und der Kooperation zwischen den Anbietern touristischer Leistungen, den politischen Kräften, aber auch den relevanten gesellschaftlichen Gruppen erprobt werden.

# 4. Globale Umweltsituation

Globale Umweltgefährdungen wie der Treibhauseffekt, das Ozonloch, aber auch die Bodendegradation sowie der Verlust an Artenvielfalt sind integrale Bestandteile einer sich herausbildenden Weltrisikogemeinschaft geworden. Die globalen ökologischen Gefährdungen zeichnen sich dadurch aus, dass die durch sie hervorgerufenen Schäden weder örtlich noch zeitlich eingrenzbar sind, sich nicht präzise bestimmten Verursachern zuordnen lassen und oft irreparable Schädigungen verursachen. Ihre Folgen fallen auf Verursacher wie Betroffene zurück.

## 4.1 Grenzüberschreitungen als unmittelbare Gründe

Als unmittelbare Gründe für Umweltprobleme können die uneingeschränkte Nutzung der natürlichen Ressourcen und die Freisetzung schlecht abbaubarer Schadstoffe genannt werden, die die Grenzen dessen überschreiten, was Ökosysteme verkraften können. Zwar verfügen ökologische Systeme über eine gewisse Stabilität gegenüber äußeren Störfaktoren. Im Rahmen der systemeigenen Elastizität können diese über gewisse Zeiträume ertragen werden, ohne den Systemcharakter nachhaltig zu verändern. Bedingung ist allerdings, dass die Beanspruchung nicht über eine bestimmte Elastizitätsgrenze hinausgeht.
Belastungen können jedoch nicht nur ertragen, sondern auch durch systemimmanente Ausgleichsmechanismen abgebaut werden. Dabei spielt die so genannte biologische Selbstreinigung bei Regulationsprozessen in einem Ökosystem eine wichtige Rolle (darunter versteht man die Fähigkeit von Boden- und Gewässerorganismen, bestimmte organische Belastungen abzubauen). Eine andere Variante des Störungsausgleichs ist die Fähigkeit von Ökosystemen, sich selbst innerhalb eines bestimmten Zeitraumes zu reproduzieren. Auch die Aufnahme- oder Ablagerungskapazität bestimmter systemeigener Senken spielt eine gewichtige Rolle.
Inwieweit eine Einwirkung überhaupt zu Störungen eines Ökosystems führt, ist vor allem von deren Ausmaß und Dauer abhängig. Diese beiden Variablen sind auch relevant, wenn es um die Frage geht, ob ein beeinträchtigtes Ökosystem

durch Kräfte der Selbstregulation nach einer gewissen Zeit in einen Zustand zurückkehrt, der der Ausgangssituation ähnelt oder einen neuen Gleichgewichtszustand darstellt.[40]

Da Menschen konsumieren müssen, um zu überleben, bedeutet menschliche Existenz letztlich stetige Einflussnahme auf das Ökosystem Erde und seiner Quellen und Senken. Ob diese Einwirkungen zur Störung werden, ist davon abhängig, ob der Konsum innerhalb bestimmter Grenzen verbleibt. Tut er dies, entsteht so etwas wie ein Gleichgewicht zwischen dem Verbrauch von Naturgütern und den verschiedenen Kompensationsmöglichkeiten des Ökosystems. Grundsätzlich lässt sich davon das zwingende Gebot, menschliche Aktivitäten innerhalb der Tragfähigkeitsgrenzen der Ökosysteme zu halten, ableiten.

## 4.2   Globale Umweltprobleme

Zusammenfassend können die globalen Umweltprobleme wie folgt dargestellt werden:

* Die Menschheit produziert über die Anreicherung langlebiger Treibhausgase in der Atmosphäre einen sich mehr und mehr abzeichnenden Klimawandel. Problemverstärkende Rückkopplungsprozesse mit der ozeanischen Zirkulation und der Dynamik der polaren Eismassen, aber auch das langsame Auftauen der Permafrostböden sind zu befürchten. Eine Verschiebung der Klimazonen, Veränderungen der Vegetationsbedeckung und der landwirtschaftlichen Anbauzonen sind ebenso zu erwarten wie der Anstieg des Meeresspiegels oder Wetterextreme.

* Seit Ende der 70er Jahre wird über der Arktis eine sich jährlich wiederholende starke Abnahme des Ozons in der Stratosphäre beobachtet. Verursacht wird das Ozonloch durch die Emission ozonabbauender Gase wie FCKW. Inzwischen treten Ozonlöcher in der globalen Stratosphäre je nach Region und Jahreszeit verschieden auf. Eine Folge ist die Zunahme der UVB-Strahlung an der Erdoberfläche, die das Risiko von Hautkrebs, Grauem Star und anderen Erkrankungen deutlich erhöht.

* In vielen Ländern der Erde weisen die Böden mittlere bis schwere Schädigungen auf. Die Situation verschlechtert sich zusehends. Böden als Struktur- und Funktionselemente terrestrischer Ökosysteme zeichnen sich durch ihre Funktion als Lebensraum sowie als Regler von Stoffkreisläufen aus. Degradationen durch intensive Bodennutzung einer rasch wachsenden Bevölkerung, durch Oberflächenversiegelung oder durch toxische Stoffe gefährden diese

---

[40]   Vgl. Breidenbach, 2002, S. 47-52; vgl. Enquête-Kommission des Deutschen Bundestages „Vorsorge zum Schutz der Erdatmosphäre", 1994[2], S. 454-455.

wichtigen Funktionen. Bodendegradationen zerstören menschliche Lebensgrundlagen.

- Scheinbar ohne Unterlass finden auf großen Flächen der Erde Nutzungsände-
rungen statt. Durch die Abholzung der Wälder, die Umwandlung von Flächen
zu Weideland oder die Konversion in Flächen für Besiedlung, Verkehr, Wirtschaft und Tourismus verändern, fragmentieren oder zerstören Lebensräume,
gefährden die Stabilität der Ökosysteme und führen zum Verlust an Biodiversität.

- Auch die Ozeane erfüllen wichtige Funktionen und stellen eine bedeutende
Nahrungsquelle, aber auch eine wichtige Senke für anthropogene Abfälle dar.
Diese Funktionen der Weltmeere sind durch Übernutzung und durch Schad-
stoffbelastungen stark gefährdet. Insbesondere die Küstenregionen werden
durch Immissionen und direkte Einleitungen über die Flüsse mit Schadstoffen
belastet. Veränderungen der marinen Ökosysteme beeinträchtigen Menschen,
Tiere und Pflanzen gleichermaßen.

- Trinkwasser wird in den nächsten Jahren für eine wachsende Anzahl von
Ländern knapp werden. Infolge regionaler Übernutzung der Trinkwasservor-
räte durch Landwirtschaft, Industrialisierung und Verstädterung ist in diesen
Gebieten mit chronischer Trinkwasserknappheit zu rechnen. Befürchtet wird,
dass sich die bereits heute gegebenen ökonomischen, sozialen und politischen
Konflikte um die Ressource Wasser verschärfen.[41]

Durch die globalen Umweltveränderungen sind die Freizeitwirtschaft und der
Tourismus in ihren Entwicklungen unmittelbar betroffen. Grundlage für den Tourismus ist schließlich eine intakte ökologische, bauliche und soziale Umwelt. Ein
nicht gestörter Naturhaushalt, ansprechende Landschaftsbilder und eine artenrei-
che Flora und Fauna sind in vielen Ländern touristische Attraktionen, die Reisende aus aller Welt anziehen. Eben wegen dieser Naturschönheiten, wegen der
besonderen Landschaftsbilder, wählen sie ihr Reiseziel aus.
Weltweit sind jedoch intakte Ökosysteme und Landschaften zunehmend gefährdet. Dies ist zum einen eine Folge sich unabhängig vom Tourismus vollziehender
Prozesse. Zum anderen ergeben sich durch freizeittouristische Aktivitäten und
Entwicklungen erhebliche Umweltbeeinträchtigungen. Beeinträchtigungen freizeittouristischer Entfaltungsmöglichkeiten in den betroffenen Regionen sind die
Folge. Davon sind dann sowohl die Touristen als auch die heimische Bevölke-
rung betroffen. In Kapitel III wird diesem Sachverhalt und der Frage, was zur
Vermeidung bzw. Begrenzung freizeittouristischer Umweltbeeinträchtigungen
getan werden kann, nachgegangen.

---

[41] Vgl. Deutscher Bundestag, S. 20-21; vgl. Breidenbach, 2002, S. 63.

## 5. Informationsgesellschaft

Computertechnologie, Telekommunikation, Unterhaltungselektronik und audio-visuelle Medien haben die Heranbildung einer globalen Informationsgesellschaft ermöglicht. Informations- und Kommunikationstechnologien werden auch in Zukunft größere Innovationsschübe erfahren und gesellschaftliche Veränderungsprozesse in Gang setzen.

Der durch die modernen Informations- und Kommunikationstechnologien ausgelöste technologisch-wirtschaftliche Wandel stellt in seinem Ausmaß und seinen Folgewirkungen eine große Herausforderung dar. Information wird nicht nur zu einem zentralen Produktionsfaktor. Der rasche und weltweite Austausch von Informationen führt zu einem Abbau der raum-zeitlichen Beschränkungen und zum Teil zur Standortunabhängigkeit bei der Herstellung von Produkten bzw. Bereitstellung von Dienstleistungen in fast allen Wirtschaftsbereichen. Durch den Wandel zur Informationsgesellschaft werden neue Beschäftigungsstrukturen und Arbeitsformen in Industrie- und Dienstleistungsbereichen entstehen.[42]

Auch die Tourismusindustrie ist von diesen Entwicklungen erfasst. Information bildet hier einen strategischen Erfolgsfaktor. Dabei bildet die Qualität der Informationen die Grundlage für die Beziehungen und das Austauschverhältnis zwischen Anbietern und Kunden. Nur eine weltweit organisierte informationstechnologische Infrastruktur wird den Informationsbedarf der Touristen quantitativ und qualitativ befriedigen. Letztlich müssen die relevanten Informationen zu jeder Zeit, möglichst an jedem Ort, verfügbar sein.

Aber auch unternehmensseitig werden Informationen benötigt, die zum einen Kundenwünsche betreffen und zum anderen die Bedingungen des Marktes wiedergeben. Moderne Informations- und Kommunikationssysteme können helfen, den Informationsfluss, die Koordination und Kooperation zwischen den touristischen Marktteilnehmern zu verbessern. Dabei können Potenziale zur Senkung der Transaktionskosten sowie zur Effizienzsteigerung und Flexibilisierung innerhalb der touristischen Organisations- und Marketingstrukturen erschlossen werden.

Die Tourismusbranche hat vergleichsweise relativ früh auf moderne Informations- und Kommunikationstechnologie gesetzt. Dies gilt insbesondere im Bereich der Reservierungs- und Buchungssysteme sowie der allgemeinen Organisation und Administration von Reiseaktivitäten.

---

[42] Vgl. Deutscher Bundestag, 1999, S. 21-22.

## 5.1  Direktmarketing und Direktvertrieb durch die Leistungsanbieter

Die durch das Internet entstandene flächendeckende, offene und kostengünstige Kommunikationsinfrastruktur ermöglicht mittlerweile neue Formen der Kontaktanbahnung, der Information und des elektronischen Handels. So kann und wird das World Wide Web heute nicht nur für ein zielgerechtes (Direkt-) Marketing, sondern auch als Distributionskanal genutzt. Insofern Leistungen direkt reserviert bzw. gebucht werden können, werden klassische Distributionswege reduziert und eine große Anzahl von Kunden direkt erreicht. Damit ermöglicht die Integration kommerzieller Datennetze und Online-Computersysteme in das Vertriebsnetz der Leistungsträger und Veranstalter den Direktvertrieb touristischer Produkte.
Mehrwertdienste (z.B. Call Center) erweitern die Möglichkeiten des Direktvertriebs und ermöglichen neue Serviceleistungen wie z.B. kontinuierliche, personalisierte Versorgung mit Informationen oder Erreichbarkeit rund um die Uhr. Umfassende, zeit- und ortsunabhängige Informationsbereitstellung sowie andere Zusatzleistungen verbessern die Nähe zum Endkunden, ermöglichen Zusatzleistungen und stärken damit die Kundenbindung.

- Bis Ende 2001 verfügten schätzungsweise 497,7 Mio. Menschen über einen Internetzugang, 29,8 % davon in Westeuropa, 29,2 in den USA und 28,5 % in der asiatisch-pazifischen Region.
  Im zweiten Quartal 2001 hatte knapp die Hälfte aller Deutschen (48,7 %) Zugang zum Internet. Von diesen rund 34 Mio. Menschen gaben 72 % an, das Internet in den letzten 30 Tagen genutzt zu haben. 19,5 Mio. Personen hatten einen privaten Zugang zum Internet (= 56,7 % der Internet-Nutzer).
- Die Altersstruktur im deutschsprachigen Internet zeigt, dass 14,3 % der Nutzer 50 Jahre und älter, 50,9 % zwischen 39 und 48 Jahren, 26,9 % zwischen 20 und 29 Jahren sowie 7,9 % 19 Jahre und jünger sind.
- In ihrem täglichen Leben wollen 42 % der Internet-Nutzer keinesfalls auf dieses Medium verzichten. Für 17,6 % spielt das Internet nur gelegentlich eine Rolle. Rund 80 % nutzen das Internet zum Abruf aktueller Informationen, 66,2 % sehen darin vorwiegend ein Unterhaltungsmedium. Online-Shopping sowie Online-Banking nutzen 29 % und über 60 % suchen qualitativ hochwertige Informationen zu Produkt- und Dienstleistungsangeboten. 44 % nutzen das Internet, um sich über Reisen und Angebote der Tourismusbranche zu informieren.
- Das durchschnittliche Alter von Online-Shop-Besuchern in Deutschland liegt bei 35,2 Jahren. Drei von zehn Besuchern dieser Shops sind Frauen. Rund 64 % der Online-Shopper nutzen Suchmaschinen, um das gewünschte Produkt zu finden.

Quellen:   Nielsen Netratings, 2000; Forrester Research, 2001; GfK-AG, 2001; Fietkau & Maas, 2001.

Das Internet bietet den Nutzern die Möglichkeit, verteilte Informationen zu sammeln und zu verknüpfen. Einen Überblick über sämtliche Informationen, Produkte und Dienstleistungen ermöglichen so genannte Elektronische Marktplätze. Für den Kunden werden hier die relevanten Informationen bereitgehalten, die dieser zum Vergleich der freizeittouristischen Leistungsangebote benötigt. Zugleich können Leistungen verschiedener Leistungsträger miteinander kombiniert werden. Aus Sicht der Anbieter können auf diesen Plattformen Einzelleistungen zu einem Leistungspaket zusammengefügt werden. Auch für kleinere und mittlere Unternehmen ist die Anbindung an einen Elektronischen Marktplatz interessant. Sie können ihre Leistungen hier einer größeren Öffentlichkeit anbieten und damit ihre Marktpräsenz verbessern.[43]

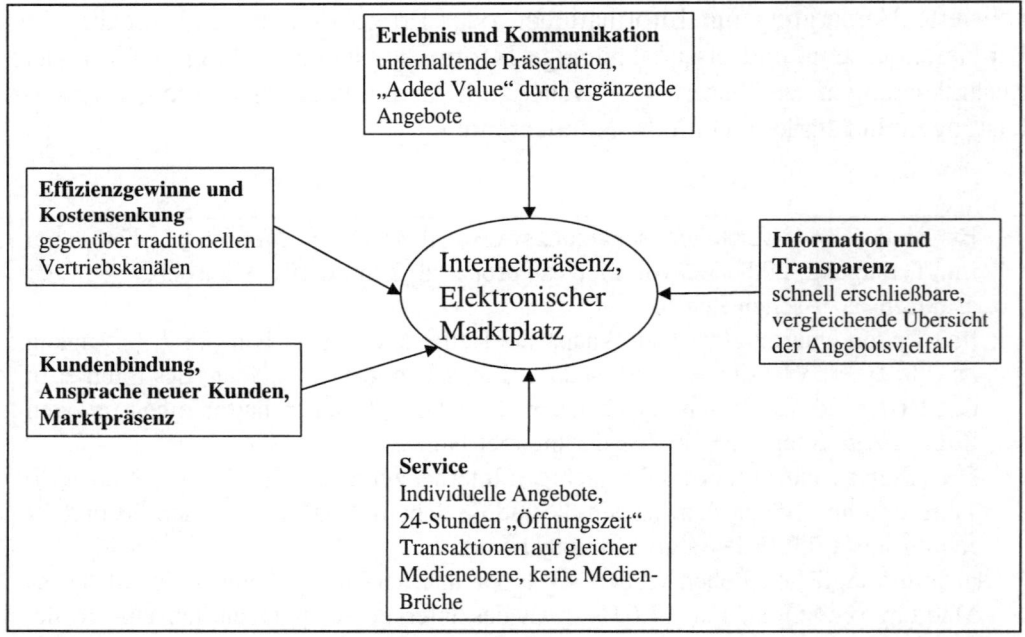

**Abbildung 33:**   Vorzüge und Möglichkeiten von Elektronischen Marktplätzen und Internetpräsenzen

Die Anbindung an ein Reservierungssystem und die eigene Internetpräsenz bringen jedoch Eintritts- bzw. Präsenzkosten mit sich. Hinzu kommen die Kosten für eine angemessene Hardware-Ausstattung und ggf. die Schulung von geeignetem Betreuungspersonal. Eine Internetpräsenz muss ständig gepflegt und aktuell gehalten werden, was mitunter sehr aufwändig sein kann. Für kleinere Unternehmen könnte sich der Aufwand als problematisch erweisen. Hier bieten sich

---

[43]   A.a.O., S. 69-84.

Kooperationslösungen an, in denen sich z.B. die Unternehmen einer Region mit ihrem Leistungsspektrum gemeinsam präsentieren. Auch bieten sich eine Zusammenarbeit mit branchenfremden Unternehmen an, um einen gemeinsamen elektronischen Marktplatz zu erstellen und zu betreiben. Ergänzende Angaben über die Zielregion wie z.B. über kulturhistorische Sehenswürdigkeiten, Öffnungszeiten und Veranstaltungen oder zu landschaftlichen Gegebenheiten kommen dem Kundeninteresse entgegen und helfen den Attraktivitätswert des Gesamtangebots zu verbessern.

Die Konsequenz aus der wachsenden Verbreitung von Onlinepräsenzen und Onlineangeboten ist, dass ein touristisches Angebot, das nicht über das Internet verfügbar ist bzw. dort angeboten wird, nur unzureichend sichtbar und präsent ist. Daher wird die Präsenz im World Wide Web für touristische Anbieter immer wichtiger. Übrigens wollen die Internet-Nutzer weder durch grafisch überfrachtete Seiten unterhalten werden, noch zeitraubende Animationen (z.B. Flash-Intros) über sich ergehen lassen. Undurchschaubare Navigationsprinzipien verlängern die Suche nach gewünschten Produkten und führen eher zum Verlassen der Website. Gleiches gilt im Falle von Funktionsstörungen der Shop-Funktionalitäten.
Zugleich bietet die im Internet bereitgestellte Information dem Kunden eine bisher nicht dagewesene Angebotstransparenz und Vergleichbarkeit (Qualitäts- und Preisvergleiche), was letztlich den Wettbewerb in der Branche verschärfen wird. Insofern das Internet als Angebots- und Vertriebsplattform genutzt wird, müssen die Reiseveranstalter bzw. touristischen Leistungsträger nicht mehr die Vermittlungstätigkeit z.B. des Reisebüros in Anspruch nehmen. Für die Reisebüros bedeutet dies einen geringeren Anteil am Buchungsgeschäft. Hinzu kommt verstärkt die Konkurrenz virtueller Reiseagenturen, deren Angebote sich nicht auf Internetdienste beschränken. Dem Kunden wird auch während der Reise professionelle Unterstützung z.B. mittels Call Center gewährt. Bislang sind diese Agenturen vornehmlich auf dem US-amerikanischen Markt aktiv. An einer Expansion auf den großen Reisemarkt Europa wird jedoch gearbeitet.

Allerdings sollten die Möglichkeiten des onlinebasierten Direktmarketings und des Direktvertriebs nicht überschätzt werden. So ist die Neigung deutscher Internetnutzer, bei virtuellen Reiseagenturen Buchungen online zu tätigen, bisher eher gering ausgeprägt. Außerdem gibt es nach wie vor kundenseitig Zweifel an der Sicherheit finanzieller Transaktionen im Internet. Bei exklusiven und imagebeladenen Dienstleistungen nehmen sich die Kunden Zeit für die Produktauswahl – offensichtlich ist der Erlebniswert eines Bummels durch die Reisebüros höher als der einer Internet-Session. Gleichzeitig sind sich viele Kunden unsicher, was die Qualität der Leistungen anbelangt, die im Internet angeboten werden, zumal Rückfragemöglichkeiten eher begrenzt sind. Eine Ausnahme mögen hier die

Online-Angebote der großen Reiseveranstalter sein, bei denen man bereits kon-
ventionell gebucht und deren Qualität sowie Reklamationsmanagement für den
Fall der Fälle hinreichend bekannt ist. Und schließlich bleibt in Bezug auf die
kleineren Anbieter der Zweifel, „ob die überhaupt das zustande bringen, was da
angeboten wird". Das Internet wird daher gegenwärtig noch in erster Linie für die
eigene Recherche oder als Informationsquelle für Serviceleistungen der Reisemittler genutzt.

---

- In Deutschland verfügen 89 % aller kleinen und mittleren Betriebe über einen
  Internetzugang. Über 62 % haben eine eigene Internet-Präsenz aufgebaut (USA:
  54 %). Als Gründe, online zu gehen, werden genannt: Erweiterung des Marktes
  für existierende Produkte (34 %), Erschließung neuer Geschäftsmöglichkeiten und
  Märkte (28 %), Reaktion auf Nachfragen der Kunden (26 %), Konkurrenten sind
  bereits online (22 %).
- Dem Business-to-Consumer-Geschäft (B2C) wird ein Anteil am gesamten eBusi-
  ness-Umsatzvolumen von ca. 10-20 % eingeräumt. Der Umsatzschwerpunkt liegt
  damit im Business-to-Business-Bereich (B2B). Für 2002 wird im B2C-
  eCommerce ein Umsatz in Höhe von 167 Mrd. US-Dollar erwartet.
  33 % der europäischen eConsumer nutzen dabei Dienstleistungen rings um die
  Reisebranche. In Deutschland waren dies bisher 29 %.
- Barrieren für den Online-Vertrieb sehen deutsche Unternehmen vor allem in der
  Frage des kundenseitigen Vertrauens (30,8 ), in der Notwendigkeit einer Anpassung der Unternehmenskultur (30 %) oder in Schwierigkeiten, geeignete Mitarbeiterinnen und Mitarbeiter zu finden.

Quellen:   Nielsen Netratings, 2000; Forrester Research, 2001; GfK-AG, 2001; Fietkau &
           Maas, 2001.

---

Vor einer Unterschätzung des Mediums Internet sei aber ebenfalls gewarnt.
Selbst klassische Inlandsangebote wie Urlaub auf dem Bauernhof werden erfolgreich via Internet erkundet und dann der Kontakt z.B. über das Telefon direkt
zum Anbieter hergestellt.
Angesichts der Informationsfülle und der Produktvielfalt wird für den Konsumenten der Selektions- und Informationsbedarf erheblich zunehmen. Aussage-
fähige und hinreichend transparente Angebote werden hier die Nase vorn haben.
Gegenwärtig befindet sich der Einsatz des Internets noch in einem Anfangs-
stadium. Die Mehrzahl der touristischen Anbieter ist, wenn überhaupt, meist nur
mit einer Selbstdarstellung im Internet vertreten. Dies gilt insbesondere für kleinere und mittlere Unternehmen. Der Großteil der Geschäftskommunikation wird
weiterhin über die klassischen Medien Telefon und Telefax abgewickelt. Die
großen Anbieter sind hier schon um Längen voraus.

# Kapitel III:  Nutzeneffekte und Kritik freizeittouristischer Entwicklungen, Freizeit- und Tourismuspolitik

## 1. Nutzeneffekte und Tourismuskritik

Wer sich mit dem Phänomen des Massentourismus auseinander setzt, wird zwangsläufig mit dessen positiven Wirkungen und Chancen, aber auch mit den damit verbundenen Problemen konfrontiert. Was aber konkret als positiv und was als belastend oder negativ einzustufen ist, ist nicht nur eine Frage der Perspektive und der Wertmaßstäbe, die für eine Beurteilung zugrunde gelegt werden. Auch der spezifische ökonomische, soziokulturelle und ökologische Kontext, in dem sich Tourismus ereignet, ist hier von Bedeutung. Aus diesem Kontext können sich z.B. Verschiebungen in der Gewichtung einzelner Beurteilungsfaktoren ergeben.

Seit es Tourismus gibt, wird dieser mitunter verachtender Kritik unterworfen. Manche werden nicht müde, sich über die „glotzenden Tölpel" zu amüsieren, die alles fotografieren, um sich damit den observierten Gegenstand quasi anzueignen, verfügbar zu machen. Natürlich ist man selbst Reisender – Touristen sind immer die anderen. Mag sich der Tourismuskritiker im Urlaub noch so einheimisch geben, für die Einheimischen ist auch er ein Tourist. Ebenso relativ ist die Unterscheidung zwischen Individualreisendem und Massentouristen. Auch Individualreisende sind Teil der Massenveranstaltung, die sich Tourismus nennt. Allenfalls ist der Einzelreisende die Vorhut der Heerscharen, die dann unweigerlich nachfolgen.[1] Wenig hilfreich sind auch die Aussagen der traditionellen Tourismuskritik, die davon ausgehen, dass Tourismus die Reiseländer ausbeutet, ihre sozialen und kulturellen Traditionen zerstört oder die natürlichen Lebensgrundlagen massiv beeinträchtigt. Hilfreicher sind dagegen Fragen nach Nutzeneffekten und Problemen, wenn es darum geht, das Phänomen Massentourismus angemessen zu würdigen. In kritisch-konstruktiver, vor allem aber sachkundiger Weise sind dann positive wie negative Wirkungen in ökologischer, sozialgesellschaftlicher und ökonomischer Hinsicht gegeneinander abzuwägen. Pauschale Tourismuskritik trägt dagegen zu oft den Beigeschmack von Kulturpessimismus und Wohlstandskritik. Erscheinungen des Massentourismus sollen dann allgemeine gesellschaftliche Probleme veranschaulichen.

Tourismus an sich ist ganz offensichtlich weder ein Heilsbringer noch ein zerstörender Faktor. Wesentlich für die Abschätzung seiner positiven wie negativen Wirkungen scheint dagegen zu sein, wie er geplant, organisiert und durchgeführt wird. So muss Massentourismus nicht zwangsläufig selbstzerstörerische Tenden-

---

[1]  Vgl. Opaschowski, 2001, S. 22-24.

zen in sich tragen. Dem harten, rücksichtslosen Tourismus steht eine andere Seite gegenüber, die die Stabilität der Ökosysteme bewahren und zum Erhalt des Landschaftsbildes erheblich beitragen kann. Tourismus kann zu einer Aufwertung des nationales Kulturerbes führen und den Abriss baufälliger Denkmäler verhindern. In diesen Fällen wird die Chance genutzt, touristische Interessen mit denen des Naturschutzes und der Landeskultur zu verbinden. Maßnahmen wie Raumordnung, Besucherlenkung oder Kanalisierung der Reiseströme mindern überdies Interessen- und Nutzungskonflikte. Qualifizierte Arbeitsplätze im Tourismus bieten materielle Sicherheit und auch soziale Stabilität. Natürlich bieten sie keine Gewähr für persönliches Glück oder soziales Wohlbefinden. Tourismus bietet dann aber Spielräume, um Fehlentwicklungen zu vermeiden und Entwicklungen zielgerichtet voranzutreiben, vorausgesetzt, man akzeptiert Veränderungen überhaupt. Tourismus ist gleichermaßen relevanter Sozial- und Kulturfaktor sowie Umwelt- und Wirtschaftsfaktor. Er ist in der Gesamtheit seiner Wirkungen zu untersuchen und zu bewerten und auf seine Zielsetzungen hin zu hinterfragen. Mehr Lebensqualität im Ferienort, für die Ortsansässigen genauso wie die Urlaubsgäste, könnte hierfür eine erste geeignete handlungspraktische Messlatte sein.

## 1.1 Tourismus und Umwelt

Angesichts der mitunter extrem hohen Bevölkerungsdichte in den Tourismuszentren, insbesondere in Zeiten der touristischen Hauptsaison, sind viele lokale Ver- und Entsorgungssysteme, soweit überhaupt vorhanden, überlastet. Fast zwangsläufig ergeben sich dann erhebliche Belastungen der Umwelt, wobei insbesondere die Spitzenbelastungen problematisch sind. Es sind aber nicht nur Massierungserscheinungen, sondern auch eine nicht ressourcengerechte Art der Beanspruchung, die zu Beeinträchtigungen des Naturhaushalts führen. Abhängig ist der Grad der Umweltbelastung vor allem von der Intensität des Eingriffes, der ökologischen Sensibilität des Raumes und den dort bereits vorhandenen Belastungen.

Eine wichtige Einflussgröße bilden durch freizeittouristische Modetrends beeinflusste Einstellungen der Gäste, die ihr Verhalten bestimmen. Wenn in Zukunft „schöne Ferien in intakter Natur" sichergestellt werden sollen, wird zum einen grundsätzlich über eine pflegliche und sachgerechte Nutzung der natürlichen Lebensgrundlagen, aber auch über das Verhalten von Anbietern und Urlaubern zu reden sein. Letztere müssten z.B. motiviert und in die Lage versetzt werden, sich umweltverträglich zu verhalten. Persönlicher Verzicht, Nachteile und Unbequemlichkeiten müssten in Kauf genommen werden. Doch ist die Feststellung „Urlaubsverhalten = Umweltrisiko" den meisten Touristen nicht angenehm.

Geradezu trotzig ist die Ablehnung vieler Urlauber, wenn es umweltbedingte Einschränkungen der persönlichen Freiheit geht (z.B. Fahr- oder Zutrittsverbote in Naturschutzgebieten).

**Tabelle 16:** Umweltbeeinträchtigungen durch der Tourismus[2]

| Touristische Leistungen | Wesentliche Umweltauswirkungen |
|---|---|
| Transport | Lärmbelästigung, Luftverschmutzung, Störung des Gewässerhaushalts durch Flächenversiegelung, Vegetationsschäden, Artengefährdung, Störung des Landschaftsbildes |
| Beherbergung | Flächenverbrauch und ggf. Störung des Landschaftsbildes, Störung des Gewässerhaushaltes durch Flächenversiegelung, Gewässerbelastung |
| Verpflegung | Flächenverbrauch und ggf. Störung des Landschaftsbildes, Störung des Gewässerhaushalts durch Flächenversiegelung, Gewässer- und Luftbelastungen bei der Nahrungsmittelerzeugung bzw. -verarbeitung |
| Freizeittouristische Infrastruktur und Veranstaltungen (Sportanlagen, Freizeitparks, Bäder, Museen etc.) | Flächenverbrauch und ggf. Störung des Landschaftsbildes, Störung des Gewässerhaushalts durch Flächenversiegelung, Gewässerbelastung, Luftbelastung, Bodenerosion, Lärmbelästigungen, Artengefährdung |

Bei der Frage nach freizeittouristischen Umweltauswirkungen ist aber auch stets zu bedenken, dass menschliche Bedürfnisse, menschliche Wirtschafts- und Lebensweisen generell den Hintergrund für die Umweltproblematik bilden. Bevölkerungswachstum, Industrialisierung oder Verstädterung sind z.B. Prozesse, die sich unabhängig vom Tourismus vollziehen und in ihrer Folge zu steigenden Belastungen und wachsendem Verbrauch knapper Umweltgüter führen. Es ist daher nicht der Tourismus als Erscheinungsform an sich, der als ursächlich für Umweltprobleme angenommen werden kann. Gleichwohl lassen sich spezifische Beiträge des Tourismus am komplexen Phänomen Umweltproblem ausmachen, wie im Folgenden zu sehen sein wird. Für die durch touristische Nutzung hervorgerufenen Umweltbeeinträchtigungen gilt, dass sie sich in der Regel in einem langfristigen, schleichenden Prozess vollziehen.

---

[2] In Anhalt an Kahlenborn/Kraack/Carius, 1999, S. 2.

## 1.1.1   Abfall

Die Menge des anfallenden Abfalls sowie dessen fachgerechte Beseitigung bereiten im Tourismus vielfach Probleme. Bevor das Umweltproblem „freizeittouristischer Abfall" dargestellt wird, sei darauf hingewiesen, dass in den seltensten Fällen präzise aufbereitete Daten über Art und Umfang der anfallenden Abfallmengen im Tourismus verfügbar sind. Vereinzelt liegen Daten auf betrieblicher Ebene (z.B. Hotelbetrieb) vor, die aber nicht zwischen den Bereichen der Freizeitwirtschaft oder anderen Dienstleistungen, z.B. im Rahmen des Geschäftsreiseverkehrs, differenzieren.

Fragt man die Praktiker in den freizeittouristischen Einrichtungen, so entstehen die größten Probleme durch die zeitlichen Schwankungen des Abfallaufkommens. Die hohe Tourismusintensität in Saisonspitzen bei gleichzeitig hoher Zahl an Tagesbesuchern erfordert z.B. eine größere Dimensionierung bzw. die Einrichtung eigener Abfallbeseitigungsanlagen, die jedoch nur für einen relativ kurzen Zeitraum in dieser Kapazität erforderlich sind. Anzuführen sind aber auch ästhetische und ökologische Beeinträchtigungen der Vegetation und Gefährdungen der Wild- und Weidetiere durch liegen gebliebene bzw. nicht ordnungsgemäß entsorgte Abfälle.

## 1.1.2   Beeinträchtigungen des Landschaftsbildes, Landschaftsverbrauch, Luftverschmutzung, Lärmbelästigung

Ein weiteres freizeittouristisches Umweltproblem ist die Beeinträchtigung des Landschaftsbildes. Eine Landschaft und ihr Landschaftsbild werden zum einen geprägt durch die Oberflächenform, Gewässer, Vegetation, Boden, Wald, Tierwelt und Ortsbild. Zum anderen ergeben sich relevante Einflüsse durch die vorherrschende Wirtschafts- und Siedlungsform. Tourismus verändert Landschaft und ist zugleich von Landschaftsveränderungen betroffen. So wird eine Verminderung des ästhetischen Wertes einer Landschaft in den meisten Fällen wohl auch eine Veränderung der Gästestruktur nach sich ziehen.
Natürlich unterliegt des Landschaftsbild kontinuierlichen Veränderungsprozessen und wird zudem subjektiv nach unterschiedlichen Gewichtungsprofilen und Wahrnehmungen eingestuft, wobei die Anforderungen, Erwartungen und der Zweck der Nutzung für die Beurteilung maßgeblich sind. Trotz aller Subjektivität lassen sich dennoch freizeittouristische Beeinträchtigungen der Landschaft belegen.

Die größten Beeinträchtigungen des Landschaftsbildes entstehen wohl durch den Pkw-Verkehr. So entfallen auf den Freizeit- und Urlaubsverkehr bereits heute ca.

50 % der zurückgelegten Personenkilometer und knapp 40 % aller Wege. Allein in Deutschland werden über zwei Milliarden Tagesausflüge pro Jahr unternommen. Die durchschnittliche Ausflugsdauer liegt dabei bei acht Stunden und 70 km Ausflugsentfernung (einfache Strecke), wobei zwei Drittel der Tagesausflügler das Auto als Verkehrsmittel benutzen. „Einfach zu unbequem" gilt als Hauptargument dafür, warum Tagesausflügler öffentliche Verkehrsmittel kaum oder gar nicht nutzen. Mit dem Snowboard in die U-Bahn oder den Bus ? Mit Gepäck und Sportausrüstung bei Benutzung der Bahn umsteigen ? Die Wahl fällt da schnell auf das Auto. Auch bei den Kurzreisen (zwei bis vier Tage) dominiert das Auto als Verkehrsmittel: rund zwei Drittel der Kurzreisenden sind mit dem Pkw unterwegs. Allerdings stellen Bus und Bahn insbesondere bei den Städte-, Event- und Kulturreisen durchaus eine realistische Alternative zum Auto dar. Die zentrale Lage und die gute Erreichbarkeit der Bahnhöfe regen offensichtlich doch dazu an, im Kurzurlaub den gelegentlichen Umstieg vom Auto auf die Bahn zu wagen. Bei den Urlaubsreisen wird neben dem Auto das Flugzeug als Reisemittel immer wichtiger. Über ein Viertel aller Urlauber (26 %) haben auf ihrer letzten Urlaubsreise einen Charterflug oder einen Linienflug unternommen.

Diese freizeittouristische Massenmobilität, die Absicht, schnell, bequem und möglichst preiswert, sicher und komfortabel an das Ziel zu gelangen, verlangt nach einer entsprechend leistungsfähigen Verkehrsinfrastruktur. Die Anlage dafür benötigter Strassen sowie Einrichtungen des ruhenden Verkehrs beeinträchtigen nicht nur das Landschaftsbild, sie führen darüber hinaus zu einem erheblichen Landschaftsverbrauch. Hinzu kommen erhebliche Verschmutzungen der Luft bzw. Lärmbelästigungen. Einer Untersuchung zufolge reicht die Abgasfahne vielbefahrener Strecken bis zu zwölf km ins Hinterland.[3] Der durch freizeittouristische Mobilität gesteigerte Verbrauch fossiler Energieträger trägt zudem zu einer Verschärfung des Treibhauseffekts bei.

Beeinträchtigungen des Landschaftsbildes bzw. der Flächenverbrauch ergeben sich auch aus dem Bau ortsfester Freizeitanlagen. Skipisten, Lifte und Seilbahnen, Golfplätze, Schiffsanlegestellen usw. sind hier als Beispiele zu nennen. Besonders landschaftszerstörend wirken jedoch touristische Reißbrettsiedlungen aus der Retorte. Hierzu gehören neben den Feriensiedlungen die oft riesigen Hotelkomplexe. Landschaftszersiedelung, Übererschließungen und gravierende Störungen des Landschaftsbildes bedrohen dann den gesamten Erholungsraum.

---

[3] Vgl. Opaschowski, 2001, S. 49-54.

## 1.1.3   Störung der Ökosysteme

Selbst auf den ersten Blick unbedenklich wirkende Sport- und Freizeitaktivitäten wie Wandern oder Bergsteigen zeigen negative Umweltauswirkungen. Die durch die große Zahl an Wanderern und Bergsteigern hervorgerufenen Trittschäden führen besonders in alpinen Regionen zu teilweise irreversiblen Schäden an der Vegetation und am Boden. Aber auch Wassersport und Tauchsport gefährden wichtige Meeresökosysteme wie z.B. Korallenriffe oder beeinträchtigen den Lebensbereich der Fische und Wasservögel. Ebenso können Brut- und Fischlaichplätze verloren gehen.

Überhaupt können mit dem Trend zu natursportlichen Freizeitaktivitäten erhebliche Belastungen der Ökosysteme einhergehen. Dabei sind gerade für die Natursportarten Trekking, Klettern, Skifahren oder Rafting die ökologisch sensiblen Gebiete wie Hochgebirge, Gletscher, Felsen, Seen und naturnahe Wasserläufe besonders attraktiv. Neuartige Geräte und Materialien ermöglichen inzwischen die zeitliche und räumliche Ausdehnung dieser Aktivitäten auch in Bereiche, die früher nicht zugänglich waren. Rückzugsgebiete und Ruhegebiete für Flora und Fauna werden dadurch drastisch reduziert, ein irreversibler Verlust an Biotopen und Biodiversität sind vielfach die Folgen.

Nach Angaben der Bundesforschungsanstalt für Naturschutz und Landschaftsökologie sind Tourismus und Erholung der drittgrößte Verursacherbereich für das Artensterben in der Bundesrepublik. Vielfach herrscht daher ein echter Interessenkonflikt zwischen der Bewahrung der natürlichen Ressourcen und Ökosysteme unter völligem Ausschluss der Öffentlichkeit und dem gestiegenen Bedürfnis nach Naturerlebnis.

## 1.1.4   Bodenschäden und Störungen des Wasserhaushalts

Die zunehmende Bodenverschlechterung aufgrund freizeittouristischer Nutzung vermindert das Wasserspeichervermögen, wodurch der Wasserhaushalt und das Trinkwasserangebot sowie die hydrogeologische Bodenstabilität negativ beeinflusst werden. Rutschungen, Muren, Erosionsschäden und Hochwasser können die Folgen sein. Urlaubssaisonspitzen mit gleichzeitig hohem Aufkommen an Tagesbesuchern führen zu einem temporär stark erhöhten Wasserverbrauch. Schon heute sind Versorgungsengpässe vor allem in ariden und semiariden Gebieten, in Küstenzonen und auf kleineren Inseln spürbar. Verschärft wird diese Problematik dadurch, dass die Hauptsaison mit den Verbrauchsspitzen häufig in die niederschlagsarme Zeit fällt.

Der hohe freizeittouristische Wasserkonsum erfordert eine größere Dimensionierung bzw. die Errichtung eigener Abwasserbeseitigungsanlagen, deren Kapazität jedoch nur während weniger Wochen im Jahr beansprucht wird.

### 1.1.5 Folgen

Zu den aufgrund intensiver freizeittouristischer Nutzung auftretenden Umwelt-
problemen gesellen sich schon bald ernsthafte ökonomische und sozialgesellschaftliche Folgen. Touristen beklagen die Verbetonierung der Strände, zurück-
gehende Wildbestände, verschmutzte Badegewässer und Strände, fehlende
Ursprünglichkeit und wenden sich neuen Urlaubsgebieten zu. So wollen rund
40 % der Befragten ihr Urlaubsziel zukünftig nach Kriterien der Naturschönheit
und der sauberen Landschaft auswählen. 27 % suchen das intensive Naturerlebnis, also Natur pur in möglichst unberührter Landschaft. Rund 77 % der Reisenden meiden bei ihrer Urlaubsplanung verbaute Landschaften, verschmutzte
Strände oder Gegenden mit anderen ökologischen Problemen. Dass sie dabei Teil
des Problemkomplexes Tourismus und Umwelt sind, ist dabei keineswegs jedem
bewusst.[4] In den verlassenen Urlaubsgebieten entstehen gravierende ökonomische Einbußen und eine massive Schwächung der regionalen Wirtschaftskraft.
Der Verlust an Arbeitsplätzen und Einkommensmöglichkeiten verschlechtert die
Lebensbedingungen der Einheimischen, die schon unter den tourismusinduzierten
Umweltschäden zu leiden haben.

Intakte Natur, Ruhe und gute Luft sind im Tourismus relevante Wettbewerbsfaktoren, die es zu erhalten gilt. Sie bilden mehr denn je wichtige Merkmale eines
qualitätsorientierten Tourismus. Nicht zuletzt wegen der Verwiesenheit auf intakte Ökosysteme und ansprechende Landschaften kann im Tourismus, wenn er
denn richtig organisiert und gesteuert wird, eine potenzielle naturschützende
Eigenschaft liegen. So können bestimmte Formen eines naturverträglichen Tourismus neben freizeittouristischen Interessen und Bedürfnislagen auch ökologischen Erfordernissen gerecht werden. Insofern Tourismus Arbeitsplätze und Einkommensmöglichkeiten für die einheimische Bevölkerung bietet, entlastet dies
mitunter sogar die Umwelt: wesentlich umweltbelastendere Landnutzungsformen
können dann ggf. unterbleiben. Vielfach schaffen die Erlöse aus der Tourismuswirtschaft auch die Finanzierungsgrundlagen für Maßnahmen zum Schutz und
Erhalt von Ökosystemen bzw. ganzer Naturparks und Reservate.
Um ein Mehr an Umweltverträglichkeit im Tourismus zu erreichen, müssen in
einem ersten Schritt seine belastenden Umweltwirkungen reduziert werden. Im
Interesse des Erhalts gefährdeter Ökosysteme, aber auch der Zukunftssicherung
des Tourismus selber, könnte es dabei notwendig sein, die touristische Nutzung
zurückzuführen, ggf. sogar temporär auszusetzen.

---

[4]   Vgl. Opaschowski, 2001, S. 77.

## 1.2   Wirtschaftsfaktor Tourismus

In einer nicht geringen Anzahl von Publikationen wird die Tourismusbranche als „die" Zukunftsindustrie des 21. Jahrhunderts bezeichnet. Die immer noch anwachsende Zahl der Reisenden, die Tatsachen, dass die Tourismuswirtschaft mittlerweile zehn Prozent zum Bruttosozialprodukt der Weltwirtschaft beiträgt und derzeit schneller wächst als die übrige Weltwirtschaft, untermauern diese Annahme. Die Reisebranche hat sich zum größten Wirtschaftszweig der Welt entwickelt und es sieht fast so aus, als würde sie unbeirrt weiterwachsen. Selbst Einbrüche wie nach dem Attentat auf das World Trade Center in New York werden von der Branche nur als temporäre Rückschläge gewertet.

Die Zahl der weltweit im Tourismus Beschäftigten wird auf derzeit rund 127 Mio. geschätzt, allein in Deutschland bietet die Branche rund 80.000 Ausbildungsplätze bei einem jährlichen Umsatz von rund 100 Mrd. Euro. Schätzungsweise 2,8 Mio. Arbeitsplätze sind in Deutschland direkt oder indirekt vom Tourismus abhängig. Im Hinblick auf den überdurchschnittlichen Anteil an Teilzeitbeschäftigungen dürfte die Zahl der vom Tourismussektor abhängigen tatsächlich Beschäftigten deutlich über 2,8 Mio. liegen.[5] Das *World Travel & Tourism Council* schätzt die Anzahl der in Europa mit dem Tourismus befassten Arbeitsplätze auf rund 22,1 Mio. Weltweit sollen über 200 Mio. Menschen in diesem Wirtschaftszweig beschäftigt sein und damit rund acht Prozent der Gesamtbeschäftigung ausmachen.[6]
Weltweit ist der Tourismus die bedeutendste Steuereinnahmequelle und ein wichtiger Devisenbringer. Rund 10,7 % aller Kapitalinvestitionen entfallen auf den Tourismus. Tourismus scheint ein Impulsgeber für das gesamtwirtschaftliche Wachstum zu sein und zugleich als Multiplikator für Investitionen, Beschäftigung und Einkommen zu wirken. Tourismus als Wirtschaftsfaktor ist demnach ein bedeutendes Thema für die Volkswirtschaft. In Deutschland rangiert nach einer Schätzung der Wirtschaftsbereich Tourismus (Umsatz 1999: 140,6 Mrd. Euro; Anteil am Bruttoinlandsprodukt 1998 rund acht Prozent) in seiner gesamtwirtschaftlichen Bedeutung noch vor dem der chemischen Industrie. In seiner Relevanz ist er gleichzusetzen mit der Automobilindustrie.[7]

Für eine genaue Wirkungsabschätzung fehlt jedoch eine solide Datenbasis. Die Gründe liegen hier vor allem in der fehlenden Abgrenzung des Tourismussektors in der amtlichen Statistik. Die geht nämlich nicht vom System des Tourismus und der Struktur touristischer Märkte aus, sondern erfasst z.B. die touristische Leistungserstellung in unterschiedlichen Wirtschaftszweigen und Sektoren. So

---

[5]   Derselbe, 2002, S. 196-197.
[6]   Vgl. World Travel & Tourism Council, 1999, S. 2.
[7]   Vgl. Bundeswirtschaftsministerium, 2000, S. 9.

wird kein eigenständiger touristischer Transportbereich ausgewiesen. Ebenso werden Beherbergungsleistungen, die dem Tourismus zuzuordnen sind, unter dem Oberbegriff „Gastgewerbe" statistisch erfasst. Insbesondere über die indirekten Wirkungen des Tourismus fehlen valide Angaben. Außerdem gibt es gravierende Unterschiede in den zur Anwendung kommenden Statistiken. Gleichwohl besteht kaum ein Dissens darüber, dass der Tourismus zu einem wichtigen Anschubfaktor für andere Wirtschaftszweige geworden ist und eine stabilisierende Wirkung auf die Gesamtwirtschaft ausüben kann.[8]

Ein üblicher Weg, die Relevanz eines Wirtschaftsbereichs für die Gesamtwirtschaft zu ermitteln, ist zum Beispiel der Versuch, dessen Beitrag zur gesamtwirtschaftlichen Wertschöpfung zu bestimmen. Analog zur betrieblichen Leistungserstellung wird dabei der gesamte Produktionswert einer Volkswirtschaft abzüglich der Vorleistungen als gesamtwirtschaftliche Wertschöpfung bezeichnet. Um diese Werte für die Gesamtwirtschaft zu ermitteln, werden die Marktwerte aller Leistungen addiert, die von den verschiedenen Wirtschaftsbereichen im Laufe eines Jahres hergestellt werden. Leider existieren für den Tourismus aus besagten Gründen nur sehr wenige Zahlen, was Aussagen zu dessen Beitrag zur nationalen Leistungserstellung erschwert.[9]

Intensive Diskussionen ranken sich um die Frage, ob denn der tourismusbedingte Anteil der Wertschöpfung dem Gastgeberland auch wirklich zugute kommt. Während die einen behaupten, dass ausländische Unternehmen den größten wirtschaftlichen Nutzen aus dem Tourismus ziehen, behaupten andere, dass bis zu zwei Drittel der Netto-Wertschöpfung im Lande bleiben. Auch scheinen sich die Besitzstrukturen dahingehend gewandelt zu haben, als dass größere Anteile der touristischen Immobilien und Anlagen nunmehr in einheimischem Kapitalbesitz sind.[10]

## 1.2.1 Strukturelle Effekte und regionale Verteilung

Ein anderer Ansatz, die wirtschaftliche Bedeutung des Tourismus für die Volkswirtschaft zu erfassen, ist der Versuch, seine strukturbildende Kraft bzw. seine regionalen Effekte abzubilden. Bei der Aufgliederung der gesamtwirtschaftlichen Produktion nach Wirtschaftszweigen und Regionen zeigen sich strukturelle und regionale Wirkungen. Der Vergleich zwischen dem Tourismussektor und anderen Wirtschaftszweigen zeigt dabei deutlich dessen ansteigende relative Bedeutung. Die freizeittouristische Expansion beschleunigt den gesamtwirtschaftlichen Strukturwandel hin zum Dienstleistungssektor.

---

[8] Vgl. Opaschowski, 2002, S. 198; vgl. Europäische Kommission, 1997, S. 19.
[9] Vgl. Freyer, 2001, S. 329-331.
[10] Vgl. Opaschowski, 2001, S. 23.

Noch deutlicher fällt das Ergebnis bei regionaler bzw. kommunaler Betrachtungsweise aus: In einigen Regionen und Kommunen ist die Tourismuswirtschaft nicht nur strukturbildend, sondern dominant. Binnenwirtschaftlich betrachtet, weist die Tourismuswirtschaft jedoch eine sehr unterschiedliche regionale Verteilung auf. Vor allem in den ländlichen, oftmals landschaftlich sehr attraktiven Regionen, bietet der Tourismus eine willkommene Chance zur Stärkung der regionalen Wirtschaftskraft. Regionen und Kommunen, die in ihrer weiteren Entwicklungsplanung nahezu vollständig auf den Tourismus bauen, laufen jedoch Gefahr, von den Entwicklungen der Tourismusbranche abhängig zu werden – angesichts der hohen Wettbewerbsintensität und schnell wechselnder Moden ein nicht zu unterschätzendes Risiko.

Hinsichtlich der Unternehmensstrukturen der europäischen Tourismuswirtschaft bleibt noch anzumerken, dass kleinere und mittlere Unternehmen (KMU) einen Anteil von 99 % an sämtlichen Unternehmen und 94 % der Kleinbetriebe weniger als zehn Beschäftigte haben. Die KMU beschäftigen insgesamt aber rund 17 Mio. Personen. Den rund 2,7 Mio. KMU in West-, Mittel- und Osteuropa stehen nur wenige hundert größere Firmen mit mehr als 250 Beschäftigten gegenüber, die allerdings umsatzmäßig einen beträchtlichen Anteil an den meisten Reisemärkten haben. Für den Charakter und die Vielfalt des europäischen Tourismusprodukts in städtischen und ländlichen Regionen spielen KMU eine wichtige Rolle. Hinsichtlich ihrer Leistungsfähigkeit und Qualität sind die KMU jedoch ausgesprochen heterogen. Ein nicht geringer Teil ist qualitativ ausgezeichnet. Sie haben in ihrem Betrieb in dauerhafte Qualität investiert, sich um eine kontinuierliche Verbesserung ihres Angebots bemüht und ihr Humanpotenzial gefördert. Andererseits gibt es viele KMU, die den Qualitätsstandards nicht entsprechen, die schlecht geführt sind und wenig in den Ausbau ihrer Infrastruktur investieren. In ländlichen, vor allem peripheren Gebieten sind derartige Betriebe öfter zu finden. Sie werden wahrscheinlich die nächsten zehn Jahre nicht überdauern. Mangelnde Professionalität und zu geringe Eigenmittel sind wichtige Gründe für Instabilitäten in mittelständischen Tourismusunternehmen.[11]

## 1.2.2 Arbeitsplätze

Ein weiteres Beurteilungskriterium für die gesamtwirtschaftliche Bedeutung der Freizeitwirtschaft und des Tourismus ist sein Anteil bzw. Beitrag zur Beschäftigungssituation. Die Probleme der Abgrenzung und der statistischen Erfassung des Tourismussektors sorgen auch hier für Beurteilungsprobleme. So finden sich tourismusabhängige Arbeitsplätze in vielen Bereichen der Wirtschaft. Doch die

---

[11] Vgl. Europäische Kommission, 1998³, S. 2-4.

offizielle Arbeitsmarktstatistik gliedert die Berufe nicht nach ihrer Bezogenheit zur Tourismusbranche. So werden nur relativ wenige typische touristische Berufsgruppen in der Statistik der *Bundesanstalt für Arbeit* ausgewiesen. Dies sind vor allem die Fremdenverkehrsfachleute und die Gästebetreuer. Gleichwohl verweisen die eingangs genannten Schätz-Zahlen auf die Arbeitsmarkt- bzw. Beschäftigungsbedeutung des Tourismus.

Der Großteil der Arbeitsplätze findet sich bei Einrichtungen am Urlaubsort selber, vor allem in der Beherbergungsindustrie und der Gastronomie (= Gästebetreuung). Hinzu kommen die Arbeitsplätze aus den mit dem Aufenthalt verbundenen ergänzenden und mittelbaren Dienstleistungen. Ein geringerer Teil ist mit der Reisevor- und -nachbereitung (z.B. Reiseverkehrskaufleute, Verkehrsfachwirt, Kur- und Fremdenverkehrsfachmann) und der eigentlichen Reisedurchführung (z.B. Berufskraftfahrer im Personenverkehr, Abfertigungs- und technisches Personal bei den Carriern, Reisebegleiter) beschäftigt.

Neben den direkt im Tourismus Beschäftigten gibt es noch zahlreiche andere Beschäftigte, deren Tätigkeit mit dem Tourismus in Verbindung gebracht werden kann. Hierzu gehören z.B. Tätigkeiten im Dienstleistungsbereich (wie Gepäckträger, Fitnesstrainer, Beschäftigte bei den Reiseversicherern), die zwar keine originär touristische Ausrichtung haben, aber von Touristen in den Destinationen in Anspruch genommen werden. Auch viele Bereiche des verarbeitenden Gewerbes sind mehr oder weniger stark vom Tourismus abhängig.[12]

**Tabelle 17:** Touristischer Arbeitsmarkt in Deutschland[13]

| Bereich | Arbeitsplätze in ... | Zahl der Beschäftigten |
|---|---|---|
| a) Tourismuswirtschaft im engeren Sinne (tourismus-typische Betriebe) | Beherbergung, Personenbeförderung, Reisemittler, Reiseveranstalter, Kurunternehmen, Kongress- und Tagungswesen, Fremdenverkehrsämter sw. | ca. 1,2 Millionen |
| b) Tourismuswirtschaft im weiteren Sinne (ergänzende Tourismuswirtschaft, touristische Randindustrie) | Einzelhandel, Reiseversicherungen, Reiseausrüster, Souvenirindustrie, Gastronomie usw. | ca. 1,6 – 1,9 Millionen |
| Gesamte Arbeitsmarkteffekte durch Tourismus | | ca. 2,8 – 3 Millionen |

---

[12]  Vgl. Freyer, 2001, S. 335-339.
[13]  In Anhalt an Freyer, 2001, S. 338.

In Gebieten mit unterdurchschnittlichen Einkommens- und Produktionszuwächsen gilt der Tourismus als Mittel zur Förderung der Wirtschaftsstruktur. Hier erhofft man sich über die Schaffung eines neuen Erwerbszweiges dauerhafte Arbeitsplätze und höhere Einkommen für die betreffende Region. Neben einer wirtschaftlichen Belebung könnten sich positive Effekte auf die Landeskultur und die Sozialstruktur ergeben. Touristisch attraktive Landschaften und Kulturgüter werden erhalten und die Menschen verbleiben in ihrer Region, so die Hoffnung. Tourismus fördert zudem Personengruppen, die bisher nur geringe Beschäftigungschancen hatten, insbesondere Jugendliche und Frauen sowie Personen ohne Berufsausbildung. Für zahlreiche Jugendliche bietet die Beschäftigung im Tourismus einen ersten Schritt ins Berufsleben, der ihnen die Gelegenheit gibt, Fähigkeiten zu entwickeln, erste Kompetenzerfahrungen zu machen und sich beruflich bzw. sozial in die Gesellschaft einzugliedern. Sowohl in den Entwicklungsländern als auch in den Industrieländern werden diese positiven, sozialgesellschaftlichen Wirkungen des Tourismus unterstellt.

Im Hinblick auf die Konstanz der Beschäftigung im Tourismus gibt es jedoch ein Problem: Touristische Arbeitsplätze sind durch saisonale Faktoren beeinflusst. So werden während der Saisonzeiten deutlich höhere Beschäftigungszahlen erreicht als außerhalb der Saison. Mithin besteht kaum eine Möglichkeit, den Saisonarbeitskräften eine dauerhafte, ganzjährige Beschäftigung zu bieten. Dies wiederum hat erhebliche Auswirkungen auf die Qualität der angebotenen Arbeitsplätze und die Bereitschaft der Arbeitgeber und Arbeitnehmer, in die berufliche Qualifizierung zu investieren. Damit gerät auch das Lohnniveau unter Druck.[14]

Hinsichtlich der Qualifikationsanforderungen ergibt sich ein sehr uneinheitliches Bild. Neben einer Reihe von Fachleuten und Spezialisten der verschiedensten Ausbildungsgänge weisen viele Beschäftigungsmöglichkeiten in der Tourismusbranche nur geringe Anforderungen auf. Dies erscheint dann als Vorteil, wenn es darum geht, Teilzeitarbeitsplätze oder kurzfristig Beschäftigungsmöglichkeiten zu schaffen. Ungelernte oder nur kurz angelernte Arbeitnehmerinnen und Arbeitnehmer können so zwar eine Anstellung finden. Jedoch bestehen für Beschäftigte ohne Berufsausbildung nur geringe Anstellungschancen in anderen Wirtschaftsbereichen. Auch gibt es kaum Karrieremöglichkeiten. Arbeitslosigkeit ist dann oft die Folge, wenn die touristische Saison endet. Möglichkeiten zur Qualifizierung für gering qualifizierte Arbeitnehmer bestehen zwar. Die Chancen zur Förderung der individuellen Beschäftigungsfähigkeit werden jedoch selten genutzt.

---

[14]  Vgl. Europäische Kommission, High Level Group, 1998[5], S. 5.

Die Arbeitsplätze selber sind oft von geringerer Qualität. Die Lohnstruktur liegt im Tourismusbereich unter der der Industrie, wohingegen die Arbeitszeiten saisonbedingt oft sehr unregelmäßig sind und bis in die Nacht hineinreichen.[15]

Seit längerem beklagt die Tourismusindustrie einen Mangel an Fach- und Arbeitskräften. Dem steht eine wachsende Nachfrage nach hochwertigen personalisierten touristischen Dienstleistungen gegenüber, die man immer weniger befriedigen kann. Ein weiteres Problem wird in der hohen Mitarbeiterfluktuation, nicht zuletzt aufgrund unattraktiver Arbeits- und Beschäftigungsbedingungen, gesehen. Der Mangel an qualifizierten Arbeitskräften stellt ein relevantes Hemmnis für Professionalisierungsanstrengungen der Branche dar. Insbesondere für mittelständische Unternehmen ergeben sich hier Wettbewerbsnachteile. Die Tourismusindustrie fordert daher eine Qualifizierungsinitiative und die Einrichtung neuer Dienstleistungsberufe.
Seit 2001 gibt es drei neue tourismusrelevante Berufe in Deutschland: Veranstaltungskaufmann/-frau, Sport-/Fitnesskaufmann/-frau, Kaufmann/-frau im Gesundheitswesen. Traditionelle Ausbildungsangebote im Hotel- und Gaststättengewerbe sind vor allem: Fachkraft im Gastgewerbe, Restaurantfachmann/-frau, Hotelfachmann/-frau, Fachmann/-frau für Systemgastronomie sowie Koch/ Köchin.

## 1.3  Gesellschaft

Auf der Chancen-Seite dürfte es unbestritten sein, dass der Tourismus in den bereisten Ländern viele Arbeitsplätze schafft. Tourismus ist in vielen Ländern zu einer wichtigen Einnahmequelle für die Einheimischen geworden und hat damit auch soziale Sicherheit gebracht. Trotz mitunter gravierender sozialer und ökologischer Probleme sehen die Bereisten im Tourismus eine Chance zur nachhaltigen Verbesserung ihrer Lebensqualität. Infrastrukturverbesserungen wie Straßenbau, Stromversorgung, Telefon- und Busverbindungen werden ebenfalls positiv bewertet. Auch ist durchaus anerkannt, dass die Einnahmen aus dem Tourismus alte Kulturlandschaften und kulturhistorische Bauwerke erhalten.
Nicht vergessen werden sollten die positiven Ausgleichswirkungen des Tourismus für den Erholung Suchenden. Ohne periodische körperlich-seelische Erholung, die sich dem Reisenden bieten kann, würde das Alltagsleben in Betrieb, Schule und Familie langfristig mit Stress überfrachtet. Dabei ist nicht nur an Erholung durch Ferien, sondern auch an den Kurzzeittourismus und andere freizeitbezogene Aktivitäten zu denken.[16]

---

[15]  Vgl. Freyer, 2001, S. 336-342; vgl. Europäische Kommission, 1997, S. 16.
[16]  Vgl. Müller, 1999, S. 80-82.

Kritik wird am mangelnden Bewusstsein der Tourismusindustrie und der Reisenden laut, die zu selten kulturelle, soziale und ethische Aspekte im Auge haben. Hauptthemen sind hier die negativen Auswirkungen auf Kultur, Kunst, Tradition, Sitte, Moral und Sozialstruktur. Vielen Einheimischen geht die touristische Entwicklung offenkundig zu schnell – in einigen Regionen gibt es bereits Widerstand gegen eine weitere Ausdehnung touristischer Zentren. Protestaktionen scheinen gegenwärtig aber eher die Ausnahme zu sein. Allerdings kann das überwiegende Schweigen der betroffenen Länder und ihrer Einwohner keineswegs stets als (indirekte) Zustimmung zum Tourismus gedeutet werden. Manche Autoren sprechen hier von der Ruhe vor der Sturm, für andere spiegelt die Zurückhaltung eher die Machtlosigkeit der Betroffenen gegen eine im Kern unerwünschte Entwicklung wider.[17]

In der Bewertung der negativen Folgen des Tourismus unterscheiden sich übrigens die Industrie- von den Entwicklungsländern. Während in den Industrieländern die negativen Einflüsse des Tourismus wie Kommerzialisierung, Kulturschock, ökologische Probleme oder Identitätsstörungen diskutiert werden, betonen die Entwicklungsländer stärker die positiven Wirkungen. Letztere vor allem von offizieller Seite bzw. aus der Warte derer, die eindeutig vom Tourismus profitieren. Offenkundig sind die Entwicklungsländer aufgrund ihrer prekären wirtschaftlichen Lage eher bereit, ökologische und soziale Fehlentwicklungen hinzunehmen bzw. herunterzuspielen.

Insgesamt ist es aber außerordentlich schwierig, soziokulturelle Folgen des Tourismus zu bewerten. Hier wird die Gesamtheit gesellschaftlicher, kultureller, ökologischer und psychologischer Aspekte berührt. Soziokulturelle Folgen müssen jedoch diskutiert werden, da sie für eine umfassende Würdigung freizeittouristischer Maßnahmen und Aktivitäten, die natürlich über ökonomische Aspekte hinausgehen, von zentraler Bedeutung sind. Dies gilt vor allem für Überlegungen zur zukünftigen Ausgestaltung bzw. Steuerung der freizeittouristischen Entwicklungen.

## 1.3.1 Reiseverkehr und Preisniveau

Tourismus zeigt vielfach Auswirkungen auf das lokale Preisniveau in den Destinationen. Die relativ hohe Ausgabefreudigkeit der Besucher während der Reise führt dann zu einem tendenziell höheren Preisniveau als in nicht-touristischen Gebieten. Diese touristischen Preiseffekte treffen vor allem die Einheimischen in negativer Hinsicht. Produkte, die sowohl von Einheimischen als auch von Touristen nachgefragt werden, unterliegen einer höheren Preissteigerung. Lebens-

---

[17] Vgl. Opaschowski, 2002, S. 140-141.

mittel, lokale Freizeiteinrichtungen, Gaststättenpreise können dann aufgrund der geringeren Kaufkraftsituation der einheimischen Bevölkerung unerschwinglich werden. Von diesen Preissteigerungen profitieren dagegen die Betriebe und die Beschäftigten im Tourismusbereich, bedeutet doch der Zustrom von Besuchern insgesamt eine Erhöhung der Kaufkraft in der Region und die Eröffnung neuer Absatzmöglichkeiten.[18]

Besonders kritisch sind touristische Entwicklungen dann, wenn sie in ihrer Konsequenz den Ausschluss der einheimischen Bevölkerung am Zugang zu den Ressourcen des Landes bedeuten. Das Absperren von Stränden, Behinderungen des Zugangs zu kulturellen Stätten, aber auch Beschränkungen in der Gesundheits-, Strom- oder Wasserversorgung sind hier zu nennen. Es ist wohl kaum hinnehmbar, das Süßwasser für Touristen und Golfplätze ausreichend verfügbar ist, während die lokale Bevölkerung nur stundenweise über ausreichend Trinkwasser verfügt.

## 1.3.2 Akkulturation

Mit dem Begriff Akkulturation lassen sich die soziokulturellen Auswirkungen des Tourismus umschreiben. In der Ethnologie wird mit dem Konzept der Akkulturation die gegenseitige Beeinflussung verschiedener Kulturen gemeint. Natürlich bedeutet die Förderung des Tourismus nicht nur den Ausbau von Infrastruktur oder Verschiebungen in der regionalen Wirtschaftsstruktur. Tourismus bedeutet immer auch das Aufeinandertreffen von Menschen und die Interaktion verschiedener Kulturkreise. Beobachtungen zufolge scheint es dabei vor allem bei weniger entwickelten Kulturen zu Veränderungs- bzw. Angleichungsprozessen zu kommen. Allerdings setzen Akkulturation und der damit einhergehende kulturelle Wandel voraus, das die von den Touristen vorgelebten (Demonstrationseffekt) Lebensstile, Verhaltensweisen oder Werte auch von der einheimischen Bevölkerung akzeptiert werden. Denkbar ist auch, dass dies nur bei Teilen der Bevölkerung geschieht, während andere Bevölkerungsgruppen vornehmlich eine Gefährdung ihrer kulturellen Identität und traditionellen Lebensweise wahrnehmen. Soziale Spannungen in der Gesellschaft selber bzw. zwischen Bevölkerungsgruppen und den Reisenden könnten die Folgen sein.

Kritiker des Tourismus verurteilen denn auch die Beeinflussung bzw. Zerstörung fester Kultur- und Sozialbeziehungen und die (zu schnelle) Übertragung fremder Normen und Werte auf die gastgebenden Gesellschaften. Diese seien auf derart tiefgreifende Veränderungen selten vorbereitet. Der so genannte Demonstrations-

---

[18] Vgl. Freyer, 2001, S. 346; vgl. Pongartz, 2001, S. 198.

effekt, d.h. die Weckung vorher nicht vorhandener Bedürfnisse, die erhöhte Nachfrage nach Konsumgütern aufgrund touristischer Vorbilder, führe zu weiteren Spannungen und Frustrationen. Vor allem mangelnde Geldmittel sowie gesellschaftliche Tabus stehen häufig der Nachahmung (Imitationseffekt) entgegen.[19] Gefordert werden daher z.B. Vereinbarungen und Bestimmungen, die es Einheimischen ermöglichen, Tourismus insgesamt abzulehnen und angemessene Maßnahmen zum Schutz ihrer Kultur und Lebenswelt zu ergreifen.[20]

---

„Global tourism threatens indigenous knowledge and intellectual property rights, religions, sacred sites, social structures and relationships ...; reducing indigenous peoples to simply another consumer product that is quickly becoming exhaustible."
Debora McLaren, 1999

---

Befürworter sehen dagegen gesellschaftlichen Wandel, sei er nun von innen heraus oder durch äußere Anstöße generiert, als normalen gesellschaftlichen Entwicklungsprozess an. Schließlich sei die unberührte Idylle allenfalls für kurz vorbeischauende Touristen attraktiv. Tourismus könne daher hilfreich sein, einen anderen, moderneren gesellschaftlichen Entwicklungsstand zu erreichen. Romantizismus, der Kulturen möglichst unversehrt erhalten will, sei allenfalls geeignet, Entwicklung und Fortschritt zu verhindern. Auch seien Prozesse der Dekulturation und der Zerstörung kultureller Identität eher Themen, die von westlichen Industrienationen und weniger von den Entwicklungsländern selber in die tourismuskritische Diskussion eingebracht würden.

Insgesamt scheinen die soziokulturellen Auswirkungen des Tourismus von der Art des Tourismus, vom allgemeinen und vom touristischen Entwicklungsstand des gastgebenden Landes abzuhängen. Befindet sich zum Beispiel die touristische Entwicklung noch in der Anfangsphase, werden die wenigen fremden Besucher kaum Einfluss auf das Gastland haben. Den Reisenden schlägt eine Mischung aus Offenheit, Gastfreundschaft und Neugier, aber auch Ablehnung, mitunter Feindseligkeit entgegen. Hat der Tourismus im Bewusstsein der Bevölkerung schon eine gewisse Bedeutung erlangt, bildet sich die erste touristische Infrastruktur heraus, wobei touristische Aktivitäten im öffentlichen Lebens eine noch immer nachrangige Bedeutung einnehmen. Erfolgt nun ein Ausbau der touristischen Infrastruktur im Zuge systematischer Planungsprozesse, steigt der Anteil tourismusbedingter Einkünfte in der Bevölkerung; bildet sich ein touristi-

---

[19] Weitere Informationen unter: www.rethinkingtourism.org; www.gn.apc.org/tourismconcern
[20] Vgl. McLaren, 1998, S. 4-13.

scher Arbeitsmarkt heraus, wird Tourismus zu einem festen Bestandteil des gesellschaftlichen Lebens. Die große Anzahl der nun eintreffenden Reisenden wird in dieser Phase sicher nicht ohne Einfluss auf die soziokulturellen Verhältnisse des Gastgeberlandes bleiben. [21]

Im Sinne einer Faustformel kann unterstellt werden, dass die soziokulturellen Auswirkungen des Tourismus, seien sie nun positiver oder negativer Art, meist dann am umfangreichsten sind, wenn der kulturelle und wirtschaftliche Hintergrund der Reisenden und der Einheimischen deutlich voneinander abweicht.[22]

Veränderungen zeigen sich vor allem innerhalb der Familienstruktur. Kinder und Jugendliche suchen häufig den Kontakt zu Reisenden, junge Leute finden vielfach Arbeit im Tourismus, wobei das dabei erzielte Einkommen die Einkünfte aus den anderen Arbeits- und Beschäftigungsverhältnissen übersteigt. Die neu gewonnene finanzielle Autonomie kollidiert dann schnell mit festen Hierarchiestrukturen in den traditionellen familiären Bezügen. Ebenso kommt es zu Veränderungen hinsichtlich der Stellung der Frauen in Familie und Gesellschaft. Die Zahl der weiblichen Beschäftigten in der Tourismuswirtschaft ist relativ hoch; die neu gewonnene finanzielle Unabhängigkeit wird dann auch daheim in den Familien umgesetzt.

Auch in der sozialen Hierarchie treten Veränderungen ein. Anstellungen im Tourismus erfahren aufgrund der erzielbaren Einkommen eine höhere Wertschätzung im Vergleich zu den traditionellen Berufen. Ihr Anstieg im Ansehen bedeutet den Abstieg traditioneller Berufsgruppen, zunächst nur im Ansehen, später sinkt dann die Bereitschaft der Jüngeren, diese Berufe zu erlernen bzw. auszuüben.

Zunehmender Tourismus lässt auch den Bereich traditioneller Riten und Gebräuche nicht unberührt. Die Nachfrage der Touristen nach ursprünglichen folkloristischen Veranstaltungen reduziert traditionelle Tänze und Riten auf Formen der Unterhaltung, wobei ihr ursprünglicher Sinngehalt von untergeordneter Bedeutung zu sein scheint. Später wird den Touristen nur noch ein Bild der Kultur vorgespielt.[23]

Dem gegenüber stehen Argumente, die darauf verweisen, dass gerade das Erscheinen der Touristen alte überlieferte Tänze, Rituale und andere künstlerische Ausdrucksformen gerettet habe. Es sei eben die touristische Nachfrage und die damit verknüpfte Möglichkeit der Einkommenserzielung, die wichtige landeskulturelle Elemente über die Zeit bewahre. Auch wäre es geradezu vermessen, mit dem Verweis auf Veränderungen in der Sozialstruktur die weitere tou-

---

[21]  Vgl. Freyer, 2001, S. 370-371.
[22]  Vgl. Pongartz, 2001, S. 9.
[23]  Vgl. Freyer, 2001, S. 370-372.

ristische Entwicklung zu verdammen. Zum einen bedeutet Tourismus für einige Gruppen in der Gesellschaft den Gewinn neuer Freiheiten und Unabhängigkeit. Zum anderen kann auch von den traditionellen Kräften im Land Flexibilität verlangt werden, vor allem dann, wenn es um die Frage von Privilegien geht, unter denen andere gesellschaftliche Gruppen zu leiden hätten. Isolationismus ist sicherlich keine geeignete Form, mit den Anforderungen der Moderne fertig zu werden.

### 1.3.3   Sitte und Moral, Prostitution

Ein großes Problem für die Bereisten, aber auch für die Bewohner angrenzender Gebiete, ist die aus ihrer Sicht relativ freizügige Moralauffassung der Touristen. Die gelockerte, genussorientierte Orientierung der Touristen, ihre mitunter – gelinde gesagt – unorthodoxen Verhaltensweisen kollidieren häufig mit sittlichen bzw. religiösen Moralvorstellungen. Leichte Bekleidung, gelockerte Sitten zwischen den Geschlechtern und freizügiger Alkoholkonsum sind bei weitem noch nicht die problematischsten Erscheinungsformen. Die dunkelste Seite des Tourismus zeigt sich vor allem in der Zunahme von Prostitution in manchen Gastgeberregionen.

Die Tourismuswirtschaft ist sich des Problems Sextourismus und seiner Folgen durchaus bewusst und versucht, Gegenmaßnahmen zu ergreifen. So hat die *WTO* bei ihrer elften Generalversammlung 1995 in Kairo eine erste Resolution erlassen. Die *Resolution on the Prevention of Organized Sex Tourism* sollte ein deutliches Zeichen zur Bekämpfung des Sextourismus setzen. Im August 1996 folgte die *Stockholm Declaration Against the Commercial Sexual Exploitation of Children*. Die Tourismusindustrie insgesamt wird hier aufgefordert, alles Notwendige zu unternehmen, um Maßnahmen zur Bekämpfung des Sextourismus mit Kindesmissbrauch zu erarbeiten und konsequent umzusetzen. Die Branche, so die *WTO*, ist in der Pflicht, im Rahmen des Möglichen alles zu tun, um diesen Begleiterscheinungen des Tourismus entschieden entgegenzuwirken. 1997 wurde die *Task Force to Protect Children from Sexual Exploitation in Tourism* ins Leben gerufen. Dieses open-ended Network dient der Öffentlichkeitsarbeit und als Kontakt- und Informationsbörse. Der Internet-Server *Child Prostitution and Tourism Watch* der Task Force berichtet kontinuierlich über Aktionen und Maßnahmen, insbesondere im Zusammenhang mit der internationalen Kampagne *No Child Sex Tourism* (www.world-tourism.org/protect_children/child.html).

Der *Global Code of Ethics for Tourism*, initiiert von der *WTO*, unterstreicht die Notwendigkeit der Beachtung ethischer Mindeststandards im Tourismus und den gegenseitigen Respekt zwischen Reisenden und Bereisten. Insbesondere sollen

Traditionen, Sitten und Gebräuche der Gastländer nicht durch Reisende beeinträchtigt werden. Ebenso werden andere mit dem Tourismus zusammenhängende Handlungsfelder angesprochen. Artikel 9 des *Global Code of Ethics* formuliert z.B. fundamentale Rechte der Beschäftigten in der Tourismusindustrie.

> „The understanding and promotion of the ethical values common to humanity, with an attitude of tolerance and respect for the diversity of religious, philosophical and moral beliefs, are both the foundation and the consequence of responsible tourism."
> Article 1, 1., Global Code of Ethics for Tourism

Von der *Europäischen Union* wurde ebenfalls eine ganze Reihe von Initiativen und Maßnahmen gestartet, um dem Sextourismus und seinen fatalen Folgen entgegenzuwirken. So hat die Schwere und Tragweite des Problems, insbesondere des Sextourismus mit Kindesmissbrauch, die EU veranlasst, zu schärferen Bekämpfungsmaßnahmen zu greifen (z.B. *Gemeinsame Maßnahme des Rates vom 24. Februar 1997 zur Bekämpfung des Menschenhandels und der sexuellen Ausbeutung von Kindern*). Es wurde eine Doppelstrategie entwickelt, die zum einen auf die Verringerung der Nachfrage abzielt. Dies soll insbesondere durch eine enge Zusammenarbeit mit der Tourismuswirtschaft und den betreffenden Nicht-Regierungsorganisationen erreicht werden. Zum anderen will die EU direkt in den Reiseländern mit jedem geeigneten Mittel ansetzen – auch mit der Gemeinschaftspolitik im Bereich Außenbeziehungen und Entwicklungshilfe. Maßnahmenschwerpunkte liegen in der

- Verstärkung der Aufklärungsarbeit und der Koordination der nationalen Informations- und Aufklärungskampagnen,
- Erfassung und ggf. Veröffentlichung von Daten und Informationen, z.B. über Identität, Motivation und Verhalten von Sextouristen,
- Umsetzung des Programms *STOP* (Aktionsprogramm zur Bekämpfung des Sextourismus),
- Verstärkung des Wirkungsgrades der Gesetzgebung und ihrer Durchsetzung (vgl. Beschluss des Rates vom 3. Dezember 1998 zur Ergänzung der Definition des Tatbestandes Menschenhandel im Anhang zum Europol-Übereinkommen, die nunmehr auch die Förderung von Prostitution und sexueller Gewalt gegenüber Minderjährigen sowie den Verkauf und die Verbreitung von kinderpornografischem Material umfasst),
- Realisierung des Projekts *DAPHNE* zur Schaffung eines europäischen Netzes von Hotlines bzw. zur Bekämpfung illegaler und schädlicher Inhalte in globalen Netzen.[24]

---

[24] Vgl. Europäische Kommission, 1999, S. 4-19.

1.3.4   Tourismus als Völker verbindende Kraft ?

Vom internationalen Tourismus wird verschiedentlich erwartet, dass er abgesehen von den ökonomischen Vorteilen für die Länder und dem Erholungswert für
die Reisenden auch zur Verständigung zwischen Menschen und Völkern führt.
Tourismus, so die Hoffnung, könnte eine wirklich integrierende Kraft sein, die
Menschen und Kulturen miteinander verbindet, Vorurteile abbauen hilft und zu
gegenseitigem Verständnis führt. Der Tourist als Botschafter, Tourismus als Weg
zum Frieden und als Chance, die Kluft zwischen Industrie- und Entwicklungsländern abzubauen, so wie es die Vereinten Nationen verlautbarten, lässt sich
gegenwärtig wohl nur als Wunschvorstellung bezeichnen.

Interessanterweise vertreten dagegen über zwei Drittel der Bundesbürger die
Auffassung, dass Touristen die besten Botschafter für Ausländerfreundlichkeit
seien. Vor allem die ältere Generation über 55 Jahre ist davon überzeugt. Auch in
anderen Ländern der EU glaubt man an die Botschafter-Funktion des Touristen.
Überraschend ist dagegen zunächst die Überzeugung von 49 % der Befragten, die
Tourismus als Hauptursache für den Verlust regionaler Traditionen und Sitten
sehen. Rund 61 % schreiben dem Tourismus einen potenziell negativen Einfluss
auf Einstellungen und Verhaltensweisen der Einheimischen zu. Deutlich über
80 % vermuten dagegen im Tourismus die wirtschaftliche Zukunft und Quelle für
Arbeitsplätze in den Gastregionen.[25]
Diese Botschafterfunktion der Reisenden lässt sich jedoch durch die Ergebnisse
der empirischen Sozialforschung nicht bestätigen. Der tourismusbedingte Ver-
ständigungseffekt wird offenbar deutlich überschätzt. So haben Touristen scheinbar nur ein geringes Interesse an interkulturellen Kontakten. Außerdem kommen
sie seltener in intensiven Kontakt mit der lokalen Bevölkerung als angenommen.
Urlaubsghettos unterstützen die gegenseitige Isolation und Abgrenzung und
lassen Vorurteile unhinterfragt. Der Pauschalreisende muss sich nicht den Gegebenheiten des Landes anpassen und ist nur selten mit Versorgungsschwierig-
keiten konfrontiert. Er wird in klimatisierten Bussen durchs Land gefahren und
zeigt sich entsetzt, wenn er die Armut des Landes außerhalb des Hotels sieht.
Dann gibt er kleinere Geschenke, die häufig den Tageslohn eines Arbeiters ausmachen, und fährt wieder in sein Hotel.

Auch auf Seiten der Besuchten bestehen viele Vorurteile und Ressentiments gegenüber den Reisenden. Manche Urlaubsländer haben eine koloniale Vergangenheit und empfinden Tourismus als neue Form des Kolonialismus, zumindest was

---

[25]   Vgl. Opaschowski, 2001, S. 12.

seine soziokulturellen Wirkungen anbelangt. Andere empfinden Angst vor dem Fremden und vor der Veränderung oder aber hatten unerfreuliche Begegnungen mit den Reisenden. Für die Einheimischen ist es überdies schwer nachzuvollziehen, dass sich ihre Besucher während ihres Urlaubsaufenthaltes in einem Ausnahmezustand befinden, der nicht mit ihrem normalen Alltag vergleichbar ist.[26]

Offenbar bleibt das Verständnis zwischen Reisenden und Ortsansässigen meist auf einer eher oberflächlichen Ebene. Damit ist kaum zu erwarten, dass die angenommene Botschafterfunktion auch wirklich wahrgenommen werden kann. Der Widerspruch zwischen der Auffassung der Reisenden und der Realität scheint jedoch insofern auflösbar, als dass sich Reisende gerne in der Botschafterrolle sehen, deren Wirksamkeit aber durchaus realistisch beurteilen. Eine Verständigung zwischen Einheimischen und Touristen kann auch kaum tiefer gehen, wenn man bedenkt, dass z.B. zwei Drittel der deutschen Urlauber Wert auf Distanz legen. Zwar gehören Einheimische zum Urlaubserleben irgendwie dazu, aber sie sollen einem nicht zu nahe kommen. Nicht selten werden von Touristen auch Vorstellungen und Meinungen geäußert oder vermeintlich gute Ratschläge gegeben, die für Einheimische nicht hinnehmbar bzw. annehmbar sind, mitunter von ihnen sogar als ehrenrührig empfunden werden. Solche Situationen sind dann nicht gerade kommunikationsförderlich.[27]

## 2. Freizeitpolitik

Insofern Freizeit als individuell auszugestaltende Freiraum und Politik als Bereich der öffentlichen Einflussnahme und Gestaltung von Lebensverhältnissen verstanden werden, scheinen Freizeit und Politik sich gegenseitig ausschließende Handlungsfelder zu sein. Die nähere Betrachtung zeigt jedoch, dass Politik schon immer Einfluss auf den Bereich der Freizeit genommen hat. So beeinflusst z.B. die Arbeitspolitik die Zeitstrukturierung in der Arbeitswelt. Freizeitpolitik fungiert hier als Zeitpolitik, die sich um die Begriffe der Zeitflexibilität und Zeitsouveränität dreht. Zeitflexibilität meint in diesem Zusammenhang, dass die Arbeitszeit hinsichtlich Dauer und Länge zunehmend weniger festen Zeitmustern unterworfen ist. Zeitsouveränität meint primär die Fähigkeit des Einzelnen, mit der ihm gewährten Zeitautonomie subjektiv befriedigend sowie eigen-, sozial- und umweltverantwortlich umgehen zu können.[28]

---

[26]  Vgl. Freyer, 2001, S. 376-377.
[27]  Vgl. Opaschowski, 2001, S. 14-16.
[28]  Vgl. Müller, 1999, S. 162.

Die Verschränkung von Freizeitpolitik mit anderen Politikbereichen lässt sich in den verschiedenen politischen Handlungsfeldern darstellen. So haben z.B. die Wohnungsbaupolitik und Infrastrukturplanung Einfluss auf die Bedürfnislagen und die konkrete Ausgestaltung der freien Zeit. Mit der Bereitstellung funktionsspezifischer Freizeitinfrastruktur wie Sportanlagen, Spielplätze, Parks, Bibliotheken, Kinos, Theater, Gemeinschaftszentren usw. bieten sich Möglichkeiten zur Gestaltung der individuellen Freizeit. Die Träger der Planungen, die Städtebauer, versuchen über einen möglichst hohen Versorgungsgrad mit Freizeit-Infrastruktur den Freizeitwert der Stadt bzw. Region und die Lebensqualität der Bevölkerung zu verbessern.

Auch andere Politikbereiche, wie z.B. die Gesundheits-, Sport- oder Kulturpolitik weisen relevante Einflüsse auf die Freizeitsphäre auf. Dem Sport wird dabei ein hoher gesellschafts- und freizeitpolitischer Stellenwert beigemessen, was sich nicht zuletzt an der Höhe der Sportförderung durch die öffentliche Hand zeigt. Sport gilt allgemein als gesundheitsfördernd und kommunikationseröffnend und wird als sinnvolle Freizeitbeschäftigung anerkannt. Sport und sportliche Aktivitäten sind Teil der Alltagserfahrung des Individuums und tragen als Freizeitaktivitäten zur Lebensfreude und Lebensqualität bei. Gegenwärtig bezeichnen sich rund 60 % der deutschen Bevölkerung in ihrer Freizeit als sportlich aktiv. Der *Deutsche Sportbund* hat gegenwärtig 26 Mio. Mitglieder, die in 91 Mitgliedsorganisationen und 86.000 Turn- und Sportvereinen organisiert sind. Es ist daher nicht verwunderlich, dass die Sportpolitik wesentliche freizeitpolitische Gehalte aufweist. Aber auch die wirtschaftlichen Interessen am Sport und an der Sportausübung sind hinlänglich bekannt, was die Wirtschaftspolitik auf den Plan ruft. Die wirtschaftliche Bedeutung wird insbesondere bei der Kombination Sport und Tourismus überdeutlich, deren Bedeutung zudem für die Entwicklung ganzer Regionen außer Frage steht.

## 2.1   Freizeitpolitik als Querschnittsaufgabe

In der Gesamtschau bietet es sich somit an, Freizeitpolitik als Querschnittspolitik zu verstehen. Freizeit wird dann zwar nicht als eigenständiges politisches Handlungsfeld verstanden. Dafür wird sie als integrierter Bestandteil, als Querschnittsaufgabe verschiedenster Politikbereiche aufgefasst. Freizeitpolitik im Sinne einer bereichsübergreifenden, gesellschaftspolitischen Aufgabe zielt dabei auf die umfassende Verbesserung der Lebens- und Freizeitsituation der Bevölkerung, indem sie die Freizeitbedürfnisse und das Wohlbefinden der Menschen in allen relevanten Politikbereichen beeinflusst und mitbedenkt. Die damit intendierte Steigerung der Lebensqualität wird dabei in Überlegungen zur Erhaltung der Umwelt und zur Förderung einer zukunftsfähigen, stabilen Wirtschaftsstruktur eingebunden.

In der Praxis zeigt sich jedoch, dass Freizeitpolitik als Querschnittsaufgabe bislang kaum über den Aspekt der Stadtentwicklungsplanung hinausgekommen ist. Allerdings sind gegenwärtig eine Reihe von regionalen und lokalen Entwicklungsinitiativen damit beschäftigt, hier Abhilfe zu schaffen. Sie versuchen, im Rahmen integrierter, raumorientierter Entwicklungsstrategien, Freizeitaspekte zu integrieren und in Bemühungen um eine sozial- und umweltgerechte, wirtschaftlich tragfähige Regionalentwicklung einzubinden bzw. für diese nutzbar zu machen. Auch sei auf das Projekt *Zukunftsfähige Region* des Bundesamtes für Städteplanung und Bauwesen verwiesen. Es enthält wichtige Aspekte der Freizeit- und Tourismusentwicklung, die im Kontext einer nachhaltigen und integrierten Regionalentwicklung betrachtet werden.

## 2.2  Handlungsfelder mit freizeitpolitischen Gehalten

Ganz im Sinne der Querschnittsaufgabe von Freizeitpolitik gilt es nun, freizeitpolitische Zielsetzungen im Bereich der verschiedenen Politik- und Handlungsfelder zu verankern und praktisch werden zu lassen. Handlungsfelder einer öffentlichen Freizeitpolitik ergeben sich dabei zum einen aus der übergreifenden Zielsetzung von Freizeitpolitik und gesellschaftlicher (nachhaltiger) Entwicklung. Zum anderen liefert der jeweilige regionale bzw. lokale Kontext mit seinen spezifischen ökonomischen, soziokulturellen und ökologischen Bedingungen wichtige Einflussgrößen für eine wirkungsvolle Freizeitpolitik. Mögliche Handlungsfelder bzw. Handlungsziele wären z.B.:

a) Raumordnung, Infrastrukturplanung, Wohnwelt:
  * Abbau der räumlichen Trennung von Wohn-, Arbeits- und Freizeitraum.
  * Re-Integration der Lebensfunktionen Wohnen, Arbeiten, Freizeit in übergreifende, raumbezogene Entwicklungskonzepte.
  * Kommunikationseröffnende Wohnverhältnisse, Förderung sozialer Beziehungen, z.B. im Rahmen des Wohnungsbaus.
  * Verbesserung der Freizeitbedingungen im Wohnbereich.
  * Entwicklung tragfähiger Zonenmodelle/Nutzungskonzepte im Rahmen der Organisation der Raumnutzung, um ökonomischen und soziokulturellen Notwendigkeiten zu entsprechen, ohne dabei ökologische Belange zu vernachlässigen.
  * Entwicklung integrierter Konzepte zur nachhaltigen Regionalentwicklung.

b) Verkehr und Umwelt:
- Verkehrsberuhigung, Reduktion der Freizeitmobilität zugunsten von mehr Wohn- und Lebensqualität.
- Schonender Umgang mit Erholungs- und Naturlandschaften, Erhalt der Stabilität der Ökosysteme und ihrer positiven Wirkungen für die Gesellschaft.
- Lenkung von Tourismusströmen und Freizeitmobilität.
- Förderung eines umweltangepassten Tourismus.

c) Arbeit und Arbeitszeit:
- Weitere Humanisierung der Arbeit und Aufhebung des Dualismus von Freizeit und Arbeit.
- Sicherung von Arbeit, Beschäftigung und Einkommen.
- Förderung von Arbeitsformen mit mehr Zeitautonomie.

d) Bildung und Kultur:
- Verbesserung der Bildungsvoraussetzungen für eine möglichst zeitautonome Lebensgestaltung.
- Sicherung der Grundvoraussetzungen für lebenslanges Lernen, auch als Bedingung für die Teilhabe am gesellschaftlichen Leben.
- Gewährleistung von Rahmenbedingungen für ein vielfältiges kulturelles Leben.

e) Gemeinwohl, soziales Leben:
- Aufwertung und Belebung von Eigeninitiative.
- Förderung gemeinwohlorientierter Tätigkeiten und Organisationen.
- Erhalt gewachsener Sozialstrukturen und Sozialbeziehungen.

f) Jugend und Alter:
- Schaffung günstiger Rahmenbedingungen für eine vielfältige und sinnvolle Freizeitbeschäftigung für Kinder und Jugendliche.
- Förderung eines aktiven Lebens im Alter und Sicherung der Integration in den gesamtgesellschaftlichen Rahmen.

g) Gesundheitsvorsorge, Sport und Tourismus:
- Weiterentwicklung des gesundheits-, gemeinschafts- und umweltorientierten Sports.
- Förderung einer soziokulturell- und umweltverantwortlichen Tourismusentwicklung und ihrer wirtschaftlichen bzw. strukturgebenden Möglichkeiten.

## 3. Tourismuspolitik

Angesichts der Bedeutung der Tourismuswirtschaft für Gesellschaft und Umwelt stellt sich die Frage nach einer Tourismuspolitik, die sich des Phänomens Tourismus angemessen annehmen kann. Tourismuspolitik fällt dann die Aufgabe zu, die Entwicklungschancen, die im Tourismus bestehen, bzw. die strukturbildende Kraft des Tourismus zu erschließen und in erwünschte Bahnen zu lenken sowie die tourismusbedingten negativen Folgen zu verringern bzw. zu vermeiden. Eine ökonomisch erfolgreiche, sozial- und umweltverträgliche Tourismusentwicklung wäre hier die Zielsetzung.

Wie schon bei der Freizeitpolitik wird in der Praxis Tourismuspolitik weniger als eigenständiger Politikbereich wahrgenommen. Tourismuspolitik ist vielmehr Querschnittspolitik, insofern sie auf eine hohe Anzahl von betroffenen Politikfeldern bezogen ist. So ist Tourismuspolitik z.B. Wirtschaftspolitik, wenn sie wirtschaftsförderliche Wirkungen entfaltet oder Marketing-Maßnahmen ergreift. Sie ist Sozialpolitik, wenn sie sich um die Sicherung von Einkommens- und Beschäftigungsmöglichkeiten durch Tourismus bemüht oder im Zuge der Tourismusentwicklung für den Erhalt kultureller Eigenarten sowie für die Stabilisierung der Sozialstruktur einer Region eintritt. Umweltpolitische Gehalte der Tourismuspolitik zeigen sich in entsprechenden Auflagen bzw. Verboten für die Tourismuswirtschaft zum Zwecke des Erhalts der Naturlandschaft. Wegen dieser Verflechtungen bietet sich die wirksame Integration tourismuspolitischer Aspekte und Fragestellungen in die jeweiligen Politikbereiche an. Für diese lassen sich dann tourismusrelevante Bereichsziele und bereichsspezifische Anforderungen formulieren.

Tourismuspolitik ist Mehrebenenpolitik. Sie findet auf lokaler, regionaler, nationaler, europäischer und globaler Ebene statt. Dabei sind die einzelnen Akteure, seien sie nun privater oder öffentlicher Natur, auf verschiedenste Weise miteinander verbunden. Tourismuspolitik stellt sich damit auch als Verbundpolitik dar. Eine Reihe von Kooperationen zwischen privaten und öffentlichen Akteuren sind hierfür ein Beispiel. Trotz unterschiedlicher Ansätze und Interessenlagen bietet sich damit prinzipiell die Möglichkeit, Regulierungsnotwendigkeiten und Problemlösungsstrategien gemeinsam zu identifizieren und umzusetzen. Eine Herausforderung ist allerdings die Heterogenität des Wirtschaftssektors Tourismus und das damit verbundene breite Spektrum an privatwirtschaftlichen Akteuren. Jeder dieser Akteure bzw. ihre Interessenverbände verfolgen Zielsetzungen, die vielfach nur schwer miteinander vereinbar sind. Auch konnte sich eine gemeinsame Interessenvertretung, z.B. der Tourismusdachverbände, bisher nicht entwickeln, sodass sich Tourismuspolitik einer Vielzahl von Kommunikationspartnern gegenüber sieht.

Insofern der Staat die Rahmenbedingungen für das privatwirtschaftliche Handeln der Tourismuswirtschaft setzt, ist Tourismuspolitik Ordnungspolitik. Handels- und Zollvorschriften, wettbewerbsrechtliche Vorgaben oder Verbote im Zusammenhang mit dem Umweltschutz sind ordnungsrechtliche Vorgaben staatlicherseits.

Schließlich ist Tourismuspolitik auch eine Planungsaufgabe. Es ist die Aufgabe der öffentlichen Planungsträger, eine räumlich ausgewogene Entwicklung des Fremdenverkehrs zu gewährleisten. In diesem Zusammenhang sei auf die Aufgaben im Rahmen der Raumordnung und Regionalplanung verwiesen.

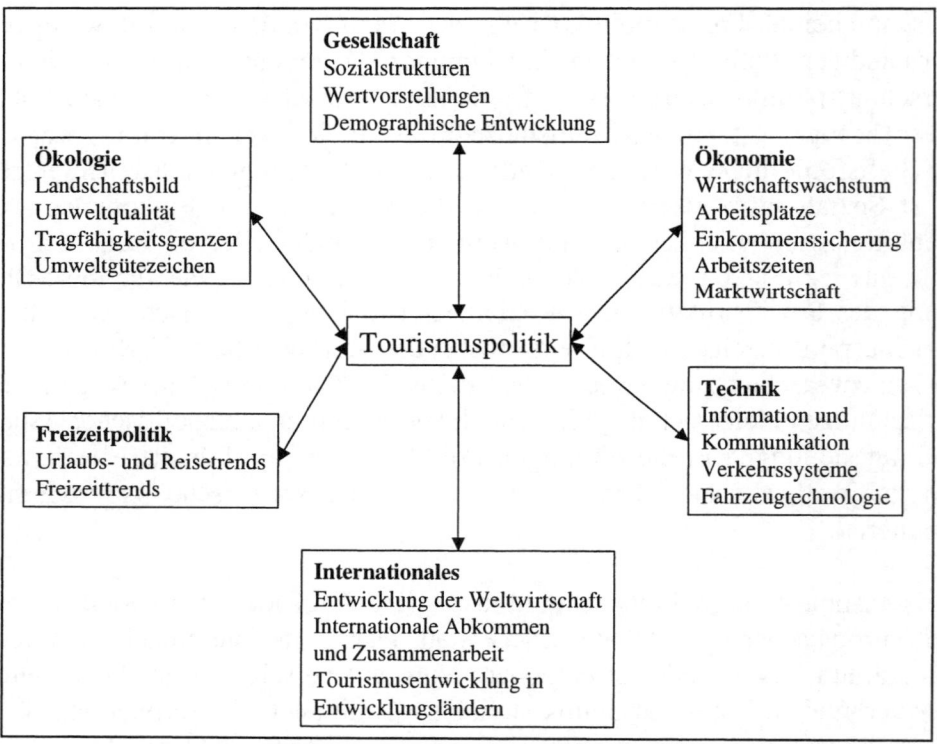

**Abbildung 34:**   Verflechtung der Tourismuspolitik mit anderen Politik- und Handlungsfeldern

## 3.1 Nationale Akteure

### 3.1.1 Öffentliche Akteure

Der Querschnittscharakter der Tourismuspolitik zeigt sich in der politischen Praxis an der Vielzahl der mit tourismusrelevanten Fragestellungen betroffenen öffentlichen Akteure wie z.B. den Bundesministerien. So erstellt das *Auswärtige Amt* wichtige Sicherheitshinweise für die Touristen, bereitet Informationen über Deutschland für ausländische Besucher auf oder betreut deutsche Touristen im Ausland. Das *Bundesministerium für Familie, Senioren, Frauen und Jugend* fördert Einrichtungen gemeinnütziger Familienferienstätten und bemüht sich um den Aufbau touristischer Angebote für Senioren oder behinderte Menschen. Das Ministerium für Verbraucherschutz ist im Bereich *Urlaub auf dem Bauernhof* tourismuspolitisch aktiv und führt einen *Bundeswettbewerb vorbildlicher Campingplätze* durch. Das Umweltministerium versucht günstige Rahmenbedingungen für eine umweltfreundliche Entwicklung im Tourismus zu schaffen. In nahezu allen Bundesressorts ließen sich tourismuspolitisch relevante Handlungsfelder finden. Auch der nachgeordnete Bereich der Bundesministerien ist tourismuspolitisch aktiv.[29] Innerhalb der Tourismuspolitik der Bundesregierung hat das *Bundesministerium für Wirtschaft* die Federführung. Zu seinen Aufgaben gehören z.B. die Formulierung von Aufgaben und Zielsetzungen bundesdeutscher Tourismuspolitik, die Ressortkoordination in tourismuspolitischen Fragen oder die Beurteilung der wirtschaftlichen Lage der Fremdenverkehrswirtschaft. Seine tourismuspolitische Aufgabe sieht das Wirtschaftsministerium vor allem in der Förderung des Tourismus nach Deutschland und in der Stärkung der Zusammenarbeit zwischen den Ländern bei der Entwicklung des Reiseverkehrs in und nach Deutschland. Dabei sollen die Märkte insbesondere für kleinere und mittlere Unternehmen geöffnet, das touristische Angebot verbessert und die im Tourismus Beschäftigten durch Kooperationen im Bildungswesen ausreichend qualifiziert werden.[30]

Tourismuspolitik fällt jedoch in den originären Zuständigkeitsbereich der Bundesländer. Sie sind auf jeden Fall für die Umsetzung tourismuspolitischer Maßnahmen zuständig. Wie beim Bund liegt in nahezu allen Bundesländern die Federführung bei den Wirtschaftsministerien, -senatoren oder -behörden. Für die Länder ist Tourismuspolitik im Wesentlichen Wirtschaftspolitik. Tourismus wird als wichtiger Beschäftigungsbereich gerade in strukturschwachen, aber landschaftlich oft attraktiven Regionen angesehen. Die meisten Bundesländer haben für ihre tourismuspolitischen Belange eigene Tourismusprogramme entwickelt.

---

[29] Vgl. Kahlenborn/Kraack/Carius, 1999, S. 8-15.
[30] Vgl. Deutscher Bundestag, 1999, S. 93.

Dort sind die Rahmenbedingungen für die weitere touristische Entwicklung des Landes festgehalten. Die Schwerpunktsetzung hängt von den jeweiligen Gegebenheiten im Land ab. Neben Maßnahmen zur Strukturverbesserung in wirtschaftlich schwachen Regionen stehen die Schaffung von ausreichend Erholungskapazität und die Mittelstandförderung sowie Umweltschutzmaßnahmen in den Zielkatalogen der Länder ganz oben.

Auf der handlungspraktischen Ebene sind die Kommunen und die Regionen an tourismuspolitischen Vorhaben maßgeblich beteiligt. Kommunen und Regionen orientieren sich zwar an den tourismuspolitischen Rahmenbedingungen des Bundes und der Länder. Das für das föderative System der Bundesrepublik konstitutive Subsidiaritätsprinzip und die Kommunalautonomie führen jedoch dazu, dass die touristische Entwicklung vor Ort in großem Maße von den Entscheidungen in den Gemeindegremien bestimmt wird. Dabei wird in der Regel die eigene Gemeinde touristisch vermarktet. Des Weiteren ist man bemüht, eine für die touristische Entwicklung günstige Infrastruktur aufzubauen. Dabei kann es schon mal zu regionaler Kirchturmpolitik kommen, d.h., man konzentriert sich auf die kommunalen, höchstens jedoch regionalen Belange. Entwicklungsbemühungen anderer Regionen können dadurch behindert werden.[31]

### 3.1.2   Private Akteure, Mischformen

Neben rein öffentlichen Akteuren gibt es eine Vielzahl privater tourismuspolitischer Akteure sowie Mischformen zwischen privaten und öffentlichen Trägern. Die *Deutsche Zentrale für Tourismus (DZT)* hat als nationale Marketingorganisation die Aufgabe, für das Produkt *Deutschland* im Ausland zu werben (www.deutschlandtourismus.de). Mitglieder der *DZT* sind Verbände, Vereine und Unternehmen wie z.B. die *Deutsche Bahn AG*, die *Lufthansa* oder die Autovermietung *Sixt AG*. Die *DZT* wird mit rund 80 % aus öffentlichen Mitteln finanziert, was sie zu einem Mittelding aus privatem und öffentlichem Akteur macht.

Als Interessenverbund des öffentlichen Tourismus fungiert der *Deutsche Tourismusverband e.V. (DTV)*. 17 Landestourismus- bzw. Regionalorganisationen bzw. 28 große Städte sind hier organisiert. Hinzu kommen 26 fördernde Mitglieder wie *Deutsche Bahn AG*, der *ADAC* oder die Tank&Rast AG sowie die drei kommunalen Spitzenverbände (www.deutschertourismusverband.de). Sein zentrales Ziel sieht der *DTV* in der Aufwertung des Tourismus in Deutschland als bedeutendem Wirtschaftsfaktor. Hierzu vergibt der *DTV* Studien und Forschungsarbeiten zum Tourismus in Deutschland und betreut eine Reihe von bundesweiten Wettbewer-

---

[31]   Vgl. Kahlenborn/Kraack/Carius, 1999, S. 29-30, S. 38.

ben. Zu letzterem gehört z.B. der Ideenwettbewerb *de.stination*, an dem im Jahr 2001 154 Orte, Städte und Regionen mit ihrem freizeittouristischen Internetangebot teilnahmen (www.deutschlandtourismus.de/de.stination2000/)

Der *Deutsche Fremdenverkehrsverband (DFV)* ist die Dachorganisation aller deutschen Fremdenverkehrsregionen und -gemeinden. Gegenwärtig vertritt er die Interessen von ca. 6.000 touristisch bedeutsamen Städten und Gemeinden gegenüber der Politik und der Öffentlichkeit. Der *DFV* ist ein Dachverband der jeweiligen Landes- und Regionalverbände und ist dem Charakter nach ein Fachverband für die Anbieter touristischer Leistungen in Deutschland.

Das Kur- und Bäderwesen wird vom *Deutschen Bäderverband (DBV)* vertreten (www.deutscher-heilbaederverband.de). Die Aufgaben des *DBV* liegen vor allem im gesundheitspolitischen sowie tourismuspolitischem Bereich.

Um den inländischen Tourismus in Deutschland zu fördern, wurde die *Deutschland Tourismus Marketing GmbH (DTM)* gegründet. Ihre wichtigste Aufgabe besteht darin, das touristische Angebot in Deutschland als Ganzes zu präsentieren und dem Rückgang der Privatreisen der Deutschen im eigenen Land entgegenzuwirken.

Zum Jahresende 1995 wurde der *Bundesverband der Deutschen Tourismuswirtschaft (BTW)* gegründet. Er soll als zentrales Koordinierungsinstrument der Tourismuswirtschaft in Deutschland wirken und die deutsche Tourismuswirtschaft bei der EU vertreten. Gründungsmitglieder der *BTW* waren z.B. der *Deutsche Hotel- und Gaststättenverband (DEHOGA)*, der *Deutsche Reisebüro-Verband (DRV)*, die *Arbeitsgemeinschaft deutscher Luftfahrtunternehmen (ADL, Hapag Lloyd, LTU, TUI)* usw. Im so genannten *Berliner Programm* 1996 hat die *BTW* ein Leitbild für die deutsche Tourismuswirtschaft aufgestellt, das die Wünsche der gesamten deutschen Tourismusindustrie in einem Aktions- und Maßnahmenkatalog bündelt.

Die deutschen Reiseveranstalter und die Reisebüros sind im *Deutschen Reisebüroverband (DRV)* organisiert (www.drv.de). Der *Deutsche Hotel- und Gaststättenverband (DEHOGA)* nimmt die Interessenvertretung des Gastgewerbes auf Bundesebene wahr (www.dehoga.de). Als Fachverband vertritt er die jeweiligen Landesverbände mit ca. 100.000 Betrieben. [32]

Deutsche Nicht-Regierungsorganisationen treten überwiegend kritisch gegenüber der Tourismusbranche auf. Dabei werden vor allem auf ökologische und sozio-

---

[32] A.a.O., S. 21-26.

kulturelle Probleme des Tourismus hingewiesen. Vor allem der *Worldwide Fund of Nature (WWF)* engagiert sich im Themenbereich Umwelt und Tourismus und fordert eine verstärkte Förderung des so genannten sanften Tourismus.[33]

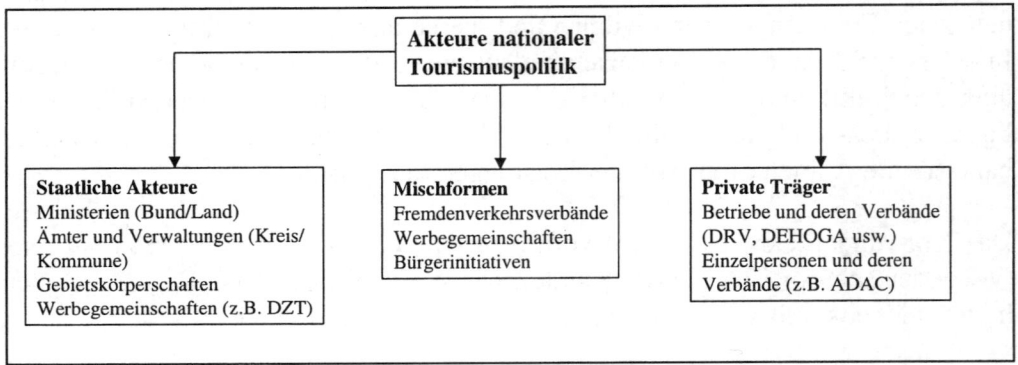

**Abbildung 35:**  Nationale Akteure in der Tourismuspolitik

Für die nationale Ebene kann zusammenfassend festgestellt werden, dass in Deutschland eine Vielzahl von Akteuren im tourismuspolitischen Handlungsfeld aktiv ist. Dies gilt sowohl für den öffentlichen als auch für den privaten Bereich. Der Blick auf die weit gefächerte Verbandslandschaft lässt dabei den Eindruck einer Überinstitutionalisierung entstehen. Aufgrund der Vielzahl von Interessen- verbänden und verschiedenen Interessenlagen fehlt es vielfach an Abstimmung der jeweiligen Aktionen und Programme. Im öffentlichen Bereich besteht ganz offensichtlich eine primär ökonomische Ausrichtung der Tourismuspolitik. Soziokulturelle und ökologische Fragestellungen und Problemlagen geraten da leicht ins Hintertreffen. Überraschend ist auch, dass Tourismus als eigenständiges Politikfeld in der öffentlichen Diskussion kaum wahrgenommen wird.

In nächster Zukunft sind die Kommunikation und Koordination zwischen den Akteuren, die Intensivierung der tourismuspolitischen Abstimmungsprozesse zwischen den Akteuren aller Ebenen vordringliche Aufgaben. Die Kooperation ist schwierig, da sich sowohl die Akteure im öffentlichen als auch im privaten Sektor untereinander immer auch als Konkurrenten betrachten. Auch für die öffentliche Tourismuspolitik ist der Standortwettbewerb ein zentrales Kenn- zeichen. Kooperationsbemühungen scheitern nicht selten am „Kirchturmdenken", was die Situation aller touristischen Akteure nicht gerade verbessert. Urlaubs- regionen überschreiten politische Grenzen und Interessenlagen der einzelnen touristischen Akteure. Ohne die Konkurrenz zwischen den Regionen abbauen zu

---

[33]  A.a.O., S. 28.

wollen, bedarf es dennoch gemeinsamer Entwicklungsansätze, um das Urlaubsland erfolgreich am Markt zu profilieren.[34]


## 3.2 Europäische Ebene

In Europa besitzt die *Europäische Union (EU)* keine originäre tourismuspolitische Kompetenz. Allerdings wird im Vertrag von Maastricht Tourismus als
Tätigkeitsbereich der *EU* genannt (vgl. Art. 3t EGV). Damit besteht jedoch keine
eigene Rechtsgrundlage, gemäß der die Gemeinschaft im Tourismussektor gestal-
tend aktiv werden kann. In der Folge basieren tourismusrelevante Maßnahmen
auf anderen Rechtsgrundlagen.

Innerhalb der Europäischen Kommission ist vor allem die *Generaldirektion XVI
Regionalpolitik und Kohäsion* zu nennen, die im Rahmen der europäischen
Strukturpolitik auch strukturverbessernde Maßnahmen in der Tourismuswirtschaft auf den Weg bringt. Zudem wurden einige tourismusrelevante Richtlinien
erarbeitet. Tourismusbezogene Maßnahmen werden jedoch auch von den anderen
Generaldirektionen betreut. Diese gelten insbesondere für den Bereich der Verkehrsinfrastruktur bzw. der Entwicklung transeuropäischer Verkehrsnetze. Der
*Generaldirektion XXIII Unternehmenspolitik, Handel, Tourismus und Sozial-
wirtschaft* kommt bei den tourismuspolitischen Einzelaktionen eine koordinierende Rolle zu. Hier werden auch die Kontakte mit den Tourismusverbänden aufrechterhalten und entwickelt. Des weiteren unterstützt und moderiert die *Generaldirektion XXIII* europaweite Initiativen zur Qualitätssicherung im Tourismus.
In diesem Handlungsfeld wird eine zentrale Aufgabe der Sicherung der Wettbewerbsfähigkeit des europäischen Tourismus gesehen. Auf Ebene der Betriebe soll
ein integriertes Qualitätsmanagement entwickelt und eingeführt sowie die berufliche Qualifizierung der im Tourismus Beschäftigten vorangetrieben werden.[35]


Insbesondere im Fehlen einer gemeinsamen europäischen Tourismuspolitik sieht
die Europäische Kommission eine zentrale Schwäche des Europatourismus.
Damit können weder der Bedeutung des touristischen Sektors ein angemessener
Stellenwert auf der politischen Agenda eingeräumt noch die Vorteile des europäischen Binnenmarktes im freizeittouristischen Bereich umgesetzt werden. Eine
gemeinsame europäische Tourismuspolitik müsse dabei am Leitbild des *Sustainable Development* orientiert werden. Ebenso bedürfe es einer umfassenden Integration tourismuspolitischer Aspekte in die anderen Politikbereiche. Im Hinblick
auf die Struktur des europäischen Tourismus betont die Kommission die Bedeutung der kleineren und mittleren Unternehmen (KMU). Nicht zuletzt wegen der

---

[34]  Vgl. Deutscher Bundestag, 1999, S. 104; vgl. Kahlenborn/Kraack/Carius, 1999, S. 42-43.
[35]  Vgl. Europäische Kommission, 1998[2], S. 1-5.

vor allem lokalen beschäftigungspolitischen, aber auch wegen ihrer soziokultu-rellen Bedeutung, sollen die KMU in Zukunft verstärkt gefördert werden – auch in finanzieller Hinsicht. Dabei gilt das Augenmerk der Förderung umweltange-passter und sozialverträglicher Tourismusangebote.[36]

Ein weiterer wichtiger tourismuspolitischer Akteur ist das Europäische Parla-ment, dass durch den *Ausschuss für Verkehr und Fremdenverkehr* europäische Entscheidungsprozesse im Tourismusbereich mitgestaltet.

Die Interessen der europäischen Tourismuswirtschaft werden gegenwärtig von rund 40 Tourismus-Dachverbänden wahrgenommen. Die *European Travel Commission (ETC)* ist ein Zusammenschluss von gegenwärtig 28 nationalen Tourismusbehörden. Ihre Aufgabe ist es, Europa als Destination in Drittländern zu vermarkten. Von deutscher Seite ist die *Deutsche Zentrale für Touristik* Mit-glied. Gegenwärtig sind die Marketingkampagnen der *ETC* vor allem auf die Bürgerinnen und Bürger der USA, Kanadas, Australiens und Lateinamerikas gerichtet.[37]

Auf Initiative der *ETC* wurde *die European Travel and Tourism Action Group (ETAG)* 1981 gegründet. Sie setzt sich zusammen aus rund 24 europäischen und internationalen Verbänden der verschiedenen Tourismussektoren. *ETAG* bildet ein Forum für den wechselseitigen Austausch und vertritt die Interessen der Mit-glieder auf europäischer Ebene. Allerdings repräsentiert *ETAG* nur einen Teil der europäischen Tourismuswirtschaft. Die *Europan Tour Operations Association (ETOA)* vertritt rund 165 Einzelveranstalter, Reisebüros und Restaurants auf europäischer Ebene. Die Aktivitäten der *ETOA* sollen den Tourismus in Europa fördern und Europa als Reiseland in Drittländern vermarkten.

Die Brancheninteressen der Reisebüro- und Reiseveranstalterverbände werden von der *Group of National Travel Agents' and Tour Operators' Association within the EU (ECTAA)* vertreten. Sie ist der europäische Dachverband. Die rund 26 europäischen Linienfluggesellschaften sind in der *Association of European Airlines (AEA)* zusammengeschlossen. Sie vertritt die Interessen der Linienflug-gesellschaften gegenüber der EU und der Öffentlichkeit.[38]

Im Bereich der Nicht-Regierungsorganisationen gibt es auf europäischer Ebene nur wenig kontinuierliche Beschäftigung mit Fragen des Tourismus. Im Umwelt-bereich ist das *European Environmental Bureau (EEB)* die Dachorganisation von gegenwärtig etwa 130 Umweltschutzverbänden. Gemeinsam mit *Econtrans e.V.*,

---

[36]   Dieselbe, 1998[3], S. 2-6.
[37]   Vgl. Deutscher Bundestag, 1999, S. 90-91.
[38]   A.a.O., S., 91-92.

einem europäischen Netzwerk von Nicht-Regierungsorganisationen, soll den
Zielen einer nachhaltigen Tourismusentwicklung zum Durchbruch verholfen
werden.[39]

Fasst man für den Bereich der europäischen Tourismuspolitik die Situation zusammen, sind eine Reihe wichtiger Aktionen und Maßnahmen zu vermerken. Auf
der Ebene der einzelnen Mitgliedstaaten entfalten diese durchaus beträchtliche
gestaltende Wirkung. Für die Zukunft bedarf es aber einer von allen Mitgliedstaaten getragenen politischen Zielsetzung und eines übergeordneten Leitbilds
einer europäischen, nachhaltigen Tourismuspolitik. Aufgrund fehlender Rechtsgrundlagen sind den Akteuren auf Ebene der Europäischen Kommission, des
Europäischen Rates und des Europäischen Parlaments enge Grenzen für die Entwicklung gesamteuropäischer Perspektiven gesetzt. Gleichwohl müssen die
wachsenden Sorgen der einzelnen Mitgliedstaaten in Bezug auf eine Konzentration von Zuständigkeiten in Händen der EU gesehen werden.
Was die Interessenvertretung der europäischen Tourismuswirtschaft anbelangt,
fehlt bisher eine gemeinsame Positionierung bzw. eine geschlossene Präsentation.
Eine Überinstitutionalisierung ist auch auf dieser Ebene nicht zu übersehen.

## 3.3   Internationale Tourismuspolitik

Schon von seinem Wesen her ist der Tourismus ein transnationales Phänomen.
Tourismus gehört nicht zuletzt deshalb zur Klasse grenzüberschreitender, internationaler Politikfelder. Umso überraschender ist es daher, dass eine international
koordinierte Tourismuspolitik lediglich in Ansätzen erkennbar ist.
Neben den eher im Rahmen internationaler Konferenzen und Abkommen aktiv
werdenden Regierungen befassen sich eine Reihe internationaler Organisationen
mit Fragen des Fremdenverkehrs. Dabei sind innerhalb der Pluralität staatlicher
und zwischenstaatlicher Institutionen, Verbände und einzelwirtschaftlicher
Akteure, vielfältige Formen der Kooperation zwischen öffentlicher und privater
Hand zu finden.

Die *World Travel Organisation (WTO)*, 1975 gegründet, ist wohl die wichtigste
internationale Organisation. In ihr sind über 100 Mitgliedstaaten vertreten.
Grundlegendes Ziel der *WTO* ist die Förderung des Tourismus als Mittel zur
Erreichung wirtschaftlichen Wohlstands, internationaler Verständigung und
dauerhaftem Frieden. Die *WTO* erstellt Studien und Statistiken zur Tourismusentwicklung und ist vor allem in Entwicklungsländern beratend tätig. Nichtstaat-
liche Akteure können bislang nicht Vollmitglied der *WTO* werden.

---

[39]   A.a.O., S. 93.

1998 wurde das *World Tourism Organisation Business Council (WTOBC)* gegründet, in dem Unternehmen, Verbände, wissenschaftliche Einrichtungen sowie Marketingorganisationen vertreten sind. Durch das Zusammenwirken von *WTO* und *WTOBC* soll die Kooperation zwischen öffentlichen und privaten Akteuren unter dem Dach der *WTO* stärker entwickelt werden.

Auch die *Organisation for Economic Co-Operation and Development (OECD)* beschäftigt sich mit tourismuspolitischen Fragestellungen. Im Vordergrund steht dabei die Analyse der wirtschaftlichen Bedeutung des Tourismussektors. Weitere Themenfelder sind die Liberalisierung des Tourismussektors und die wachsende Bedeutung der Arbeitsplätze in der Tourismuswirtschaft. Die *OECD* setzt sich zunehmend für eine nachhaltige Tourismusentwicklung ein. Dabei sollen vor allem kleinere und mittlere Unternehmen unterstützt und die Qualifizierungs- und Beschäftigungsmöglichkeiten der lokalen Bevölkerung verbessert werden. Auch bearbeitet die *OECD* Aspekte einer verbesserten Zusammenarbeit zwischen privaten und öffentlichen Akteuren im Tourismussektor.[40]

Auf privater Seite sind übernationale Zusammenschlüsse der Tourismuswirtschaft tourismuspolitisch aktiv, um die Mitgliederinteressen auf übernationaler Ebene zu realisieren. So haben sich etwa 100 der weltgrößten Unternehmen im *World Travel and Tourism Council (WTTC)* zusammengeschlossen. Die privatwirtschaftliche Organisation wurde 1990 unter anderem mit dem Ziel gegründet, die wirtschaftliche Bedeutung der Tourismusbranche verstärkt in das Bewusstsein der Politik zu bringen. Neben der Vertretung ihrer Mitglieder gegenüber der Öffentlichkeit und der Politik erstellt die *WTTC* Statistiken und Analysen über Entwicklungen am Tourismusmarkt. Zur Unterstützung des Umsetzungsprozesses der *Agenda 21* im Bereich der Tourismuswirtschaft hat die *WTTC* die *Agenda 21 der Reise- und Tourismusindustrie* entworfen und hat, unterstützt von den Vereinten Nationen, das Aktionsprogramm *Green Globe* ins Leben gerufen. Das Programm bietet ein Umweltzertifikat für Tourismusunternehmen (*Green Globe Certificate*) und vergibt jährlich den *Green Globe Award*.[41]

Zur Gruppe privater internationaler Tourismusverbände gehört die *International Hotel & Restaurant Association (IH&RA)*. Sie ist der Weltverband des Hotel- und Gaststättengewerbes, in dem Hotelverbände, Hotelketten und einzelne Hoteliers vertreten sind. Auch Regierungsorganisationen sind zugelassen. Die *Hotel and Catering International Management Association (HCIMA)* ist eine internationale Berufsvereinigung für Manager des Beherbergungssektors. Die *International Air Transportation Association (IATA)* hat als weltweite Vereinigung der Linienflug-

---

[40]   A.a.O., S. 85-87.
[41]   Vgl. Kahlenborn/Kraack/Carius, 1999, S. 43-48.

gesellschaften über 256 Mitglieder. Ihre Aufgabe ist die Vertretung und Betreuung ihrer Mitglieder weltweit. Zugleich hat sie eine wichtige Funktion bei der Festsetzung der Bemessungskriterien für die Flugtarife.[42]

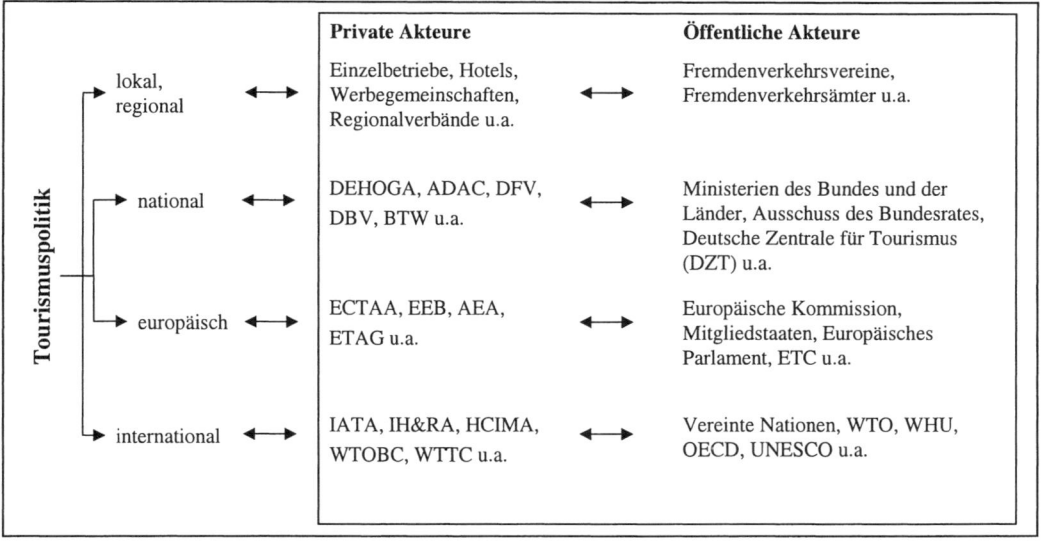

| | | Private Akteure | Öffentliche Akteure |
|---|---|---|---|
| **Tourismuspolitik** | lokal, regional | Einzelbetriebe, Hotels, Werbegemeinschaften, Regionalverbände u.a. | Fremdenverkehrsvereine, Fremdenverkehrsämter u.a. |
| | national | DEHOGA, ADAC, DFV, DBV, BTW u.a. | Ministerien des Bundes und der Länder, Ausschuss des Bundesrates, Deutsche Zentrale für Tourismus (DZT) u.a. |
| | europäisch | ECTAA, EEB, AEA, ETAG u.a. | Europäische Kommission, Mitgliedstaaten, Europäisches Parlament, ETC u.a. |
| | international | IATA, IH&RA, HCIMA, WTOBC, WTTC u.a. | Vereinte Nationen, WTO, WHU, OECD, UNESCO u.a. |

**Abbildung 36:** Tourismuspolitik als Mehrebenen- und Verbundpolitik

## 4. Nachhaltige Freizeitpolitik und Tourismusentwicklung

Zeitgemäße Freizeit- und Tourismuspolitik leiten ihre bereits angedeuteten Ziele zum einen aus gesamtgesellschaftlichen Erwägungen und ökologischen Erfordernissen, aber auch aus dem Verständnis von Freizeit als individuell und sinnvoll zu gestaltendem Freiraum ab. Freizeitwirtschaft und Tourismus werden hier als eingebettet in einen gesamtgesellschaftlichen ökologischen und ökonomischen Kontext verstanden. Auf diese Rahmenbedingungen wirken Freizeitwirtschaft und Tourismus in positiver, aber auch belastender Weise zurück.

Grundlegende Ziele einer tragfähigen Freizeit- und Tourismuspolitik dürften Beiträge zur Steigerung der Lebensqualität, der Wohlfahrt als Befriedigung der Gesamtheit materieller und immaterieller Bedürfnisse sein, sowohl für die Gesamtgesellschaft als auch für das Individuum. Dazu gehört ohne Frage auch die Bewahrung der natürlichen Lebensgrundlagen. Als Leitbild bietet sich damit das Konzept des *Sustainable Development* an. Hier sollen sozialgesellschaftliche,

---

[42] Vgl. Deutscher Bundestag, 1999, S. 88.

ökonomische und ökologische Fragen menschlicher Entwicklung verbunden und aufeinander bezogen werden – Prinzipien, die schon in der Darstellung von Freizeit- und Tourismuspolitik thematisiert wurden.

**Abbildung 37:**   Strukturelemente nachhaltiger Entwicklung

Im Kontext von *Sustainable Development* hat nationale Tourismuspolitik z.B. die Aufgabe, Deutschland als Reiseland angemessen zu vermarkten und für eine sozial- sowie umweltverträgliche Tourismusentwicklung Sorge zu tragen. Auf diese Weise können die regionalwirtschaftliche Ausgleichsfunktion des Tourismus und sein hohes Wirtschafts- und Beschäftigungspotenzial ausgeschöpft werden, ohne dass dabei soziokulturelle oder ökologische Belastungsgrenzen (Tragekapazitäten) der Destination überschritten werden.

## 4.1.  Das Konzept des Sustainable Development – eine Einführung

Seit dem Bericht der Brundtlandkommission *Unsere gemeinsame Zukunft* im Jahr 1987, besonders seit der *Konferenz der Vereinten Nationen zu Umwelt und Entwicklung (UNCED)* im Sommer 1992 in Rio, hat das Prinzip nachhaltiger Entwicklung eine zentrale Bedeutung in der weltweit geführten Diskussion um die Zukunft menschlicher Gesellschaften und ihre Entwicklung erhalten. *Nachhaltige Entwicklung* oder *Sustainable Development* wird als eine umweltschonende Entwicklung von Wirtschaft und Gesellschaft verstanden, die die heutigen Ressourcen für kommende Gesellschaften bewahrt und zu einer Verbesserung der sozialen und ökonomischen Lebensverhältnisse führt. Soziale, ökonomische und öko logische Entwicklung bilden dabei eine dynamische Einheit. Entsprechende politische Rahmenbedingungen müssen geschaffen werden, die allen Menschen angemessene Entwicklungschancen sichern und in effizienter, umweltverträglicher Weise zur Erfüllung ihrer Bedürfnisse beitragen.

---

Die Teilnehmer der Konferenz von Rio waren sich darüber einig, dass
- gravierende ökologische Probleme, die Bedrohung bzw. der Verlust ganzer Ökosysteme, die vitale Basis der Menschheit erodieren lassen und damit unsere Zukunft nicht mehr als eine Frage der Selbstverständlichkeit erscheint;
- diese ökologischen Probleme für alle Menschen von Relevanz sind, sie also globale Dimension angenommen haben, wenn auch die Auswirkungen gegenwärtig regional unterschiedlich wahrgenommen werden;
- schwer wiegende sozial-gesellschaftliche Spannungen, als Folge gravierender Entwicklungsdisparitäten zwischen Ländern und Regionen, von Armut, Hunger und sozialer Unfriede, Kriege, radikaler Nationalismus usw., bewältigt werden müssen;
- aus sozialgesellschaftlichen Problemlagen neue Umweltprobleme entstehen können;
- neue Wege bei der Entwicklung menschlicher Gesellschaften beschritten werden müssen, wobei soziale, ökologische und ökologische Aspekte gleichermaßen zu berücksichtigen sind.

---

Zentrales Abschlussdokument von Rio ist die *Agenda 21*, ein 40 Kapitel umfassendes, globales Aktionsprogramm, das alle Bereiche gesellschaftlichen Lebens umfasst. Das Aktionsprogramm richtet sich sowohl an Industrie- als auch Entwicklungsländer und enthält Festlegungen in den Bereichen Armutsbekämpfung, Bevölkerungspolitik, Handel und Umwelt, Abfall-, Chemikalien-, Klima- und Energiepolitik sowie Maßnahmen zur finanziellen und technologischen Zusammenarbeit und zur Stärkung der Rolle wichtiger gesellschaftlicher Gruppen. Im Bereich der Sofortmaßnahmen geht es zunächst darum, einer weiteren Verschlechterung der Situation entgegenzuwirken, eine umweltschonende Ressourcennutzung zu erreichen und eine schrittweise Verbesserung der Ausgangssituation einzuleiten.

Nachhaltigkeit wird übrigens nicht als statischer (End-)Zustand verstanden. Nachhaltigkeit ist vielmehr Zielgröße und dynamischer Prozess zugleich. Sie wird konkretisiert im Rahmen eines gesamtgesellschaftlichen Such- und Aushandlungsprozesses sowie im praktischen Handeln.

Mit der *Agenda 21* wird ein breiter, wenn auch völkerrechtlich nicht verbindlicher Orientierungsrahmen für Wege zu einer nachhaltigen Entwicklung auf nationaler und internationaler Ebene eröffnet.

### 4.1.1   Strukturelemente nachhaltiger Entwicklung

Wie das Begriffspaar *Nachhaltige Entwicklung* schon deutlich macht, Entwicklung wird als Ziel keinesfalls aufgegeben. Allerdings soll diese Entwicklung eine andere als die bisher verfolgte sein. Wie aber die geforderte „andere" Entwicklung aussehen kann, darüber wird noch heftig gestritten.

Derzeit gibt es noch kein ausgereiftes, konsensfähiges Konzept für eine nachhaltige Entwicklung, das verschiedenen gesellschaftlichen Entwicklungszuständen, Bedürfnissen und ökologischen Ausgangsbedingungen überzeugend Rechnung trägt. Vor diesem Hintergrund wird deutlich, dass nachhaltige Entwicklung konzeptionell genauer zu bestimmen ist und die Voraussetzungen für eine praktische Umsetzung noch zu benennen sind.

Dabei sollte bedacht werden:

- Menschen müssen konsumieren, um zu leben.
- Global betrachtet, ist die Konsumtion von Ressourcen überaus ungleichgewichtig.
- Offen bleibt, wie der Konsum angesichts unterschiedlicher Ausgangsbedingungen ausgestaltet werden muss, damit Menschen ihre Bedürfnisse heute und in Zukunft befriedigen können, ohne Ökosysteme zu destabilisieren.

*Nachhaltige Entwicklung* weist folgende Strukturelemente auf:

a) Ökologische Nachhaltigkeit:

Menschliche Lebens- und Handlungsweisen an die Belastungsgrenzen der Ökosysteme anpassen

- Schutz und Erhalt der Struktur (Integrität von Atmosphäre, Wasser und Boden, Artenvielfalt und Ökosystemstabilität) sowie der Funktion von Ökosystemen (bezogen auf den Erhalt des Systems, hier aber vor allem für den Menschen: Erhalt der positiven Wirkungen der Ökosysteme wie z.B. Schutz der Gesundheit, Erholungswirkung, nachhaltige Produktionsfunktionen der Gewässer, der Wälder, der Böden usw.).
- Ressourcenschonung
  Material und Energieverbrauch müssen innerhalb der Grenzen der Belastbarkeit von Quellen und Senken bleiben. Die Freisetzung von Emissionen muss innerhalb der Aufnahmekapazitäten bzw. der Anpassungsfähigkeit der Ökosysteme liegen, so dass diese nicht geschädigt werden. Der Verbrauch erneuerbarer Ressourcen darf deren Regenerationsfähigkeit nicht überschreiten. Nicht erneuerbare Ressourcen dürfen nur in dem Umfang genutzt

werden, in dem ein physisch und funktionell gleichwertiger Ersatz in Form der erneuerbaren sowie nichterneuerbaren Ressourcen geschaffen wird.[43]

b) Humanisierung der Gesellschaft:
- Schutz der personalen Würde aller Menschen, Recht auf personale Entfaltung (z.B. Chance zur Realisierung individueller Lebensentwürfe),
- Schutz der Gesundheit,
- Herstellung sozialer Gerechtigkeit,
- Friedenssicherung,
- Mitsprache- und Mitwirkungsmöglichkeiten bei der demokratischen Willensbildung.

c) Ökonomische Nachhaltigkeit:
Entwicklung einer lebensdienlichen Ökonomie, z.B. durch
- Befriedigung individueller und gesellschaftlicher Bedürfnisse in effizienter Weise (materielle Absicherung),
- Koppelung der Quantität wirtschaftlichen Erfolgs (Gewinn) an die sozialpolitischen und ökologischen Qualitäten der eingesetzten Mittel und Strategien,
- Aufrechterhaltung bzw. Verbesserung der ökonomischen Leistungsfähigkeit einer Gesellschaft und ihres Produktiv-, Sozial- und Humanpotenzials,
- Einbindung der Marktwirtschaft in eine globale Wirtschaftsrahmenordnung, die funktionsfähige Märkte entstehen lässt und aufrechterhält (Zugang zu Märkten, Wettbewerb, „Regeln" für den internationalen Handel).[44]

## 4.1.2 Elemente nachhaltiger Freizeit- und Tourismuspolitik

Tourismus ist eine wichtige Komponente im sozialen und wirtschaftlichen Leben der Gesellschaft. Er spiegelt legitime Wünsche des Einzelnen wider, ihm unbekannte Orte zu besuchen, andere Kulturen kennen zu lernen und Unterhaltung zu finden sowie sich abseits der Alltagswelt und des Arbeitsplatzes zu erholen und zu entspannen. Zugleich ist Tourismus ein bedeutender Wirtschaftsfaktor in vielen Regionen und Städten, der in besonderer Weise zur wirtschaftlichen und sozialen Anbindung von Regionen beitragen kann. Es besteht somit ein Bedürfnis nach vielfältigen freizeittouristischen Aktivitäten.

---

[43] Große Bedeutung kommt in diesem Zusammenhang der Reduktion des Flächenverbrauchs zu. Böden stellen eine nichterneuerbare und damit begrenzte Ressource dar.
[44] Vgl. Breidenbach, 1999, S. 87-103.

Wie bereits festgestellt, wirken sich Entwicklungen der Freizeit- und Tourismuswirtschaft in starkem Maße auf die Umwelt aus. Als Orientierungshilfe für den Abbau negativer ökologischer bzw. gesellschaftlicher Wirkungen bietet sich das Konzept der Nachhaltigkeit an, welches auf den effizienten und schonenden Umgang mit den knappen Ressourcen zielt. Neben dem ökologischen Aspekt müssen aber auch die kulturelle und soziale sowie die ökonomische Dimension als gleichrangig anerkennt werden. Nachhaltige Freizeitwirtschaft und Tourismuspolitik werden daher eine Anpassung der Entwicklungen an die naturräumlichen und ökologischen Gegebenheiten zum Ziel haben. Wirtschaftliche Expansionsbestrebungen werden mit den verfügbaren Ressourcen eines Ortes oder einer Region abzustimmen sein. Konkreter: Bei der Angebotsgestaltung ist der Erhaltung oder Entwicklung bestehender oder neuer naturnaher, umweltschonender, das kulturelle Erbe respektierender Angebote besonderes Augenmerk zu schenken. Zugleich muss die Markt- und Wettbewerbsorientierung der Freizeit- und Tourismusbranche sichergestellt bzw. gestärkt werden.

Seit einigen Jahren findet der Begriff Nachhaltigkeit in der freizeittouristischen Debatte Verwendung, ohne dass damit etwas über seine praktische Umsetzung gesagt wäre. Der Schutz der Umwelt, soziokulturelle Verträglichkeit bei gleichzeitiger Wahrung der Profitabilität haben als Zielsetzungen Eingang in die fremdenverkehrspolitische Programmatik gefunden. Umweltschutz wird dabei als strategischer Erfolgsfaktor erkannt, was allein aufgrund der unmittelbaren Verwiesenheit der Branche auf eine angemessene Umweltqualität überaus verständlich ist. Soziokulturelle Konflikte in den Gastgeberländern, der Widerstand der Bereisten, haben den Aspekt der Sozialverträglichkeit freizeittouristischer Aktivitäten in den Vordergrund gerückt. Entscheidend für die veränderte Sichtweise auch bei den Anbietern freizeittouristischer Leistungen dürfte gewesen sein, dass man sich nicht den Ast absägen will, auf dem man sitzt. Die Urlauber werden ausbleiben, wenn die Natur am Reiseziel stark belastet ist, das kleine Dorf in eine Betonwüste verwandelt wurde und der Lärmpegel Erholung nahezu unmöglich macht.

Ein ernstgemeinter umwelt- und sozialverträglicher Ansatz des Freizeit- und Tourismussektors darf jedoch nicht auf eine Nischenpolitik reduziert werden. Auch ist es wenig hilfreich, Nachhaltigkeitsaspekte lediglich im freizeittouristischen Terrain umzusetzen. Auch außerhalb dieser Räume lassen sich ökologische, soziale und ökonomische Auswirkungen feststellen. Nachhaltige Freizeit- und Tourismuspolitik wird daher eine umfassende und integrierte Perspektive für den Raum entwerfen, in der sich Freizeitwirtschaft und Tourismus ereignen. Eine solche Perspektive beinhaltet eine Abschätzung und näherungsweise Würdigung der sozioökonomischen, aber auch der ökologischen Potenziale, die für eine

Region aus dem Tourismus erwachsen. Nicht selten ist es z.B. der Tourismus, der die Mittel dafür freisetzt, Schutzgebiete zu erhalten.

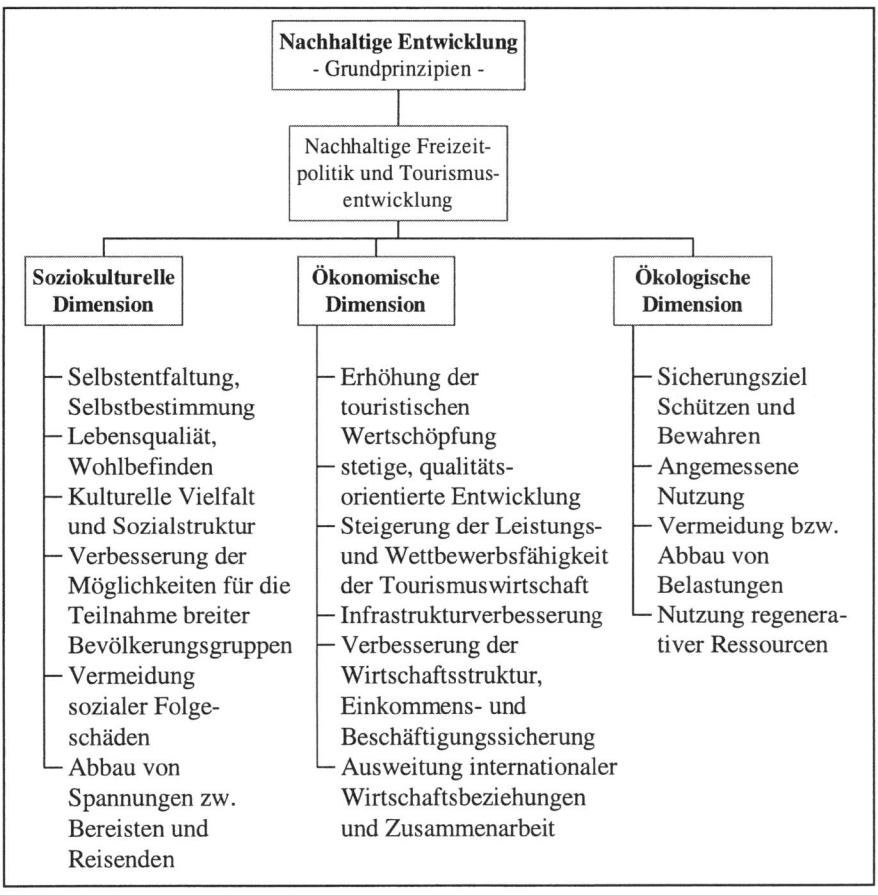

**Abbildung 38:**   Zielsystem nachhaltiger Freizeitpolitik und Tourismusentwicklung

Konkrete Handlungsfelder nachhaltiger Freizeit- und Tourismuspolitik sind z.B.:
- Bewältigung der Freizeitmobilität,
- Verringerung des Flächenverbrauchs für Freizeitinfrastruktur,
- Aufbau einer umweltverträglichen Freizeitinfrastruktur,
- Bewahrung natürlicher bzw. naturnaher Landschaftsformen,
- Verringerung der Übernutzung von Naturräumen,
- Vermeidung der Überlastung von Landschaften,
- Entwicklung von Indikatoren zur Beurteilung der Nachhaltigkeit, insbesondere der Umwelt- und Sozialverträglichkeit,
- Verflechtung der Freizeit- und Tourismuswirtschaft mit anderen Wirtschaftszweigen der Region,

- Förderung der Entwicklung einer leistungsfähigen und wettbewerbsfähigen regionalen Tourismuswirtschaft,
- Entzerrung der Reiseströme, Glättung von Nachfragespitzen.

Notwendigerweise wird die Arbeit in diesen Handlungsfeldern in der Praxis zur Auflage örtlich sehr unterschiedlicher Entwicklungskonzepte führen, um standortangepasste Bedürfnisse und Notwendigkeiten erfüllen zu können.

Hilfreich für die Formulierung einer tragfähigen Tourismuspolitik dürfte das Konzept der *Carrying Capacity* sein. Damit ließen sich die freizeittouristische Tragfähigkeit eines Raumes näherungsweise bestimmen und entsprechende Maßnahmen zur Einhaltung der Tragfähigkeitsgrenzen ableiten.

Die *WTO* definiert die touristische Tragfähigkeit wie folgt: „Carrying capacity refers to the maximum use of any site without causing negative effects on the resources, reducing visitor satisfaction or exerting adverse impact upon the society, economy and culture of the area."[45] Hintergrund dieser Überlegungen ist vor allem, dass das unbeschränkte, massenhafte, räumlich und zeitlich konzentrierte Auftreten von Erholung Suchenden ursächlich für sozialökonomische und ökologische Problemstellungen in den Destinationen ist. Insofern also Ausmaß, Dauer und Intensität der Belastung den jeweiligen regionalen Tragfähigkeiten angepasst werden, können die Belastungen in vertretbaren Grenzen gehalten werden und damit sowohl die Lebensqualität der Bewohner als auch die touristische Attraktivität erhalten bleiben. Wenn auch die Überlegungen der *WTO* das komplexe Phänomen des Tourismus und seiner Wirkungen etwas verkürzt betrachten, so bietet das Konzept der Carrying Capacity doch einen interessanten Ansatz für die Freizeit- und Tourismuspolitik.

**Tabelle 18:** Elemente des Konzepts der Carrying Capacity[46]

| Carrying Capacity | Definition |
|---|---|
| physical carrying capacity | the limit of a beach or historical building or site beyond which wear and tear will start taking place or environmental problems will arise |
| economic carrying capacity | the ability to absorb tourist functions without squeezing out desirable local activities |
| social carrying capacity | the level of tolerance of the host population for the presence and behaviour of tourists in the destination area |
| psychological carrying capacity | lowest degree of enjoyment tourists or other users are prepared to accept before they start seeking alternative sites or destinations |

---

[45] WTO, 1992, S. 23.
[46] O'Reilly, 1991, S. 303; vgl. Europäische Kommission, 1998, S. 2.

Bei der Festlegung von Tragfähigkeits- bzw. Kapazitätsgrenzen empfiehlt sich folgendes Vorgehen:

1. Feststellung der bestehenden sozio-ökonomischen und ökologischen Belastungen,
2. Definition der zugrunde liegenden Tragfähigkeitsgrenzen,
3. Entwicklung von praktikablen, ökonomisch bedeutsamen Indikatoren für die Umweltbelastungsintensität von Gütern und Dienstleistungen, Regionen und auch für die Wirtschaft,
4. Belegung der Indikatoren mit Werten, die den regionalen Verhältnissen entsprechen.

## 4.2   Zur Frage der Operationalisierung

Der bisherige Umsetzungsprozess hat z.B. gezeigt, dass Leitbilder und Handlungsmaximen relativ schnell formuliert sind. Schwierig und langwierig ist es jedoch, konkrete Zielbestimmungen vorzunehmen und diese in die Praxis umzusetzen. Dies gilt umso mehr, als dabei vielfach die Notwendigkeit eines Abrückens vom Status quo deutlich wird. Das Aufbrechen von Konflikten dürfte eine Folge davon sein. Auch muss festgestellt werden, dass den Einsichten und Absichtserklärungen der Tourismusindustrie, aber auch der Reisenden, vielfach ein gewaltiges Handlungsdefizit gegenüber steht. Gelegentlich stellt sich die Frage, ob sich hinter den Bekenntnissen zur Nachhaltigkeit lediglich bloße Umweltrethorik verbirgt.[47] Betrachtet man nämlich die heutigen Trends im Reiseverhalten und die auch weiterhin sehr expansive Entwicklung der freizeittouristischen Branche, wird schnell deutlich, warum Bemühungen um ein Mehr an Nachhaltigkeit es in der Branche nicht leicht haben werden. So haben Teile der Tourismuswirtschaft in den letzten Jahren ihre Aktivitäten für den Umweltschutz zurückgeschraubt.[48] Umweltschutz gilt in der Reisebranche derzeit nur begrenzt als Investition in die Zukunft und der Spagat zwischen Ökologie und Ökonomie bereitet offensichtlich immer größere Schwierigkeiten.

Dazu hat sicher auch das Nachfrageverhalten der Kunden beigetragen, die derzeit weniger Wert auf Umweltqualitätsfähigkeit der Anbieter zu legen scheinen und eher kostenorientiert handeln. Hinzu kommen naturintensive Outdoor-Sportarten, die gegenwärtig vor allem bei den jüngeren Gästen hoch im Kurs liegen. Zwar hat die Touristikbranche in den letzten Jahren die Farbe Grün zur offiziellen Modefarbe erklärt, die Reiseveranstalter machen jedoch die Erfahrung, dass sich ihre Kunden, wenn überhaupt, nur an sauberen Stränden und an sauberem Wasser interessiert zeigen. Damit sind sie unmittelbar in ihren Interessenlagen konfron-

---

[47]   Vgl. Becker/Job/Witzel, 1996, S. 7.
[48]   Vgl. dazu Kahlenborn/Carius/Kraack, 1999, S. 27.

tiert. Ob die Wasserqualität vielleicht auch ein Resultat der hoteleigenen Kläranlage sein könnte, interessiert dann schon deutlich weniger: Nur 33 % der Touristen sind explizit an einem nachweislich umweltfreundlichen Hotel interessiert.[49]

Einer Umfrage zufolge träumen zwei von fünf Reisenden von einer naturbelassenen Umwelt. Auffallend ist hierbei, dass die jüngere Generation der 14- bis 29-Jährigen im Vergleich zu den anderen Altersgruppen am wenigsten Wert auf Umweltverträglichkeit legt. Für die jüngere Generation sind z.B. Kneipen, Diskotheken und Cafés im Urlaub wichtiger als ein nachweislich umweltfreundlicher Ferienort. Wenn Umweltverträglichkeit bedeutet, dass man dabei Amüsement und Vergnügen einschränken soll, dann sind viele Jugendliche entschlossen, lieber auf Umweltfreundlichkeit als auf Urlaubsspaß zu verzichten.[50] Sicher, das Thema Umwelt ist bei den Urlaubern keineswegs out. Ganz im Gegenteil, die Diskussion hat die Urlauber eher sensibel werden lassen. Sie erwarten jetzt auch mehr von den Reiseveranstaltern und Anbietern. Gleichwohl scheint der Umweltanspruch eher auf dem Weg des geringsten Widerstandes, des geringsten Verzichts, in praktisches Urlaubsverhalten umgesetzt zu werden. Umweltschutz darf nicht unbequem sein und mit Lust-Verlust einhergehen.

Trotz dieser Trends gibt es zu einer verstärkten Hinwendung zum Konzept *Nachhaltige Entwicklung* in der Freizeit- und Tourismuswirtschaft keine Alternative. Dafür sind die beobachtbaren negativen Wirkungen ungebremster freizeittouristischer Entwicklung zu gravierend. Dass Freizeit Reisen, Erholung, Abenteuer, Spaß und Vergnügen vermitteln muss, wird dabei nicht in Frage gestellt. Gleichwohl ist im Hinblick auf eine mehr umwelt- und sozialverträgliche freizeittouristische Praxis mehr Überlegung nötig, was angeboten und was unternommen wird, wohin und womit zweckmäßigerweise gereist wird. Gelegentlich mag auch der Verzicht sinnvoll sein. Gemeinsam mit den verschiedenen Akteuren muss daher jener Prozess organisiert werden, der zur Entwicklung und Umsetzung von tragfähigen Konzepten und Programmen führt. Partizipation, also die Mitwirkung und Teilhabe möglichst vieler Bürgerinnen und Bürger, der Entscheidungsträger von Wirtschaft und Verwaltung, ist daher ein wichtiger Erfolgsfaktor.
Veränderungen werden jedoch nicht von heute auf morgen Platz greifen können. Genauso wenig wie ein Zug in voller Fahrt auf ein anderes Gleis gesetzt werden kann, lassen sich ökonomische und soziale Systeme neuen Zielvorgaben nicht unmittelbar anpassen. Es wird deshalb immer auch Phasen des Übergangs geben, die unter Berücksichtigung von Systemzeiten, aber mit festem Blick auf die Gesamtperspektive sowie unter Beachtung von Entwicklungen in anderen Regionen, ausgestaltet werden müssen.

---

[49]    Vgl. Opaschowski, 2001, S. 45.
[50]    A.a.O, S. 44-48.

### 4.2.1 Ansätze zur Umsetzung im öffentlichen politischen Raum

Auf internationaler Ebene sind im Rahmen der Vereinten Nationen mehrere Unterorganisationen mit der Umsetzung des Prinzips Nachhaltigkeit im freizeit-touristischen Bereich betraut. Dies sind z.B. die *Weltgesundheitsorganisation (WHO)*, die *Internationale Bank für Wiederaufbau und Entwicklung (IRDB)*, die *Internationale Arbeitsorganisation (ILO)* und die *Organisation für Erziehung, Wissenschaft und Kultur (UNESCO)*.

Nachdem bereits bei der Rio-Konferenz und bei anderen internationalen Konferenzen die Frage eines sozial- und umweltverträglichen Tourismus diskutiert wurde, ist Tourismus spätestens seit dem Rio+5 Gipfel im Juni 1997 zu einem zentralen Thema der Vereinten Nationen geworden. Dabei wurde insbesondere über die Nutzung des wirtschaftlichen Potenzials des Tourismus für die Gesamtentwicklung der Entwicklungsländer gesprochen. Im April 1999 war Tourismus ein Schwerpunktthema der Konferenz der *Commission on Sustainable Development (CSD)*, die als Organ der Vereinten Nationen mit der Begleitung des Umsetzungsprozesses der *Agenda 21* beauftragt ist. Im Rahmen von *CSD 8* im Jahr 2000 wurde auch über die Entwicklung integrierter Landnutzungskonzepte als Instrument zur Förderung einer nachhaltigen Tourismusentwicklung beraten.

Auch die *OECD* setzt sich verstärkt für eine nachhaltige Tourismusentwicklung ein. Diese soll darauf gerichtet sein, kleinere und mittlere Unternehmen zu unterstützen und die Beschäftigungsmöglichkeiten der lokalen Bevölkerung zu erhöhen.

Im öffentlichen politischen Raum gibt es eine Reihe weiterer weltweiter Initiativen zur Umsetzung des Konzepts des *Sustainable Development*. So wurde z.B. 1995 die *Charta für einen nachhaltigen Tourismus* auf einer internationalen Konferenz in Spanien von den anwesenden Regierungsvertretern gezeichnet. Die Charta hat politischen und appellativen Charakter, ohne dass auf konkrete Maßnahmen und Aktionen Bezug genommen wird. Die *Malé-Erklärung über nachhaltige Tourismusentwicklung* wurde 1997 bei einem Treffen von Staaten aus dem asiatisch-pazifischen Raum beschlossen. Als regionale Erklärung von Regierungen soll sie der Orientierung der Tourismuspolitik an den Prinzipien der Nachhaltigkeit dienen. Insbesondere sollen die lokale Bevölkerung in die Tourismuspolitik einbezogen sowie die regionale Zusammenarbeit und der Informationsaustausch gefördert werden.

Für Europa ist auf die *European Charta for Sustainable Tourism in Protected Areas* zu verweisen. Der Charta können europäische Natur- und Nationalparkverwaltungen beitreten, sofern sie die Prinzipien der Charta akzeptieren und über eine mit den lokalen Akteuren abgestimmte Entwicklungsstrategie für den nachhaltigen Tourismus verfügen.[51] Auch die Europäische Kommission hat eine Reihe von Beschlussvorlagen und Positionspapieren zur Förderung des nachhaltigen Tourismus verfasst. Im Rahmen eines Hearings in Athen wurden z.B. Instrumente und Methoden für eine nachhaltige Tourismusentwicklung formuliert und der Öffentlichkeit vorgestellt. Dabei wurde auf die Vielfalt der europäischen Regionen und ihre jeweiligen Rahmenbedingungen verwiesen, die zwar Konformität und standardisiertes Vorgehen, nicht jedoch gemeinsame Standards für Nachhaltigkeit im Tourismus unmöglich machen.[52] Hinzuweisen ist auch auf die *European Community strategy to support the devlopment of sustainable tourism in the developing countries,* die eine verstärkte Förderung von Formen nachhaltigen Tourismus in den Entwicklungsländern vorsieht.[53]

Neben diesen Aktionen zum Thema *Nachhaltige Entwicklung* gibt es noch eine Reihe von Initiativen mit eher sozialpolitischem Charakter. Dabei geht es z.B. um die auf die Ausschöpfung des Tourismus als Arbeitsplatzchance bzw. um die Auflage von Qualifizierungsprogrammen für die im Tourismus beschäftigte lokale Bevölkerung. Offenbar hat sich bei den Beteiligten in den jeweiligen Diskussionsrunden die Erkenntnis durchgesetzt, dass es auch im Tourismus keine Wachstumsautomatik, insbesondere bei den Arbeitsplätzen geben wird. Die *High Level Group for Tourism* fordert daher, die Humanressourcen konsequent zu entwickeln. Nicht die Vielzahl von Arbeitsplätzen, sondern eine angemessene Zahl qualifizierter Beschäftigungsverhältnisse solle dabei handlungsleitend sein. Zugleich müsse eine Aufwertung des Images der Arbeitsplätze im Tourismus bewirkt werden. Vielfach seien aufgrund der Arbeitsbedingungen in einem von saisonalen Nachfrageschwankungen, unregelmäßigen Arbeitszeiten und strapaziösen Dienstleistungen gekennzeichneten Wirtschaftsbereich nicht genügend Gebietsansässige bereit, einen Beruf im europäischen Tourismus zu ergreifen. Deshalb könne das sich bietende Arbeits- und Beschäftigungspotenzial des Tourismus nur ungenügend erschlossen werden.[54]

Hinzuweisen ist auch auf eine Reihe von Initiativen, die auf die soziokulturelle Dimension des Tourismus und seine ethischen Implikationen zielt. So bemüht sich die EU um die Achtung der Menschenrechte, die Eindämmung der Prostitution bzw. des Sextourismus sowie um ein Mehr an Gerechtigkeit bei der Verteilung des wirtschaftlichen Nutzens durch den Tourismus. Auch soll vermieden werden, dass es für die Bereisten zu einer Zugangsbeschränkung zu den natürlichen und sozialen Ressourcen der Region kommt.

---

[51]   Vgl. Deutscher Bundestag, 1999, S. 105-106.
[52]   Vgl. Europäische Kommission, 1999, S. 1-6.
[53]   Dieselbe, 1998[4], S. 1-7.
[54]   Dieselbe, 1998[5], S. 35-38.

## 4.2.2  Bemühungen der Anbieter um eine nachhaltige Tourismusentwicklung

Seit den 80er Jahren sind Forderungen, negative ökologische und soziokulturelle Wirkungen des Tourismus deutlich zu reduzieren, unüberhörbar geworden. Ein rapide gewachsenes Umweltbewusstsein, das Entstehen von Protesten gegen bestimmte freizeittouristische Maßnahmen wie z.B. Baumaßnahmen und die Zunahme der Bedeutung ökologischer Themen im politischen Tagesgeschehen sowie in der Gesetzgebung haben ein Geschäftsklima entstehen lassen, das von der Tourismuswirtschaft eine Überprüfung ihrer Geschäftspraktiken hinsichtlich der Umwelteinflüsse bzw. soziokultureller Folgen erforderte.

Heute ist allmählich ein stärker gewachsenes Verständnis für Nachhaltigkeitsbelange festzustellen. Da sich aber die Bereitschaft der Reisenden zu persönlichen Einschränkungen, zu Mehrausgaben zugunsten eines nachhaltigen Tourismus in Grenzen halten, gibt sich die Touristikbranche derzeit eher verhalten – schließlich ist der freizeittouristische Markt ein klassischer Käufermarkt. Umweltinduzierte Kostensteigerungen können also nicht ohne weiteres an die Kunden weitergegeben werden.

Gleichwohl gibt es im Bereich der Tourismuswirtschaft und ihrer Verbände eine ganze Reihe von Aktionsplänen und Vereinbarungen, die nachhaltigen Tourismus in die Praxis umsetzen wollen. So hat im internationalen Bereich das *World Travel and Tourism Council (WTTC)* im Zuge des Rio-Prozesses mit der Entwicklung von Umweltrichtlinien für die Tourismusindustrie begonnen. Gemeinsam mit der *WTO* legte die *WTTC* die *Agenda 21 der Reise- und Tourismusindustrie* vor. Zugleich wurde ein Umweltzertifikat für Tourismusunternehmen (*Green Globe Certificate*) auf den Weg gebracht.

Bei der 13. Generalversammlung der *WTO* in Santiago 1999 wurde der *Weltkodex für Ethik und Tourismus* beschlossen. Alle Verantwortlichen im Tourismus werden aufgefordert, den Weltkodex explizit zu akzeptieren und darauf auch in Verträgen oder Geschäftsvereinbarungen nach Möglichkeit Bezug zu nehmen. Der Kodex ist für die *WTO* ein wichtiger Schritt zur Umsetzung der in der *Agenda 21* niedergelegten Forderungen. Insofern diese Spielregeln im internationalen Tourismus Anwendung finden, dürfte ein weiterer wichtiger Schritt in Richtung Nachhaltigkeit gelungen sein.[55]

Auch die *International Hotel & Restaurant Association* hat Leitlinien zur Entwicklung und Umsetzung umweltgerechten Managements verabschiedet. Zugleich wird jährlich ein Umweltpreis vergeben.

Die *International Air Transport Association (IATA)* fördert umweltorientierte Aktionen im Tourismusbereich und unterstützt das koordinierte Auslaufen von

---

[55] WTO, 1999, S. 1-6.

alten Flugzeugtypen und die lärmverträgliche Landnutzungsplanung. Auch veröffentlicht *IATA* den *Environmental Review* und hat bereits seit 1990 eine *Environmental Task Force* eingerichtet, um das umweltbezogene Engagement der Fluggesellschaften zu koordinieren.[56]

Mit der *Joint Tour Operators Initiative* wollen sich die einbezogenen Reiseveranstalter auf konkrete, verbindliche Maßnahmen zur ökologischen und sozialen Nachhaltigkeit verpflichten (www.toinitiative.org). Reiseveranstalter, aber auch das *United Nations Environment Programme (UNEP)*, die *United Nations Scientific, Cultural and Education Organization (UNESCO)* sowie die *World Tourism Organization (WTO)* haben sich gemeinsam auf die Entwicklung von Standards guter Praxis in den Bereichen

* Schutz der Umwelt und der Landeskultur,
* Kooperation mit lokalen gesellschaftlichen Gruppen in den Zielgebieten,
* Erhalt von Pflanzen und Tieren sowie der geschützten Gebiete und Landschaften,
* Achtung und Respekt vor lokalen Kulturen,
* Konformität mit lokalem, nationalem und internationalem Recht,
* Bekämpfung illegaler, zerstörerischer oder ausbeuterischer Formen des Tourismus,
* Information aller Beteiligten und Gäste,
* Risikomanagement und vorsorgende Planung

verpflichtet.[57]

Umfangreiche *Guidelines for Tour Operators* hat die *International Ecotourism Society* aufgelegt (www.ecotourism.org). Reiseveranstalter werden aufgefordert, das eigene Personal, das Management und betriebliche Abläufe auf die Ziele nachhaltiger Entwicklung hin auszurichten. In einem ersten Schritt sollen negative Umweltwirkungen festgestellt und abgebaut sowie konkrete betriebliche Umweltschutzziele definiert werden. Ein Umweltmanagementsystem wird als notwendig erachtet; bei der Angebotsgestaltung soll auf kulturelle und ökologische Verträglichkeit geachtet werden. Des Weiteren sollen die Reiseveranstalter die Reisenden mittels so genannter Predeparture Programs auf ihr Reiseziel vorbereiten und so die Voraussetzungen für ein angemessenes Verhalten am Urlaubsort schaffen.[58]

Die internationale Hotellerie gründete 1992 die *International Hotels Environment Initiative (IHEI)*. Als globales Netzwerk soll die Organisation die verstärkte Hinwendung der Hotelindustrie zum Prinzip der Nachhaltigkeit fördern und

---

[56]   Vgl. Deutscher Bundestag, 1999, S. 87-89.
[57]   Vgl. Tour Operators Initiative, 1999, S. 1-2.
[58]   Vgl. International Ecotourism Society, 1993.

unterstützen. In ihrer Publikation *Green Hotelier* werden regelmäßig Good-Practice Beispiele und konkrete Hilfestellungen wie z.B. Checklisten für die umweltorientierte Beschaffung publiziert. *IHEI* engagiert sich ebenfalls im Bereich des Umweltmanagement und empfiehlt die Anwendung der ISO 14001 für die Hotellerie.[59]

*Nationale Organisationen und Verbände*

Auch die deutschen touristischen Organisationen haben sich der Nachhaltig-keitsthematik angenommen, wobei die Mehrzahl der betreuten Themen im öko-logischen Bereich liegt. Dabei richten sich die Organisationen der Touristik-branche mittels Umweltausschüssen und Empfehlungen an ihre Mitglieder. Der *Deutsche Reisebüro-Verband (DRV)* widmet sich z.B. schon seit 1986 dem Thema Umweltschutz im Tourismus. Zu Beginn wurde eine Erhebung der Umweltsituation in den touristischen Hauptzielgebieten am Mittelmeer auf den Weg gebracht und 1993 eigene Umweltleitlinien verabschiedet. Innerhalb der Branche setzt sich der *DRV* für die Erhaltung der Stabilität der Ökosysteme und der Artenvielfalt ein und entwickelt Vorschläge zur schonenden Nutzung natür-licher Ressourcen. Des weiteren ist für den *DRV* die Achtung der traditionellen Lebensformen und die kulturelle Identität der Bevölkerung in den Zielgebieten ein wichtiges Handlungsfeld.[60]

Auch der *Deutsche Fremdenverkehrsverband (DFV)* hat 1998 ein Positionspapier verabschiedet, in dem die Tourismuswirtschaft als wesentlicher Bestandteil der globalen Wirtschaft aufgefordert wird, die *Agenda 21* als allgemeinen Rahmen für eine nachhaltige Entwicklung zu berücksichtigen. Um die negativen ökolo-gischen Wirkungen des Tourismus zu begrenzen, werden
• Energieeinsparungen und die Nutzung erneuerbarer Energieträger,
• eine Verringerung des freizeittouristischen Verkehrsaufkommens und die Nutzung emissionsärmerer Verkehrsmittel,[61]
• eine Reduktion des Flächenverbrauchs bzw. der Flächennutzung für touristi-sche Einrichtungen,
• ein zeitgemäßes Wassermanagement sowie
• die Bewahrung der Flora und Fauna in der touristischen Destination
als zentrale Handlungsziele benannt.
Der *DFV* vertritt die Auffassung, dass die betrieblichen, lokalen und regionalen Umweltmaßnahmen zur Sicherung und Verbesserung der touristischen Ange-

---

[59]  Vgl. International Hotels Environment Initiative, 1998, S. 3.
[60]  Vgl. Viegas, 1998, S. 32-34.
[61]  Vgl. dazu auch DTV, Verkehrspolitisches Positionspapier.

botsqualität nur dann Erfolg haben werden, wenn es gelingt, die jeweiligen lokalen gesellschaftlichen Gruppen, aber auch die Gäste mit einzubeziehen.[62]

Der *Deutsche Hotel- und Gaststättenverband (DEHOGA)* gründete einen Arbeitskreis Umweltschutz und entwickelte einen Kriterien- und Maßnahmenkatalog zur Einführung vom Umweltmanagementsystemen im Hotel- und Gaststättengewerbe. Ausgehend von diesem Katalog führen die Landesverbände Wettbewerbe durch und verleihen die Plakette mit folgendem Text: „Wir führen einen umweltorientierten Betrieb – nach den Kriterien des Deutschen Hotel- und Gaststättenverbandes". Dabei geht es weniger um die Einführung eines Öko-Siegels als vielmehr um eine Selbstverpflichtung der Betriebe.[63]

*Einzelbetriebe und Unternehmen*

Auch auf der Ebene von Einzelbetrieben und Unternehmen sind eine Reihe interessanter Ansätze zu verzeichnen. Die Fluggesellschaft *British Airways* verleiht seit 1990 den *British Airways Tourism for Tomorrow Award*, um einen umweltverträglichen Tourismus zu fördern. Besonders stolz auf ihr Umweltengagement ist die US-Amerikanische Hotelkette Best Western Landschaftsangepasster Hotelbau, Energie- und Wassermanagement und spezielle Informationen für Gäste sowie ein effizientes Abfallmanagement waren bereits verfügbar, bevor dies modern wurde (www.bestwestern.com).

Auch die *TUI*, Europas größter Reiseveranstalter, engagiert sich im Umweltbereich (www.tui.com). Dabei verfolgt die TUI neben dem Ziel der Umweltentlastung auch handfeste ökonomische Vorteile. Als erster Reiseveranstalter der Welt hat die *TUI* 1990 ein eigenes Umwelt-Ressort eingerichtet. Das Ressort gehört nach eigenen Angaben zu den zentralen Konzernfunktionen und ist damit zuständig für alle Beteiligungsgesellschaften des Konzerns bzw. in allen Quell- und Zielmärkten, in denen die *TUI* tätig ist. Dabei beziehen sich die Aktivitäten der *TUI*-Umweltkontrolle auf alle Stufen der touristischen Wertschöpfungskette. Zielgruppe für die Arbeit des Umwelt-Ressorts sind zunächst der Konzern selbst, dann die Regierungen und Veranstalter in den Gastgeberländern, die internationalen und nationalen öffentlichen wie privaten Organisationen, die sich für Umwelt und Tourismus verantwortlich sehen, die Verbraucher, die Geschäftspartner und natürlich auch die Gäste. Ergebnisse des *TUI*-Umweltengagements werden im Internet der Öffentlichkeit zugänglich gemacht (www.tui-umwelt.com).

---

[62]   Vgl. DVF, 1998, S. 3-8.
[63]   Vgl. DEHOGA, 1997.

Das *TUI*-Nahziel lautet: schrittweise Reduzierung von Umweltbelastungen, wobei jeder Mitarbeiter, die Verantwortlichen in den Zielgebieten und die Vertragspartner, aber auch die Gäste einen eigenen Beitrag für die Umwelt leisten sollen. Gemäß der Umweltleitlinien „Umweltschutz fängt bei uns selber an", wird der Zustand der Urlaubsgebiete und der Ferienanlagen geprüft, wobei anhand umfangreicher Kriterienlisten die kritischen Bereiche der Einrichtung oder des Gebiets untersucht werden. Insbesondere wird auf sauberes Wasser, saubere Strände und Ferienanlagen, gute Luft, Abwasser- und Abfallbehandlung, Energiemanagement, weniger Lärm und auf eine in die Landschaft passende Architektur geachtet. Mit diesen Checklisten werden jährlich mehr als 10.000 Ferienhotels und Appartementhäuser geprüft. Die Datensätze sind seit sieben Jahren dokumentiert und stehen als Zusatzinformation für die Kataloge und die Beratung in den Reisebüros zur Verfügung. Ökologisch besonders herausragende Einrichtungen erhalten die Auszeichnung *TUI Umwelt Champion*. *TUI* fördert die Anwendung der ISO 14001 und unterstützt die Entwicklung hin zu einem Eco-Labelling. Einzelne Hotel- und Clubanlagen haben bereits erfolgreich ein Zertifizierungsverfahren abgeschlossen. Ebenso wurden Umweltkriterien für Verkehrsträger (z.B. Fluglinien, Busunternehmen) erarbeitet. Des Weiteren engagiert sich *TUI* im Bereich des Biotop- und Artenschutzes und in anderen Umweltschutzprojekten.

Für die Zukunft sieht die *TUI* folgende relevante Handlungsbereiche:
* weitere Reduzierung von Umweltbelastungen durch Steigerung der Eco-Efficiency,
* Integration der Umweltqualitäts- und Sozialstandards in ein Total-Quality-Management-Konzept und dessen aktive Durchsetzung,
* Unterstützung einer abgestuften Schutzgebietspolitik in Urlaubsregionen mit fest definierten Schutz- und Nutzungsvorschriften,
* Unterstützung von Maßnahmen zur Renaturierung von übernutzten Tourismuszonen,
* Förderung von Kommunen und Regionen bei der Implementierung der *Agenda 21*,
* Maßnahmen zu einem sinnvollen Visitor-Management (räumliche und zeitliche Steuerung bzw. Lenkung von Besucherströmen),
* Kooperation aller am Tourismus Beteiligten.[64]

Auch die Kunden werden in das *TUI*-Umweltengagement mit einbezogen. So erhalten *TUI*-Kunden das Merkblatt *Auch die Umwelt braucht Erholung*, in dem sie zu einem sparsamen Umgang mit den natürlichen Ressourcen und zu einem angemessenen Verhalten gegenüber Gastgebern und ihren Kulturen aufgefordert

---

[64] Vgl. TUI, 1999, S. I-XIII; vgl. Preussag, 2001, S. 9-17.

werden. Weitere zielgebietsspezifische Gästeinformationen werden den Reiseunterlagen beigefügt bzw. im Zielgebiet verfügbar gemacht.

In Bezug auf die Reiseveranstalter ist noch zu bedenken, dass diese einer ausgesprochen anspruchsvollen Aufgabe gegenüberstehen, wenn es um Umweltqualitätsfähigkeit geht. Schließlich stellen sie das Kettenprodukt Reise her und verkaufen es als Ganzes, wobei die einzelnen Leistungsträger Teilleistungen dazu beitragen. Da die Umweltqualitätsfähigkeit des Gesamtprodukts Reise letztlich aber von den Umweltwirkungen der jeweiligen Teilleistung bestimmt wird, verlangt dies einen hohen Koordinations- und Kontrollaufwand. Aufgrund des starken Preiswettbewerbs ist mancher auch nur begrenzt gewillt, z.B. auf Fluggesellschaften mit moderneren, schadstoffärmeren, leiseren Flugzeugen auszuweichen. Zudem sehen sich die Veranstalter einer Vielzahl von Anbietern in unterschiedlichen Zielorten gegenüber. Diese agieren in ganz spezifischen soziokulturellen und ökologischen Problemsituationen bzw. sie verfügen ganz einfach nicht über die Mittel oder das Know-how, um den Anforderungen an ein nachhaltiges Tourismusmanagement zu entsprechen.

In diesem Zusammenhang schlägt der *Deutsche Reisebüroverband (DRV)* erste konkrete Schritte zur Umweltplanung in touristischen Zielgebieten vor, die dann stufenweise umgesetzt werden können. Zunächst wird die Bildung eines Umweltarbeitskreises, bestehend aus den Anbietern der Region, der gesellschaftlich relevanten Gruppen, Entsorgungsunternehmen usw. empfohlen, die einzelne Maßnahmen planen und auch durchführen. Eine Umweltcheckliste, abgestimmt auf das jeweilige Zielgebiet bzw. den jeweiligen Standort, kann als erster Ansatzpunkt für eine Verbesserung der Umweltqualität genutzt werden. Des Weiteren können fachkundige Berater für die Bereiche Energie-, Wasser- und Abfallmanagement zur Verfügung gestellt werden. Konzepte zur Lenkung von Besucherströmen fördern neben der ökologischen Entlastung auch eine soziokulturelle Entspannung. Als besonders Erfolg versprechend wird die Entwicklung eines touristischen Leitbildes, gemeinsam mit allen Verantwortlichen der Region, angesehen.

Im Bereich der Luftverkehrsbetriebe bemühen sich z.B. die *LTU* neben einem hohen Auslastungsgrad der Maschinen um eine stetige Modernisierung der Flotte (www.ltu.de). Damit sollen Treibstoffverbräuche und Lärmemissionen gesenkt, natürlich auch Kosten eingespart werden. Im Verpflegungs- und Bordservice setzt die *LTU* auf das Prinzip der Müllvermeidung, was sich z.B. im hohen Anteil an Mehrweggeschirr und der stetig verringerten Menge an Umverpackung zeigt. Auf den angeflogenen Flughäfen bemüht sich die *LTU* um eine sachgerechte

Entsorgung des Restmülls, in Einzelfällen wird der Müll auch wieder mit zurück-genommen. [65]

Die *Deutsche Lufthansa AG* hat bereits 1994 einen Umweltbericht vorgelegt, der über das Umweltengagement des Konzerns Auskunft gibt (www.lufthansa.com). 1996 verabschiedete die *Lufthansa* gemeinsame Umweltleitlinien, in denen sich der Konzern auf den Leitgedanken des nachhaltigen Wirtschaftens verpflichtet. Die Leitlinien gelten auch für die rund 300 Konzerngesellschaften. Zusammen mit einem ebenfalls veröffentlichten Umwelthandbuch waren sie die Grundlage für die erfolgreiche Zertifizierung (ISO 14001) der Umweltmanagementsysteme der *Lufthansa Technik*, der *Lufthansa CityLine* und der *Globe Ground*. *Lufthansa City Line* ist darüber hinaus die erste europäische Airline mit einem validierten Umweltmanagementsystem nach der EG-Öko-Audit-Verordnung. *Lufthansa Technik* trägt das Zertifikat seit 1996.

In ihren Verlautbarungen sieht die *Lufthansa* in der Schonung der Umwelt einen Ausdruck unternehmerischer Verantwortung. Umweltengagement gilt als Voraussetzung dafür, dass ein Unternehmen gesellschaftlich auf Dauer anerkannt und akzeptiert wird. Deshalb, so die *Lufthansa*, gehöre die Umweltvorsorge zu den vorrangigen Unternehmenszielen. Wirtschaftliches Wachstum soll losgelöst von Umweltbelastungen gelingen. Durch modernes Fluggerät sollen z.B. Lärm-emissionen und der spezifische Treibstoffverbrauch weiter gesenkt werden. Zudem wird ein hoher Auslastungsgrad der Flugzeuge angestrebt. Die Umwelt-leitlinien und Umweltziele werden regelmäßig überprüft und sollen entsprechend der Entwicklung von Forschung und Technik sowie der gesellschaftlichen Diskussion fortgeschrieben werden. Ein eigenes Umweltmanagementsystem soll dabei Planung und Umsetzung der Umweltziele gewährleisten und für eine Ver-meidung störfallbedingter Emissionen sorgen. Gegenwärtig arbeitet die *Luft-hansa* an einem umfassenden Nachhaltigkeitskonzept. Erste Ergebnisse sollen bis Sommer 2002 der Öffentlichkeit vorgestellt werden.
Auch in der *Star Alliance* gelten gemeinsame Umweltstandards. Im Mai 1999 verpflichteten sich die Gesellschaften zu einer kontinuierlichen Verbesserung ihrer Umweltleistungen. Bis 2005 sollen so genannte Umwelt-Meilensteine erreicht und in Richtung einer Nachhaltigkeitsstrategie weiterentwickelt werden.[66]

Trotz der Vielzahl einzelner erfolgreicher Aktionen und Initiativen muss zusam-menfassend festgestellt werden, dass es vielfach noch an einer umfassenden und wirkungsvollen Integration des Nachhaltigkeitsprinzips in die Politik und All-

---

[65] A.a.O., S. 165-168.
[66] Vgl. Lufthansa, 2001, S. 2-23.

tagspraxis der Organisationen und Verbände bzw. der Unternehmen fehlt. Dabei macht es keinen Unterschied, ob diese im nationalen, europäischen oder internationalen Kontext aktiv sind. Vor allem fehlt es, von den besonders umweltaktiven Unternehmen einmal abgesehen, an eigenen Vorstellungen zum Ziel eines nachhaltigen Tourismus bzw. nachhaltiger Unternehmensentwicklung, was für ein pro-aktives Handeln notwendig wäre. Anstatt einer praktizierten Politik der Umweltvorsorge bleibt es meist beim Reagieren. Die Fragmentierung und Überinstitutionalisierung der Tourismuswirtschaft erweist sich hier erneut als hinderlich. Auch werden die parziell feststellbaren Umweltentlastungen durch den Mengeneffekt des internationalen Tourismus mehr als kompensiert.

*Fremdenverkehrsorte und Regionen*

Fremdenverkehrsorten und -regionen kommt im Rahmen einer nachhaltigen Entwicklung des Tourismus eine zentrale Bedeutung zu. In den Orten, in den Regionen findet der Urlaub statt. Hier müssen z.B. in Form eines kommunalen Leitbildes umfassende und längerfristige Perspektiven für einen umwelt- und sozialverträglichen Tourismus entwickelt werden. Unter Berücksichtigung der Interessen der heimischen Bevölkerung und der ortsansässigen Betriebe sollten die Verantwortlichen in Politik und Wirtschaft den Fremdenverkehr fördern und neben der benötigten Infrastruktur auch freizeitorientierte Angebote bereitstellen, ohne dabei die kulturellen Eigenarten, das soziale Gefüge oder die Umwelt zu belasten. Selbstverständlich muss der freie Zugang der einheimischen Bevölkerung zu diesen Ressourcen uneingeschränkt möglich sein. Eine möglichst mit den Nachbargemeinden abgestimmtes Gesamtkonzeption zum Urlaubermanagement – das wäre ein viel versprechender Weg.

4.2.3   Selbstverpflichtungen und Umwelterklärungen

Ein interessanter Ansatz in Sachen Wahrnehmung unternehmerischer Verantwortung ist die Verabschiedung von Leitlinien, die für die unterzeichnenden Akteure teils den Charakter einer Selbstverpflichtung, teils den einer Empfehlung tragen. Die *Tourism Bill of Rights* der *WTO* stellte den ersten 1985 Versuch der Verabschiedung eines gemeinsamen Verhaltenskodexes dar. Der in seiner geografischen wie inhaltlichen Reichweite umfassendste Verhaltenskodex zum nachhaltigen Tourismus, ist die bereits genannte *Agenda 21 der Reise- und Tourismusindustrie* des *WTTC*. Auch der *Globale Ethikkodex für den Tourismus* aus dem Jahre 1999 ist hier zu nennen.

Seit etwa Mitte der 70er Jahre wird im politischen Raum der so genannten freiwilligen Selbstverpflichtung der Wirtschaft große Bedeutung beigemessen. Sie wird vielfach als Bedingung für die Ausrichtung der Wirtschaft auf das Konzept Nachhaltigkeit gesehen. Als politisches Instrument bietet die Selbstverpflichtung im Prinzip die Möglichkeit, tourismuspolitische Nachhaltigkeitsziele in einer bestimmten Frist durch eigenverantwortliches Handeln zu verwirklichen.

Freiwillige Selbstverpflichtungen werden in Deutschland als einseitig abgegebene, in der Regel rechtlich nicht bindende Erklärungen von Wirtschaftsverbänden oder -unternehmen verstanden, bestimmte Anstrengungen zu unternehmen. Die Vertragsform als Rechtsform von Selbstverpflichtungen wird bisher in der Praxis relativ selten eingesetzt. Selbstverpflichtungen werden vom Staat informell entgegengenommen, ohne dass der Staat rechtliche Verpflichtungen eingeht. In der Regel liegt jedoch der Abgabe einer Selbstverpflichtungserklärung die politische Erwartung zugrunde, dass der Staat im Gegenzug auf den Erlass von Rechtsvorschriften verzichtet. Soweit nämlich der Inhalt der Selbstverpflichtung und insbesondere deren Zielfestlegung mit den tourismuspolitischen Zielsetzungen des Staates übereinstimmen und solange die Verpflichtungen eingehalten werden, besteht für den Staat in der Regel keine Veranlassung, zur Erreichung dieses Ziels gegenüber den betreffenden Wirtschaftsakteuren gesetzgeberisch einzugreifen.

Trotz des Prinzips der Freiwilligkeit und der Selbstverantwortung der Wirtschaft übt der Staat ein erhebliches Maß an Einfluss und Kontrolle aus. So gehen Selbstverpflichtungen in der Regel intensive Diskussionen mit den jeweils zuständigen Ministerien voraus. Die Zielerreichung soll mithilfe der in den Selbstverpflichtungen enthaltenen Berichtspflichten überwacht werden.[67]

Die *Umwelterklärung der deutschen Tourismuswirtschaft*, die 1997 von den nationalen Verbänden der Tourismusindustrie und dem Bundesumweltministerium entwickelt wurde, kommt den Selbstverpflichtungen schon sehr nahe. Die Erklärung soll eine Leitlinie für zukünftige Aktivitäten der verschiedenen Akteure der deutschen Tourismuswirtschaft für eine nachhaltige Entwicklung sein. Zwar werden in der Leitlinie die wichtigsten Handlungsfelder im Bereich des nachhaltigen Tourismus benannt. Konkrete Maßnahmen sucht man dagegen vergebens. Gleiches gilt für Hinweise auf Kontroll- bzw. Sanktionsmöglichkeiten bei Nichteinhaltung. Trotz dieser inhaltlichen Unschärfen steht die Erklärung für die Bereitschaft der deutschen Tourismusindustrie, umweltpolitische Verantwortung zu übernehmen.[68]

Insgesamt scheint jedoch ein wichtiger Mangel in der Weichheit von Selbstverpflichtungen und Leitlinien zu liegen. Mangels rechtlicher Verbindlichkeit und

---

[67] Vgl. Breidenbach, 1999, S. 13-14.
[68] Vgl. Deutscher Bundestag, 1999, S. 106.

Verfügbarkeit von Sanktionen für den Staat kann Trittbrettfahrerverhalten seitens der erklärenden Tourismusbetriebe kaum verhindert werden. Damit soll der Selbstverpflichtung als umweltpolitisches Instrument keinesfalls Untauglichkeit bescheinigt werden. Als wichtige Voraussetzung für die Wirksamkeit müssen jedoch konkrete Umweltziele mit messbaren Umweltwirkungen, effiziente Kontrollmechanismen und Sanktionsmöglichkeiten bei Nichterreichung des gesetzten Ziels mit der Abgabe einer solchen Erklärung festgeschrieben werden. Inhalt und Ergebnis der Selbstverpflichtung sollten einer breiten Öffentlichkeit zugänglich gemacht werden.[69]

### 4.2.4 Umweltmanagementsysteme, Zertifizierung, Öko-Label

Ein weiteres wichtiges Instrument für die Umsetzung des Nachhaltigkeitsprinzips auf Betriebsebene sind entsprechende Managementsysteme, die zertifiziert werden können. Populäre Zertifizierungssysteme vor allem für den Bereich betriebliches Umweltmanagement sind das EG-Öko-Audit und die ISO-Norm 14001. Unternehmen der Tourismuswirtschaft können ihr Engagement in Sachen Umwelt und Nachhaltigkeit prüfen und mit einem Gütesiegel versehen lassen. Konkret wird die Leistung eines Managementsystems zertifiziert, das die kontinuierliche, umfassende und systematische Beschäftigung mit umweltrelevanten Fragestellungen im Betrieb sicherstellt, die Entwicklung und Umsetzung umweltbezogener Zielsetzungen sichern hilft und einen kontinuierlichen Verbesserungsprozess in Gang hält. Die Verantwortlichen und Akteure sollen auf den jeweiligen Entscheidungsebenen und Handlungsfeldern dabei unterstützt werden, der Umweltverantwortung des Betriebes in der Praxis gerecht zu werden.

Die *Europäische Norm (EN) ISO 14001*, die den Status einer Deutschen Norm (DIN) hat, definiert den Begriff Umweltmanagementsystem wie folgt: „Umweltmanagement ist der Teil des Managementsystems, der die Organisationsstruktur, Planungstätigkeit, Verantwortlichkeiten, Methoden, Verfahren, Prozesse und Ressourcen zur Entwicklung, Implementierung, Erfüllung, Bewertung und Aufrechterhaltung der Umweltpolitik umfasst." Das Umweltmanagementsystem (UMS) wird hier als Teil eines übergreifenden Managementsystems verstanden. Damit wird auf die Eingliederung umweltrelevanter Sachverhalte in die Führung und Leitung (Zielsystem, Strategie, Planungen, Organisation und Kontrolle) der Organisation abgehoben. Diese Integration soll die wirkungsvolle Umsetzung des UMS in die betriebliche Praxis sicherstellen. Der obersten Leitung (i.d.R. Mitglied der Geschäftsleitung) der Organisation weist die Norm eindeutig die Verantwortung für den betrieblichen Umweltschutz zu. Sie richtet das Umwelt-

---

[69] Vgl. Breidenbach, 1999, S. 16-17.

managementsystem ein, stellt Personal und andere Ressourcen bereit und erhält das System aufrecht.[70] Die ISO-Normen haben eine internationale Orientierung und sind branchenunabhängig.

Die *Verordnung (EG) Nr. 761/2001 des Rates* über die freiwillige Beteiligung gewerblicher Unternehmen an einem Gemeinschaftssystem für das Umweltmanagement und die Umweltbetriebsprüfung vom 29. Juni 1993 (auch *Environmental Management and Audit-Scheme (EMAS)* genannt) definiert Umweltmanagement „... als den Teil des gesamten übergreifenden Managementsystems, der die Organisationsstrukturen, Zuständigkeiten, Verhaltensweisen, förmlichen Verfahren, Abläufe und Mittel für die Festlegung und Durchführung der Umweltpolitik einschließt."[71] Ebenso wie die ISO-Norm hebt die Verordnung auf die Errichtung eines UMS sowie auf die Durchführung von Umweltbetriebsprüfungen ab. Die EG-Verordnung hat öffentlich-rechtlichen Charakter und ist auf das Gebiet der Europäischen Union bezogen, während die ISO-Norm privatwirtschaftlicher Natur ist und weltweit Gültigkeit hat.

Im Hotel- und Gaststättengewerbe z.B. haben bereits einige Betriebe erfolgreich an einer Betriebsprüfung gemäß der EG-Norm teilgenommen. Der *DEHOGA* fördert ausdrücklich diese Entwicklung und sieht seinen 40-Punkte-Kriterienkatalog bereits in der Nähe der in der EG-Verordnung niedergelegten Qualitätsanforderungen. In Bezug auf die Übertragung des EG-Öko-Audits auf touristische Zielgebiete hat der *DFV* ein Konzept für kommunale Öko-Audits vorgelegt. Dabei wird die Fremdenverkehrsgemeinde wie ein Betrieb betrachtet, der als Produkt Urlaub anbietet. Die touristischen Einrichtungen in der Gemeinde werden hier als Zulieferer angesehen.[72]

Die ISO-Norm und die *VO (EG) Nr. 761/2001* verstehen sich als Ermutigung und Hilfestellung, damit Organisationen auf freiwilliger Basis ein UMS aufbauen und sich einer Umweltbetriebsprüfung unterziehen. Sie betonen die Eigenverantwortung der Organisationen und fordern diese auf, möglichst über gesetzliche Vorgaben hinausgehende Umweltaktivitäten zu entfalten. Auf diese Weise soll zum einen der staatliche Regelungsumfang und Überwachungsaufwand verringert werden. Zum anderen sollen Rahmenbedingungen für die wirtschaftlichen Aktivitäten abgesteckt werden, die Anreize zur dynamischen Verbesserung von Prozessen und Produkten ergeben.[73]

Das vom *World Travel and Tourism Council (WTTC)* vergebene *Green Globe Certificate* lehnt sich an die ISO 14001 an und setzt die Einrichtung eines

---

[70]  Vgl. DIN EN ISO 14001, 1996, Anhang A, S. 14.
[71]  Vgl. VO (EG) Nr. 761/201, Artikel 1.
[72]  Vgl. Viergas, 1998, S. 76-78.
[73]  Vgl. Breidenbach, 1999, 182-186.

Umweltmanagementsystems sowie die erfolgreiche Durchführung einer Zertifizierungsprüfung voraus (www.greenglobe.org). Die Prüfung wird jedes Jahr wiederholt. Mit dem Zertifikat kann das Unternehmen Werbung machen.
*Green Globe* hat Leitlinien für Reiseveranstalter und für die Beherbergungsindustrie zur Umsetzung des Nachhaltigkeitsgedankens in ihrem Wirkungsbereich entwickelt. Die Betriebe werden überdies aufgefordert, gesellschaftlich relevante Gruppen in ihre Planungen mit einzubeziehen und in einen tragfähigen Dialog einzutreten. Soziokulturelle Spannungen, aber auch Konflikte bei der Nutzung natürlicher Ressourcen, könnten auf diese Weise angemessen erörtert werden.

---

Ten steps towards certification:
- Nominate a management representative to be responsible for meeting objectives and targets.
- Prepare an environmental policy.
- Communicate your environmental policy to all members of staff.
- Undertake a review to determine the significance of the environmental impacts of your activities.
- Compile a register of relevant environmental legislation and regulations and check compliance.
- Identify opportunities to reduce your impacts and develop an action plan with clearly defined responsibilities and deadlines.
- Provide training for staff with key responsibilities, as necessary.
- Set achievable improvement targets for the following year.
- Measure your progress against agreed targets.
- Communicate your environmental policy to customers and suppliers.

Quelle: Schritte zur erfolgreichen Zertifizierung, Green Globe

---

Ein weiteres europaweit gültiges Zertifizierungssystem ist die *Blaue Flagge*, die 1985 von der *Europäischen Stiftung für Umwelterziehung (FEEE)* mit Unterstützung der EU entwickelt wurde. Mit der *Blauen Flagge* können Strände und Sportboothäfen ausgezeichnet werden, deren Badewasserqualität den jeweils geltenden nationalen Mindestanforderungen entsprechen. Allgemein gültige Vergabekriterien gibt es dagegen nicht.[74]

Insgesamt werden die Zertifizierungsmöglichkeiten von der Tourismuswirtschaft durchaus begrüßt. Gleichwohl ist die Annahme dieser Systeme noch sehr verhalten. Ein Grund ist die Struktur der Zertifizierungssysteme, die den spezifischen Belangen der Freizeit- und Tourismuswirtschaft vielfach nicht Rechnung trägt. Dies hat aber auch mit der geringen Neigung der Nachfrager zu tun, für eine

---

[74]  Vgl. Deutscher Bundestag, 1999, S. 108.

bessere Umweltqualität ggf. einen höheren Preis zu entrichten. Auch berichten die freizeittouristischen Anbieter von einem eher verhaltenen Interesse ihrer Kunden, wenn es darum geht, einen Anbieter nach dessen Umweltqualitätsfähigkeit einzuschätzen bzw. auszuwählen. Allerdings erweist sich angesichts von rund 50 verschiedenen Umweltauszeichnungen die Unterscheidung für die Kunden als nicht gerade einfach.

Der Sinn eines Ökosiegels im Tourismus besteht übrigens darin, das Unternehmen für den Kunden gegenüber den Wettbewerbern zu kennzeichnen. Das Siegel soll also Verbraucherinformation, zugleich aber auch Ausweis für nachgewiesene Umweltqualitätsfähigkeit sein. Allerdings erweist sich bisher die Verwendung touristischer Gütesiegel als ausgesprochen schwierig. Einerseits wird es als geeignetes Instrument zur Förderung vergleichsweise unweltverträglicher Tourismusdienstleistungen gesehen. Andererseits fällt bisher der Erfolg eher mager aus. Die Vielzahl der Labels ist nicht nur unübersichtlich, sie besitzt zudem wenig Akzeptanz und hat daher wenig nachweisbaren Einfluss auf die Kaufentscheidung. Von einer marktbeeinflussenden Wirkung kann derzeit kaum die Rede sein. Die Kriterien für die Verleihung sind vielfach intransparent und gelegentlich scheint der öffentlichkeitswirksame Effekt wichtiger zu sein als tatsächliche Umweltqualitätsfähigkeit. Außerdem schadet die voranschreitende Kennzeicheninflation dem Umweltengagement der Tourismusbranche. Die Reisenden verlieren mit jedem zusätzlichem Siegel das Vertrauen in die wirkliche Aussagekraft dieser Zeichen in Bezug auf den Umweltschutz. Ziel kann daher nur die Schaffung eines zumindest national einheitlichen, glaubwürdigen Öko-Labels sein.[75]

Im Februar 2001 haben das Bundesumwelt- und das Bundeswirtschaftsministerium sowie der Deutsche Tourismusverband in Zusammenarbeit mit den Umweltverbänden die Umweltqualitätsmarke *Viabono* ins Leben gerufen (www.viabono.de). *Viabono*, der gute Weg, verspricht qualitativ hochwertiges Reisen und einen umsichtigen, am Nachhaltigkeitsprinzip orientierten Umgang mit natürlichen Ressourcen im Zielgebiet. Mit spezifischen Anforderungskatalogen werden Tourismusanbieter, Kommunen, das Hotel- und Gaststättengewerbe, Campingplätze und Naturparks angesprochen. *Viabono* verlangt dabei Qualitäts- und Umweltstandards. Von dieser neuen Umweltdachmarke wird erwartet, dass sie den Reisenden Orientierungshilfe bei der Wahl umweltfreundlicher Reiseangebote bietet und ihnen einen bequemen Zugang zu qualitäts- und umweltverträglichen Angeboten eröffnet. Es muss sich allerdings in der Praxis erst noch erweisen, ob *Viabono* anbieterseitig die erhoffte Resonanz findet bzw. ob die Nachfrager sich tatsächlich davon leiten lassen.

---

[75] Vgl. Krug, 2000, S. 24.

## 4.2.5 Mitwirkung und Selbstverantwortung

Die bisherige Praxis der Operationalisierung von *Sustainable Development* in Form konkreter Konzepte und Programme legt nahe, die Prinzipien der Partizipation, der Integration und Subsidiarität zu beachten. Diese können übrigens auch in den Publikationen der touristischen Interessenvertreter wiedergefunden werden.

Integration zielt auf eine sektorübergreifende, raumbezogene Verschränkung von Planungen und Konzepten. So macht sie auch aus freizeit- bzw. tourismuspolitischer Perspektive Sinn, z.B. die Wirtschafts-, Sozial- oder Umweltplanung auf ihren freizeitpolitischen Gehalt zu untersuchen und im Planungsraum aufeinander zu beziehen bzw. miteinander zu verschränken. Auf diese Weise können nicht nur Synergieeffekte erzielt werden, sondern zugleich auch die planerischen Voraussetzungen für die erfolgreiche Umsetzung der Querschnittaufgabe Freizeit- und Tourismuspolitik geschaffen werden. Erfolgreiche Freizeit- und Tourismuspolitik findet ihren Platz im Rahmen einer integrierten, raumorientierten Entwicklungsplanung.

Subsidiarität meint, dass nur dann, wenn keine oder nur ungenügende private Bestrebungen zur Umsetzung freizeit- und tourismuspolitischer Zielsetzungen erkennbar sind, die öffentliche Hand aktiv wird. Dies kann auch der Fall sein, wenn nur durch ein übergreifendes Engagement der Erfolg der Maßnahme gesichert werden kann. Öffentliche Freizeit- und Tourismuspolitik ist also zunächst immer erst Hilfe zur Selbsthilfe sowie Unterstützung und Beratung bei der Entwicklung und Planung von freizeitpolitischen Maßnahmen. Politisch Verantwortliche sollten deshalb konsequent auf die Realisierung von freizeittouristischen Vorhaben auf regionaler und lokaler Ebene setzen. Dezentralisierung, eine stärkere Betonung der Selbstverwaltung und der regionalen bzw. lokalen Eigenarten sind damit konstitutive Elemente einer zeitgemäßen Freizeitpolitik. Aufgrund der größeren Orts- und Sachnähe können Regionen und die dort beheimateten gesellschaftlichen Gruppen bestimmte Probleme besser lösen. Regionale/lokale Planung und regionale/lokale Entscheidungskompetenz ermöglichen zudem die geforderte direkte demokratische Beteiligung aller Bürgerinnen und Bürger. Partizipation und Selbstverantwortung fördern die Bereitschaft zur Identifikation mit dem eigenen Lebensraum, mit den regionsspezifischen bzw. lokalen Entwicklungszielen und Vorhaben und induzieren tätige Mitwirkung.
Eine zeitgemäße öffentliche Freizeit- und Tourismuspolitik fördert daher konsequent charakteristische regionale Strukturen und kulturelle Identitäten sowie Mitbestimmungs- und Selbstverwaltungsstrukturen. Wo immer möglich, sollte eine Verlagerung der Entscheidungs- und Planungskompetenz zu regional kleineren Einheiten angestrebt werden.

Allerdings gibt es Situationen, in denen die einzelne Region, die einzelne Kommune auf sich allein gestellt überfordert würde. Die ist vor allem dann der Fall, wenn der fortschreitende Strukturwandel zu Entwicklungsdiskontinuitäten, zu Brüchen in der regionalen bzw. lokalen Wirtschafts- und Sozialstruktur geführt hat. Zudem weisen ökologische Problemlagen Ursachenfaktoren auf, die ihren Ursprung außerhalb der Region, der Kommune und ihres Einwirkungsbereichs haben. Außerdem ist zu bedenken, dass regionale bzw. lokale Planungen und Aktivitäten immer auch Relevanz für andere Regionen und Gemeinden haben. Begrenzte Möglichkeiten zur Selbsthilfe, aber auch grenzüberschreitende, externe Effekte erfordern daher eine unterstützende und koordinierende Aktivität. Auch hat sich gezeigt, dass angesichts der Vielzahl der Akteure im freizeit- und tourismuspolitischen Feld Kommunikation und Koordination, die Abstimmung der einzelnen Programme aufeinander, eine wichtige Zukunftsaufgabe darstellen. Dies gilt umso mehr, als das Konzept des *Sustainable Development* einen regionsübergreifenden, integrierten Ansatz notwendig macht. Einzelne Regionen oder Akteure wären mit einer solchen Koordinationsaufgabe überfordert.

Auch für die Betriebe und Unternehmen in der Touristikbranche gilt, dass durch Kooperationen in den jeweiligen Kommunen und Regionen Synergien erschlossen werden können. Durch die gemeinsame Hinwendung zum Prinzip nachhaltiger Entwicklung und eine entsprechende Angebotsgestaltung ließen sich sicher marktbeeinflussende Wirkungen erzielen.


Der öffentlichen Freizeit- und Tourismuspolitik kommt zudem ein wichtiger sozialpolitischer Auftrag zu. Sie muss besondere Rücksicht auf die Gruppen nehmen, die aus zeitlichen oder räumlichen Gründen, wegen fehlender Angebote, mangelnder Information oder Bildung bisher nur über wenig Freiräume für ihre Zeitgestaltung verfügen. Dies betrifft vor allem Arbeitnehmerinnen und Arbeitnehmer mit geringem Einkommen, Alleinerziehende, ältere Menschen, die wenig mobil oder finanziell schlecht gestellt sind, Kinder und Jugendliche sowie soziale Randgruppen. Auch hier gilt jedoch: Öffentliche Freizeitpolitik muss möglichst bürgernah und regionalspezifisch ansetzen und längerfristig auf die selbstverantwortliche Mitwirkung der Bürgerinnen und Bürger setzen.[76] Staatliche Ergänzungsangebote setzen marktwirtschaftliche Prinzipien nicht außer Kraft, insofern dadurch einkommensschwache oder benachteiligte Gruppen an Freizeitangeboten bzw. am Reiseverkehr teilhaben können. Sie richten sich auch nicht gegen Selbstverantwortung und Eigenanstrengungen. Vielmehr geht es um die Wahrnehmung von Aufgaben, die von privatwirtschaftlichen Unternehmen nicht übernommen werden.

---

[76] Vgl. Müller, 1999, S. 172.

## 4.3   Tourismus und Raum: Tourismusplanung

Verschiedene Planungsinstrumente sind geeignet, Tourismus in erwünschte Bahnen zu lenken und unerwünschte Effekte zu vermeiden oder zu minimieren. Hier kommen die Raumplanung und insbesondere die Landesplanung ins Spiel. Diese haben als übergeordnete, überörtliche und zusammenfassende Planungen die Aufgabe, eine den sozialen, kulturellen und wirtschaftlichen Erfordernissen entsprechende Raumordnung zu sichern. Mit ihrer Hilfe lassen sich touristische Entwicklungen wirkungsvoll beeinflussen und sinnvoll, d.h. den jeweiligen Gegebenheiten und Erfordernissen entsprechend ausgestalten. Auch bedürfen freizeittouristische Planungen der Einbindung in andere, raumwirksame Planungen, wenn sie erfolgreich in der Praxis wirken wollen.

Grundsätzlich strebt räumliche Planung eine sinnvolle und effiziente Ordnung der Strukturen des Raumes an und will seine Entwicklung fördern. Deshalb hat sich der Begriff Raumordnung gebildet. Die Ziele für die Entwicklung eines Raumes können aber je nach Gesellschaftsgruppe oder politischer Auffassung durchaus verschieden sein oder miteinander konkurrieren. So sind ja bekanntermaßen die Interessen der Tourismus- und Freizeitwirtschaft mit denen der Naturschützer oder der örtlichen Bevölkerung nicht immer vereinbar. Raumordnung sieht sich deshalb vor die Aufgabe gestellt, unterschiedliche Vorstellungen räumlicher Entwicklung miteinander zu verbinden. Öffentliche räumliche Planung ist also auch ein gesellschaftspolitisches Instrument. Sie ist Ausdruck der politischen Willensbildung. Dabei hat Raumordnung aber nicht primär die Funktion eines Sammelbeckens. Wie bereits ausgeführt, meint Ordnung die Entwicklung von Strukturen nach bestimmten Leitvorstellungen (wie *Sustainable Development*) und nach Zielen (mit gestufter Rangfolge). An diesen orientiert sich Raumordnung, wobei konkurrierende Ziele wirksam bleiben können. Aufgabe der Raumordnung ist es dann, koordinierend in die raumstrukturelle Entwicklung einzugreifen und Interessenkonflikte auszugleichen. Dazu bedarf es hoher Kompetenz und gesetzlicher Regelungen.[77]

### 4.3.1   Das System der räumlichen Planung in Deutschland

Für die Raumordnung und Landesplanung, in der letztlich alle räumlichen Planungen zusammengefasst werden, gilt eine dem föderativen Aufbau der Bundesrepublik entsprechende Aufgabenteilung zwischen Bund und Ländern. Danach kommt dem Bund die Rahmenkompetenz für die Raumordnung zu, während die Planungskompetenz bei den Bundesländern liegt (vgl. Artikel 75 GG).

---

[77]   Vgl. Spitz, 1995, S. 10-14.

Der Bund hat damit die Aufgabe der Koordination. Gemeinsam mit den Ländern sorgt er für den koordinierten Einsatz raumwirksamer Mittel.

Das Rahmengesetz des Bundes ist das *Bundesraumordnungsgesetz (BROG)*. In ihm werden die Leitvorstellungen und Grundsätze der Raumordnung formuliert. Das *BROG* beauftragt Bund und Länder, angemessene Lebens- und Arbeitsbedingungen in Deutschland zu erhalten und weiterzuentwickeln, für den Schutz und die Entwicklung der natürlichen Lebensgrundlagen Sorge zu tragen usw. Das *Bundesraumordnungsprogramm (BROP)* stellt auf den Abbau großräumiger Disparitäten ab. Darin ist auch die Verbesserung der Infrastruktur genannt. Investitionen sollen Gebieten konzentriert eingesetzt werden, damit ihre Wirtschaftlichkeit gewährleistet ist.

Da sich die Planungskompetenzen aufteilen, wird der Begriff der Planungsebene bedeutsam. Damit wird die mit der räumlichen Planung befasste verwaltungsmäßige Ebene benannt.

Das *BROG* sieht auch die Regionalplanung vor und beauftragt die Bundesländer, die ihnen dafür geboten erscheinenden Regelungen zu treffen. Das geschieht in Landesplanungsgesetzen, die wiederum in Landesentwicklungsprogramme und Landesentwicklungspläne umgesetzt werden. Das Landesentwicklungsprogramm enthält allgemeine politische Leitvorstellungen und Hauptstrukturen der Nutzung. Das Programm ist eine Vorstufe des Landesentwicklungsplans. Es ist abstrakt und soll richtungsweisend wirken. Der Landesentwicklungsplan ist die Endstufe der Arbeit der Landesplanung. Sachverhalte werden verbindlich und konkret festgelegt.

Auf Ebene der Region, die in der Regel mehrere Landkreise umfasst, wird ein Regionalplan aufgestellt. Dabei geht es um die sozio-ökonomische Entwicklung bei gleichzeitiger Bewahrung und Gestaltung der Umwelt einer Region. Da Entwicklungsfaktoren regionalspezifisch sind, ist dieses Herunterbrechen der Planung auf die Ebene der regionalen Eigenarten sinnvoll. Nur so lässt sich ein bestimmtes regionales Entwicklungspotenzial aktivieren, ordnen und entwickeln. Den Kern stellt gewissermaßen die Planung auf kommunaler Ebene dar. Die Gemeinde ist für ihre Eigenentwicklung verantwortlich. Ihr Recht zur Selbstverwaltung bedeutet auch Planungskompetenz für das Gemeindegebiet. Dabei müssen auch überörtliche Vorgaben und Anforderungen aus den anderen Planungsebenen einbezogen werden. Die gemeindliche Bauleitplanung wird also mit der übergeordneten Regional- und Landesplanung abgestimmt.[78]

---

[78] A.a.O., S. 18-20.

| Institution, Planungsträger | Planungsebene | Programm, Plan | |
|---|---|---|---|
| EU | Europa gem. Europ. Vertrag | Empfehlungen, Konferenzbeschlüsse | Konkretisierung |
| Bund (Fachressort) | Bundesrepublik | Bundesraumordnungs-programm | |
| Land | Bundesland | Landesentwicklungs-programm/-plan | |
| Region. Planungs-gemeinschaft, Reg. Präsident | Region | Regionalplan | |
| Gemeindever-waltung | Kommune | Bauleitplanung, Stadtentwicklungsprog. | |

Aussagen zur Tourismusentwicklung

**Abbildung 39:**   Raumordnung und Tourismusentwicklung

## Gesamtplanung und Fachplanung

Das Unterscheidungsmerkmal zwischen Gesamt- und Fachplanung ist der fachliche Umfang der Planungsaussage und damit die Aussagebreite der Planung. Die Gesamtplanung umfasst alle einer räumlichen Planung unterliegenden Fachbereiche und Sektoren. Sie behandelt alle in Betracht kommenden Lebensbereiche gleichberechtigt. Damit bietet sie die Gewähr, dass die einzelnen fachlichen Anliegen, hinter denen auch Gruppeninteressen stehen, in ihrer dem Gesamtinteresse entsprechenden Bedeutung, berücksichtigt werden. Ihre Schwäche ist dagegen die geringe fachliche Genauigkeit. Eine typische Gesamtplanung ist die kommunale Bauleitplanung. Hier werden alle die Gemeinde betreffenden räumlichen Aktivitäten berücksichtigt.

Fachplanungen befassen sich dagegen mit dem speziellen Anliegen eines Faches, wie Verkehr, Wasserversorgung oder Tourismusentwicklung. Die Zahl der Fachplanungen ist sehr groß. Ihre Stärke liegt in der hohen fachlichen Kompetenz, die zugleich eine Schwäche darstellt: Ihre fachspezifische Ausrichtung führt zu einer Vernachlässigung fachübergreifend relevanter Gesichtspunkte.

Die Gesamtplanung also fasst die getrennt von verschiedenen Planern und Institutionen erstellten Fachplanungen zusammen und stimmt diese unter Beachtung eines raumordnerischen Rahmens aufeinander ab. Der Gesamtplanung unterliegt also im eigentlichen Sinne die Koordinierungsaufgabe der Raumordnung.[79]

---

[79]  A.a.O., S. 20-22.

*Ergänzende Planungen*

Neben der formellen Planung im System der Raumplanung gibt es verschiedentlich so genannte Einzelkonzepte. Diese informellen Planungen stehen nicht in Konkurrenz zu der formellen Planung. Sie sind rechtlich auch nicht verbindlich. Gleichwohl vermögen sie die formelle Planung zu ergänzen. Raumnutzungskonzepte sind als eine Reaktion regionaler Vielfalt und der Notwendigkeit, über politische Grenzen hinaus zu planen, zu verstehen. Sie sollen helfen, endogene Potenziale zu entwickeln und die Eigenständigkeit der Region zu stärken.

Regionale Entwicklungskonzepte sind solche informellen Planungen, die sich auf die Entwicklung von Konzeptionen für Vorrangfunktionen bzw. Vorranggebieten konzentrieren. Die planerische Herausforderung für die Organisation der Flächennutzung liegt dabei vor allem in der zweckmäßigsten Mischung und räumlichen Zuordnung der Nutzungsfunktionen. Dafür wurde das Instrument der Bestimmung von Vorranggebieten entwickelt. Dabei handelt es sich um eine erste konzeptionelle Stufe. Ansatzpunkt ist die Eignung einer Nutzungsfunktion aufgrund günstiger Standortbedingungen und der nachgefragten Nutzungsansprüche. Danach ergeben sich für jede Nutzungsfunktion unterschiedliche Eignungen bezüglich der verschiedenen Standorte. Diese Eignung muss fachlich ausgewertet, mit denen anderer Nutzungsformen verglichen und in eine Rangfolge gebracht werden.

## 4.3.2  Nachhaltige Tourismusentwicklung als Planungsaufgabe

Auch der Tourismus ist ein im Rahmen der Raumordnung zu koordinierendes und letztlich auch zu steuerndes Fachgebiet. Im Hinblick auf eine nachhaltige Tourismusentwicklung nimmt die Raumordnung sogar eine Schlüsselstellung ein. Über raumplanerische Entscheidungen lassen sich z.B. Verkehrs- und Tourismusströme lenken und touristisch interessante Gebiete effizient, aber landschaftsangepasst und umweltverträglich erschließen.

Im *Raumordnungspolitischen Orientierungsrahmen* von 1993 des Bundes wird Fremdenverkehr zunächst nur mit allgemeinen Formulierungen aufgegriffen. In den Raumordnungsplanungen der Länder spielt der Fremdenverkehr dagegen eine wichtige Rolle. Allerdings bleiben die Ziele der Landesplanung meist auf einer abstrakten Ebene. So soll z.B. der Fremdenverkehr als ergänzende Einkommensgrundlage für die Bevölkerung insbesondere der ländlichen Räume genutzt werden. Der Ausbau geeigneter Gebiete, vor allem, wenn diese strukturschwach sind, wird als vorrangig angesehen. Ein anderes Beispiel für den Allgemeinheitsgrad der Planaussagen ist die Zielbestimmung, Kurorte, Erholungsorte, den Städtetourismus sowie den Urlaub auf dem Bauernhof qualitativ weiterzuentwickeln.[80] Weiterhin werden die Fremdenverkehrsgebiete des Landes kartographisch erfasst.

Die Regionalplanung greift in ihren regionalen Raumordnungsplänen die Ziele des Landesraumordnungsprogramms wieder auf und weist die Fremdenverkehrsgebiete einer Region gemeindescharf aus bzw. benennt Fremdenverkehrsschwerpunkte. Zur Verbesserung des Angebots in diesen Schwerpunktorten werden in der Regel Maßnahmen für eine qualitative und quantitative Entwicklung des Beherbergungsangebots und der Fremdenverkehrsinfrastruktur, Pflege des Ortsbildes, Orientierung bei Baumaßnahmen an der örtlichen Siedlungsstruktur und die Pflege des kulturellen Lebens genannt.

Für die einzelnen Fremdenverkehrsgebiete wird dargestellt,

- in welcher Ausgangssituation sich das jeweilige Gebiet befindet und welcher Entwicklungsbedarf besteht,
- wo besondere Chancen beim Ausbau des Beherbergungsangebots und der Infrastrukturarten in den einzelnen Gemeinden liegen und
- wie die Beziehungen des Schwerpunktortes zu den umliegenden Gemeinden entwickelt werden sollen.[81]

Wegen der kommunalen Planungshoheit wird allerdings vermieden, auf einzelne Orte bezogene, konkrete Maßnahmen vorzuschlagen. Damit wird deutlich, dass die eigentlichen handlungspraktischen Fragen und Entscheidungen zur Tourismusentwicklung eher auf Gemeindeebene behandelt werden.

Die bereits angesprochene Fachplanung hat ebenfalls einen gewichtigen Einfluss auf die Förderung der Hinwendung zu einer nachhaltigen Tourismusentwicklung. Dies gilt insbesondere für die Landschaftsplanung. Die gesetzliche Grundlage der Landschaftsplanung ist das Bundesnaturschutzgesetz. In den kommunalen bzw. regionalen Landschaftsplänen können die ökologischen Rahmenbedingungen (z.B. ökologische Schutzgebiete) für eine Tourismusentwicklung festgeschrieben werden.

Auf Ebene der Gemeinde gilt es dann, das endogene Potenzial angemessen zu nutzen, Arbeitskraftreserven sozialverträglich in Wert zu setzen und die Umweltverträglichkeit freizeittouristischer Entwicklungen zu sichern. Kurzfristige Planungsansätze für den raschen freizeittouristischen Erfolg dürften dabei wenig hilfreich sein. Auch sollte bedacht werden, dass das touristische Angebot der Gemeinde recht vielfältig sein kann und von zahlreichen Anbietern erbracht wird. Insofern ist eine koordinierende Planung hilfreich. Gegenwärtig dominiert in der kommunalen Fremdenverkehrsentwicklung eher lokalwirtschaftliches Denken. Die Prinzipien nachhaltiger Entwicklung werden vielfach beiläufig beachtet und

---

[80]   Vgl. Kahlenborn//Kraack/Carius, 1999, S. 100-102.
[81]   Vgl. Becker/Job/Witzel, 1996, S. 71-74.

die Nachbargemeinden eher als Konkurrenten wahrgenommen. Allerdings nutzen die Gäste das Angebot einer Region bzw. legen sie es bei ihrer Reiseentscheidung zugrunde.

Ein weiteres wichtiges Prüfinstrument ist die Umweltverträglichkeitsprüfung (UVP). Die UVP ist gedacht als Instrument des präventiven Umweltschutzes und geht zurück auf eine Richtlinie der EU. Sie soll möglichst frühzeitig eine Überprüfung von Vorhaben auf ihre Umweltauswirkungen ermöglichen. Bei der UVP handelt es sich übrigens nicht um ein selbständiges planungsrechtliches Instrument. Vielmehr werden die üblichen Genehmigungs- oder Planfeststellungsverfahren um den Verfahrensbestandteil UVP erweitert.
Nach § 3 des *Umweltverträglichkeitsprüfungsgesetzes (UVPG)* ist eine UVP für solche Vorhaben obligatorisch, die in der Anlage zu § 3 *UVPG* aufgeführt sind. An freizeittouristischen Anlagen sind dort u.a. größere Sportboothäfen sowie Feriendörfer und Hotelkomplexe, die einer wasserrechtlichen Planfeststellung bedürfen, erfasst. Auch die Sportfliegerei und Luftfahrtunternehmen sind betroffen, soweit es um die planfeststellungspflichtige Anlage oder Änderung eines Flughafens geht.
Die UVP soll nach dem Willen des Gesetzgebers die Auswirkungen von Vorhaben auf die Umwelt frühzeitig und umfassend ermitteln, beschreiben und bewerten. Dabei ist auch sicherzustellen, dass möglichst frühzeitig und umfassend die Ergebnisse der UVP in den laufenden Planungsprozess und in die behördlichen Entscheidungen über die Zulässigkeit des jeweiligen Projekts eingehen können. Auch die Öffentlichkeit ist auf der Grundlage der Unterlagen über das Projekt anzuhören. Dabei werden ökologische und ökonomische Erfordernisse gegeneinander abgewogen und aufeinander abgestimmt.

Zusammenfassend können folgende Erwartungen an eine tragfähige, mit der Raumordnung bzw. Landesplanung abgestimmte Tourismusplanung gerichtet werden:
a) Allgemein:
- Die räumliche Vorsorge angesichts zunehmender freizeittouristischer Aktivitäten bei gleichzeitig immer knapper werdenden Freizeiträumen ist unabweisbar.
- Die räumliche Planung und Freizeit- bzw. Tourismuspolitik müssen hier an einem Strang ziehen, um die vielfältigen Freizeitbedürfnisse angemessen zu erfüllen bzw. Touristenströme sinnvoll zu steuern.
- In der räumliche Planung sollten freizeittouristische Aspekte mit anderen Politikbereichen verschränkt werden, damit die Funktionen Wohnen, Arbeit, Freizeit, Bildung, Versorgung so aufeinander abgestimmt werden können, dass menschliche Bedürfnisse befriedigt und umweltschädigende Umwelteinwir-

kungen vermieden sowie die ökonomische Entwicklung gesichert werden können.

b) Konkrete Maßnahmen:
Zunächst müssen **Flächen** bereitgestellt werden (im Stadtgebiet bzw. stadtnah; in ländlichen Raum sowie Küstenzonen):
- Punktuelle Bereiche mit aufwendigen Einrichtungen für freizeittouristische Aktivitäten,
- flächenhafte Bereiche für landschaftsgebundene Erholungsaktivitäten als Kernbereiche der Naherholung,
- flächenhafte Bereiche für extensive, landschaftsgebundene Erholungsaktivitäten, auch in Schutzgebieten,
- Flächen von Erholungsgebieten, deren landschaftliche Eignung und Ausstattung umweltverträglich entwickelt werden soll.

Dabei wird z.B. ein Kompromiss zwischen den Interessen des Naturschutzes und der Landschaftspflege sowie den Erfordernissen freizeittouristischer Erschließung gefunden werden müssen. Die bisherige Praxis der Raumordnung, den Gemeinden unbegrenzt Erholungsfunktionen zuzuweisen, muss überdacht werden. Statt dessen sollte die interkommunale Zusammenarbeit gestärkt werden, nicht zuletzt, um die Rentabilität bereits verfügbarer Fremdenverkehrseinrichtungen zu erhöhen und das natürliche Potenzial zu schonen. Um Überlastungen des ökologischen Systems zu vermeiden, wäre es außerdem hilfreich, Gebiete mit ökologischen Überlastungserscheinungen kenntlich zu machen und hier wirkungsvolle Maßnahmen zur Verminderung des Gefährdungspotenzials zu ergreifen bzw. touristische Neuerschließungen ganz zu untersagen. Ruhe- und Pufferzonen, in denen jedwede freizeittouristische Aktivität unterbleibt, sichern ökologisch besonders empfindliche Gebiete.

Insgesamt sollte wegen des begrenzt verfügbaren Raumes der Erneuerung und Nutzung der bestehenden freizeittouristischen Einrichtungen, ihrer Modernisierung und Qualitätsverbesserung Vorrang eingeräumt werden. Verdichtete Bauformen in landschaftlich abgestimmter Form haben dabei deutlich Vorteile gegenüber einer Verbauung mit frei stehenden Gebäuden. Auch der Ortsbildschutz im Sinne der Wahrung eines ungestörten Orts- und Landschaftsbildes hat hier seine Bedeutung. Neue Bauten bzw. Baumaßnahmen allgemein sollten sorgfältig mit einem zu erstellenden Ortsgestaltungskonzept bevölkerungsnah abgestimmt werden.

Angebot und Nachfrage von freizeittouristischen Leistungen sind unmittelbar abhängig von Verkehrsanbindungen oder der Zugänglichkeit von Einrichtungen und anderen verfügbaren technischen sowie sozialen Infrastrukturen. Eine leistungsfähige **Infrastrukturausstattung**, eine verkehrstechnisch optimale Anbindung und Erschließung werden benötigt. Hierzu gehören auch überregionale

An- und Verbindungen. Da vermutlich der Urlaubs- und Freizeitverkehr in Zukunft noch weiter an Bedeutung gewinnen wird, sollten nicht nur umweltfreundliche Verkehrsmittel für die Anreise und die Mobilität am Zielort gefördert werden (z.B. Rad-, Fuß- und Wanderwege). Anzustreben ist die Verlagerung vom Kfz-Verkehr auf andere Anreise-Verkehrsmittel bzw. eine Verlagerung innerhalb des Kfz-Verkehrs in zeitlicher und räumlicher Hinsicht. Dazu müssten jedoch die Attraktivität der öffentlichen Verkehrsmittel deutlich gesteigert sowie die Vernetzung zwischen den einzelnen Verkehrsträgern und dem Tourismusangebot nutzerfreundlich vorangetrieben werden. Dort, wo verkehrsbedingte Überlastungen auftreten, bieten sich wirkungsvolle Maßnahmen zur Verkehrsberuhigung (Geschwindigkeitsbegrenzungen, Zufahrtsbeschränkungen, autofreie Tourismusorte, Verkehrsleitsysteme) und Verkehrslenkung an. Die Erstellung und Umsetzung eines integrativen Gesamtverkehrskonzepts auch unter Einbindung der wichtigsten Gästeherkunftsländer begleitet von mit einer entsprechenden touristischen Angebotsgestaltung wäre hier ein hilfreiches Planungs- und Steuerungsinstrument.

Zu überlegen sind auch Maßnahmen zur Vorbeugung gegen freizeitbedingten Verkehr durch eine Revitalisierung der Ballungsräume als Antwort auf die Stadtflucht, durch Wohnumfeldverbesserung oder durch Vermehrung und angemessene Pflege innerstädtischer Grünanlagen.

Tourismusplanung muss dazu beitragen, dass **Nutzungskonflikte** gelöst werden können. So wird z.B. Freizeitmobilität oft als nervenaufreibende, energieaufwändige Massenmobilität erfahren. Für die davon betroffenen Menschen, z.B. die Bewohner des Alpenraums, eine nicht mehr zumutbare Belastung. Auch führt die vermehrte Flächeninanspruchnahme aus freizeittouristischen Gründen mitunter zu massiven Konflikten mit anderen Flächennutzern und deren Interessen. In Gegenden mit begrenzten Wasservorräten, führt eine ungebremste touristische Entwicklung unweigerlich zur Nutzungskonkurrenz mit der einheimischen Bevölkerung. All diese Problemlagen erfordern ein zeitgemäßes Management und den Willen zum Ausgleich der Interessen.

Maßnahmen der Besucherlenkung, d.h. die gezielte Beeinflussung der räumlichen und quantitativen Verteilung der Reisenden sowie Aktionen zur Bewusstseinsbildung, tragen zur Entlastung der einheimischen Bevölkerung wie der Ökosysteme bei. Kontingentierungen, zeitliche oder tageszeitliche Begrenzungen und Zutrittserschwernisse können in besonderen Fällen unumgänglich werden, verlangen aber nach einer Erklärung gegenüber den Erholung Suchenden.

Dem Ziel einer ausgewogenen, ressourceneffizienten, umweltverträglichen und soziokulturell angepassten Entwicklung folgend, werden Verantwortliche in der Freizeit- und Tourismuspolitik im Bereich der Tourismusplanung umfassende Denk- und Handlungsansätze verfolgen müssen. Dabei muss bedacht werden, dass Regionen vielgestaltige Lebens-, Kultur- und Wirtschaftsräume mit unterschiedlichen Landschaftsbildern und Naturpotenzialen sind. Es wird daher nicht so ganz einfach sein, im Rahmen dieser Vielfalt angemessen politisch bzw. planerisch zu agieren.

In diesem Zusammenhang erhalten die bereits genannten regionalen Entwicklungskonzepte ihre Bedeutung. Sie stellen ein Grobkonzept dar, das zahlreiche raumrelevante Politikfelder und unterschiedliche Planungsebenen (Gemeinde, Stadt, Kreis, Land, europäische Regionen) einbezieht. Alle Bereiche des gesellschaftlichen Leben werden dabei tangiert und für eine anforderungsgerechte, auf die Menschen der jeweiligen Region und ihre Bedürfnisse gerichtete Planung gesorgt. Selbstverständlich ist Partizipation, die Beteiligung und zielgerichtete Mitwirkung aller von der Planung betroffenen Bürgerinnen und Bürger, charakteristisch für den Planungsprozess. Dieser Prozess mündet so in einen gesamtgesellschaftlichen Diskussionsprozess, in dessen Verlauf ein Ausgleich von Nutzungsinteressen möglich wird.

Sektorenübergreifend verbinden regionale Entwicklungskonzepte die Komplexe Wirtschaft, Soziales, Bildung, Kultur, Freizeit und Tourismus mit raumbezogenen Aspekten wie Flächennutzung, Flächenerschließung, Raumordnung. Administrative oder politische Grenzen sind für diesen Planungsansatz insofern ohne Belang, als eine Einbindung in das Regelsystem von Raumordnung und Regionalplanung nicht erfolgt. Auch besteht keine rechtliche Bindungswirkung gegenüber öffentlichen Planungsträgern. Im Sinne einer ergänzenden Planung bieten regionale Entwicklungskonzepte aber einen Rahmen für die auf die jeweilige Region gerichtete Politik. Ein solcher bürgernaher und regionsspezifischer Ansatz kann dabei helfen, die Entwicklungspotenziale der Region, auch die freizeittouristischen, sozial- und umweltverträglich zu erschließen bzw. nutzbar zu machen. Das Ergebnis kann eine Optimierung regionaler Standortfaktoren sein.

## 4.4   Anders Reisen – Ein Mehr an Nachhaltigkeit in der Tourismusbranche ?

Als ein Ergebnis der Tourismuskritik und der Forderung nach nachhaltiger Entwicklung des Tourismus ist der so genannte alternative Tourismus entstanden. Neue Reiseformen und Reiseinhalte sollen dem traditionellen Pauschaltourismus entgegen gesetzt werden.

Was aber ist alternativer Tourismus und was ist an ihm wirklich anders ? Überwiegend wird Alternativreisen verbunden mit Reiseformen der Globetrotter- und Tramperszene, weitgehend synonym gesetzt mit dem Rucksacktourismus. Reisen erfolgt auf eigene Faust, frei und individuell. Es geht um das Erleben von ursprünglichem Leben, man will möglichst lange mit wenig Geld unterwegs sein, wie die Einheimischen leben, so zumindest die Vorstellung. Zunehmend wird der Begriff auch zum Werbeargument kommerzieller Reiseveranstalter. Mit ihnen soll die Welt anders, behutsam, qualitativ hochwertig entdeckt werden. Der so genannte alternative Reisemarkt hat sich Ende der 70er und in den 80er Jahren herausgebildet. Heute nehmen alternative Reiseveranstalter, Reisebüros, Globe-trotterläden, Verlage und Reisemessen einen Anteil von etwa fünf bis zehn Prozent des gesamten Reisemarktes ein.[82]

Um es gleich vorweg zu nehmen: Zum Glück kann und will nicht jeder wandernd mit Rucksack und Mehrwegflasche reisen und das bisher „Unerforschte" entdecken. Das, was entstehen würde, wäre nichts anderes als eine touristische Massenveranstaltung. Alternativer Tourismus bedeutet also nicht per se alles anders zu machen oder sozial- und umweltverträglich zu reisen. Manchmal zeigt sich neben einer etwas weltfremden Naturromantik auch eine gewisse Blindheit gegenüber den ökonomischen Chancen bzw. der Notwendigkeit des Tourismus. Strukturbildende Effekte, Beschäftigungsmöglichkeiten usw. werden dort, wo sie anfallen, von den Tourismuskritikern seltener wahrgenommen. Zudem wird kaum bedacht, dass in Gegenden mit verschiedenen Nutzungsmöglichkeiten Tourismus die Ökologie vergleichsweise am geringsten belastet. Zudem verschaffen gerade die Anforderungen einer touristischen Nutzung dem Umweltschutz und dem Anspruch auf kulturelle Verträglichkeit die notwendige Aufmerksamkeit.[83]

## 4.4.1 Anders Reisen

Das Schlagwort „anders Reisen" hat zu Beginn der 80er Jahre große Popularität erlangt. Heute nutzen Reiseveranstalter und Reisebüros den Begriff, um auf neue Reiseformen aufmerksam zu machen. Auf dem Büchermarkt steigt der Anteil der Publikationen immer noch und auf der Internationalen Tourismusbörse in Berlin (ITB) wird „Anders Reisen" in einer eigenen Halle präsentiert. Das Spektrum reicht dabei von Wander- über Rad- bis hin zu Flugreisen. Inländische Reisen sind hier ebenso vertreten wie Fernreisen. „Anders Reisen" stellt dabei nicht auf eine Konfrontation zwischen Massentourismus und Individualtourismus oder Pauschaltourismus kontra Individual- oder gar Rucksacktourismus ab. Es soll vielmehr um eine veränderte Grundhaltung gehen, bei der die Reisenden das Angebot kritisch hinterfragen und ein erhöhtes Informationsbedürfnis zum Ausdruck bringen. Des Weiteren werden eine qualifizierte Reisebegleitung, individuelle Betreuung und gelegentlich auch Reisenachbereitung nachgefragt.[84]

---

[82] Freyer, 2001, S. 385-387.
[83] Vgl. dazu Umweltbundesamt, 2001, S. 3.
[84] Vgl. Freyer, 2001, S. 388.

## 4.4.2 Sanfter Tourismus

1980 prägte Robert Junk den Begriff des „sanften Tourismus" als Alternative zum so genannten latenten Reisen. Er forderte eine andere Form des Reisens, die in kleineren Gruppen, mit viel Zeit, angemessenen Verkehrsmitteln, angepasst an den landestypischen Lebensstil unternommen werden. Eine vorhergehende Beschäftigung mit dem Reiseland und ein Erlernen der Landssprache sowie ein respektvoller Umgang mit der Kultur des Ziellandes werden als notwendig erachtet. Unterstützt durch die Ökologiebewegung der 80er Jahre versuchten die Vertreter des sanften Tourismus einen Abbau der soziokulturellen bzw. ökologischen Belastungen des Tourismus zu erreichen. Vereinzelt wurde auch die ökonomische Dimension mit einbezogen, wobei deren Relevanz bzw. Wirkung für die einzelnen Zielregionen nur ansatzweise herausgearbeitet wurde.
Die Reiseempfehlungen hatten vielfach hohen moralischen Gehalt bzw. waren eher pädagogischer Natur. Reisende wurden zu Verhaltensänderungen und zum Verzicht auf konventionelle Urlaubsformen aufgefordert.

Heute erfreut sich der Begriff „sanfter Tourismus" wieder großer Beliebtheit. Zumeist handelt es sich dabei um die Umsetzung jeweils eines Elements aus dem Ideenspektrum des sanften Tourismus. So bewirbt z.B. eine Region ihre Radwanderwege als eine Form sanften Tourismus. Andere Anbieter bezeichnen ihr an der Landeskultur ausgerichtetes Angebot in diesem Sinne. Auch wenn mit der Verwendung des Begriffs nicht automatisch eine verstärkte Zuwendung zu den Prinzipien der Nachhaltigkeit unterstellt werden kann, stellen ernstgemeinte, sanfte Angebotsalternativen einen wichtigen Beitrag dazu dar. Zumindest erhalten interessierte Reisende die Möglichkeit, auf ein entsprechend umweltverträgliches Angebot zurückzugreifen.

## 4.4.3 Natur- und Ökotourismus

Was schon für die beiden vorgenannten Formen des so genannten alternativen Tourismus gilt, hat auch im Falle des „Grünen Tourismus" Gültigkeit. Aufgrund seiner inhaltlichen Unschärfe ist eine gewisse Vorsicht angebracht. Im umfassendsten Sinne sind hierunter Tourismusangebote zu verstehen, die Natur zum Ziel und Inhalt haben. Beispiele für das naturnahe Tourismusangebot sind geführte Wandertouren durch Naturparks, Studienreisen zur Naturbeobachtung, Trekking und Expeditionen mit naturkundlicher Führung. Solche Reisen führen zumeist nicht in die typischen Tourismusgebiete und sind auch nicht auf größere Teilnehmerzahlen ausgerichtet.
Eventorientiertes Naturerleben ist eine weitere Facette des Naturtourismus. Dabei scheint aber die Natur als Fotoalbum für viele Touristen an Attraktivität verloren

zu haben. Abenteuer, Erleben in der Natur, sich mit den Kräften der Natur zu messen, scheint dagegen für viele an Attraktivität gewonnen zu haben. Survival-Touren, also Veranstaltungen, in denen die Teilnehmer unter einfachsten Bedingungen in der Natur leben und sich z.B. auch ihre Nahrungsmittel selbst beschaffen müssen, sind hierfür ein Beispiel, das sich wachsender Beliebtheit erfreut. Eventcharakter scheint auch die Besichtigung zerstörter Natur zu haben: Nach einem Großfeuer im Yellowstone-Nationalpark, bei dem rund 300.000 Hektar Waldfläche zerstört wurden, avancierte er zum Besuchermagneten: Mehr als 2,5 Mio. Besucher kommen jedes Jahr aus allen Teilen der Erde, um Nadelbaumskelette zum Greifen nah zu erleben.

Naturreisen sind insgesamt aber keinesfalls stets umweltverträglicher als konventionelle. Führen sie in bis dato unberührte Natur, so kann durch falsches Verhalten großer Schaden entstehen, einmal abgesehen davon, dass dann ohnehin nicht mehr von unberührter Natur gesprochen werden kann.

Ökotourismus ist als Oberbegriff vor allem auf internationaler Ebene und in den Ländern der so genannten Dritten Welt eine oft strapazierte Bezeichnung für eine vermeintlich nachhaltige Form des Tourismus.

> „Around the World, ecotourism has been hailed as a panacea: a way to fund conservation and scientific research, protect fragile and pristine ecosystems, benefit rural communities, promote development in poor countries, enhance ecological and cultural sensitivity, instill environmental awareness and a social conscience in the travel industry, satisfy and educate the discriminating tourist, and, some claim, build world peace."[85]

Ökotourismus geht davon aus, dass Tourismus als wirtschaftsförderliche und strukturgebende Kraft für die gastgebende Region von großer Bedeutung ist. Insofern er sozialverträglich und der Umwelt angepasst organisiert wird, kann Ökotourismus zu einem Motor für nachhaltige Entwicklung werden, so die Erwartung. Vor allem die Entwicklungsländer verstehen Ökotourismus in diesem Sinne. Als Devisenbringer und Arbeitsplatzbeschaffer, aber auch als Impulsgeber für infrastrukturelle Maßnahmen bei gleichzeitiger soziokultureller Verträglichkeit, scheint Ökotourismus damit erhebliche Vorteile gegenüber konventionellen Formen des Tourismus zu haben. Dies gilt umso mehr, wenn eine langfristige Perspektive für die Entwicklung formuliert werden soll.

---

[85] Honey, 1999, S. 4.

Die *International Ecotourism Society* definiert Ökotourismus wie folgt: „Ecotourism is purposeful travel to natural areas to understand the culture and natural history of the environment, taking care not to alter the integrity of the ecosystems; producing economic opportunities that make the conservation of natural resources beneficial to local people".[86] Allerdings lässt auch diese Definition vielfältige Möglichkeiten für das, was Ökotourismus in der Praxis wirklich darstellt. Interessant ist, dass gerade aus dem Tourismus die finanziellen Mittel gewonnen werden sollen, die letztlich den Schutz und den Erhalt der Ökosysteme ermöglichen. Durch die Schaffung von Einkommens- und Beschäftigungsmöglichkeiten, durch neue, andere Formen der Landnutzung und durch den Erhalt der Sozialstruktur soll die lokale Bevölkerung in die Lage versetzt werden, ihre eigene ökonomische und gesellschaftliche Entwicklung voranzutreiben. Dabei sollen die natürlichen Lebensgrundlagen bewahrt werden. Zumindest konzeptionell verbinden sich hier Ökotourismus und *Sustainable Development*.

In den einschlägigen Publikationen wird davon ausgegangen, dass Ökotourismus
- zu einem Verständnis für die Auswirkungen freizeittouristischer Aktivitäten ermuntert,
- auf einer kritischen Abwägung seiner Vorteile und Nachteile bezogen auf die Entwicklung in der jeweiligen Destination basiert,
- Arbeits- und Beschäftigungsmöglichkeiten für die lokale Bevölkerung sowohl in touristischen als auch der Tourismuswirtschaft benachbarten Bereiche generiert,
- durch die Verwendung lokaler oder regionaler Produkte und Dienstleistungen die heimische Industrie fördert und so zur Entwicklung wettbewerbsfähiger Strukturen beiträgt,
- sich in vorhandene wirtschaftliche Strukturen einfügt und zu ihrer Diversifizierung beiträgt,
- auf der Mitwirkung der lokalen Bevölkerung, also auf Partizipation und Mitbestimmung, basiert,
- die Kultur und Sozialstruktur des Gastgeberlandes respektiert und achtet,
- Gegenstand der Infrastrukturplanung, aber nicht ihr dominierender Faktor ist,
- eine produktive Nutzung von Land fördert und u.a. finanzielle Mittel für den Erhalt von Natur und Landschaft freisetzt,
- Urlaubs- und Erholungsmöglichkeiten bietet, die auch von der lokalen Bevölkerung genutzt werden können.[87]

---

[86] International Ecosystem Society, 1991; vgl. Roe/Leader-Williams/Dala-Clayton, 1997, S. XII-XIII.

[87] Vgl. Wearing/Neil, 1999, S. 8-9; vgl. Honey, 1999, S. 22-23; vgl. Canadian Tourism-Commission, 1999, S. 1.

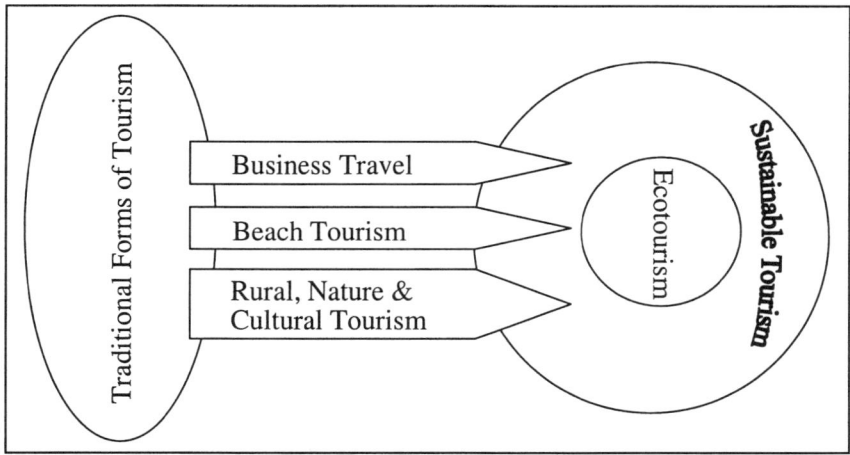

**Abbildung 40:** Ecotourism as a sustainable Development Concept, UNEP 2001

Ökotourismus ist allerdings nicht voraussetzungslos. So basiert er auf einer sorgfältigen Analyse der Ausgangssituation und einer näherungsweisen Bestimmung der Carrying Capacity einer Region; dies sowohl in ökologischer und ökonomischer als auch in soziokultureller Hinsicht. Es gilt ein regionales Leitbild für eine integrierte nachhaltige Entwicklung der Region zu formulieren, in der Ökotourismus seinen Platz findet. Ökotourismus ist kein Ersatz, sondern integrativer Bestandteil eines regionalen Entwicklungskonzepts. Dabei müssen Strategien, Ziele und Programme aufgelegt und eine angemessene Beteiligung der örtlichen gesellschaftlichen Gruppen sowie der Tourismusbranche sichergestellt werden. Ein professionelles Implementierungsmanagement und Erfolgskontrollen sowie Maßnahmen zum Weiterbetrieb sind weitere Voraussetzungen. Ökotourismus verlangt letztlich nach funktionierenden und mehrheitsfähigen gesellschaftlichen Strukturen, die vielfach (noch) nicht gegeben sind.[88]

Die internationale Tourismuswirtschaft hat relativ schnell auf die aufkommende Ökotourismus-Diskussion reagiert, vornehmlich mit Marketingmaßnahmen. Weniger das Konzept der Nachhaltigkeit als vielmehr Expansions- und Wachstumsmöglichkeiten standen hier im Vordergrund. So titelte z.B. die *Voyagers International's Brochure*: „Where we travel, it's a little peace of Eden – the world as it should be, at peace with itself and with you" und bewirbt damit Reisen auf die ökologisch hoch sensiblen Galápagos-Inseln.[89] Ebenso intensiv werden Reisen zu (vermeintlichen) Naturvölkern angeboten, die quasi eine Zeitreise versprechen, eine Reise zu den Ursprüngen der Menschheit – natürlich mit

---

[88] Vgl. dazu Honey, 1999, S. 10-30.
[89] A.a.O., S. 47.

der gebotenen Achtung und Diskretion. Andere Veranstalter bieten unter dem Stichwort Ökotourismus eine Expedition in unberührte Naturlandschaften an und schaffen auf diese Weise eine gewisse Exklusivität: „The Corcovado area is so remote, inaccessible and undisturbed, that even most Costa Ricans have never visited."[90] Neben diesen Marketingkampagnen sind eine Reihe von Angeboten zu verzeichnen, mit denen Reiseveranstalter den Prinzipien des Ökotourismus durchaus nahe kommen.

Der weltweite Markt für Ökotourismus ist derzeit nur in Umrissen darstellbar. Die *WTO* schätzt den Marktanteil auf eine Größenordnung von sieben Prozent. Das *World Resource Institute* hält einen Marktzuwachs zwischen zehn und 30 % für möglich. Die so genannten Nature Tourists haben 1994 zwischen 166 und 250 Mrd. US-Dollar für ihre Reisen aufgewendet. Auf die Wildlife-related Tourists entfielen 83-166 Mrd. US-Dollar. Dabei handelt es sich jedoch um Reiseformen, die dem Ökotourismus nahe kommen, ihn aber nicht repräsentieren. Genaue Informationen zum Marktprofil gibt es aus Nordamerika. Der nordamerikanische Ökotourist ist zwischen 35 und 54 Jahre alt, verfügt über eine höhere Schulbildung, reist zu 60 % als Paar über einen Zeitraum von acht bis 14 Tagen und gibt pro Person zwischen 1.000 und 1.500 US-Dollar aus.[91]

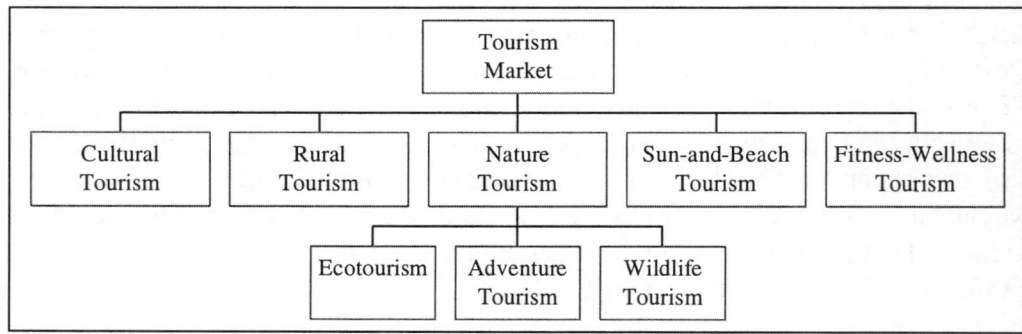

**Abbildung 41:**   Ökotourismus als Marktsegment, WTO/UNEP, 2001

Für die Zukunft werden große Hoffnungen in den Ökotourismus gesetzt. Dabei ist den Akteuren durchaus bewusst, dass auch sie sich im Spannungsfeld von Bewahren und Entwickeln befinden. So gibt es keinen Zweifel daran, dass die Erhaltung und der Schutz der Ökosysteme, aber auch der Gesellschaftsstrukturen ebenso notwendig sind wie die Wahrung der legitimen Interessen der Bereisten. Auf der anderen Seite müssen Chancen zur Entwicklung erschlossen werden.

---

[90]   A.a.O., S. 49.
[91]   Vgl. Ecotourism Society, 1998, S. 1-4.

Arbeitsplätze und Einkommen im Tourismus sind vor allem dort relevant, wo es an anderer ökonomischer Entwicklung fehlt. Dort, wo man sich Sorgen um die Sicherung der eigenen Existenz macht, werden ökologische Fragen eher postprioritär sein. Bewahrung und Schutz sowie wirtschaftliche Entwicklung sollten deshalb, so die *WTO*, nicht als prinzipiell unvereinbar, sondern als komplementäre Elemente auch der ökotouristischen Angebote verstanden werden.

Diese Sichtweise soll im Rahmen des *Year of Ecotourism 2002 (IYE)* der Öffentlichkeit gegenüber deutlich gemacht werden. Konkret sollen im Laufe des Jahresevents

- Qualitätskriterien entwickelt und vereinbart werden, was die gegenwärtige inhaltliche Unschärfe des Ökotourismus beseitigen dürfte. Für die Konsumenten ergäbe sich daraus eine Orientierungshilfe für ihre Kaufentscheidungen. Die weltweit ca. 105 Ökolabels und Zertifikationssysteme im Tourismus haben bisher eher für Unübersichtlichkeit gesorgt.
- die Öffentlichkeit sowie Verantwortliche in Politik und Gesellschaft ein größeres Bewusstsein für die Chancen und Möglichkeiten des Ökotourismus als Instrument zur Umsetzung des Konzepts des *Sustainable Development* entwickeln.
- Anstrengungen im Ökotourismus gefördert und ihr wirtschaftliches, ökologisches und soziales Potenzial entwickelt werden.
- Methoden des Managements, aber auch des Monitorings und der Reglementierung erprobt und damit der weiteren Entwicklung des Tourismus ein fester Rahmen gegeben werden.
- Marketingkampagnen der Öffentlichkeit und den Nachfragern die besonderen Chancen des Ökotourismus deutlich machen.[92]

---

[92] Vgl. WTO/UNEP, 2001, S. 2-4 .

# Kapitel IV: Kunden- und marktorientiertes Freizeit- und Tourismusmanagement

Die enorme Entwicklung der freizeittouristischen Branche in den vergangenen Jahren hat zumindest eines deutlich gezeigt: Freizeit und Reisen sind wichtige Themen für die Bevölkerung. Auch wenn wirtschaftliche Stagnation oder politisch-kriegerische Ereignisse immer wieder für Dellen in der touristischen Wachstumskurve gesorgt haben, ist insgesamt die Nachfrage und damit auch der Markt über die Jahre stetig gewachsen. Diese Gesamtbetrachtung darf jedoch nicht darüber hinwegtäuschen, dass es Regionen und Orte gibt, die einen Niedergang ihrer Tourismuswirtschaft haben erleben müssen. Mangelnde Professionalität im Management und Fehleinschätzungen in Bezug auf die Entwicklungen des Marktes haben manches freizeittouristische Unternehmen zur Aufgabe gezwungen. Ebenso haben die in Kapitel 3 angesprochenen negativen Wirkungen, vornehmlich der Massentourismus, Herausforderungen entstehen lassen, denen nicht jede Region bzw. jeder Betrieb gewachsen ist.

Für die Zukunft wird neben der Bewältigung sozialökologischer Problemlagen auch die Gewährleistung der Sicherheit der Reisenden herausragende Themen sein. Urlaub machen ist auch in Europa in einigen Regionen und Städten eine riskante Privatsache. Jedoch kann sich keine Ferienregion leisten, auf Dauer ein Risikogebiet für Urlauber zu sein. Urlauber wollen nicht in künstlichen, perfekt organisierten Ferienwelten hinter einem Zaun leben. Im Zweifelsfall werden sie sich für das Angebot entscheiden, das ihnen mehr Sicherheit als Sonne und aufregende Landschaften bietet.[1]

In den letzten Jahren hat sich für die Tourismusbranche der Wettbewerbsdruck spürbar erhöht. Neue, attraktive Destinationen, einige mit „Schönwettergarantie" bzw. mit einer Vielzahl an wetterunabhängigen Angeboten, sind hinzugekommen und sorgen für frischen Wind auf dem Markt. Die Neugier und der Erlebnishunger der Reisenden kommen diesen neu entstandenen Tourismusorten und -einrichtungen zugute, zumindest in der Anfangsphase. Der Preisverfall vor allem im Luftverkehr hat die Ferne immer attraktiver werden lassen. Entwicklungsregionen haben den Tourismus zunehmend als wirtschaftlichen Rettungsanker entdeckt und in den massiven Ausbau touristischer Infrastruktur investiert. Defizite werden vielfach von staatlicher Seite ausgeglichen. Das Preisniveau wird so künstlich niedrig gehalten. Dies hat weltweit zu riesigen Überkapazitäten in allen touristischen Teilbereichen geführt. Trotz des Anstiegs der Nachfrage erhöhen sich damit der Wettbewerb und der Kostendruck.

Neue Marketingstrategien und -konzepte, eine treffgenaue Positionierung am Markt und ein kundenorientiertes Angebot sowie der Aufbau angemessener

---

[1] Vgl. Opaschowski, 2002, S. 186.

Differenzierungspotenziale gegenüber den Mitbewerbern werden in dieser Situation immer wichtiger. Aber auch neue Formen der Kooperation zwischen den touristischen Anbietern (Betriebe und Regionen) bzw. zwischen Betrieben der Tourismuswirtschaft und Branchenfremden helfen die eigene Wettbewerbssituation zu verbessern.

Ein ernsthaftes Problem für die weitere Entwicklung des Tourismus dürfte die spürbare Abnahme der Gastlichkeit sein. Neben dem Widerstand der Bereisten machen sich Sättigungserscheinungen bei Anbietern und Beschäftigten immer mehr bemerkbar. Diese Entwicklung hat zum einen mit Wohlstandserscheinungen zu tun, welche an sich ja begrüßenswert sind. Gelegentlich trifft man aber auf eine „Wir-haben-es-nicht-nötig" Mentalität und auf eine abwehrende Haltung, ja Arroganz den Gästen gegenüber. Servicebereitschaft, Zuvorkommenheit, Freundlichkeit oder gar Gastfreundschaft werden zunehmend seltener. In dieser Situation machen touristische Anbieter in den letzten Jahren harte Erfahrungen: Nur wenige Gäste beschweren sich über qualitative Mängel. Viel häufiger reagieren sie unauffälliger – sie kommen einfach nicht wieder.[2]

Überhaupt werden in Zukunft der Unternehmenserfolg und die Stellung am Markt immer stärker vom Faktor Qualität bestimmt. Insbesondere die in den USA laufenden Untersuchungen *Profit Impact of Market Strategies* belegen diesen Sachverhalt. Qualitätsoffensiven, die Einrichtung leistungsfähiger Qualitätsmanagementsysteme sollen Unternehmen mit höchster Qualitätsfähigkeit entstehen lassen, die Kundentreue stärken und die Wettbewerbsfähigkeit entscheidend verbessern. Dabei dürfte es sich als motivationsförderlich erweisen, dass der prozessorientierte, das gesamte Unternehmen umfassende Ansatz des „Total Quality Managements" zugleich eine Voraussetzung für die Verbesserung der Kosten- und Wertschöpfungsstruktur darstellt.

Qualitätsmängel ergeben sich jedoch nicht nur aus dem nachfragerseitig real erlebten Niveau touristischer Leistungen. Das weitere touristische Umfeld und damit auch die Frage der Ausländerfreundlichkeit rücken hier in den Blickpunkt. Dieser Aspekt hat sich zunehmend als relevant für die touristischen Chancen einer Region erwiesen. Untersuchungen zufolge ist den Feriengästen die Gast- bzw. Ausländerfreundlichkeit in ihrem Urlaubsland am wichtigsten. Rund 45 % der befragten Europäer bestätigen das. Insbesondere die Franzosen heben die Bedeutung der Ausländerfreundlichkeit für den Tourismus hervor (58 %). Für sie hat Ausländerfreundlichkeit im Urlaub eine größere Bedeutung als das gesunde Klima (41 %) oder die Sauberkeit vor Ort (46 %). Für die Deutschen sind dagegen das gesunde Klima, saubere Straßen, Plätze und Strände (50 %) besonders wichtig. Eine ausländerfreundliche Atmosphäre sehen nur 38 % der deutschen

---

[2]    Vgl. Müller, 2000, S. 13-15.

Reisenden als relevant an. Was das Reiseland Deutschland angeht, haben die ausländerfeindlichen Vorkommnisse in den vergangenen Jahren offensichtlich ihre Spuren hinterlassen. Nicht einmal die Deutschen selbst halten mehrheitlich ihr eigenes Land für ausländerfreundlich: Nur 46 % der Deutschen wollten daran glauben. In der Branche wird gar von einem Klima gesprochen, das ausländischen Gästen den Eindruck vermittelt, sie seien in Deutschland nicht willkommen. Das Wegbleiben ausländischer Touristen macht vielen deutschen Städten und Regionen denn auch zu schaffen. Eine alarmierende Entwicklung, auf die angemessen und zügig reagiert werden muss.[3]

In den vergangenen Jahren konnten erhebliche Veränderungen im Nachfrageverhalten festgestellt werden. Neben Veränderungen in der Aufenthaltsdauer – lieber kürzer, dafür mehr als einmal jährlich – hat das knapper werdende Urlaubsgeld viele Urlauber wählerischer werden lassen. Reiselust und Sparzwang gehen dabei zwangsläufig eine Vernunftehe ein. Mehr Preisbewusstsein und mehr Qualitätsorientierung, mehr Spontanurlauber und mehr Last-Minute-Interessenten – die Touristikbranche hat Mühe, sich dem neuen Kundenverhalten anzupassen. Überdies verstärken die zunehmende Reiseerfahrung, die Nutzung des Internets die Möglichkeit, Vergleiche unter Ferien- und Freizeitangeboten anstellen zu können.

Dem aufmerksamen Beobachter wird zudem immer deutlicher: Es gibt nicht *den* Urlauber bzw. Freizeitsuchenden. Infolgedessen muss auch Abschied genommen werden von der Vorstellung des Einheitsprodukts Urlaub. Es geht vielmehr um zielgruppenspezifische bzw. bedürfnisorientierte Angebote, deren Anpassung Wettbewerbsstärken begründet.

Die Reisenden scheinen mittlerweile nicht nur erfahrener, sondern auch realistischer geworden zu sein. Sie wissen, dass es die heile Urlaubswelt nicht gibt. Der Schmutz auf den Straßen und Plätzen, die Belästigungen durch Bettler oder aufdringliche Händler bis hin zu systematischen Betrügereien stellen die touristische Attraktivität mancher Region zunehmend in Frage. Offenbar steckt die Philosophie von den schönsten Wochen des Jahres, so wie sie zumindest manche Reiseveranstalter in ihren Broschüren anpreisen, in einer Krise. Auch der Urlaub hat seinen Alltag, seine Probleme und seine Krisen. Das Rundum-sorglos-Paket mag zwar von Reiseveranstaltern angeboten werden. Aber selbst die weißen Wolken werfen Schatten und es ist dringend an der Zeit zu sagen, „was Sache ist".[4] Dies gilt insbesondere auch für die so genannten All-inclusive-Angebote, mit denen Kunden angelockt werden. Bei genauerem Hinschauen wird schnell deutlich: bei „All-inclusive" ist selten alles inklusive.

---

[3]   Vgl. Opaschowski, 2002, S. 183-185.
[4]   A.a.O., S. 186.

Aktuell werden Atmosphäre, Echtheit und Stimmigkeit für die Reisenden immer wichtiger. Die Attraktivität einer Ferienregion hängt wesentlich davon ab, welche Atmosphäre sie den Gästen vermittelt.

## 1. Bezugspunkte eines kunden- und marktorientierten Tourismusmanagements

Mit dem Begriff Management beschreibt man gewöhnlich die Führung einer organisatorischen Einheit. Dabei wird zwischen einer institutionellen und einer funktionellen Sichtweise unterschieden. Bei Ersterer umfasst das Management die Beschreibung von Personengruppen, die Managementaufgaben wahrnehmen, ihre Tätigkeiten und Funktionen. Die funktionelle Sichtweise schließt alle Aufgaben und Prozesse ein, die mit der Leitung einer arbeitsteiligen Organisation zusammenhängen. Dies sind insbesondere Planung, Organisation, Realisierung und Kontrolle.

In seiner Arbeit wird das Management Marktentwicklungen und Veränderungen der Kundenwünsche im Auge haben und das gesamte Unternehmen bzw. die Prozesse der Leistungserstellung mit dem Ziel eines Gesamt-Fits darauf ausrichten.

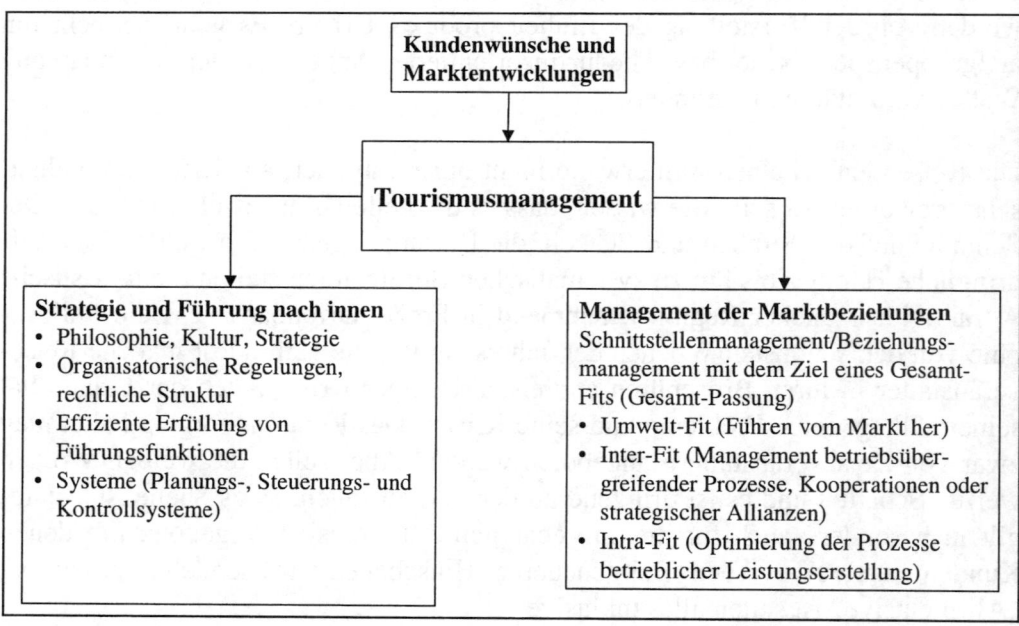

**Abbildung 42:**   Bezugsebenen eines markt- und kundenorientierten Tourismusmanagements

## 1.1 Das touristische Produkt als Fixpunkt

Fixpunkt der strategischen Führung ist primär ein mehr oder weniger komplexes Leistungsbündel. Die Fremdenverkehrsleistung ist dabei ihrem Wesen nach eine Dienstleistung, deren Teilprodukte von verschiedenen Leistungsträgern erbracht werden (vgl. dazu Kapitel I, Punkt 2.2.3). Der Kunde nimmt jedoch nur das Gesamtprodukt als Ganzes wahr, das er seinen Bedürfnissen und Interessen gemäß erwirbt. Für das touristische Management ergeben sich aus dieser besonderen Eigenschaft des touristischen Produkts eine Reihe von Herausforderungen, die im Rahmen von Gesamtstrategie und Führung sowie durch ein effizientes Management der Marktbeziehungen bewältigt werden müssen. Handlungsleitend ist dabei die Entwicklung und Bereitstellung wettbewerbsfähiger Produkte, die Kunden zu begeistern vermögen.

Touristische Produkte enthalten stets materielle sowie immaterielle Ergebnisbestandteile. Dies drückt z.B. der folgende Werbeslogan aus: „Tanken Sie neue Kräfte beim Besuch unserer hypermodernen Wellness-Einrichtungen". Zum Zeitpunkt seiner Reise- bzw. Destinationsentscheidung ist der Kunde jedoch nicht vor Ort physisch anwesend, d.h. er kann z.B. den Zustand der Wellness-Infrastruktur nicht unmittelbar prüfen. Auch kann er das mit dem Aufenthalt versprochene Leistungsergebnis „neue Kräfte" oder „Entspannung und Erholung" ebenfalls nicht an konkreten, tangiblen Angebotsmerkmalen überprüfen. Der potenzielle Gast muss sich daher bei seiner Reiseentscheidung an Vertrauenseigenschaften orientieren, die er zunächst von tangiblen Produktionsfaktoren im Sinne von Wirkungen ableitet (z.B. Gebäude, Ausstattung, Verpflegungsleistungen). Das gute Bild eines Fremdenverkehrsortes, das Image des touristischen Unternehmens oder sein Gütezeichen (Markenlabel) beinhalten weitere Vertrauensqualitäten. Gleichwohl bleibt der potenzielle Gast auf die Validität von Leistungsversprechen und daraus für ihn ableitbare Leistungsergebnisse (Urlaubsqualitäten) angewiesen, d.h. er steht in einer größeren Entscheidungsunsicherheit.
Tourismusmanagement sollte um eine gezielte Steigerung der Vertrauenseigenschaften des Leistungsangebots bemüht sein. Dabei sind sowohl materielle wie immaterielle Aspekte touristischer Produkte zu bedenken. Vertrauensangebote suggerieren dem Kunden ein Mehr an Entscheidungssicherheit, was ihn in seinen konkreten Reiseentscheidungen beeinflussen dürfte. Vertrauensqualitäten sind jedoch kein Ergebnis zufälliger Prozesse. Ein effizientes Schnittstellenmanagement, Prozessorientierung und Standardisierung von Leistungserbringungsprozessen gepaart mit der Fähigkeit, auf individuelle Kundenwünsche reagieren zu können, sind hier zu ergreifende Maßnahmen.

## 1.2   Der hybride Konsument

Interessenpluralismus und die Vielfalt an Lebens- und Freizeitstilen werden auch in Zukunft großen Einfluss auf die touristische Entwicklung haben. Multioptional agierende Kunden mit vielschichtigen, komplexen, mitunter auch widersprüchlichen Konsum- und Lebensstilen machen es den touristischen Leistungsanbietern schwer, die Bedürfnislagen und Verhaltensweisen potenzieller Kunden abzuschätzen und das Angebot entsprechend auszurichten. Schnell ist die Forderung nach Kundenorientierung vorgebracht, schwierig ist sie einzulösen. Immer weniger heißt es nämlich „der" Konsument, sondern immer öfter „dieser" Konsument. Zukünftig wird sich die Tourismuswirtschaft daher auf einen hybriden Verbraucher einstellen müssen, der mehrere Konsumtrends verfolgt und dessen Reiseentscheidungen und Urlaubsaktivitäten immer komplexer werden. Die Reisenden wechseln zwischen unterschiedlichen Lebensräumen und Lebensstilen und zeigen dabei verschiedene Bedürfnisstrukturen und Verhaltensweisen. Auch scheint es so, als würde die Anzahl der Stammurlauber zurückgehen und statt dessen ein Urlaubertypus an Bedeutung gewinnen, der sich jedes Jahr ein neues Reiseziel wünscht. Diese Reisenden sind übrigens nur begrenzt markentreu.

Ein weiterer Faktor, den es in Sachen Kundenorientierung zu bedenken gilt, ist die Altersstruktur der Gesellschaft. Die gegenwärtig feststellbare Abnahme der Altersgruppe der unter 30-Jährigen wird dazu führen, dass sich langfristig die Angebotsstrukturen verändern. Die Gruppe der über 55-Jährigen wird in Zukunft eine Hauptnachfragegruppe beratungsintensiver touristischer Leistungen sein. Sie entwickeln vielseitige Lebensinteressen, stehen mitten im Leben und wollen ein Lebensgefühl im Sinne von Freiheit, Unabhängigkeit und Genuss erleben. Sie geben sich sportlich und erwarten im Urlaub Ruhe, Kunst und Kultur, fernab vom Tempo, von der Hektik und Schnelllebigkeit des Alltags.

Urlaub dient heute immer weniger der Flucht vor dem Alltag. Die Urlaubsreise wird nicht wegen eines Orts- oder Tapetenwechsels unternommen. Urlaub gilt vermehrt als ein Stück Lebensqualität, wobei auch die Hoffnung auf ein wenig Lebenstraumerfüllung mitschwingt. Die zunehmend erlebnis- und qualitätsorientierten Kunden erwarten Vielfalt und Individualität in der Bereitstellung des Angebots. Je mehr die Reiseziele austauschbar und je ähnlicher die Pauschalreiseangebote werden, desto stärker betonen die Urlauber ihre Individualität. Die Authentizität des Erlebten, die Einmaligkeit ist ihnen wichtig. Individualität in der Masse zu bieten wird für die Veranstalter zu einer echten Herausforderung. Die bedeutet auch, dass nicht jedem alles geboten werden kann. Auch muss trotz der Individualisierungswelle das Angebot organisierbar und kalkulierbar bleiben. Die Anbieter werden daher Eigenprofile entwickeln müssen, mit denen sie potenzielle Kunden erreichen und sich gleichzeitig von Mitbewerbern abgrenzen können. Massentourismus wird vermehrt zum Zielgruppentourismus, zum Service für Individualisten. Den Wunschurlaub nach dem Baukastenprinzip, bei dem sich die Reisenden ihrer persönlichen Bedürfnisse gemäß die einzelnen Leistungen zusammenstellen können, werden die Kunden in Zukunft vermehrt nachfragen. Um dem kundenseitigen Wunsch nach Multioptionalität zu entsprechen, werden die Anbieter neben einer gewissen Breite im Grundsortiment (klassische Pauschalreisen und Bausteinprogramme) weitere ergänzende Urlaubsangebote vorhalten müssen, die der Kunde während der Reise in Anspruch nehmen kann. Für Nischenanbieter dürften sich hier neue Marktchancen eröffnen.[5]

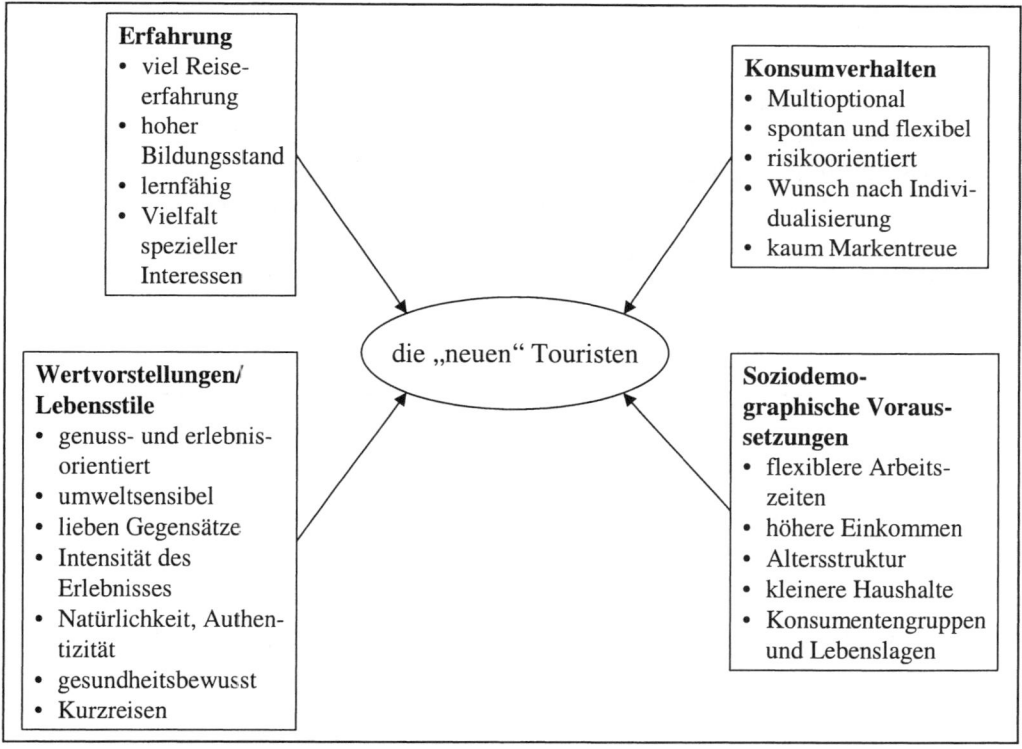

**Abbildung 43:**    Charakteristika der „neuen" Touristen[6]

Auch die Ansprüche an den Urlaub werden immer ambitionierter. Die Inszenierung der Urlaubswelten soll möglichst perfekt und stimmig sein. Man verreist eher weniger, dafür aber qualitativ hochwertiger. Die Anbieter stellt dies vor die Aufgabe, Klasse trotz Masse zu bieten, um im Qualitätswettbewerb zu bestehen.

---

[5]    Vgl. Böttcher/Krings, 2000, S. 144-145.
[6]    Im Anhalt an Deutscher Bundestag, 1999, S. 26-27.

Bei einigen beginnt sich eine Null-Fehler-Mentalität breit zu machen, die allerdings einen Haken hat: Perfektion beeinträchtigt unter Umständen emotionale Faktoren wie Herzlichkeit oder Atmosphäre. Touristen wollen jedoch Erlebnisse und Atmosphäre kaufen und kein Produkt von der Stange. Flair – eine Mischung aus Atmosphäre, Ambiente und Wohlfühlen wird zunehmend wichtiger. Auch verlangen die Reisenden Flexibilität im Servicebereich. Unflexible Essenszeiten oder die Forderung nach einem 10-Uhr-Check-out am Abreisetag sind hier sicher wenig hilfreich. Touristische Anbieter sollten sich als eine Art Händler für Lebensfreude und Serviceleistende fürs Wohlbefinden verstehen und auch entsprechend agieren.[7]

### 1.2.1  Dem Kunden Qualität bieten

Aus Sicht der Branche ist Qualität ein zunehmend wichtiger Schlüssel zum Erfolg. Neben einem angemessenen Preis-Leistungs-Verhältnis bedarf es der Qualitätssicherung, der Qualitätskontrolle und der Qualitätsverbesserung. Qualität ist dabei sicher nicht nur eine Geldfrage. Höchste Qualität im Service, in der Infrastruktur und in der Atmosphäre – von einem ansprechenden Landschaftsbild über den sauberen Strand bis hin zu sicheren Straßen – sind hier gefragt.

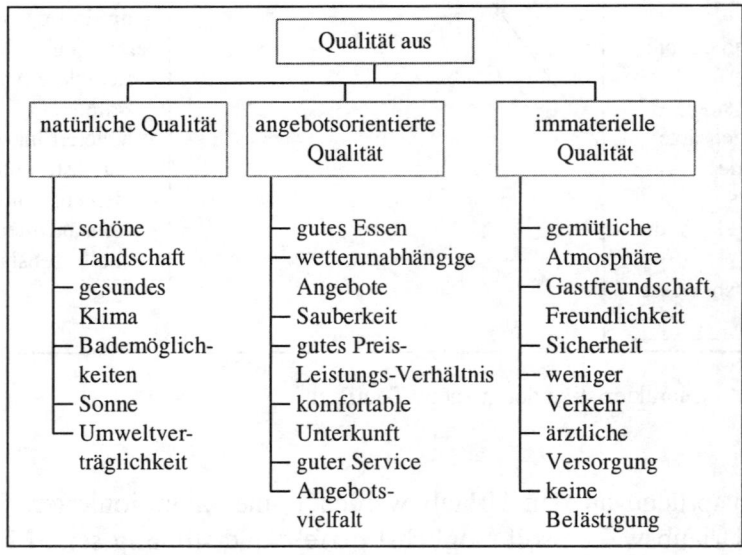

**Abbildung 44:** Qualität aus Nachfragersicht[8]

---

[7]   Vgl. Opaschowski, 2002, S. 222-223.
[8]   A.a.O., S. 229.

Wer Urlaub verkaufen will, muss Schönheit, Sauberkeit, Sicherheit und Sehenswürdigkeiten bieten. Atmosphärekiller wie Bauruinen, Landschaftszerstörungen durch Hotelburgen, Graffiti-Schmierereien, Belästigungen durch Straßenhändler usw. stellen die touristische Attraktivität nachhaltig in Frage. Das äußere Erscheinungsbild der touristischen Region ist ein wesentliches Qualitätskriterium. Auch vom Hotel, von der Unterkunft wird Atmosphäre erwartet. Der Gast möchte in eine entspannte, fast unbeschwerte Stimmung gelangen. Die Räume müssen eine Atmosphäre ausstrahlen, die zum Verweilen einlädt.

Servicemängel werden von den Gästen kaum verziehen. Ein zukunftsweisender touristischer Betrieb müsste eigentlich ein flexibler 24-Stunden-Betrieb sein, dem Gast also rund um die Uhr Servicequalität bieten. Das dies für kleinere Einrichtungen kaum zu leisten ist, ist offensichtlich. Eine Konzentration des Services auf Bequemlichkeit, Behaglichkeit und eine möglichst flexible Organisation kann jedoch schon viel bewirken.

Eine gute Möglichkeit, aktuelle Kundeninteressen möglichst zeitnah umsetzen und damit Qualität bieten zu können, ist die Integration des Kunden sowohl in den Prozess der Produktentwicklung als auch in den der Leistungserstellung. Dies ist schon deshalb sinnvoll, weil der Kunde das Leistungsergebnis mitbestimmt bzw. es erst durch seine Integration in die Bereitstellungsleistung auslöst. Im Rahmen der *integrierten Leistungserstellung*, fungiert der Kunde dann von der Produktidee bis zur Angebotserstellung als Ratgeber und Controller. Gleiches gilt für die Zeitspanne der Leistungserbringung. Durch Einbringen seiner Wünsche und Interessen kann die Attraktivität und Qualität des Angebots gesichert und besser planbar gemacht werden.[9]

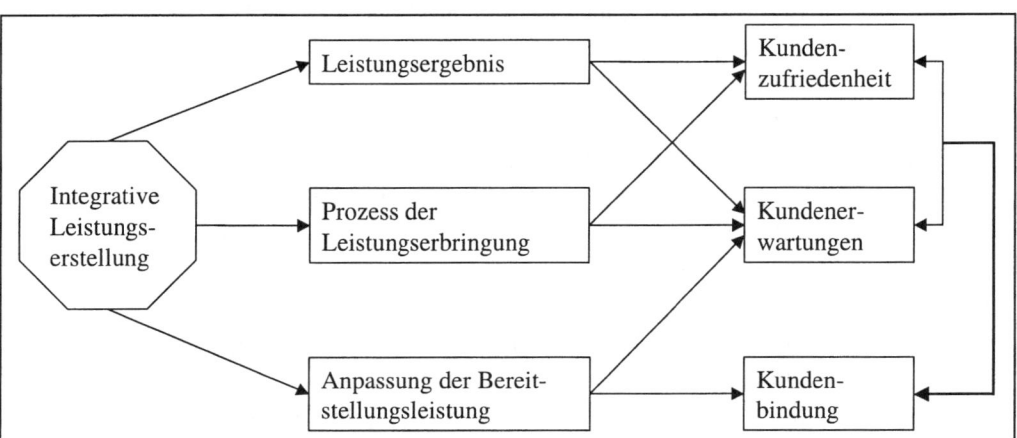

**Abbildung 45:**    Prozess der integrativen Leistungserstellung[10]

---

[9]  A.a.O., S. 245-250.
[10]  Vgl. Wöhler, 1997, S. 250.

## 1.2.2  Reklamationsmanagement

Ein wichtiges Instrument der Qualitätssicherung ist das Reklamationsmanagement bzw. die Mängelbeseitigung im Beschwerdefall. Die Annahme und Bearbeitung von Reklamationen ist ein wesentlicher Bestandteil der Leistungspolitik. Im Rahmen der Anbieter-Kunden-Interaktion hat das Reklamationsmanagement nicht nur wesentlichen Einfluss auf das Image des Unternehmens. Zugleich gehen von ihm wichtige Impulse für die Produktpolitik aus. Die Annahme und Bearbeitung einer Beschwerde sollte daher als zusätzlicher Dienstleistungsservice verstanden werden. Mit Blick auf die touristische Dienstleistungskette reicht das Reklamationsmanagement bis in den Reise-Nachbetreuungsbereich hinein.

---

Typologie der Beschwerdeführer:
- Nicht fordernder Beschwerdeführer
  Diese mit Recht sich beschwerende Person gibt die Ursache ihrer Unzufriedenheit zur Kenntnis, ohne unmittelbar eine Entschädigung zu erwarten.
- Berechtigt fordernder Beschwerdeführer
  Dieser Personenkreis äußerst berechtigte Beschwerden und macht vielfach Verbesserungsvorschläge. Eine Kompensation wird erwartet.
- Drohender Beschwerdeführer
  Die vorgetragenen Beschwerden dieser Personen sind berechtigt, werden aber in einer sehr offensiven Form vorgetragen. Für das Unternehmen ist dieser Typ schwerer zu handhaben, da bereits mit der Beschwerde eine Sanktion angekündigt wird.
- Überhöht fordernder Beschwerdeführer
  Ein Teil der Beschwerdeeingaben ist berechtigt, wobei ganz bewusst überhöhte Ausgleichsforderungen gestellt werden.
- Unberechtigt fordernder Beschwerdeführer
  Aus einem subjektiven Empfinden heraus oder aber aus Unwissenheit, werden Dienstleistungen als nicht angemessen betrachtet und entsprechende Ersatzforderungen aufgestellt. Beschwerdeunzufriedenheit bleibt meist dann zurück, wenn keine kulante Ausgleichsmaßnahme erfolgt. Dies gilt auch für den Fall, objektiv kein echter Beschwerdefall vorliegt.
- Querulanten
  Häufige Beschwerden und aktive Suche nach Beschwerdemöglichkeiten zeichnen diese Personengruppe aus. Wenn auch grundsätzlich eine großzügige Beschweregelung der richtige Weg ist, muss doch die Grenze des Zumutbaren für ein Unternehmen bedacht werden. Allerdings sollte das Unternehmen sich hüten, Beschwerdeführer vorschnell als potenzielle Querulanten einzustufen.

---

**Abbildung 46:**  Typologie der Beschwerdeführer[11]

> • Inaktiv Unzufriedene
> Die überwiegende Mehrheit der unzufriedenen Kunden beschwert sich offensichtlich erst gar nicht. Für das Unternehmen bietet sich dann auch keine Möglichkeit, einen Ausgleich anzubieten. Als Wiederkäufer scheiden sie meistens aus.

**Abbildung 46:**   Typologien der Beschwerdeführer[11] (Fortsetzung)

Mit einem effizienten Reklamationsmanagement kann das Unternehmen auf geäußerte Beschwerden angemessen reagieren, egal, ob sie nun direkt an den Leistungserbringer oder über die Presse bzw. Organisationen an ihn herangetragen werden. Passive Beschwerden werden allerdings erst dann deutlich, wenn sich der Kunde dem Mitanbieter zuwendet, dem eigenen Unternehmen also „verloren" geht. In diesem Zusammenhang ist das Reklamationsmanagement im Sinne eines prozessintegrierten Instruments der Qualitätssicherung einzurichten. So können Gelegenheiten geschaffen werden, Beschwerden oder Unzufriedenheiten dann mitzuteilen, wenn sie entstehen. Bewertungsbögen in Hotels sind hier z.B. vielfach eingesetzte Instrumente. Für den Gast sind die Folgen seiner Beschwerden allerdings nicht mehr abschätzbar, zumal diese Bögen erst gegen Ende seines Aufenthalts (wenn überhaupt) ausgefüllt werden.[12]

> Instrumente zur Beschwerdeermittlung:
> • kostenfreies Servicetelefon,
> • 24-Stunden-Hotline,
> • deutlich sichtbare Auslage von Bewertungsbögen/Meinungskarten sowie Einrichtung einer Beschwerdebox,
> • Anbringen eines schwarzen Brettes, an dem Reklamationen deponiert werden können,
> • Nennung konkreter Ansprechpartner,
> • Kundenbefragungen und –gespräche,
> • Telefonische Nachfrageaktionen,
> • Einrichtung von Serviceständen,
> • Kundenbetreuer.

**Abbildung 47:**   Instrumente zur Beschwerdeermittlung

Ein interessanter Ansatz für prozessintegriertes Reklamationsmanagement ist die Einrichtung eines Customer Relations Office wie z.B. in den *Gloria Hotels,*

---

[11]  Vgl. Dreyer, 2000, S. 25.
[12]  Vgl. Freyer, 2001[2], S. 322; vgl. Dreyer, 2000, S. 23-30; vgl. Müller, 2000, S. 86-90.

*Özaltin Group of Companies*, Türkei. Entsprechend ausgebildetes Personal steht dem Gast rund um die Uhr als Ansprechpartner zur Verfügung, wobei dieses Personal nicht in das alltägliche operative Geschäft eingebunden ist. Durch die direkte Ansprache und intensive Betreuung der Kunden, nicht nur im Beschwerdefall, ist die Leitung der Hotels zeitnah über gästeseitige Stimmungsschwankungen orientiert und kann noch während des Aufenthalts der Beschwerdeführer Abhilfe schaffen. Der Customer Relations Officer koordiniert die Gästebetreuung und das Beschwerdemanagement und berichtet täglich unmittelbar der Geschäftsleitung. Eine Verbesserung der Gesamtqualität der angebotenen Leistungen und eine Verstärkung der Kundenbindung sind sich abzeichnende Erfolge dieser organisationellen Maßnahme.


## 1.2.3  Zusatzleistungen machen den Unterschied

Touristische Erfolgsverstärker sind Zusatzleistungen, die dem Kunden einen Mehrwert bieten. Je mehr sich die Grundleistungen im Tourismus angleichen, umso wichtiger werden diese Zusatzleistungen. Aus Sicht der Nachfrager bilden sie vielfach das wesentliche Differenzierungskriterium für die jeweilige Kaufentscheidung. Dies bedeutet jedoch nicht, dass die Kernleistung an Bedeutung verloren hätte. Es ist aber die Leistungsdichte im Kernbereich sowie die damit verbundene Austauschbarkeit der Grundleistungen, die Zusatzeigenschaften aus Sicht der Kunden mehr und mehr in den Vordergrund rücken lassen. Außerdem lassen sich ab einer gewissen Entwicklungsstufe im Tourismus nur noch marginale Verbesserungen im Bereich der Kernleistungen erzielen.

Aus Wettbewerbssicht tritt neben der Grundleistung bzw. Basisleistung zunächst das Leistungsübliche in Erscheinung. Das Leistungsübliche repräsentiert bereits eine erste Ausdehnung des Kernprodukts als Reaktion auf Leistungsergänzungen der Mitbewerber. Weiter gehende Maßnahmen für die Zusammenstellung des Angebots richten sich vor allem an dem Interesse des Kunden aus, das Produkt mit der höchsten Problemlösungskapazität zu erwerben. Die touristische Gesamtleistung soll diesem Kundeninteresse entsprechen, was letztlich zu einer Integration zahlreicher Zusatzleistungen führen wird.

Grundsätzlich können Zusatzleistungen unterschieden werden in eine Wahrnehmungsebene und in eine Vorstellungsebene. Im Falle der wahrnehmbaren Zusatzleistung kann die Zusatzeigenschaft mit den Sinnen wahrgenommen werden. Im einfachsten Fall zählen hierzu materielle oder immaterielle Nebenleistungen, die nicht so ohne Weiteres bei der touristischen Kernleistung erwartet werden (zusätzliches Freigepäck, zusätzliche Verpflegung, Taschen als Beigaben usw.). Aber auch eine besonders intensive und freundliche Beratung, ein ansprechendes Ambiente gehören dazu. Vorstellbare Zusatzleistungen sind nicht mit den Sinnen wahrnehmbar, sondern bewegen sich im seelisch-geistigen Bereich. Dies sind Erlebniswerte wie Glück, Erholung, Attraktivität, Gastfreundschaft, Luxus usw.[13]

## 1.3 Situationalität des Tourismusmanagements, Lebenszyklus-Konzept

Gestaltung, Lenkung und Entwicklung eines touristischen Betriebes bzw. eines Fremdenverkehrsorts müssen sich dem sozialgesellschaftlichen, ökonomischen und ökologischen Kontext anpassen, in dem sich Tourismus ereignet. Unterstellt man, dass touristische Zielgebiete einem Lebenszyklus oder einem evolutionären Wandel unterliegen, dann werden tourismusbedingte Situationsdefinitionen unterschiedlich ausfallen. In der Folge ergeben sich unterschiedliche entwicklungsphasenabhängige Chancen und Herausforderungen für das Tourismusmanagement. Kurz: Die betriebliche Situation bzw. der Handlungsrahmen wird durch das jeweilige touristische Entwicklungsstadium geprägt.

**Tabelle 19:**    Entwicklungsphasenbezogene Handlungssituationen[14]

| Entwicklungsphase | Handlungssituation |
|---|---|
| Gründung – Entdeckung | • Wenige Touristen suchen das Gebiet auf und passen sich der lokalen Umwelt, den Menschen und ihrer sozialen Organisation an.<br>• Unbedeutende Wettbewerbsintensität,<br>• unsicheres Marktpotenzial, hohe Investitionsrisiken,<br>• Angebotsvielfalt ist eher gering, die Angebotsqualität ist noch nicht ausgereift,<br>• relativ hohes Preisdurchsetzungspotenzial. |
| Wachstum | • Auf ansteigende Besucherzahlen reagieren die bereisten Orte mit der Errichtung tourismusspezifischer Einrichtungen.<br>• Das Sozial- und Einkommensgefüge verändert sich, erste negative Umweltwirkungen werden spürbar.<br>• Das Marktpotenzial steigt an, die Angebotsvielfalt wird rasch erweitert.<br>• Die Angebotsqualität steigt.<br>• Erste Konkurrenzerscheinungen, vielfach aber noch Unterkapazitäten,<br>• Preisdurchsetzungspotenzial ist mittelgroß. |

---

[13]   Vgl. Freyer, 2001², S. 446-452.
[14]   Vgl. Wöhler, 1997, S. 8-10.

| Reife | • Massentourismus und eine Formalisierung/Institutionalisierung des Tourismusgeschäfts setzen ein.<br>• Traditionelle soziale Organisationsformen verändern ihre Bedeutung, ökologische Fragestellungen werden drängender.<br>• Intensiver Wettbewerb vor Ort, aber auch zunehmender Differenzierungswettbewerb gegenüber anderen Fremdenverkehrsregionen.<br>• Preis, Image, Differenzierung bilden die Grundlagen des Wettbewerbs.<br>• Kapazitätsauslastung ist erreicht, vereinzelt erste Überkapazitäten.<br>• Preisdurchsetzungspotenzial ist eher gering. |
|---|---|
| Sättigungs- und Niedergangserscheinungen | • Der Ort findet bei den Touristen keine Resonanz mehr.<br>• Touristische Einrichtungen verlieren mehr und mehr an Attraktivität.<br>• Umsatzrückgänge und Auslastungsprobleme sind die Folge.<br>• Bleibt eine Verjüngung der touristischen Infrastruktur und des Leistungsangebots aus, wird sich eine Tourismusbrache einstellen.<br>• Starker Verdrängungswettbewerb, sinkendes Marktpotenzial,<br>• Überkapazitäten, harter Preiskampf,<br>• z.T. sinkende Angebotsqualität. |

Mittels sorgfältiger Beobachtung des Entwicklungsverlaufs der Region kann das Tourismusmanagement auf unerfreuliche Folgen rechtzeitig reagieren. Ebenso lassen sich betriebliche Angebote in längerfristige Trends einordnen. Mit dem Lebenszyklusmodell, das mit seinen Phasen und Prinzipien durchaus auch auf den Einzelbetrieb anwendbar ist, liegt ein strategisches Frühwarnsystem vor, das es zu nutzen gilt. Die Phase des Niedergangs ist übrigens keineswegs schicksalhaft und unvermeidlich. Sie hat aber viel mit Selbstzufriedenheit, Überheblichkeit, mangelnder Flexibilität, mit ungenügender Kunden- und Marktorientierung zu tun.

## 1.3.1 Touristische Umfeldanalyse

Die touristische Umfeldanalyse umfasst neben der Entwicklung des Regionalmarktes natürlich noch weitere Aspekte wie die gesamtwirtschaftliche Entwicklung, allgemeine Reisetrends, technische Entwicklungen oder politische bzw. juristische Umfeldbedingungen.[15]

In Bezug auf die deutschsprachigen Reiseländer wird hier deutlich, dass für sie die Phase des quantitativen Wachstums eher der Vergangenheit angehört. Diese Länder befinden sich in einem Marktstadium, das man als „reif" bezeichnen muss. Folgende Entwicklungen haben dabei für einen zunehmenden Standortwettbewerb gesorgt:

- In der Phase des Wachstums wurden die tourismusspezifischen sowie die tourismuskomplementären Kapazitäten erweitert. Absprachen mit Nachbarorten unterblieben dabei vielfach. Bei stagnierender Marktentwicklung sind diese Kapazitäten nicht nur schlecht ausgelastet, es liegen vielmehr Überkapazitäten vor. Verschlechterungen in der Ertragssituation führen dann schnell zu Investitionsstaus, was den Erhalt der Anlagen bzw. ihre Anpassung an die Erfordernisse des Marktes verhindert.

  Deuteten sich Chancen zur Steigerung der Gäste- oder Übernachtungszahlen z.B. durch Eventtourismus an, so wurde in neue Kapazitäten investiert. Derartigen Angebotserweiterungen mangelte es aber an einer Einpassung in bestehende Angebotsstrukturen, zudem sind sie vielfach Imitationen. Diese Investitionen stellen damit keine adäquate Wettbewerbsinvestition dar.

- Überkapazitäten führen zu einem Kampf um Marktanteile und zu einem Verdrängungswettbewerb im eigenen Land. Die zunehmende Internationalisierung des touristischen Angebots ruft weitere Konkurrenten auf den Plan. Preisauseinandersetzungen aufgrund des Kampfes um Marktanteile erhalten nun eine internationale Dimension, in der auch die Politik z.B. in Form von Subventionen oder Protektionismus mitmischt. Jedoch führen sinkende Preise selbst dort, wo Marktanteilsgewinne realisiert werden können, nicht unbedingt langfristig zu einer Verbesserung der Ertragssituation.

- Neben kulturlandschaftlichen Attraktivitäten und klimatischen Bedingungen gelten hohe Dienstleistungs- und Komfortstandards als kritische Wettbewerbsfaktoren. Im globalen Markt sorgen Standardisierungsbestrebungen dafür, überall gleiche Qualitäten herzustellen. Etablierte Tourismusländer wie Deutschland verlieren damit Marktanteile an Newcomer, weil diese bei günstigeren Preisen angemessene Qualität bieten.

- Mit der zunehmenden Ausweitung des Tourismusmarktes bzw. Angleichung der Angebotsqualität haben sich die Anforderungen der Gäste und Kunden differenziert. In reifen Märkten stellt deshalb eine strikte Kundenorientierung die Schlüsselaktivität per se dar. Allerdings ist eine Anpassung an differenzierte Wünsche verschiedener Gästesegmente nicht ohne Weiteres realisierbar. Zum einen fehlen die finanziellen Mittel für Investitionen in neue Leistungen und Angebote. Zum anderen drücken noch die finanziellen Belastungen aus

---

[15] Vgl. Freyer, 2001[2], S. 125.

vorherigen Investitionen. Die kleineren und mittleren Betriebe finanzieren markterforderliche Investitionen daher aus Fremdkapital, was zusehends ihre Fähigkeit, kritische Marktsituationen durchzustehen bzw. sich diesen angebotsseitig anzupassen, verringert. Da Zinsschulden abgetragen werden müssen, liegt eine hohe Marktaustrittsbarriere vor, die den einzelnen Betrieb zwingt, selbst in unrentablen Märkten zu verbleiben.

In dieser Wettbewerbssituation ist ein verschärftes markt- und kundenorientiertes Denken und Handeln vonnöten. Dabei sollten auch Kooperationen und strategische Allianzen mit Mitanbietern einer Region verstärkt in Erwägung gezogen werden. Eine gemeinsame Angebotsgestaltung senkt Risiken und steigert langfristig die Vielfalt und, bei angemessenem Management, auch die Qualität des Angebots.[16]

## 1.4   Schnittstellenmanagement

Das touristische Produkt stellt ein komplexes Leistungsbündel als Ergebnis des Zusammenwirkens einer Kette von Leistungsträgern dar. Die Leistungsbeziehungen erstrecken sich somit auf unterschiedliche Gruppen (Leistungsträger), die sich die Chance zur Realisierung ihrer jeweiligen Individualinteressen erhoffen. Damit wird das Management der Marktbeziehung eines freizeittouristischen Unternehmens bzw. eines Fremdenverkehrsortes zu einer zentralen Aufgabe des Tourismusmanagements. Anders formuliert: Die Führung oder das Management freizeittouristischer Organisationen ist zu einem gewichtigen Teil auch Schnittstellenmanagement. Dabei sind sowohl die innerbetriebliche Leistungserstellung (betriebsbezogene Leistungskette) als auch überbetriebliche Prozesse (touristische Gesamtkette) mit Blick auf die touristische Gesamtleistung zu koordinieren. Im Sinne eines Gesamt-Fits müssen Naht- und Schnittstellen aufeinander abgestimmt und Prozessverluste vermieden werden. Alle an der Erstellung des touristischen Produkts Beteiligten sind dazu zu bewegen, ihren eigenen Betriebskurs auf den Markt bzw. auf die Gesamtstrategie auszurichten.[17]

Das Management der Marktbeziehungen umfasst natürlich auch die Summe der Beziehungen zwischen Anbieter und Nachfrager. Gäste erwarten bedarfsorientierte Leistungen mit einem bestimmten Qualitäts- und Preisniveau. Die Qualität der Beziehung zwischen Gast und Anbieter, sei sie nun auf materielle oder immaterielle Aspekte des touristischen Angebots bezogen, dürfte dabei wesentlich für die Zufriedenheit der Kunden und damit für den Erfolg der touristischen Unternehmung sein. Das Beziehungsmanagement zwischen Gast und Organi-

---

[16]  Vgl. Wöhler, 1997, S. 280-282.
[17]  Vgl. Freyer, 2001², S. 84-88.

sation ist damit letztendlich auf die möglichst umfassende Sicherung individueller Wünsche und Erwartungen der Kunden gerichtet.

Neben individuellen Nachfragern (Privatkunden) gehören auch nachfragende Organisationen zu den Kunden. Diese beziehen Leistungen, um sie in ihr eigenes Leistungserstellungssystem zu integrieren. Letztkonsument ist der Gast. Für den touristischen Anbieter kann ein Firmenkunde rasch zu einem Großkunden bzw. Schlüsselkunden (Key Account) werden, zumal z.B. die Geschäftsbeziehung eines Hotels mit einem Reiseveranstalter oft den vielfachen Ertrag bietet. Die Bindung eines solchen Kunden an das Unternehmen ist deshalb von besonderer Bedeutung. Indem der Betrieb die Qualität der zugesagten Leistung an die Bedürfnisse seiner Großkunden anpasst, wird Schnittstellenmanagement zum Absatzmarketing. Dabei bietet es sich an, sich im Vorfeld der Leistungsbereitstellung mit dem Nachfrager intensiv abzustimmen, was (wie schon beim Privatkunden) die Integration des Nachfragers in die Leistungserbringung bedeutet. Während bei den Privatkunden die Bemühungen des Marketings in der Regel auf den anonymen Markt bzw. auf Einzeltransaktionen gerichtet sind, liegt der Fokus bei den Schlüsselkunden auf dem umfassenden Management spezifischer Geschäftsbeziehungen (Business-to-Business-Beziehungen).

## 1.5   Funktionsübergreifendes Management, Prozessorientierung

In der Regel sind touristische Betriebe nach funktionalen bzw. verrichtungsorientierten Gesichtspunkten organisiert. Bei einem funktionalen Organisationsdesign herrscht zwar eine hierarchisch orientierte Entscheidungszentralisation vor. Damit ist jedoch nicht unbedingt gesagt, dass die Steuerung nur von der Unternehmensspitze her erfolgt. Aufgrund der Aufgabenverteilung erfolgt in den Funktionsbereichen eine Verrichtungsspezialisierung, die steuernd wirkt und durchaus eine weitergehende Marktorientierung möglich machen kann. Allerdings ergibt sich aus der Spezialisierung vielfach eine gewisse Marktferne sowie eine funktionsbereichsspezifische Einengung des Blickwinkels. Das eigene Geschäftsfeld erscheint als zentral, das der anderen eher peripher. Um die Ziele eines touristischen Betriebs zu erreichen, bedarf es daher eines funktionsübergreifenden Managements.

In Bezug auf seine Aufbauorganisation wird das strategische Tourismusmanagement deshalb leistungsfähige (Aufbau-)Strukturen installieren und sie dann den Aufgaben zuordnen. Dabei ist eine Vernetzung der Funktionseinheiten sicherzustellen. Es entstehen in horizontaler und vertikaler Hinsicht Schnittstellen, die gestaltet und gemanagt werden müssen.

Mit Blick auf die Erreichung der strategischen Ziele wird es aber nicht ausreichen, eine geeignete Organisationsstruktur bzw. die Abstimmung ihrer Elemente aufeinander sicherzustellen. Analog zum Leistungserstellungsprozess muss auch das Tourismusmanagement eine ausgesprochene Prozessorientierung aufweisen. Letztlich zeigt die Praxis, dass alle wesentlichen Aktivitäten oder Prozesse dadurch gekennzeichnet sind, dass sie Funktionsbereiche, Abteilungen oder Personenzuständigkeiten überschreiten. Der jeweilige Funktionsbereich, die jeweilige Person trägt dabei in spezifischer Weise zur Leistungserstellung bei. Dies macht eine Strategieorientierung der einzelnen Leistungsträger erforderlich. Aufgabe der betrieblichen Ablauforganisation ist in diesem Zusammenhang die Optimierung der Prozesse. Die Teilprozesse sind untereinander zu verzahnen oder zu integrieren, so dass Prozessverluste vermieden werden. Prozessorientiertes Tourismusmanagement sorgt für eine Prozessorganisation, die sich wie eine zweite Struktur (Sekundärorganisation) über die Funktionen legt.[18]

## 2. Strategie und Führung

Generell umfasst Führung die Festlegung von Zielen und die Bestimmung von Maßnahmen zu ihrer Erreichung (= Planung) sowie die Sicherstellung ihrer Umsetzung bzw. Verwirklichung (= Steuerung) und der Kontrolle des Realisierungsprozesses. Die Ergebnisse der Kontrolle wirken sich im Sinne eines Rückkopplungsprozesses auf die Strategie- und Zielvorgaben zurück.

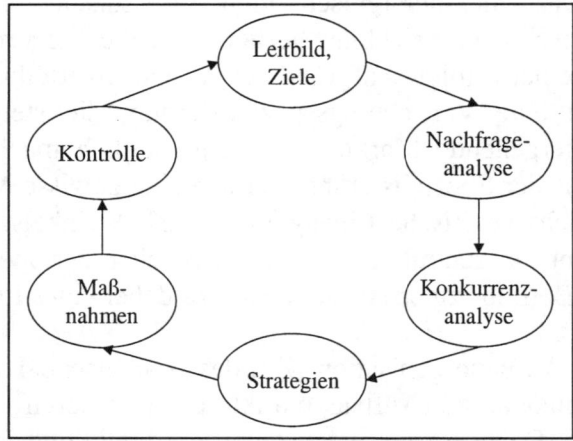

**Abbildung 48:**   Gegenstandsbereiche strategischer Planung

---

[18]   Vgl. Wöhler, S. 38-46; vgl. Freyer 2001[2], S. 113.

Jedes Unternehmen, das im Wettbewerb steht, hat eine Wettbewerbsstrategie. Im Kontext von Unternehmensführung meint Strategie stets eine Ziel- und Maßnahmenplanung. Ziele legen dabei fest, wohin das Unternehmen will, die Strategien bestimmen den Weg und die operativen Vorgaben legen schließlich die Mittel fest, die zur Erreichung des Ziels eingesetzt werden müssen. Strategien begrenzen den Handlungsraum und ermöglichen ein zielgerichtetes Handeln. Sie werden im Kontext eines systematischen Planungsprozesses entwickelt und festgelegt.[19]

## 2.1. Zielsystem und Zielbezug

Will ein Unternehmen markt- und kundenorientiert agieren, werden zumindest
- präzise Zielvorstellungen,
- Mitstreiter im Unternehmen, die nicht nur passiv eine derartige Politik betreiben, sondern die bereit und in der Lage sind, diese aktiv mitzutragen sowie
- eine effiziente Organisation benötigt.

Unter Ziel soll hier ein zukünftiger Sachverhalt eines Zustands oder einer Situation verstanden werden, der vom Träger des Ziels angestrebt wird. Träger von Zielen eines Betriebs sind Personen oder Personengruppen. Vollständig festgelegt wird ein Ziel durch seinen Inhalt, d.h. durch die sachliche Festlegung dessen, was angestrebt wird, durch sein angestrebtes Ausmaß in quantitativer und qualitativer Hinsicht sowie seinen zeitlichen Bezug. Die Gesamtheit der Einzelziele bildet das Zielsystem einer Unternehmung.[20]

Zielen kommen mehrere Funktionen gleichzeitig zu. Sie dienen
- zur Orientierung („Wer das Ziel nicht weiß, kann den Weg nicht kennen."),
- als eindeutige Entscheidungshilfe zur Auswahl der Lösungsalternative (Darstellung von Beurteilungsmaßstäben),
- zur Motivation der Handelnden (Klarheit, Erreichbarkeit, Akzeptanz),
- als Grundlage für die Koordination der einzelnen Aktivitäten,
- als Soll-Vorgabe für die Kontrolle der Arbeitsergebnisse (Feststellung von Erfolg und Misserfolg bzw. des Korrekturbedarfs),
- zur Information und Rechtfertigung von bzw. gegenüber Mitarbeiterinnen und Mitarbeitern und externen Anspruchsgruppen (über Zwecke der eingeleiteten Maßnahmen und eingesetzte Mittel).[21]

Das betriebliche Zielsetzungssystem weist eine hierarchische Struktur auf. Normative Ziele sind vor allem qualitativer Art. Sie ergeben sich aus der Philo-

---

[19] Vgl. Dettmer/Hausmann/Kloss/Meisl/Weithöner, 1999, S. 89-93.
[20] Vgl. Hentze, 1994, S. 52.
[21] Vgl. Schulte-Zurhausen, 1995, S. 322-323; vgl. Freyer, 2001[2], S. 335-342.

sophie und der Politik eines Unternehmens bzw. einer Destination. Als übergeordnete Ziele haben sie vorwiegend Orientierungsfunktion und verweisen auf
allgemeine Wertvorstellungen, den Unternehmenszweck oder die Corporate
Identity. Leitbilder werden in diesem Zusammenhang als Zusammenfassung der
übergeordneten Zielvorstellung behandelt.

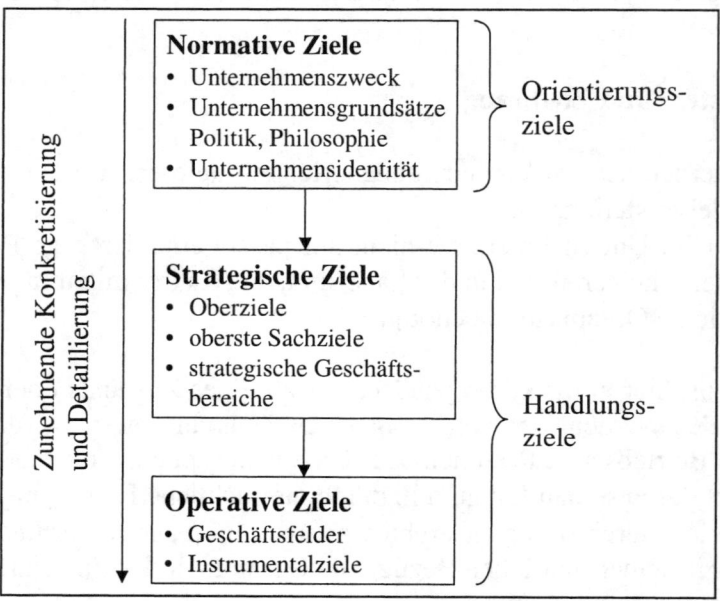

**Abbildung 49:**  Zielhierarchie

Strategische Ziele sind hinsichtlich ihres Umfangs und Ausmaßes zumeist quan-
titativer Art (Entwicklungsrichtung, strategische Ausrichtung, strategische
Geschäftseinheiten). Strategische Ziele können nochmals in Oberziele und Funk-
tionsbereichsziele (Oberste Sachziele) untergliedert werden. Sie bilden das
Bindeglied zwischen normativen und operativen Zielen.
Die eher kurzfristigen operativen Ziele sind meist auf konkrete Bereiche und
Maßnahmen bzw. Geschäftsfelder gerichtet.

Teilziele innerhalb des Zielsystems stehen zueinander in Beziehung:
1. Sie sind komplementär, wenn durch die zunehmende Erfüllung eines Ziels
   zugleich auch die Erfüllung eines anderen Ziels gefördert wird.
2. Ziele verhalten sich zueinander indifferent oder neutral, wenn die Erfüllung
   eines Ziels auf die Erfüllung des anderen Ziels keinen Einfluss hat.
3. Ziele konkurrieren, wenn die zunehmende Erfüllung eines Ziels die Erfüllung
   anderer Ziele mindert. Diese Zielkonkurrenz sorgt für das Auftreten von Ziel-

konflikten in der Organisation, die konstruktiv gelöst werden müssen, um Prozessverluste zu vermeiden.[22]

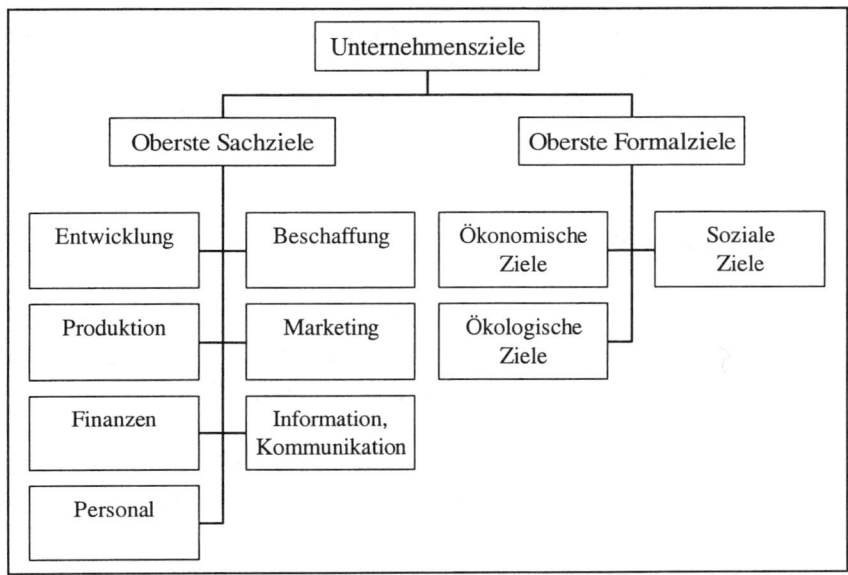

**Abbildung 50:** Oberste Sach- und Formalziele

Mitunter werden Teilleistungen von anderen Betrieben beigesteuert oder aber eine gesamte Region versucht, sich als Gesamtprodukt zu vermarkten. Jeder der beteiligten Akteure wird dabei zunächst auf der Grundlage der Maximierung des jeweiligen Eigennutzens in die Geschäftsbeziehungen hineingehen. Diese subjektive Strategie kann jedoch im Hinblick auf das Gesamtprodukt von Nachteil sein. Dies gilt insbesondere für die Small-Sumber-Situation einer Geschäftsbeziehung, in der eine Teilleistung auf die andere bezogen ist. Aufgabe des Managements ist es dann, den Individualzielträgern deutlich zu machen, dass das Ganze mehr ist als die Summe seiner Teile. Beim Management z.B. eines Fremdenverkehrsortes meint dies die Bündelung der verschiedenen und unterschiedlichen Leistungen unter Marktgesichtspunkten und damit die Bündelung der Einzelziele zu einem kohärenten Zielsystem.

Damit das Gesamtziel Identifikations- und Selbstbindungswirkungen entfalten und damit zur gemeinsamen Zielsetzung werden kann, müssen Anreize geschaffen werden, die wiederum aus gemeinsamen Interessenlagen erwachsen. In Bezug auf das Ziel „Erhaltung und erfolgreiche Weiterentwicklung des Fremden-

---

[22] Vgl. Hentze, 1994, S. 53-57.

verkehrsorts" dürfte diese Bedingung für die am Tourismus partizipierenden Unternehmen des Ortes erfüllt sein und damit eine Zielbündelung möglich machen. Auf diese Weise kann es z.B. gelingen, ein lokales, hochwertiges Leistungsbündel anzubieten. Der daraus erwachsende ökonomische Anreiz, der neben höheren Gewinnerwartungen in einen komparativen Konkurrenzvorteil gegenüber den Anbietern anderer Fremdenverkehrsregionen einmünden kann, ist dabei sicher nicht nur kurzfristiger Natur. Die gemeinsame Nutzenerwartung muss aber auch einlösbar sein.[23]

## 2.2   Das touristische Leitbild

Das gemeinsame Dach, unter der eine Zielbündelung auf Dauer Bestand haben kann, ist das so genannte Leitbild. Es soll die Erreichbarkeit des zukünftig verbesserten Zustands realistisch repräsentieren. Indem alle relevanten Akteure und gesellschaftlichen Gruppen an der Entwicklung dieses Leitbilds mitwirken können, sehen sie die Chance, ihre Interessen und Bedürfnisse zu realisieren. Zugleich fühlen sie sich der Erreichung des Leitbilds verpflichtet.

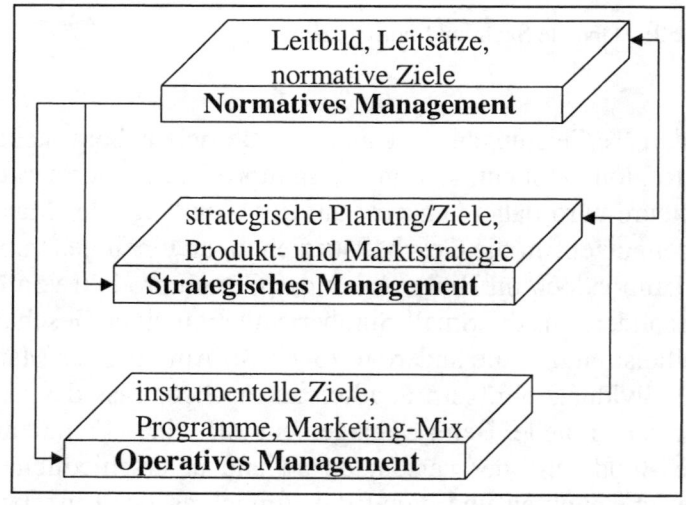

**Abbildung 51:**   Integriertes Planungssystem

Wegen seines ergebnisoffenen und diskursiven Entstehungsprozesses verkörpert das Leitbild jedoch keine Identität an sich. Es ist vielmehr das Ergebnis vorausgegangener Abstimmungs- und Verhandlungsergebnisse, mit denen sich die

---

[23] Vgl. Wöhler, 1997, S. 137-238.

Beteiligten dann identifizieren können. In der Praxis wird sich zeigen, dass nicht alle Interessen Anerkennung und Eingang in den Prozess der Leitbilderstellung gefunden haben. Auch dürften die Inhaltsdeutungen mancher verwendeter Begrifflichkeiten variabel sein und von den Interessenvertretern ggf. unterschiedlich ausgelegt werden. Ein tragfähiges Leitbild wird deshalb eher einen optimalen Kompromiss repräsentieren, der in der konkreten Alltagspraxis, bei konkreten Vorhaben immer wieder neu hergestellt werden muss. Wer also glaubt, mit der Formulierung und Verabschiedung eines doch recht abstrakten Leitbildes alles und alle in „im Boot" zu haben, könnte sich daher schnell getäuscht sehen.

Natürlich kann sich ein touristischer Betrieb bzw. ein Fremdenverkehrsort nicht selbst betrachten und organisieren, ohne dass er sein Umfeld, insbesondere Markt, in dem er agiert, in die Überlegungen mit einbezieht. Daher repräsentiert das Leitbild nicht nur ein Selbstkonzept. Will der Betrieb bzw. der Fremdenverkehrsort seinen Bestand erhalten und erweitern, dann muss er Marktbeziehungen aufnehmen und sie im Leitbild integrieren, d.h. verarbeiten. Anders formuliert: Das Leitbild muss seinen marktorientierten Gehalt unter Beweis stellen. Eine Identifikationsperspektive mit dem Markt sowie eine Benennung der Gästezielgruppen sind hier gefragt. Auf diese Weise bringt das Leitbild seine marktstrategische Grundhaltung zum Ausdruck.[24]

## 2.2.1  Die Transaktionskosten senkende Wirkung des Leitbilds

Es sicher richtig, dass vor allem die Qualität bzw. der Preis und weniger das Leitbild für die Akzeptanz am Markt sorgen. Aus Anbietersicht spielen damit die Kosten der Leistungsbereitstellung (Produktionskosten) sowie die Kosten der Integration des Gastes in die bereitgestellten Leistungen (Prozesskosten) eine zentrale Rolle. Andererseits hängt die Zufriedenheit der Nachfrager in Dienstleistungsbranchen wie dem Tourismus von der Freundlichkeit, von der Individualität des Services und von der Servicequalität entscheidend ab.

Aus Sicht des Kunden besteht das Problem darin, dass er sich für ein touristisches Produkt entscheiden muss, dessen Preis er zwar kennt, dessen Qualität im Moment der Buchung jedoch noch nicht existiert. Es handelt sich ja lediglich um ein Leistungsversprechen, in das der Kunde investiert. Jeder Aufenthalt ist für den Kunden also mit Unsicherheiten behaftet. Bei erfüllter Erwartung besteht eine realistische Chance, dass der Kunde zum Wiederholungsbucher wird. Neue Kundenkreise müssen jedoch auf anderem Wege angesprochen werden. Der zielgerichtete Transport von Informationen (über Preise, Angebote, Qualitäten) vom

---

[24] A.a.O., 1997, S. 66.

Leistungsträger zum potenziellen Kunden ist hier wesentlich. Für den Betrieb bedeutet dies zunächst einmal Kosten (Transaktionskosten), die sich aus Informations-, Anbahnungs-, Vereinbarungs- oder Abwicklungsleistungen ergeben. Aber auch kundenseitig entstehen Kosten, z.B. durch die Suche nach Informationen oder die Anfahrt zum Informationsbüro. Durch diese Informationssuche versucht der Kunde, die für ihn unsichere Entscheidungssituation risikoärmer zu gestalten.

Wenn man es genau betrachtet, dann dienen die betriebsseitig entstehenden Kosten z.B. für Werbung, Marktforschung, Gewinnung von Absatzmittlern, PR etc. nicht zuletzt auch der Erzeugung von Glaubwürdigkeit. Als Ganzes wird z.B. ein Fremdenverkehrsort insbesondere dann glaubwürdig, wenn er im Rahmen dieser Marketingmaßnahmen Signale gibt, die Rückschlüsse auf die Seriösität des Ortes bzw. auf die Validität seiner Leistungsversprechen ermöglichen. Diese Signalfunktion" kann durch ein klar und effizient kommuniziertes Leitbild erfüllt werden. Das Entscheidungsrisiko auf Seiten des Kunden wird insofern verringert, als dass im Leitbild eine Art Selbstbindung des Anbieters auf bestimmte Angebote und Qualitäten ausgedrückt wird.

Das Leitbild signalisiert also Vertrauenswürdigkeit und reduziert Informations- und Verifizierungskosten für Anbieter und Nachfrager. Für den Anbieter können sich dadurch größere Preisgestaltungsspielräume ergeben. Im Hinblick auf die Wettbewerbsfähigkeit sind dabei vor allem die Vertrauen stiftende Eigenschaft des Leitbildes und das damit verbundene Leistungsversprechen relevant. Leitbilder bieten ein wichtiges Differenzierungspotenzial am Markt. Unterstellt der potenzielle Kunde Glaubwürdigkeit, dann sinkt tendenziell seine Bereitschaft, weitere Destinationsalternativen zu suchen.

Transaktionskostenersparnisse ergeben sich für die touristischen Betriebe eines Fremdenverkehrsortes auch aus dem Verbundcharakter des Leitbildes. Indem der Ort als Ganzes ein zuträgliches Image erzeugt, ist der einzelne Anbieter von kostspieligen Imagekampagnen entlastet. Diese Entlastung wird umso größer, je spezifischer und zielgruppenorientierter das Leitbild formuliert wird. Werden z.B. die Zielgruppen trennscharf formuliert, dann kann der Einzelbetrieb sich ohne größere Streuverluste um die Anbahnung spezifischer Marktbeziehungen bemühen.[25]

Die Erstellung eines kunden- und marktorientiertes Leitbildes ist also keineswegs eine Spielerei oder Mode. Neben seiner Identifikation stiftenden Wirkung bietet das Leitbild eine wichtige Grundlage für die weitere strategische Planung. Zugleich entfaltet es Kostensenkungseffekte, die im Preis an den Kunden weiter-

---

[25] A.a.O., 1997, S. 68-72.

gegeben werden können. Für das Tourismusmanagement bietet es damit einen wichtigen Orientierungs- und Handlungsrahmen.

Ihre handlungspraktische Umsetzung finden Leitbilder vor allem im Bereich des touristischen Marketings. Marketing-Leitbilder verbinden normative oder qualitative Ziele mit operativen oder quantitativen Zielen und setzen diese in konkrete Marketingmaßnahmen um. Somit ergeben sich aus der Leitbildentwicklung wesentliche Impulse für Marktstrategien, die Produktentwicklung oder den Prozess der Markenbildung.

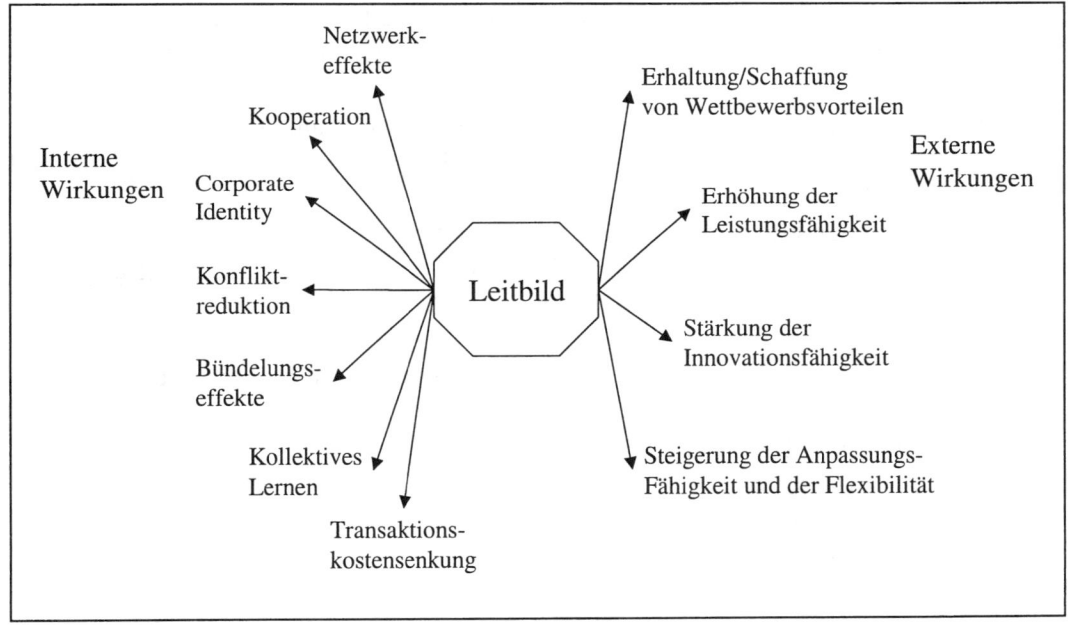

**Abbildung 52:** Auswirkungen des Leitbildes

## 2.2.2 Nachhaltige Entwicklung als Leitbild und Zielorientierung

Als Bezugsrahmen für die Formulierung eines Leitbilds kann z.B. das in Kapitel III umrissene Konzept des *Sustainable Development* herangezogen werden. In der Öffentlichkeit besitzt das Konzept nachhaltiger Entwicklung einen relativ großen Bekanntheitsgrad und erfreut sich allgemeiner Akzeptanz. In seiner Konkretisierung, zunächst im Rahmen der Leitbildentwicklung, kann es dem komplexen und dynamischen Marktgeschehen gerecht werden und ein nachhaltiges, markt- und kundenorientiertes Agieren des Unternehmens sichern helfen.

In diesem Zusammenhang sieht sich das Unternehmen als Bestandteil eines Gesamtsystems, welches sich über Wechselbeziehungen bzw. Interaktionen zusammen mit seiner sozialen, ökonomischen und ökologischen Umwelt fortwährend entwickelt. Zielsetzungen, Strategien, Zielgruppen, Produkte oder Dienstleistungen werden in diesem interaktiven Bezugsrahmen bestimmt und sind auf diesen ausgerichtet.

Für die inhaltliche Ausgestaltung des Leitbildes lassen sich folgende Zieldimensionen heranziehen:

1. Verbesserung der Umweltqualitätsfähigkeit, z.B.:
- Primat der Umweltvorsorge, d.h. Anstrengungen zur Vermeidung von negativen Umwelteinwirkungen,
- Reduktion negativer, aber unvermeidbarer Umwelteinwirkungen,
- Schutz und Erhalt der Landschaft, Begrenzung von Umweltrisiken und Risikovorsorge,
- Reduktion des Energie-, Material- und Flächenverbrauchs, Substitution nicht regenerierbarer Ressourcen durch regenerierbare, soweit dies möglich und wirtschaftlich vertretbar ist,
- Beachtung der Tragfähigkeitsgrenzen von Ökosystemen.
Mithin: Verantwortung für den pfleglichen und sachgemäßen Umgang mit natürlichen Lebensgrundlagen.

2. Erhalt und Steigerung der wirtschaftlichen Leistungsfähigkeit und Attraktivität, z.B.:
- Profitabilität und Wettbewerbsfähigkeit,
- Return on Investment,
- Marktstellung und Marktanteile,
- Qualität, Flexibilität und Responsiveness,
- Innovationsfähigkeit,
- Kunden- und Qualitätsorientierung,
- Aus- und Aufbau eines Kundenstamms.
Mithin: Ökonomische Verantwortung gegenüber Kunden, Anteilseignern, Marktpartnern, Mitarbeitern.

3. Wahrnehmung sozial-gesellschaftlicher Verantwortung, z.B.:
- Beschäftigungs- und Einkommenssicherheit,
- Humanisierung der Arbeit, Gesundheitsschutz,
- Angemessene Entlohnung,
- Zeitgemäße Qualität der Arbeitnehmer-Arbeitgeber-Beziehungen,
- Freiheit des Zusammenschlusses,
- Angemessene Reaktionen auf Anforderungen externer Anspruchsgruppen, „silent diplomacy",
- Einhaltung von Gesetzen und Vorschriften, ILO-Deklaration, UN-Charta for Human Rights, Selbstverpflichtungen,

- Respekt vor anderen Kulturen und Lebensformen,
- Sicherung von Gesundheit, Erholung, Lebensqualität.
Mithin:    Ethische Gesichtspunkte.

Im Ergebnis wird Nachhaltigkeit als Leitbild das profitable, sozial- und umwelt-verträgliche touristische Unternehmen zum Gegenstand haben.


## 2.3    Unternehmensphilosophie, Unternehmenskultur

Im Unternehmensleitbild ist aber auch die Unternehmensphilosophie repräsen-tiert, oder besser: die Unternehmensphilosophie wird in Leitbildern ausgedrückt. In der Unternehmensphilosophie macht das Unternehmen deutlich, wie es sich selbst sieht und wie es von Mitarbeiterinnen und Mitarbeitern, Kunden und Marktpartnern gesehen werden will. Die Unternehmensphilosophie umfasst die allgemeinen Zielvorstellungen, die einerseits auf Wertvorstellungen und Motiva-tion der Unternehmensverantwortlichen sowie der Beschäftigten basieren, ande-rerseits auf der Einschätzung von situativen Gegebenheiten und Entwicklungs-möglichkeiten der Unternehmung und ihrer Umwelt beruhen. Dazu gehören auch Wertvorstellungen ethischer Art. Zugleich repräsentiert die Unternehmensphilo-sophie eine unternehmerische Vision, die Impuls gebende Kraft besitzt und als Richtschnur des Handelns den Unternehmenserfolg langfristig sichern und för-dern helfen soll.
Die Akzeptanz der in der Unternehmensphilosophie zum Ausdruck gebrachten Grundhaltung wird heute vielfach als wichtige Herausforderung für den unternehmerischen Erfolg verstanden. Eine schlüssige Unternehmensphilosophie definiert die Grundlagen für die unternehmerische Tätigkeiten. Sie sollte deshalb auch schriftlich festgelegt und die Basis für die Kommunikation nach innen und nach außen sein. Derzeit besitzen jedoch nur wenige Tourismusunternehmen oder touristische Regionen eine eindeutig definierte und schriftlich festgelegte Unter-nehmensphilosophie.[26]

Der Gedanke einer am Nachhaltigkeitskonzept ausgerichteten Unternehmensfüh-rung kann die Unternehmensphilosophie bereichern und stärken. Der Wille, neben dem eigenen wirtschaftlichen Erfolg Beiträge zum Erhalt der natürlichen Lebensgrundlagen und Entwicklung menschlicher Gesellschaften zu erbringen, gehört dann zum Selbstverständnis des Unternehmens.
Als Grundorientierungen einer Unternehmensphilosophie (= Unternehmens

---

[26]  Vgl. Roth/Schrand, 1999, S. 52-54.

grundsätze) lassen sich in Ergänzung zu dem in Ziffer 2.2.1 genannten Aspekten benennen:

- Qualität:
  Gradmesser der Leistungsfähigkeit sind weniger quantitative Merkmale wie z.B. Übernachtungszahlen, sondern qualitative Aspekte. Überhaupt spielt Qualität bei allem, was der Betrieb bzw. seine Mitarbeiterinnen und Mitarbeiter unternehmen, eine zentrale Rolle. Eine möglichst hohe Qualität zu bieten, ist Gegenstand und Ziel jeder Aktivität. Qualität ist dabei letztlich das, was der Kunde als ebensolche ansieht.
  Ein Produkt oder eine Dienstleistung werden dann als qualitativ hochwertig angesehen, wenn sie sozial- und umweltverträglich hergestellt bzw. erbracht werden und ohne Verursachung von Umweltschäden genutzt und entsorgt werden können.

- Kreativität und Eigenverantwortung:
  Mitarbeiterinnen und Mitarbeiter werden durch Arbeitsbedingungen in ihrer Kreativität gefördert und zu Eigenengagement und -verantwortung ermuntert. Sinnvolle und herausfordernde Beschäftigung in gesundheitszuträglichem Arbeitsumfeld bei angemessener Entlohnung für geleistete Arbeit sind dafür wichtige Voraussetzungen.

- Verantwortung:
  Soziale Verantwortung, Respekt vor fremden Kulturen, angemessene Beschäftigungsverhältnisse und die Wahrnehmung ökologischer Verantwortung kennzeichnen den sozial- und umweltverträglichen Betrieb.
  Gesundheit und Erholung sowie eine angemessene Lebensqualität für Einheimische und Gäste werden sichergestellt.

- Selbstbewusstsein:
  Das Unternehmen, der Fremdenverkehrsort, sieht sich als selbstbewusster Gastgeber, der seine Energien auf Gäste konzentriert, die zu ihm passen und durch ihre Anwesenheit zu einem attraktiven touristischen Ortsbild beitragen.

- Kontinuität:
  Die Grundsätze des Unternehmens, seine Planungen und sein Engagement am Markt sind auf Langfristigkeit und Stabilität ausgerichtet. Sie folgen nicht bloßen Modeerscheinungen, nach denen man sich lediglich aus Imagegründen richtet.

- Rentabilität, Wettbewerb:
  Damit Unternehmen am Markt bestehen können, müssen sie wettbewerbsfähig und rentabel sein. Rentabilität ist eine Voraussetzung für den Bestand von Arbeitsplätzen, aber auch für die Erbringung von Umweltleistungen. Wettbewerb sollte dabei nicht als Hemmnis, sondern als Ansporn und Herausforderung aufgefasst werden.[27]

---

[27] Vgl. Breidenbach, 2002, S. 144-146.

Unter dem Begriff Kultur wird eine Vielzahl der Gegebenheiten subsumiert, die schon beim Konzept der Unternehmensphilosophie relevant waren. In der Managementpraxis wird Kultur unter Bezugnahme auf das Klima in einem Unternehmen verwendet. Die überwiegende Anzahl derer, die sich mit dem theoretischen Konzept der Unternehmenskultur beschäftigen, verstehen darunter ein Muster gemeinsamer Grundprämissen, die eine Organisation bei der Bewältigung von Problemen externer Anpassung und interner Integration als verbindliche Handlungsgrundlagen anerkennt. Die auf diesen Grundprämissen basierende Unternehmenskultur manifestiert sich auf der Ebene beobachtbarer Strukturen und Prozesse und gemeinsam bekundeter Werte, Normen und Verhaltensregeln. Unternehmenskulturen sind jedoch keine starren Konstrukte. Sie verändern sich und passen sich den sich kontinuierlich verändernden internen und externen Handlungsbedingungen des Unternehmens an. Aufgabe des Managements ist es, diesen Anpassungsprozess mit Blick auf die Unternehmensphilosophie und den Unternehmenszweck zu moderieren bzw. zu steuern.[28]

## 2.4  Unternehmenspolitik

Dass Unternehmen Politik machen, ist im landläufigen Sprachgebrauch keineswegs selbstverständlich. Gerade mittelständische und kleinere Unternehmen gehen eher davon aus, dass die Anforderungen des Marktes und der politischen Institutionen in Regierungsverantwortung vorgegeben sind und erfolgreiche Unternehmensführung darin besteht, mit diesen gegebenen Anforderungen möglichst effizient umzugehen.

Tatsächlich ist das Handeln und Entscheiden von Unternehmen wesentlich politischer – einmal abgesehen davon, dass Unternehmen über ihre Interessensvertretungen (Verbände) sehr wohl in der Lage sind, Einfluss auf die politische Diskussion auszuüben. Ebenso gelten Unternehmen an ihren jeweiligen Standorten oftmals als regional- bzw. lokalpolitische Größen. Die Unternehmenspolitik gilt als die Grundkonzeption der Unternehmung und konkretisiert die Vorstellung dessen, was die Unternehmung eigentlich darstellen soll. Sie umfasst folgende Merkmale:

* Sie bildet die originären Entscheidungen der Unternehmung ab, die auf der obersten Führungsebene getroffen werden.
* Sie bezieht sich auf die Unternehmung als Ganzes und ist allgemein abgefasst.
* Sie ist langfristig ausgerichtet und muss deshalb Flexibilität aufweisen, um die notwendigen Anpassungen im Zeitablauf aufgrund von Veränderungen im sozioökonomischen bzw. ökologischen Umfeld der Unternehmung vornehmen zu können.

---

[28]  Vgl. Simon, 2000, S. 45-61.

- Sie beinhaltet auch die Kontrolle der Einhaltung von Zielen, Verhaltensweisen und Richtlinien.[29]

### 2.4.1  Bereichsspezifische Leitlinien und Handlungsgrundsätze

Weder die Mitarbeiter noch die interessierte Öffentlichkeit lassen sich mit allgemeinen Erklärungen und Bekenntnissen zu engagierter Mitarbeit bzw. gesellschaftlicher Akzeptanz bewegen. Daher ist es notwendig, die allgemeinen Grundsätze der Unternehmenspolitik auf die konkrete Handlungsebene des Betriebes, also auf den Bereich des operativen Handelns, herunterzubrechen. Eine bereichs- bzw. mitarbeiterbezogene Konkretisierung und Spezifizierung der allgemeinen Grundsätze, die konkrete Ziele, Aufträge und Arbeitsanweisungen beinhaltet, wird also benötigt.

Hier werden dann z.B. festgehalten:
- die Verpflichtung bzw. Verantwortlichkeit zur Einhaltung einschlägiger rechtlicher Normen sowie das Bemühen jedes Mitarbeiters, mehr zu tun, als die gesetzlichen Vorgaben verlangen,
- organisatorische Maßnahmen (z.B. Aufbauorganisation, Zuständigkeiten und Verantwortlichkeiten, Koordination) und Verhaltensrichtlinien zur Umsetzung der politischen Vorgaben im jeweiligen Zuständigkeitsbereich,
- Maßnahmen zur umfassenden Information und Beteiligung der Mitarbeiter, notwendige Schulungen und Weiterbildungen,
- Maßnahmen zur Evaluation und Dokumentation der Handlungsergebnisse,
- das Bestreben um kontinuierliche Verbesserung.

Den Kriterien der Praxisbezogenheit und Realitätsangemessenheit kommt hier besondere Aufmerksamkeit zu. Werden sie vernachlässigt, verlieren Leitlinien schnell ihre Operationalität. Auf utopisch anmutende Formulierungen sollte verzichtet werden.

### 2.4.2  Corporate Identity

Die Vielfalt der touristischen Anbieter und ihrer Angebote zwingt den Betrieb oder die touristische Region dazu, ihre jeweiligen spezifischen Besonderheiten bzw. Qualitäten bekannt zu machen sowie für den Kunden erkennbar werden lassen. Die Entwicklung einer Corporate Identity soll dazu führen, dass Unternehmen bzw. Regionen nach außen (und nach innen) ein einheitliches und klares

---

[29]  Vgl. Wöhler, 1997, S. 80.

Bild darstellen und zugleich eine Differenzierung am Markt gegenüber dem Wettbewerber ermöglichen.

Neben der strategischen Bedeutung hat die Corporate Identity noch eine kommunikationspolitische Bedeutung. Sie stellt die zu kommunizierende Unternehmensbotschaft oder Message dar.

Im Hinblick auf die Notwendigkeit einer Interessenbündelung der verschiedenen touristischen Leistungsträger (vgl. Punkt 2.2) kommt der Corporate Identity noch eine weitere wichtige Aufgabe zu: Sie soll im Innenverhältnis identifikationsstiftende Wirkung entfalten. Dies zeigt sich vor allem darin, dass sich die Organisation oder die Region im Sinne eines „Wir" im Verhältnis zur Außenwelt sieht. Durch die Corporate Identity soll eine Art Wir-Gefühl entstehen, das eine konstruktive, zielorientierte Zusammenarbeit aller Stakeholder gewährleistet. Gleichzeitig ist dieses Wir-Gefühl nach außen hin zu kommunizieren und muss mit der äußeren Erscheinungsform der Organisation bzw. der Region korrespondieren.

Die Corporate Identity bietet einen handlungspraktischen Orientierungsrahmen, der es ermöglicht, unter Rückgriff auf das Leitbild, die Unternehmensphilosophie und die strategischen Ziele gegenüber der Umwelt als Ganzes handlungsfähig zu sein und in dieser Ganzheit Markt- und Kundennähe herzustellen. Corporate Identity ist eine Teilmenge der Unternehmenskultur, die nicht nur nach außen vermittelt, sondern auch gelebt und sichtbar werden soll. Zur Corporate Identitiy gehören die Aspekte Corporate Design, Corporate Behaviour und Corporate Communications (vgl. Abbildung 53).

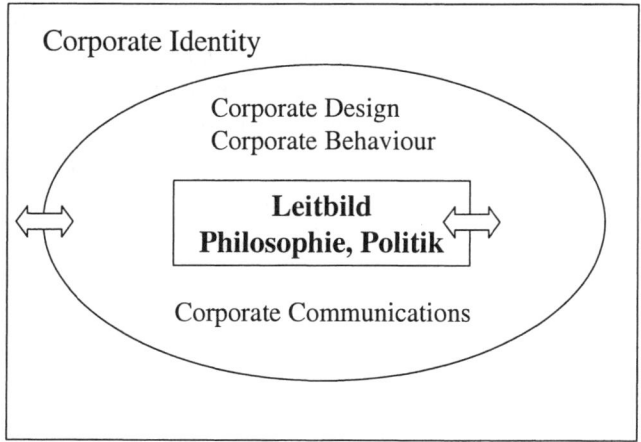

**Abbildung 53:**   Bezugsrahmen einer Corporate Identity[30]

---

[30]  In Anhalt an Wöhler, 1997, S. 62.

*Corporate Design*

Das Corporate Design bezieht sich auf das visuelle Erscheinungsbild des Betriebes oder Fremdenverkehrsortes. Touristische Räume unterziehen sich einer strategischen Modellierung, um bei Besuchern Eindruck zu machen. Eine Skiregion wird in der Saison für ein „ordentliches Gesicht" sorgen, d.h., auf eine Selbstpräsentation als freundliche und offene, moderne und kurzweilige Skiregion achten. Die entsprechende Infrastruktur wird hergerichtet, wintersportbezogene Veranstaltungen geplant und Kommunikations- und Werbemittel winterlich ausgerichtet. Skihänge, Loipen, Shopping-Läden oder Ferienbuslinien – sie alle statten den Raum nicht nur materiell aus, sie verleihen ihm auch ein Gesicht als Symbol für eine bestimmte Wahrnehmung und Nutzung. Der touristische Raum wird also mit einer Anzahl von Zeichen und Symbolen versehen, die von Bewohnern und Urlaubern spezifisch wahrgenommen und verhaltenswirksam werden. Die Reisenden nehmen demnach weniger den Raum, den Ort oder den Betrieb war, so wie er an sich ist, sondern nur das für den Reisenden hergerichtete Gesicht.

Corporate Design nutzt diese Zeichen und Symbole, die auf eine bestimmte touristische Bedeutung verweisen. Der Informationsgehalt der Symbole ist jedoch nicht nur Angelegenheit der Designer. Das Tourismusmanagement wird die angebotenen Leistungen nur dann symbolisch wirkungsvoll begründen können, wenn es die Interpretations- und Deutungsregeln der Nachfrager kennt und entsprechend umsetzt.[31] Auch ist zu bedenken, dass Zeichen, Symbole, Angebotsstrukturen oder Architektur nicht ad hoc wandel- oder gestaltbar sind. Hierzu bedarf es eines längerfristigen Ansatzes wie ihn z.B. die Tourismusplanung bietet. Im Rahmen der Bebauungsplanung und der Flächennutzungsplanung können z.B. wichtige Weichen zur Herstellung eines stimmigen und attraktiven Gesichts geschaffen werden. Gleiches gilt für das einzelne Unternehmen. Touristische Unternehmen feilen an ihrem Corporate Design und optimieren es beständig mit Blick auf den Gesamt-Fit. Logos, Namen, grafische Gestaltung können als eigenständige Kommunikationsträger des zum Ort bzw. Betrieb gehörenden Leitbilds eingesetzt werden.

---

[31] Vgl. Wöhler, 1997, S. 10-13.

*Corporate Behaviour*

Corporate Behaviour umfasst zunächst die im Betrieb bzw. in der Fremdenverkehrsregion üblichen Regeln und Umgangsformen. Hinzu kommen die Verhaltensweisen und Umgangsstile gegenüber den Gästen. Ein solcher Umgangsstil lässt sich ganz konkret an der Servicebereitschaft, den Öffnungszeiten oder der Preisgestaltung ablesen. Ähnlich wie beim Corporate Design gilt, dass die Ausgestaltung des Corporate Behaviour nicht dem Zufall überlassen werden darf, sondern gezielter Vorgaben und Maßnahmen bedarf.

*Corporate Communications*

Alle den Betrieb oder den Fremdenverkehrsort betreffenden kommunikative Äußerungen wie Öffentlichkeitsarbeit und Werbung werden von den Corporate Communications erfasst. Sie umfassen auch die interne Kommunikation. Zeitgemäßes Tourismusmanagement bemüht sich hier um Vorgaben bzw. Sprachregelungen, die geeignet sind, ein möglichst kohärentes, stimmiges Bild nach außen abzugeben und die Umsetzung des Leitbilds zu unterstützen.[32]

# 3. Strategische Planung in Freizeitwirtschaft und Tourismus

Jedes Unternehmen verfolgt die Erreichung seiner Ziele mit Hilfe einer Strategie. Diese Strategie kann aus unterschiedlichen Quellen stammen. Sie kann z.B. aus den Aktivitäten der verschiedenen Unternehmensbereiche hervorgegangen sein. Allerdings wird sich aus abteilungsspezifischen Ansätzen selten eine tragfähige Gesamtstrategie für ein Unternehmen ergeben. Besser ist hier der Weg einer systematischen Planung: Strategische Planung ermöglicht die Koordination der Intentionen und des Verhaltens der verschiedenen Organisationseinheiten und richtet diese auf die Erfüllung der gemeinsamen Vorgaben und Ziele aus.

Strategische Planung beginnt damit, ein Unternehmen in Bezug zu seinem relevanten Umfeld zu setzen, um relevante Wettbewerbsfaktoren zu identifizieren. Neben dem strategisch relevanten Umfeld liegt der Kern der Analyse in der Branche, in der das Unternehmen konkurriert. So beeinflussen die Entwicklungsphase der Branche, so wie sie z.B. das Lebenszyklusmodellmodell beschreibt, sowie die Branchenstruktur in starkem Maße sowohl die Spielregeln des Wettbewerbs als auch die Strategien, die dem Unternehmen potenziell zur Verfügung

---

[32] Vgl. Wöhler, 1997, S. 61-67; vgl. Roth/Schrad, 1999, S. 55-57.

stehen. In reifen Branchen wie der des (nationalen) Tourismus konzentriert sich dann z.B. der Wettbewerb stärker auf Kosten, Qualität und Service. Der Stellenwert von Produktgestaltung und Produktinnovation nimmt zu. Für das Unternehmen liegt der Zweck der branchenbezogenen Wettbewerbsanalyse darin, einen Standort im Markt zu finden, an dem es sich positionieren und im Wettbewerb behaupten kann.

Ein wichtiger Wettbewerbsfaktor ist die Verhandlungsstärke der Kunden. Im Falle des touristischen Käufermarktes drücken die Abnehmer die Preise, verlangen eine höhere Qualität oder bessere Leistung und spielen ggf. die Konkurrenten gegeneinander aus. Strategische Planung setzt daher stets eine Analyse der Nachfrage voraus, insbesondere bei einem Käufermarkt, wie ihn der Tourismus repräsentiert.

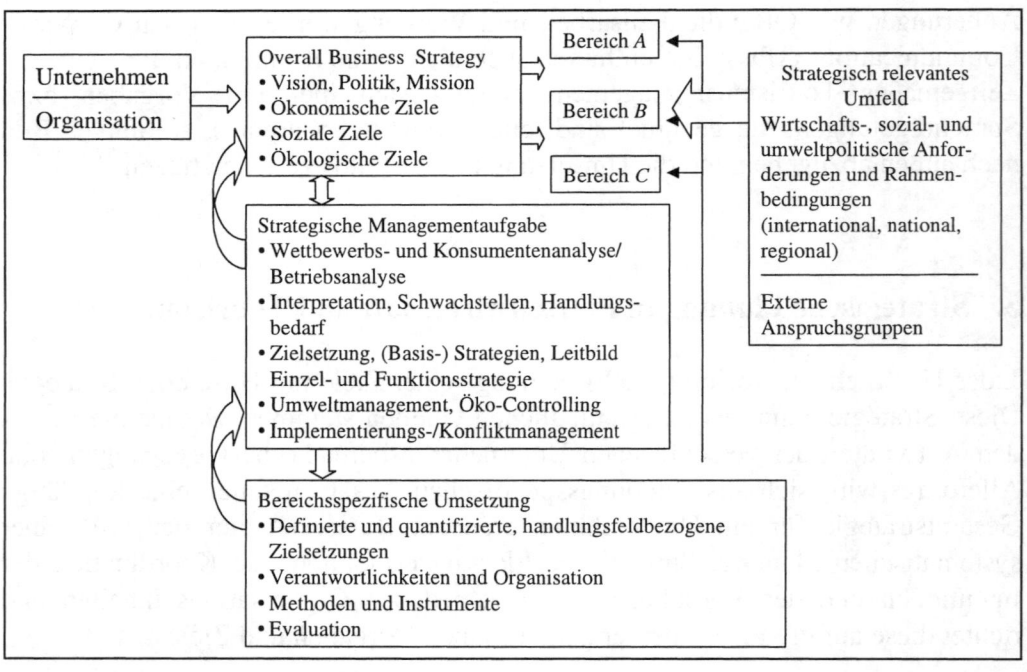

**Abbildung 54:**    Strategische Planung als Ergebnis eines Interaktionsprozesses

Betriebsinterne Maßnahmen wie Straffung der Organisationsstrukturen und Verbesserung ihrer Effizienz und Zusammenarbeit sind ebenfalls wettbewerbsrelevant. Allerdings darf Effizienz nicht mit Strategie gleichgesetzt werden. Sicher haben viele Unternehmen mit Recht große Mühen darauf verwandt, schlanker und beweglicher zu werden. Mit dem Streben nach Produktivität, Qualität und Schnelligkeit konnten eine beachtliche Anzahl von betrieblichen Verbesserungen erreicht werden. Allerdings ist es nur wenigen Betrieben gelungen, sich allein aufgrund ihrer betrieblichen Effektivität über längere Zeit im Wettbewerb durchzusetzen. Für diese wird es jedoch täglich schwieriger, ihre Positionen zu behaupten. Erfolgreiche Verfahrensweisen verbreiten sich offensichtlich sehr rasch und Mitbewerber können überragende Formen der Erfüllung von Kundenbedürfnissen schnell kopieren. Die Unternehmen gleichen sich dadurch mehr und mehr an und der Wettbewerb gerät damit zu einem Wettlauf auf identischen Pfaden. Ruinöse Preiskämpfe können eine Folge davon sein.

Meint betriebliche Effektivität aus Sicht des Wettbewerbs, vergleichbare Tätigkeiten besser auszuführen als die Konkurrenz, zielt die strategische Positionierung im Gegensatz dazu darauf, im Vergleich zum Mitbewerber nicht übliche Tätigkeiten zu betreiben oder übliche Tätigkeiten auf andere, möglichst einzigartige Weise auszuführen. Strategien basieren bzw. zielen damit auf einzigartige Tätigkeiten. Es gilt, in der Masse das Besondere, Einzigartige und Unverwechselbare zu bieten.[33]

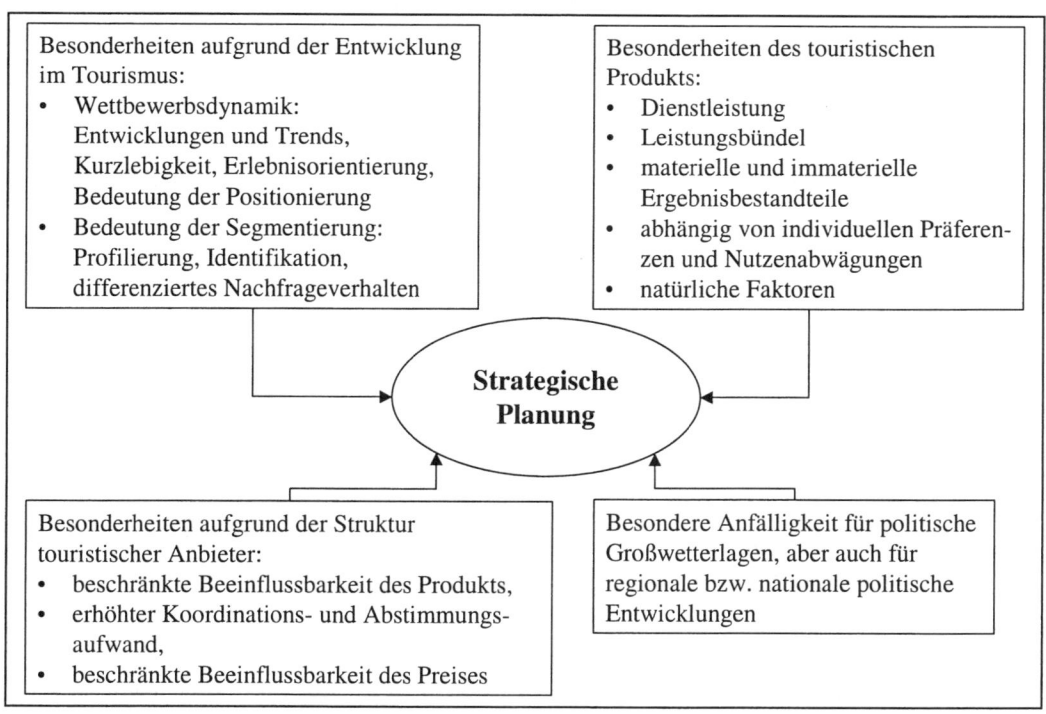

**Abbildung 55:** Besonderheiten der touristischen Strategieplanung

---

[33] Vgl. Ulrich, 1999, S. 97-102.

Im Prozess der strategischen Planung müssen die Besonderheiten der Tourismuswirtschaft angemessen berücksichtigt werden. Diese Besonderheiten resultie-
ren aus spezifischen Eigenschaften des touristischen Produkts sowie aus der besonderen Anfälligkeit der Branche gegenüber externen Einflüssen. Das Zusam-
menspiel der verschiedenen Leistungsträger, die Wettbewerbsdynamik und die
Unberechenbarkeit der Veränderungen in den Kundenpräferenzen bilden weitere
Herausforderungen.[34]

Zur Begründung des Aufwands strategischer Planungen bedarf es regelmäßiger
Erfolgskontrollen bzw. Leistungsmessungen, die ermitteln, welche Verbesserungen in welcher Größenordnung realisiert und welche Potenziale erschlossen
wurden bzw. noch erschlossen werden können. Dabei ist der bürokratische und
organisatorische Aufwand auf ein Minimum zu beschränken.

Der integrierte Planungsansatz vermeidet separate Betrachtungen einzelner betrieblicher Handlungsfelder und strebt stattdessen eine Gesamtbetrachtung aller
unternehmensrelevanten Sachverhalte im Rahmen einer Gesamtplanung und
Kontrolle an. Dieser umfassende Planungs- und Handlungsansatz

- umfasst alle Funktionsbereiche, Planungs- und Entscheidungsprozesse sowie
  Verfahrens- und Handlungsabläufe der jeweiligen Ebenen der Organisation
  und bezieht diese aufeinander.
- ist markt- und kundenorientiert und ermöglicht damit ein Führen vom Markt
  her.
- fühlt sich dem Grundsatz der kontinuierlichen Verbesserung verpflichtet und
  stellt eine systematische Evaluation sicher.

Marktpartner werden in den Prozess der strategischen Planung integriert.

## 3.1  Phasenmodell strategischer Planung

Strategische Planung lässt sich anhand vier verschiedener Phasen in Umrissen
darstellen:

- In Phase 1 geht es zunächst um eine umfassende Analyse des ökonomischen,
  sozialen und ökologischen Kontexts und daraus erwachsender Ansprüche und
  Anforderungen. Neben einer Analyse der Nachfragestrukturen und der allgemeinen Wettbewerbssituation erfolgt eine Selbstdiagnose. Die unternehmens-
  spezifische Ausgangssituation wird analysiert und schlussfolgernd im Hinblick
  auf ihre Kunden- und Marktfähigkeit hin bewertet. Stärken und Schwächen der
  Unternehmung werden hier deutlich zu Tage treten.

  Phase 1 lässt strategische Wettbewerbsvorteile, aber auch Schwächen und
  Handlungsnotwendigkeiten erkennen. Damit bietet sie eine Grundlage für

---

[34]  Vgl. Simon, 2000, S. 15-35; vgl. Freyer, 2001², S. 243-244.

strategische Planungen bzw. für die Entwicklung eines konkreten Handlungs-
katalogs für das Unternehmen.

* Phase 2 hat die Entwicklung einer Gesamtkonzeption für die zukünftige Entwicklung des Unternehmens, die Entwicklung eines Leitbilds und geeigneter
Zielsetzungen zur Aufgabe. Die strategischen Ziele müssen dabei erreichbar
und messbar sein. Unrealistische Ziele führen schnell zu Frustrationen bei den
Beteiligten und nicht messbare Ziele entziehen sich der Kontrolle. Als Nächs-
tes ist das Betätigungsfeld auszuwählen, auf dem das Unternehmen im Wettbewerb bestehen will.

* In Phase 3 bilden die Entwicklung konkreter Programme und Konzepte bzw.
die Festlegung eines Arbeitsprogramms sowie eines Fahrplans zur Zielerreichung die Schwerpunkte. Hier werden Prioritäten festgelegt, denen sich jeder
Unternehmensbereich unterzuordnen hat. Es kann nicht sein, dass eine Abtei-
lung andere Ziele verfolgt als die strategischen Unternehmensziele.

I. Analyseebene
  * Umfeldanalyse
  * Marktanalyse (Nachfrageanalyse, Wettbewerbsanalyse)
  * Betriebsanalyse
  * Interpretation der Daten und Schlussfolgerungen,
    besondere Problemfelder

II. Grundsätzliche Überlegungen und Festschreibungen
  * Leitbild, Philosophie, Politik,
  * Ziele, Strategien
  * Handlungsgrundsätze

III. Konzeptualisierung/Planungsebene
  * Handlungsfelder, Bereichsziele
  * Programme, Konzeptentwicklungen
  * Finanzierung
  * Prozessmanagement/Stolpersteine

IV. Handlungsfeldbezogene Umsetzung
  * Ziele, Zeitplan und Ressourcen
  * Implementierungsmanagement
  * Evaluation
  * Kontinuierliche Verbesserung

**Abbildung 56:** Schritte der Unternehmensplanung, Führungstätigkeiten

- Phase 4 konzentriert sich auf die einzelnen Funktionsbereiche und Tätigkeitsfelder im Unternehmen. Hier werden bereichsspezifische Ziele, Strategien, Programme und Maßnahmen mit Blick auf die Gesamtstrategie festgelegt sowie deren Umsetzung und Kontrolle sichergestellt. Im Sinne eines kontinuierlichen Verbesserungsprozesses wird über Korrekturmaßnahmen nach Abschluss der Maßnahmen entschieden.

## 3.2  Nachfrageanalyse, Wettbewerbsanalyse, Betriebsanalyse

Die Entwicklung von markt- und kundenorientierten Unternehmensstrategien setzt zuverlässige Informationen voraus. Hierzu gehören valide Daten über konkrete Stärken und Schwächen der Organisation, aus denen Wettbewerbspotenziale bzw. Wettbewerbsschwächen erwachsen. Ebenso müssen Informationen über Wettbewerber, also die Konkurrenzsituation, sowie über die Nachfrager und ihre Interessen bzw. Bedürfnisse beschafft werden.

Ausgangspunkt der strategischen Planung ist damit die Situationsanalyse, die sich sowohl auf interne als auch auf externe Sachverhalte bezieht. Dabei hängt die Planung der Zukunft weitgehend von der Qualität, Quantität und Relevanz der hier generierten Informationen ab.

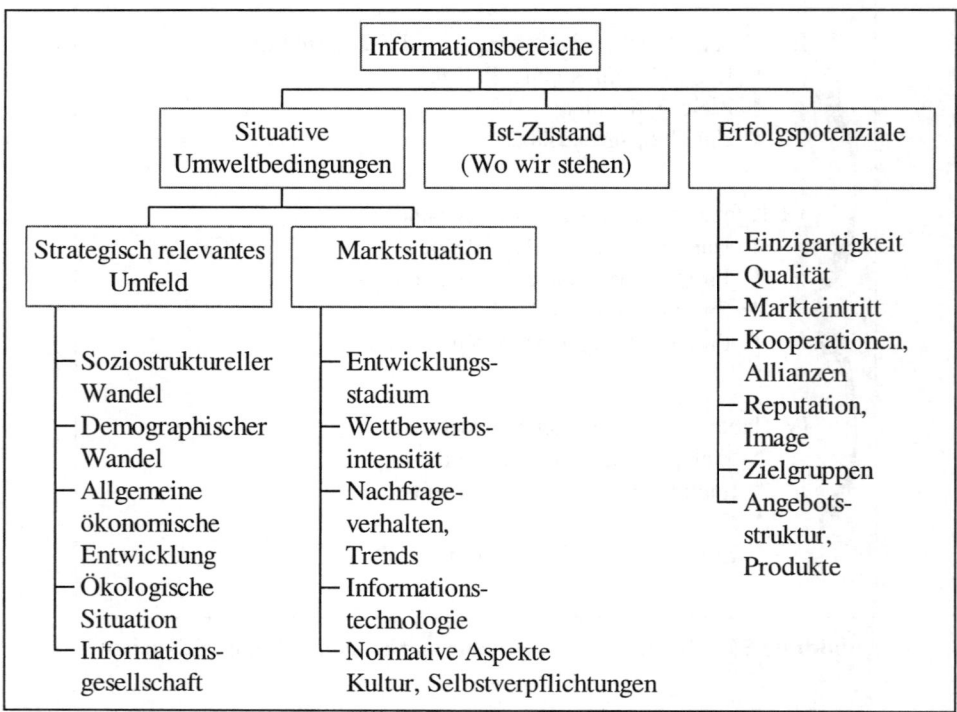

**Abbildung 57:**   Informationen und relevante Faktoren für die strategische Planung

### 3.2.1 Quantitative und qualitative Nachfrageanalyse

Im Hinblick auf die *Nachfrageranalyse* sei auf die Ausführungen zur Nachfrage-
struktur in den vorangegangenen Kapiteln verwiesen, in denen Lebenslagen, Interessen und Motivationslagen sowie Nachfragetrends im Überblick dargestellt
wurden. Dabei wurden qualitative Analysen, die Aufschluss über Einflussfaktoren auf das individuelle Auswahlverhalten bzw. Reisezielentscheidungsverhalten
bieten, ergänzt durch quantitative Aussagen, sofern dazu Daten vorlagen. Qualitative und quantitative Daten ergeben gemeinsam eine verlässliche Grundlage für
die Beurteilung der Attraktivität des Marktes. Sie ergeben aber auch Hinweise für
die Beurteilung der eigenen Attraktivität für den Kunden.

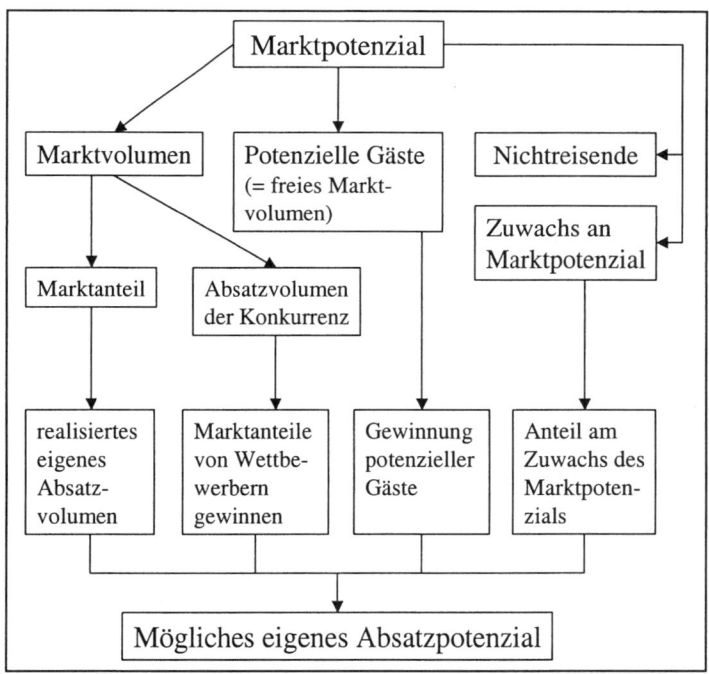

**Abbildung 58:** Elemente der Marktgrößenschätzung[35]

---

[35] Im Anhalt an Wöhler, 1997, S. 144.

Aus Sicht der einzelnen Organisation ist die *Marktgrößenschätzung* ein weiteres relevantes quantitatives Orientierungskriterium. Wichtige Beurteilungsgrößen sind:

*   Marktpotenzial:
    Das Marktpotenzial bezeichnet die Gesamtheit möglicher Absatzmengen in einem Markt für ein bestimmtes Leistungsangebot, also die Aufnahmefähigkeit oder die mögliche Nachfrage.
*   Marktvolumen:
    Das Marktvolumen ist die realisierte, effektive Absatzmenge (Umsatz) auf dem touristischen Markt, also die tatsächliche Nachfrage.
*   Absatzvolumen:
    Das Absatzvolumen umfasst die Gesamtheit der auf dem touristischen Markt realisierten eigenen Absatzmenge (eigene Umsätze).
*   Absatzpotenzial:
    Das Absatzpotenzial ist die maximal mögliche Absatzmenge des Unternehmens im touristischen Markt (oder der Anteil am Marktpotenzial, den das Unternehmen glaubt, erzielen zu können).[36]

Marktpotenzial und Absatzpotenzial sind fiktive Größen, die sich allenfalls näherungsweise bestimmen (abschätzen) lassen.

Eine abgeleitete Nachfragegröße ist der relative Marktanteil, also das Verhältnis des Absatzvolumens zum Marktvolumen in Prozent.

## 3.2.2 Wettbewerbssituation

Da die Aktivitäten gegenwärtiger und potenzieller Mitbewerber unmittelbare Auswirkungen auf das Nachfrageverhalten zeitigen, sind Informationen über die Konkurrenten, im Falle des Destinationswettbewerbs über den Konkurrenzmarkt, unerlässlich.

Betriebe und Regionen stehen zunächst vor der Aufgabe, relevante Konkurrenten bzw. Konkurrenzmärkte zu identifizieren. Ausgangspunkt für eine nachfrageorientierte Bestimmung relevanter Konkurrenten bzw. Märkte sind das touristische Produkt bzw. die touristische Leistung und ihre Fähigkeit, bestimmte Kundenwünsche zu befriedigen. In diesem Zusammenhang ergibt sich die Notwendigkeit, auch die jeweiligen Kundengruppen zu identifizieren, die bestimmte Leistungen nachfragen bzw. bestimmte Bedürfnisse aufweisen. Die konkurrenzrelevanten Märkte müssen also nach Marktsegmenten abgegrenzt werden. Dabei fällt dann häufig auf, dass Regionen, Orte oder einzelne Betriebe nicht unbedingt

---

[36]  Vgl. Wöhler, 1997, S. 137-140.

auf dem Gesamtmarkt, sondern auf Teilmärkten konkurrieren, die sich durch bestimmte Gästegruppen mit bestimmten Nutzenerwartungen definieren. Weitere Differenzierungskriterien sind räumlich-geographischer bzw. zeitlich-saisonaler Natur.

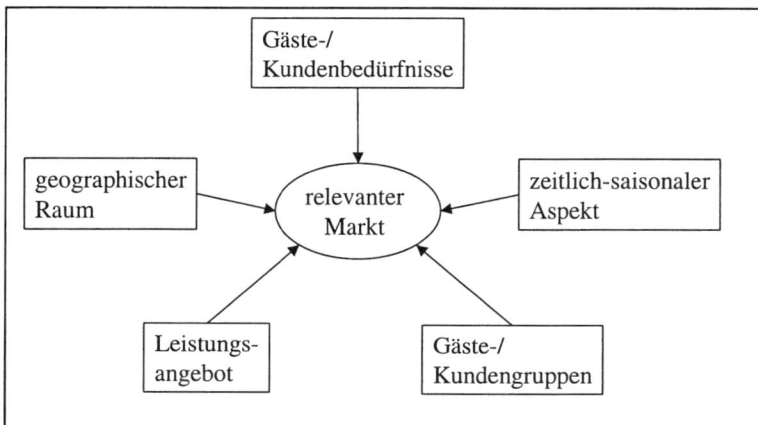

**Abbildung 59:**   Kriterien zur Bestimmung relevanter Märkte

In einem zweiten Schritt geht es um die Abschätzung der brancheninternen Konkurrenz auf den als relevant identifizierten Teilmärkten bzw. Marktsegmenten. Auch Gelegenheitsanbieter sollten hier mit einbezogen werden. Aufgrund der bereits dargestellten rasanten Entwicklungen auf dem touristischen Markt sehen sich viele Anbieter bzw. Regionen einer großen Zahl an Wettbewerbern gegenüber. Sie rivalisieren um die Befriedigung der Gästebedürfnisse, was letztlich zum Entstehen eines Käufermarktes führt. Die Zahl der Konkurrenten bestimmt die Intensität des Wettbewerbs und daraus abgeleitet auch die Rentabilität: Überkapazitäten in der Reifephase steigern die Wettbewerbsintensität, erhöhen den Preisdruck und schmälern die Gewinnmargen. Für neue Marktteilnehmer bilden sich hohe Markteintrittsbarrieren (= Erschwernisse, sich im Markt zu etablieren). Diese Newcomer werden wohl nur mittels unterscheidbarer Alternativen, attraktiver neuer Angebotskonzepte, hoher Servicequalität etc. dauerhaft Zugang zum Markt erhalten werden. Diese allgemeinen Marktdynamiken bestehen auch in so genannten Nischenmärkten, wobei hier aufgrund der spezialisierungsbedingten Wettbewerbsstärke für Spezialanbieter Marktvorteile wirksam werden können.

Neben dem Auftreten neuer Marktteilnehmer durch erfolgreiche Angebotsdifferenzierung können sich neue Konkurrenten aufgrund von Leistungsexpansionen ergeben. Indem z.B. ein Ferienort sich ergänzend auf den Bereich des Gesundheitstourismus konzentriert, tritt er in Konkurrenz mit den Kurorten oder Heilbädern.

Neugründungen z.B. im Bereich des Eventtourismus lassen plötzlich bisher unbekannte Orte bzw. Anbieter zu ernsthaften freizeittouristischen Konkurrenten werden. Attraktionen wie Freizeitparks oder Erlebnis-Shopping-Center werden in der Regel nicht in bestehende Strukturen integriert, sondern auf der „Grünen Wiese" von finanzkräftigen Investoren errichtet. Sie wirken dann quasi als Substitutsorte bzw. Substitutionsangebote.

### 3.2.3 Der Blick nach innen (Betriebsanalyse)

Leitbilder, Zielsetzungen und Strategien sollen sich auf anzustrebende Idealzustände richten, die zugleich operationalisierbar sein müssen. Neben ihrem innovativen, visionären Gehalt muss deshalb stets für ausreichende Bodenhaftung gesorgt werden. Diese Bodenhaftung wird sowohl durch die Ergebnisse der Nachfrage- und Wettbewerbsanalysen als auch durch eine realistische Untersuchung eigener Möglichkeiten und Potenziale erreicht. Erst die Kenntnis der Stärken und Schwächen der Organisation gibt Auskunft über die Entwicklungschancen.

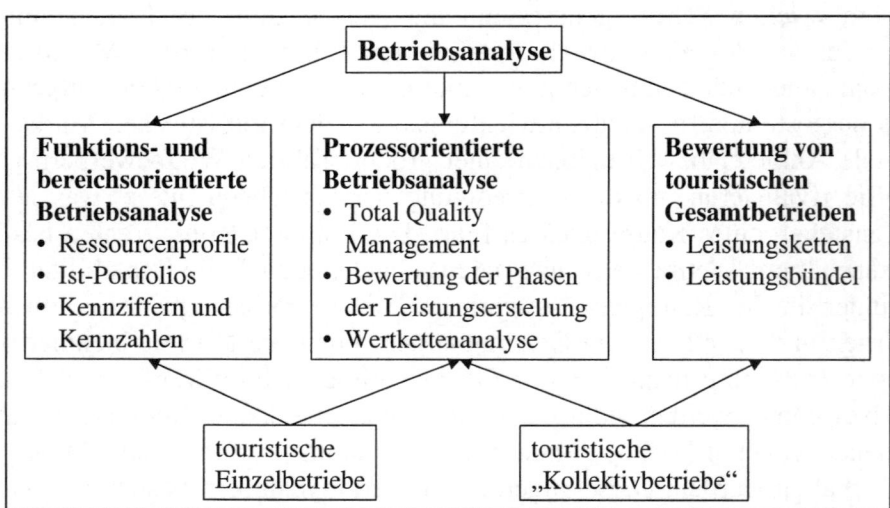

**Abbildung 60:** Betriebsanalyse und Analyseinstrumente im Tourismus[37]

---

[37] A.a.O., S. 253.

Erfolgspotenziale erwachsen aus internen Fähigkeiten und Ressourcen. Diese internen Faktoren bilden letztlich die Basis für die Leistungserstellung und damit für den betrieblichen Erfolg. Sie gilt es durch den Blick nach innen zu identifizieren. Bei der Durchführung einer *Betriebsanalyse* ergeben sich für die Tourismuswirtschaft besondere Herausforderungen. So ist zu klären, wie bei einer kollektiven Produktion und Leistungserstellung die Betriebsabgrenzung erfolgen soll. Angesichts der unterschiedlichen Orte der Leistungserstellung stellt sich außerdem die Frage der Festlegung der Betriebsstätte. Und schließlich bleibt zu klären, welche Zielsetzungen unter der Bedingungen gemeinschaftlicher Leistungserstellung zu betrachten sind.

*Ressourcenanalyse*

In Bezug auf die touristischen Betriebe ergibt sich eine sehr heterogene Ressourcenausstattung, die es im Rahmen der Ressourcenanalyse zu erfassen gilt. Aus einzelbetrieblicher Perspektive sind dabei interne Faktoren wie verfügbare Einrichtungen, Anlagen oder Ausstattungen von Bedeutung. Diese physischen Ressourcen unterliegen jedoch dem Verschleiß und können im Extremfall völlig verschwinden, selbst wenn sie instand gehalten werden. (z.B. durch gesetzliches Verbot, einen Skihang mit Liftanlage weiterzubenutzen).
Intangible Ressourcen wie z.B. Tradition, Kultur, Brauchtum, Image, Leitbild, Servicementalität oder Kompetenz stellen ebenfalls wichtige interne Ressourcen dar. Sie ergeben sich natürlich auch aus dem soziokulturellen Umfeld des touristischen Betriebes.
Finanzielle Ressourcen können aus internen oder externen Quellen erschlossen werden. Für manchen mittelständischen Betrieb erweist sich die aktuelle finanzielle Situation oft als unübersichtlich. Dies hängt auch mit einer oft nur rudimentären Finanzplanung bzw. einem fehlenden Finanz-Monitoring zusammen. Liquiditätsengpässe bis hin zur Insolvenzgefahr sind oft die Folgen.
Eine ausführliche Betriebsanalyse hat sich auch mit der Betriebsstruktur zu beschäftigen (organisationale Ressourcen). Hierzu zählen die Organisation des Betriebes, das Managementsystem und seine innerbetrieblichen Abläufe und Prozesse. Auch werden Aussagen über bisherige betriebliche Zielsetzungen und erfolgte Maßnahmen, Produkte und Geschäftsfelder erwartet.[38] Netzwerkstrukturen und Kooperationen werden ebenfalls erfasst.

Wettbewerbsvorteile können sich aus der natürlichen Ressourcenausstattung (ursprüngliches Angebot) der Region ergeben. Schon der Blick auf die geografische Lage fördert eine unterschiedliche Faktorausstattung zutage. Auch klimatische

---

[38] Vgl. Wöhler, 1997, S. 301-311.

Gegebenheiten erweisen sich als überaus wettbewerbsrelevant. Natürlich spielen auch die verfügbare soziale und technische Infrastrukturausstattung der Destination und ihre Qualität eine Rolle.

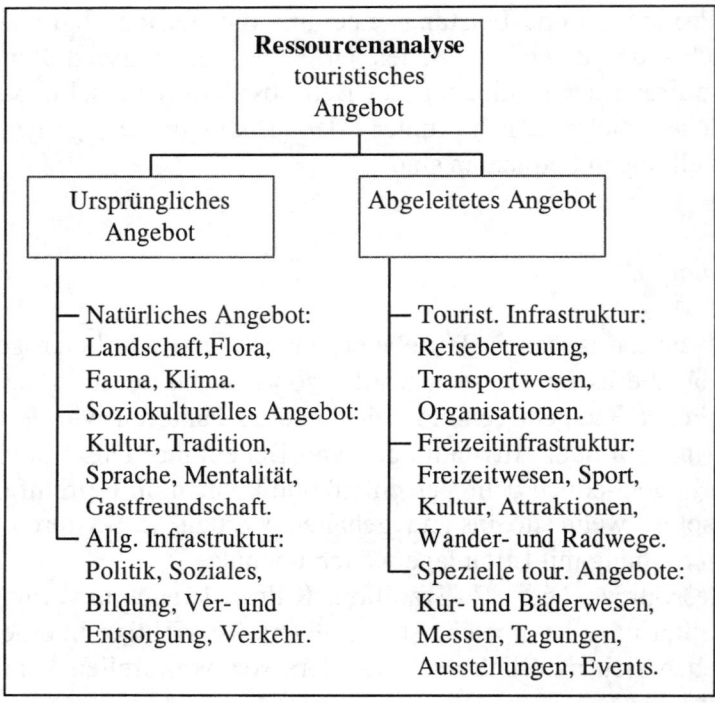

**Abbildung 61:**   Ressourcenanalyse – touristisches Angebot[39]

Die konkrete Erfassung der verschiedenen touristischen Angebotsfaktoren erfolgt in einem ersten Schritt zumeist in einer bloßen Auflistung mit Hilfe von Checklisten. In solchen Listen werden zudem Bewertungen der einzelnen Angebotsfaktoren sowie Aussagen zur weiteren Entwicklung aufgenommen. Dabei dürfte deutlich werden, dass das natürliche touristische Angebot nur sehr schwer im Rahmen einer Betriebsanalyse bewertet werden kann. Wie lassen sich Flora, Fauna oder Klima vergleichen oder gar monetär bewerten ? Auf der Ebene des Regionenvergleichs lassen sich zwar die natürlichen Angebotsfaktoren in Beziehung zueinander setzen, die jeweilige Einschätzung bleibt jedoch in höchstem Maße subjektiv. Die Bewertung des abgeleiteten touristischen Angebots ist grundsätzlich weniger problematisch als die des ursprünglichen touristischen Angebots. Das abgeleitete touristische Angebot wird z.B. über Gütesiegel oder Sterne bewertet. Auch für touristische Regionen werden zunehmend Beurtei-

---

[39]  Vgl. Freyer, 2001[2], S. 291.

lungskriterien entwickelt (z.B. Regionallabels). Von zentraler Bedeutung für die strategische Positionierung dürfte jedoch sein, dass das abgeleitete touristische Angebot im Gegensatz zum ursprünglichen Angebot aus Sicht des Unternehmens produktpolitisch gestaltbar ist. Landschaft, Klima oder Atmosphäre sind dagegen als natürliche Faktoren nur bedingt planbar oder machbar.[40]

Ob nun aus der Ressourcenanalyse ein Wettbewerbsvorteil erwächst, ist von verschiedenen Faktoren abhängig. So ist zum einen der Umfang der jeweiligen Faktoren als auch ihre Dauerhaftigkeit und Qualität von Relevanz. Nachhaltige ressourcengestützte Vorteile sind von besonderer Relevanz. Sie können zum Beispiel von Mitbewerbern nicht so schnell imitiert werden und lassen sich in langfristige strategische Konzepte integrieren. Einmaligkeit, Echtheit und Originalität spielen ebenfalls eine entscheidende Rolle. Diese Ressourceneigenschaften entstehen jedoch per Definition. Sie sind ein Resultat kundenseitiger Wahrnehmung. Was also ein Betrieb als Attraktion mit hohem Erlebniswert oder als Gemütlichkeit und Atmosphäre bezeichnet, muss aus der Perspektive des Gastes noch lange nicht so wirken. Verschiedene Kundengruppen werden überdies zu unterschiedlichen Einschätzungen und Bewertungen kommen. Auch muss der Betrieb generell in der Lage sein, eine verfügbare Ressource effizient zu erschließen und in ein marktfähiges touristisches Produkt umzusetzen. Und schließlich muss die Ressource knapp sein, sonst würde ihre Erschließung den zunächst bestehenden Wettbewerbsvorteil auflösen.

*Stärken-Schwächen-Analyse*

Bei der Stärken-Schwächen-Analyse wird für verschiedenste Bereiche des Unternehmens eine Beurteilung vorgenommen und der Betrieb mit dem Markt (vor allem mit Mitbewerbern) verglichen. Mit dieser Methode lassen sich recht gut Chancen und Problembereiche eines Unternehmens aufzeigen. Sind die Schwächen identifiziert, lassen sich Maßnahmen zu ihrer Beseitigung entwickeln. Erkannte Stärken können zielgerichtet am Markt in Form von Wettbewerbsvorteilen umgesetzt werden.[41]

---

[40] A.a.O., S. 290-296.
[41] Derselbe, 2001, S. 242.

**Tabelle 20:** Stärken-Schwächen-Profil eines Unternehmens[42]

| Potenziale | Bewertung (von unbefriedigend über indifferent bis zufriedenstellend) |
|---|---|
| Unternehmensführung<br>• Qualität und Inhalte des normativen sowie strategischen Managements<br>• Organisatorische Regelungen, Schnittstellenmanagement<br>• Mitarbeitermotivation<br>• Innovationskraft | |
| Angebote und Dienstleistungen<br>• Breite und Tiefe des touristischen Angebots<br>• Kundennutzen der Angebote<br>• Preis-Leistungs-Verhältnis<br>• Servicequalität und Kundennähe | |
| Beschaffung und Einkauf<br>• Unterkunfts- und Transportkapazitäten<br>• Vertragliche Bindung von Kapazitäten<br>• Kostengünstiger Einkauf | |
| Marketing<br>• Marktfähigkeit und Kundenorientierung bisheriger Marketingstrategien<br>• Abgrenzung, Segmentierung<br>• Definition der Zielgruppen<br>• Qualität der Umsetzung<br>• Saisonverlauf/-schwankungen | |
| Personal<br>• Qualifikation<br>• Anzahl der Mitarbeiter<br>• Altersstruktur | |
| Infrastruktur<br>• Verkehrslage, Verkehrsanbindung<br>• Siedlungsbild<br>• Fitness- und Badeeinrichtungen<br>• Spezielle Ausstattung für Geschäftsreisende<br>• Architektur | |

---

[42] In Anhalt an Roth/Schrad, 1999, S. 60.

*Portfolio-Analyse*

Die Portfolio-Analyse geht davon aus, dass in einem Unternehmen verschiedene strategische Geschäftseinheiten bzw. Produkte/Bereiche existieren. Diese werden unterteilt in

1. Erfolgversprechende Bereiche (Stars):
   Aufgrund des hohen eigenen Marktanteils bzw. des hohen Marktwachstums, lohnen sich für diese Produkte oder Bereiche z.B. hohe Investitionen.

2. Erfolgreiche Bereiche (Cash Cows):
   Hier besitzen das Unternehmen oder die Region bereits einen großen Marktanteil, wobei größere Zuwächse nicht mehr erwartet werden. Allerdings ergeben sich aus der augenblicklichen Situation deutlich höhere Erträge als Aufwendungen (z.B. gut laufende Reiseprogramme eines Veranstalters).

3. Fragwürdige Bereiche (Question Marks):
   Diese Bereiche weisen ein relativ hohes Risiko auf, wobei sich daran aber aufgrund des momentan geringen Marktanteils und guter Marktaussichten auch hohe Erwartungen knüpfen lassen. Für den Betrieb bedeutet dies, entweder massiv in diese Bereiche zu investieren oder ihn ganz der Konkurrenz zu überlassen.

4. Unattraktive Bereiche (Poor Dogs):
   In diesen Bereichen sind Marktanteil und Wachstumsaussichten niedrig. Überschüsse werden kaum erwirtschaftet, Verluste treten kaum auf. Solche Bereiche runden eher eine Produktpalette ab oder tragen zum Image bei, als dass sie nennenswert zum Betriebsergebnis beitragen. Eine stetige Prüfung, ob auf diese Geschäftseinheiten verzichtet werden kann, ist hier vonnöten.[43]

Im Anschluss an die Portfolioanalyse verfügt das Unternehmen über relevante Informationen, um folgende Fragestellungen zu beantworten:

1. Wie kann das Mehrprodukt-Unternehmen innerhalb seiner Produkte sinnvolle Prioritäten für die zukünftige Entwicklung setzen ? Soll das Unternehmen stark diversifiziert oder auf eine Produktgruppe beschränkt werden ? Es gilt, aus der Reihe der Produkte die richtigen auszuwählen und zu unterstützen.

2. Ist das derzeitige Produktportfolio geeignet, die Existenz des Unternehmens abzusichern und für wie lange ?

3. Müssen neue Geschäftsbereiche erschlossen oder bestehende aufgegeben werden ? Nach welchen Kriterien sind die entsprechenden Geschäftsbereiche auszuwählen ?

In jeder der genannten vier Geschäftseinheiten sollte der Betrieb bzw. die Region angemessen vertreten sein und eine entsprechende Anzahl eigener Produkte vor-

---

[43] Vgl. Freyer, 2001, S. 244-245.

halten. Ziel der Portfolioanalyse ist es, ein optimales Mischungsverhältnis zu entwickeln und damit langfristig die Existenz des Unternehmens abzusichern.[44]

*Qualitätsorientierte Prozessanalyse*

Die Diskussionen um den Stellenwert der Qualität touristischer Leistungen finden in der qualitätsorientierten Prozessanalyse ihren Niederschlag. Qualität lässt sich dabei zum einen differenzieren in eine kundenbezogene oder nachfrageorientierte Qualität, wobei die Qualitätsbewertung durch den Kunden (subjektiv) erfolgt. Gästebefragungen sind hier z.B. ein vielfach eingesetztes Instrument. Zum anderen ist eine produktbezogene oder anbieterorientierte Qualität davon zu unterscheiden. Diese versucht, die Qualitätsmessung unter Zuhilfenahme von Standards zu objektivieren. Beide Aspekte beinhalten sowohl materielle wie auch immaterielle Bestandteile der touristischen Leistung (vgl. Abbildung 62).

---

**Zuverlässigkeit:**
- versprochene Termine werden eingehalten,
- das Interesse ist erkennbar, aufgetauchte Probleme zu lösen,
- der Service wird gleich beim ersten Mal richtig ausgeführt,
- die Belege für die Kunden sind verständlich und fehlerfrei.

**Leistungs- und Fachkompetenz:**
- das Verhalten der Mitarbeiterinnen und Mitarbeiter weckt Vertrauen beim Kunden,
- bei den Transaktionen fühlt man sich gut aufgehoben,
- die Beschäftigten sind stets höflich und zuvorkommend,
- Anfragen werden kompetent bearbeitet .

**Freundlichkeit:**
- Kunden werden prompt bedient,
- Zeitpunkt der Leistungserstellung kann auf Anfrage mitgeteilt werden,
- Kundenwünsche werden prioritär behandelt.

---

**Abbildung 62:**   Eigenschaften der Servicequalität

---

[44]   Vgl. Dettmer/Hausmann/Kloss/Meisl/Weithöner, 1999, S. 106-107.

**Einfühlungsvermögen:**
- jedem Kunden ist die gleiche Aufmerksamkeit zu schulden,
- die Dienste werden zu Zeiten angeboten, die dem Kunden angenehm sind,
- Kundeninteressen und Kundenwünsche werden ernst genommen,
- die Mitarbeiter erkennen und verstehen die spezifischen Servicebedürfnisse der Kunden.

**Materielles Umfeld:**
- die technische Ausstattung ist modern und funktionsfähig,
- die Einrichtung ist geschmackvoll und funktional,
- die Mitarbeiter sind angemessen gekleidet und als solche für den Gast erkennbar.

**Abbildung 62:**   Eigenschaften der Servicequalität (Fortsetzung)

Eine Bewertung touristischer Produkte hinsichtlich ihrer Qualität muss die gesamte touristische Leistungskette berücksichtigen: Alle Einzelleistungen tragen zum Gesamtergebnis bei und bedingen sich gegenseitig – im Positiven wie im Negativen. Relevant ist in diesem Zusammenhang die *Prozessqualität*, die sich auf die eigentliche Leistungserstellung bezieht. Die Qualität der Verrichtung der Teilleistungen, die Servicequalität und die Interaktionsqualität sind hier bedeutsam. Die *Ergebnisqualität* im touristischen Dienstleistungsmodell verweist auf die Bewertung des Gesamtergebnisses einer Reise. Das relevante Messkriterium ist dabei die Kundenzufriedenheit als Vergleich von a) Erwartung und b) der jeweiligen Erfüllung bzw. Realisierung.

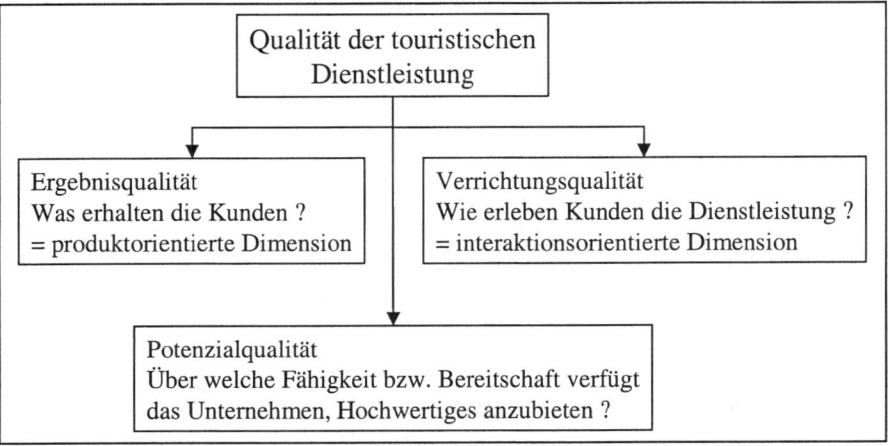

**Abbildung 63:**   Qualitätsdimensionen der touristischen Dienstleistung[45]

---

[45]  Vgl. Roth/Schrad, 1999, S. 94.

Zur Abschätzung und Bewertung der Kundenzufriedenheit sowie zur Bestimmung der Qualität aus Kundensicht wird häufig das *GAP-Modell* verwendet. GAP meint Lücken, Diskrepanzen, Unterschiede zwischen Erwartungen und Realisierungen.

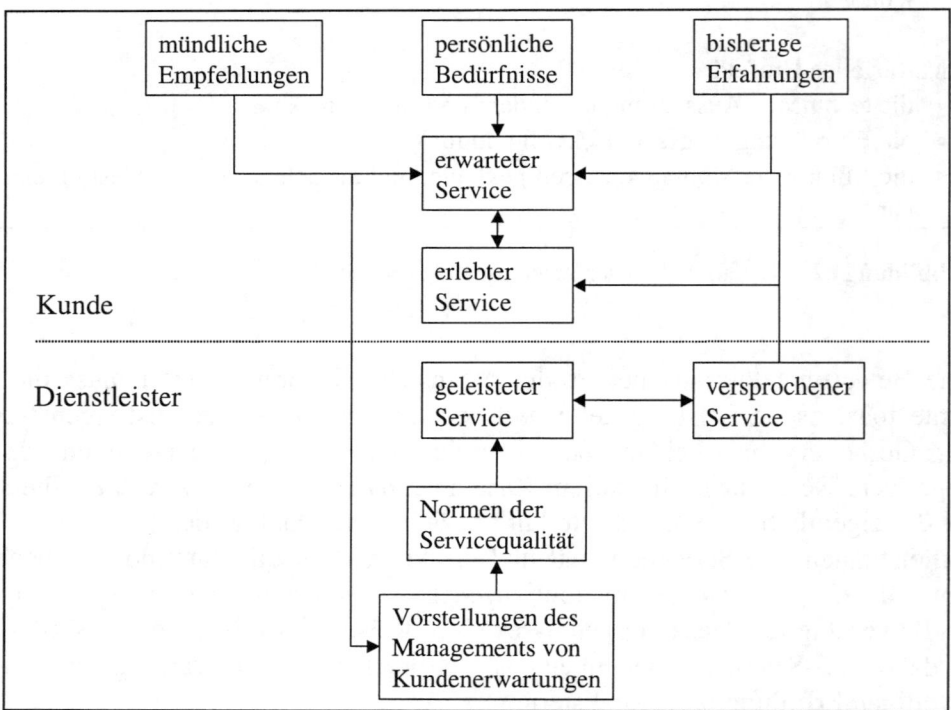

**Abbildung 64:**    GAP-Modell der Service-Qualität nach Zeithaml/Parasuraman/Berry, 1962

Abweichungen zwischen Erwartung und Realität können sich in fünf Bereichen ereignen:

1. Erwarteter und erlebter Service aus Kundensicht:
   Erwartungen an die Servicequalität ergeben sich vor allem aus mündlichen Empfehlungen Dritter, den individuellen Bedürfnissen und dem vom Anbieter kommunizierten Dienstleistungsversprechen. Der erlebte Service ist das Resultat der vom Anbieter tatsächlich erbrachten Leistung. Der Vergleich zwischen erlebtem und erwartetem Service kann zu einer Diskrepanz und damit zur kundenseitigen Unzufriedenheit führen. Unrealistische Leistungsversprechen und überzogene Erwartungen seitens des Kunden können übrigens selbst bei überdurchschnittlicher Qualität des erlebten Services zu einer letztlich unterdurchschnittlichen Kundenbewertung führen.

2. Qualitätslücken beim Leistungsersteller:
Im Handlungsbereich des Leistungserstellers können sich weitere vier Lücken auftun. So besteht für das Management die erste Herausforderung darin, die tatsächlichen Kundenerwartungen einzuschätzen – angesichts der Vielfalt der Interessen- und Motivationslagen kein einfaches Unterfangen. Hier kann es schnell zu einer Diskrepanz zwischen den tatsächlichen und den vom Management wahrgenommenen Kundenerwartungen kommen.
Weitere Lücken können sich im Zuge der Umsetzung der Qualitätsvorgaben des Managements durch die Mitarbeiterinnen und Mitarbeiter ergeben. Kundenorientierte Leistungserstellung ist nur dann möglich, wenn die Mitarbeiter über die qualitativen Unternehmensziele auch orientiert sind. Aufgrund einer ungenügenden Kommunikation im Unternehmen entstehen Diskrepanzen zwischen der tatsächlich erbrachten Leistung und dem an den Gast gerichteten Leistungsversprechen.
Selbst wenn die Mitarbeiter über Qualitätsstandards informiert sind, heißt dass nicht, dass die Qualitätsvorgaben auch entsprechend in die Alltagspraxis umgesetzt werden. Der Umsetzungsfähigkeit und dem Umsetzungswillen des Personals kommt hier eine große Bedeutung zu.

Bei der Verwendung der GAP-Analyse sollte jedoch bedacht werden, dass der gesamte Leistungsprozess aus einer recht statischen Ex-post-Sichtweise erfolgt. Zudem ist das Modell ergebnisorientiert und trägt damit dem Prozesscharakter der Dienstleistungserstellung und des -konsums nur unzureichend Rechnung.

Zusammengefasst gilt auch für den Blick nach innen das Primat konsequenter Markt- und Kundenorientierung. Das touristische Produkt ist letztlich Fixpunkt einer abschließenden Würdigung der Verfasstheit der Organisation. Dabei muss das Leistungsvermögen der Marktpartner mit einbezogen werden. Die Betriebsanalyse wird daher ergänzt um die Bereiche der Leistungserstellung, die Marktpartnern zugeschrieben werden können und unmittelbar auf die betriebliche Leistungserstellung bzw. Wettbewerbsfähigkeit Auswirkung haben. In diesem Sinne werden Leistungsketten und Leistungsbündel einer Analyse unterzogen.[46]

## 3.3 Auswahl der Strategie, Marketingstrategien

Im Anschluss an die Analyse von Umwelt, Markt und Betrieb kann nunmehr eine Interpretation und Bewertung der vorliegenden Informationen und Daten erfolgen. Eigene Chancen und Marktpotenziale können erkannt und darauf aufbauend Zielsetzungen und Strategien entwickelt werden. Hauptaufgabe der Strategie-

---

[46] Vgl. Freyer, 2001[2], S. 252.

diskussion ist dabei die Anpassung der momentanen Ist-Situation an eine ange-
strebte Entwicklung. In diesem Sinne beschreibt die Strategie denn auch den Weg
in die Zukunft, den Weg zur Umsetzung der Unternehmenszielsetzung. Mitunter
werden Strategien mit einer Leitplanke für alltägliches Handeln im Betrieb verglichen.

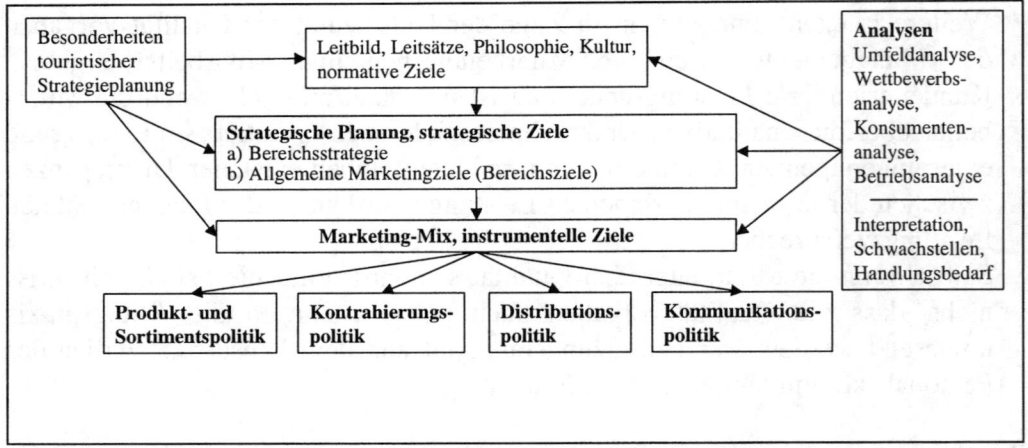

**Abbildung 65:**    Komponenten einer kunden- und marktorientierten Marketingstrategie

Der überwiegenden Anzahl moderner Strategien ist gemein, dass sie sich nicht
auf den Gesamtmarkt, sondern auf Teilmärkte konzentrieren. Dieser *Markt-
differenzierung* liegt die Erkenntnis zugrunde, dass kaum ein Unternehmen die
gesamte Vielfalt und das gesamte Volumen eines Marktes allein abdecken kann.
Anstelle einer undifferenzierten Marktbearbeitung versucht das Unternehmen,
sich auf ein konkretes, spezielles Marktsegment oder auf mehrere Marktsegmente
zu konzentrieren. Aufgabe der Strategieentwicklung oder der Strategiefindung ist
es deshalb, für ein identifiziertes Marktsegment das passende Strategiekonzept zu
entwickeln.

Gegenwärtig ist im Tourismus das undifferenzierte, massenmarktorientierte strategische Vorgehen noch sehr verbreitet. Vielen Unternehmen genügt es scheinbar, mit einer relativ vagen Markt- und Zielgruppenvorstellung den Markt flächig
zu bedienen. Allerdings stellt sich auch für sie mehr und mehr die Frage nach der
Zukunftsfähigkeit dieser „Schrotflinten"-Strategie. Angesichts der Veränderungen bei der Nachfrage (vgl. Punkt 1.2) verstärkt sich der Trend zum Zielgruppentourismus. Zudem ist zu bedenken, dass aus Sicht der Reisenden die
Destination bzw. der Reiseveranstalter zunehmend austauschbarer werden, wenn
ihr Auftreten bzw. ihre Angebote weiterhin so undifferenziert bleiben. Dem
Urlauber ist es dann nämlich letztlich gleich, ob er in der Türkei oder in Spanien
seinen Badeurlaub verbringt und welchen Anbieter er dafür in Anspruch nimmt.

Wegen der Nachteile des undifferenzierten Strategieansatzes konzentrieren sich die Anbieter mehr und mehr auf ein differenziertes strategisches Marketing. Mittels konzentrierter oder selektiver Strategien versuchen die Unternehmen, ein oder mehrere Marktsegmente (Teilmärkte) gezielt zu bearbeiten. Hier wollen sie von potenziellen Kunden auch entsprechend wahrgenommen werden und eine möglichst starke Marktstellung einnehmen. Größere Reiseveranstalter nutzen differenzierte Strategien für die Bearbeitung des Gesamtmarktes mit seinen verschiedenen Segmenten. Auf diese Weise wollen sie eine möglichst volle Marktabdeckung erreichen.

Eine zentrale Voraussetzung für die differenzierte Marktbearbeitung von Teil- oder Gesamtmärkten ist eine entsprechende *Marktabgrenzung* bzw. *-segmentierung*. Die Marktsegmentierung erfolgt unter Bezugnahme auf dazugehörige Zielgruppen. Diese Produkt-Markt-Kombinationen werden in der Literatur oft auch als *strategische Geschäftseinheiten* bezeichnet. Für sie bestehen unterschiedliche Erfolgs- und Entwicklungsabsichten am Markt.[47]

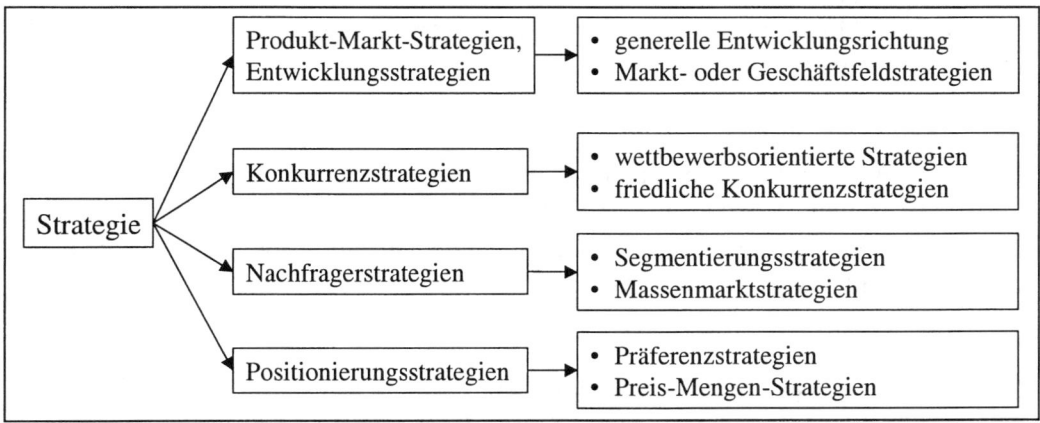

**Abbildung 66:**   Strategiebestimmung im Tourismus

## 3.3.1 Entwicklungsstrategien/Produkt-Markt-Strategien

Entwicklungsstrategien bzw. Produkt-Markt-Strategien beziehen sich auf Festlegungen des Geschäftsvolumens (wachsen, stabilisieren, schrumpfen, Timing), die Bestimmung relevanter Geschäftsfelder (Märkte oder Marktsegmente) sowie die Abgrenzung des Marktareals (räumliche Dimension).

---

[47] Vgl. Freyer, 20012, S. 363-371.

*Generelle Entwicklungsstrategien (Geschäftsvolumen)*

In der Praxis beziehen sich die meisten Strategieüberlegungen nicht nur auf die Neuentwicklungen, sondern vor allem auf vorhandene Leistungsangebote. Dabei wird geklärt, was von der bisherigen Strategiekonzeption bewahrt wird, was gegebenenfalls effektiver zu gestalten oder in eine andere Richtung zu steuern ist.

a) Wachstumsstrategien:
Wachstumsstrategien können global oder regional ausgerichtet sein. Dabei ist zwischen quantitativen und qualitativen Aspekten zu differenzieren. Eine Wachstumsstrategie ist natürlich abhängig von allgemeinen Marktentwicklungen und Trends, aber auch von den eigenen Ressourcen. Letztere können einer Wachstumsstrategie schnell Grenzen setzen (z.B. zu wenig geeignetes Personal für eine Expansion verfügbar).

b) Stabilisierungsstrategie:
In Geschäftsfeldern, in denen ein quantitatives Wachstum nicht angestrebt wird, werden qualitative Verbesserungen des Leistungsangebots besonders bedeutsam. Durch Qualitätsverbesserungen wird dann versucht, den betrieblichen Marktanteil zu halten.

c) Schrumpfungsstrategien:
Im Ergebnis einer Marktanalyse kann es für den Betrieb ratsam sein, Kapazitäten zurückzunehmen. Durch eine Angebotsverknappung können am Markt ggf. höhere Preise realisiert werden oder aber rückläufige Entwicklungen in einem Marktsegment aufgefangen werden.

d) Timing-Strategien:
Timing-Strategien befinden über den Zeitpunkt des Markteintritts des Unternehmens. Beim Aufbau neuer Märkte nimmt das Unternehmen eine risikoträchtige Pionierrolle ein. Wenn das Produkt jedoch erfolgreich ist, kann der Pionier eine dominierende Marktstellung einnehmen und für Nachfolger erhebliche Markteintrittsbarrieren schaffen. Nachahmer treten erst in den jeweiligen Markt ein, wenn eine ausreichende Produkt- und Marktakzeptanz durch die Kunden erkennbar wird.[48]

Entwicklungsstrategien bzw. Produkt-Markt-Strategien hängen insgesamt mit den Umfeldtrends, der eigenen Stellung am Markt, den Marktchancen sowie dem Verhalten der Konkurrenten zusammen. Vor allem auf dynamischen Märkten

---

[48]  Vgl. Dettmer/Hausmann/Kloss/Meisl/Weithöner, 1999, S. 104-106; vgl. Freyer, 2001[2], S. 372-376.

spielen sie eine besondere Rolle. Erst nach einer Einschätzung der allgemeinen Marktdynamik kann über eine passende Strategie befunden werden.

*Markt- und Geschäftsfelderstrategie*

Die Definition relevanter Geschäftsfelder (Märkte oder Marktsegmente) legt den Rahmen fest, in dem sich das Unternehmen zukünftig bewegen will. Hinzu kommen weitere Grundsatzentscheidungen, insbesondere hinsichtlich der Entwicklung des Leistungsangebots. Ob und inwieweit die bisherige Leistungspalette verändert oder ausgestaltet werden soll, wird hier entscheiden. Das Unternehmen wird sich außerdem festlegen müssen, ob es sich nun dem Gesamtmarkt oder nur Teilen davon mit welchen Produkten zuwenden will.

a) Marktdurchdringung:
Mit einer Strategie der Marktdurchdringung versucht das Unternehmen, mit bereits vorhandenen Angeboten den gleichen, bisher schon bearbeiteten Markt weiter zu durchdringen. So könnte z.B. versucht werden, durch verstärkte Werbemaßnahmen die Produkte für potenzielle Kunden bekannter zu machen.

b) Marktentwicklung:
Sollen mit dem vorhandenen Angebot zusätzliche Märkte – z.B. Zielgruppen und Marktsegmente – gewonnen werden, ist die Strategie der Marktentwicklung zu wählen. Ein Beispiel hierfür wären Marketingaktivitäten zur Gewinnung von Senioren oder Familien bzw. eine verstärkte Hinwendung zu den Auslandsmärkten.

c) Produktentwicklung:
Durch neue, innovative Produkte sollen bereits gewonnene Kunden fester an das Unternehmen gebunden werden. Zugleich können neue Kundenkreise oder Märkte erschlossen werden, was die Abgrenzung zwischen den Strategien der Produkt- bzw. Marktentwicklung fließend erscheinen lässt.

d) Diversifikationsstrategien:
Mit Hilfe der Diversifikationsstrategie werden die beiden unter b) und c) genannten Strategien miteinander verbunden. Mit neuen Angeboten sollen neue Märkte erschlossen werden. Zu unterscheiden ist hier die
• horizontale Diversifikation, bei der ähnliche Produkte neu in die Angebotspalette übernommen werden (z.B. neue Kulturangebote für die Kurgäste).
• vertikale Diversifikation, durch die anhand neuartiger Produkte vor- oder nachgelagerte Märkte angesprochen werden, die bisher von anderen Anbietern

bedient wurden (z.B. Pauschalangebote, Ausflüge mit eigener Busgesellschaft).

• laterale Diversifikation, als Vorstoß in bisher vollkommen neue Geschäftsfelder (Reiseveranstalter produziert Musik-CDs).[49]

In der betrieblichen Praxis dürften die beschriebenen Geschäftsfeldstrategien weniger scharf voneinander getrennt werden. Sie werden vielmehr zusammen bzw. nacheinander verfolgt. So wird ein Unternehmen zunächst eine möglichst umfassende Marktdurchdringung in bereits bedienten Märkten anstreben. Sind die Wachstumsmöglichkeiten im angestammten Geschäftsbereich erschöpft, bietet es sich zunächst an, mit den bestehenden Produkten neue Absatzmärkte zu erschließen. Bei hoher Wettbewerbsintensität bieten sich Produktinnovationen zur Abgrenzung gegenüber den Mitbewerbern an. Der letzte Schritt ist das gleichzeitige Verlassen von angestammtem Markt und Produkt bis hin zum Umbau und zur Neuausrichtung des gesamten Unternehmens (vgl. Umbau des Röhrenbauers Mannesmann zum Telekommunikationsunternehmen).

e) Strategien der Marktabdeckung:
Mit der Geschäftsfeldstrategie verbunden ist die Frage der generellen Marktabdeckung. Hierzu gehört die grundsätzliche Entscheidung über Massen- oder Teilmarktorientierung. Das Unternehmen legt für sich dabei fest, ob es auf allen Geschäftsfeldern, auf einigen oder nur auf einem Geschäftsfeld aktiv sein will.

• Globalstrategie:
Im Fall einer vollständigen Marktabdeckung wird versucht, mit der gesamten Angebotspalette alle touristischen Marktbereiche anzusprechen. Ein solches strategisches Verhalten ist vor allem im Rahmen des Destinationsmanagements sinnvoll. Hier versucht das Regionalmanagement, mit seinen touristischen Produktvarianten auf allen touristischen Teilmärkten auf dem Heimatmarkt aktiv zu sein. Die dabei generierten Umsätze verbleiben in der Region. Bleibt noch anzumerken, dass eine derartige Strategie nicht voraussetzungslos ist.

• Produkt-Markt-Konzentration:
Hier wird nur ein touristisches Leistungsangebot für einen Teilmarkt angeboten. Eine solche Strategie beinhaltet zum einen eine Produktspezialisierung, bei der ein bestimmtes Angebot für alle Marktsegmente bereitgehalten wird. Dies ist z.B. der Fall, wenn die Gesundheits- und Fitnessregion Bad Neuenahr-Ahrweiler, Rheinland-Pfalz, sich auf die Weiterentwicklung ihres gesundheitstouristischen Angebots konzentriert und dieses den verschiedenen Zielgruppen anbietet. Zum anderen ist eine Marktspezialisierung denkbar, wobei

---

[49]  Vgl. Freyer, 2001[2], S. 376-379.

die Produkte für ein spezielles Marktsegment vorgehalten werden (z.B. Festivalveranstaltungen am Nürburgring für junge Leute).

## f) Marktarealstrategie:

Diese Strategie bestimmt die räumliche Dimension bei der Markt- bzw. Geschäftsfeldabgrenzung. Dabei geht es, vereinfacht gesagt, um die Frage, ob und in welchem Umfang die Anbieter mit ihren Marketingaktivitäten am Wohnort potenzieller Touristen vertreten sein wollen. Bei inländischen Feriendestinationen ist es in diesem Zusammenhang von zentraler Bedeutung, aus welchen Quellgebieten die Besucher kommen (sollen) und für welche Angebote sie gewonnen werden sollen. Lokale und regionale Gäste treten vor allem als Tagesbesucher in Erscheinung und sind für Events bzw. zur möglichst ganzjährigen Auslastung der Freizeitinfrastruktur bedeutsam. Nationale und internationale Gäste sind vor allem für den übernachtenden Fremdenverkehr oder den Gesundheitstourismus von Bedeutung.[50]

## 3.3.2 Konkurrenzstrategien

Konkurrenzorientierte Strategien richten sich vor allem auf die Bestimmung der eigenen Marktposition gegenüber den Mitbewerbern. Entsprechende Informationen hierfür wurden in der Wettbewerbsanalyse generiert. Je nachdem welche Stellung das Unternehmen am Markt bereits erreicht hat und wie sich die anderen Mitbewerber verhalten, sind verschiedene strategische Möglichkeiten gegeben. Selbstverständlich müssen auch die Ergebnisse der Lebenszyklusanalyse herangezogen werden. Je nach Grad der Marktreife können unterschiedliche Verhaltensweisen notwendig sein.

### *Wettbewerbsorientierte Strategien*

Allgemein werden die wettbewerbsorientierten Basisstrategien Qualitätsführerschaft, Kostenführerschaft, Niedrigpreisstrategie, Nischenstrategie und Differenzierung unterschieden, aus denen sich weitere Konzeptionen entwickeln lassen. Mit Blick auf den Strategiestil können die Strategien des friedlichen oder des kooperativen Verhaltens unterschieden werden. Diese Konkurrenzstrategien werden überwiegend als Offensivstrategien gesehen, deren Ziel die Marktausweitung bzw. das Marktwachstum ist. In den reifen touristischen Inlandsmärkten bedeutet dies zumeist die Verdrängung von Mitbewerbern. Der defensive Charakter dieser Strategien wird hingegen selten thematisiert. Hierbei geht es

---

[50] A.a.O., S. 382-384.

vorrangig um die Festigung oder um die Verteidigung bereits erreichter Markt-anteile.

Konkurrenz zielt zunächst auf die Abgrenzung bzw. die Positionierung des eige-nen Angebots gegenüber den Mitbewerbern. Dies setzt jedoch eine spezifische Kompetenz voraus, die sich als Wettbewerbsvorteil entwickeln lässt.

a) Qualitätsführerschaft:

Die überlegene Qualität des eigenen Angebots wird gegenüber den Mitkonkur-renten am Gesamtmarkt eingesetzt und öffentlichkeitswirksam inszeniert. Wie schon mehrfach dargestellt, spielt im Tourismus die Qualität des Angebots eine zentrale, wettbewerbsgestaltende Rolle.

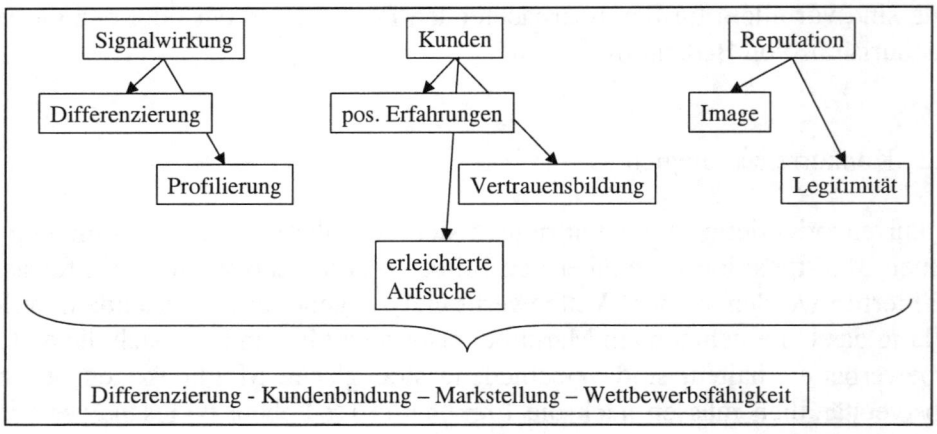

**Abbildung 67:**    Marktbezogene Wirkung qualitätsorientierter Produktpolitik

b) Kostenführerschaft:

Hier werden eigene Kostenvorteile, wie z.B. niedriges örtliches Lohnniveau, als Wettbewerbsvorteil in die Waagschale geworfen. Zeitweise werden aggressive Preisstrategien genutzt, um in neue Märkte zu gelangen oder aber einen unange-nehmen Mitbewerber zu verdrängen. Ruinöser Wettbewerb kann dann eine uner-wünschte Folge sein.

c) Niedrigpreisstrategie:

Durch Spezialisierung versucht man, Kostenvorteile auf Teilmärkten zu realisie-ren. Dies geht in den meisten Fällen zu Lasten der Qualität, mit der jedoch auch weniger geworben wird.

d) Nischenstrategie
Sie ist eng mit der Produkt-Markt-Konzentration verwandt. Durch Spezialisierung versuchen die so genannten Spezialanbieter, Leistungsvorteile auf den Teilmärkten zu erhalten.[51]

e) Differenzierung:
Wenn es gelingt, das touristische Produkt mit einem Vorteil auszustatten, der für den Verbraucher relevant ist und der das Produkt von anderen Wettbewerbsprodukten unterscheidet, handelt es sich um das Ergebnis einer Differenzierungsstrategie. Differenzierung beruht darauf, ein Produkt mit einem zusätzlichen Nutzen auszustatten, über den die Angebote der Konkurrenz nicht verfügen.
Das von einer New Yorker Werbeagentur geprägte Konzept „Unique Selling Proposition" (USP) ist in diesem Zusammenhang interessant. Es geht hier um eine einzigartige und unverwechselbare Leistung, die das Unternehmen gegenüber den Mitbewerbern heraushebt. Diese kann sich aus zahlreichen Einzelleistungen zusammensetzen, die dazu beitragen, den positiven Gesamteindruck für den Gast zu erhöhen (z.B. exklusives Geschirr, kostenloser Internetanschluss im Hotelzimmer, frische Produkte aus ökologischem Anbau, besonders freundliche und kompetente Mitarbeiter). Es können aber auch unerwartete Leistungen bzw. Überraschungen sein, die den Kunden wirklich zu begeistern vermögen.[52]


*Friedliche Konkurrenzstrategien*

Kooperationsstrategien stellen die eher friedliche Variante der Wettbewerbsstrategien dar. Allerdings steht auch hier die Festigung bzw. Ausweitung der eigenen Marktposition im Vordergrund. Dies geschieht jedoch auf andere Weise als bei den konfliktären Konkurrenzstrategien. Der Strategiestil ist hier ein anderer.


a) Me-Too-Strategie:
Diese Strategie ergibt sich aus der Tatsache, dass der jeweilige Anbieter nicht in der Lage ist, entscheidende Marktvorteile aufzubauen bzw. am Markt erfolgreich einzusetzen. In diesen Fällen wird eine möglichst zuträgliche Aufteilung des Marktes angestrebt. Ein Ressourcen verschleißender Wettbewerb kann dann in den meisten Fällen vermieden werden. Wie gesagt, die Wettbewerbsintensität ist geringer, Wettbewerb besteht jedoch immer noch. So werden die Akteure bemüht sein, doch noch Wettbewerbsvorteile für sich zu erschließen, was eine neue Aufteilung der Marktanteile nach sich ziehen dürfte.[53]

---

[51] A.a.O., S. 386-388.
[52] Vgl. Dettmer/Hausmann/Kloss/Meisl/Weithöner, 1999, S. 114-115.
[53] Vgl. Freyer, 2001[2], S. 389.

b) Kooperationslösungen, Netzwerke, strategische Allianzen:
Im Falle einer Kooperationsstrategie treten verschiedene Anbieter gemeinsam am Markt auf. Dies kann im Rahmen eines gemeinsamen Destinationsmanagements, aber auch im Zuge einer gemeinsamen Produktgestaltung geschehen. Ein Beispiel für eine kooperative Produktgestaltung ist die *VeloTour Moselle*. Hier wurde ein grenzüberschreitendes Angebot für den Fahrradtourismus entlang der Mosel geschaffen.

Kooperationen ermöglichen Kostenvorteile sowie Aufgabenteilung und sorgen für eine bessere Auslastung bestehender Kapazitäten. Zugleich verringern sie Investitionsrisiken. Durch die Zusammenführung der jeweiligen Leistungsprofile können neue, umfassendere Angebotsstrukturen entwickelt und attraktive Angebote am Markt platziert werden. Der gemeinsame Auftritt sorgt dabei für eine Steigerung der qualitativen und quantitativen Werbewirkung. Auf diese Weise können Kundenkreise erreicht werden, die sonst für den Einzelbetrieb nicht erschließbar wären. Kooperationsaktivitäten vermögen somit die Wettbewerbsposition der kooperierenden Unternehmen gegenüber den Mitbewerbern zu verbessern.

Strategische Allianzen sorgen für eine lose Koppelung von selbstständigen Einheiten. Sobald der Nutzen nicht mehr gegeben ist, können sich die Partner jederzeit wieder trennen. Diesen Zusammenschlüssen liegt damit die Vision eines Nutzen stiftenden Netzwerks zugrunde. Die Netzwerkbeziehungen sind durch Gleichberechtigung der einzelnen Netzwerkpartner geprägt. Der Einzelbetrieb kann sich dabei auf seine Kernkompetenzen konzentrieren und bringt seine hochwertige Leistung in das Angebotsensemble ein. Der Betrieb bleibt damit unabhängig und gewinnt doch durch die intensive Beziehung zu den Netzwerkpartnern virtuell an Größe.
Für das Management einer touristischen Region sind Netzwerkbildungen besonders interessant. Soll z.B. eine Region als Marke kommuniziert werden, dann ist ein Zusammenwirken aller Interessensgruppen obligatorisch. Das Netzwerk und seine überbetriebliche Organisation übernehmen dann die Abstimmung und Koordination nach innen und gestalten die Außenkommunikation. Zugleich kann ein Direktvertrieb der touristischen Leistungen über eine eigene Buchungsagentur vorgesehen werden. Der Mehrwert für den Kunden liegt darin, dass er durch die Verknüpfung von Einzelkomponenten eine Mehrleistung erhält, die über die Summe der Einzelleistungen deutlich hinausgeht. Es ist die Kombination der Teilleistungen, die der Region dazu verhelfen könnte, eine besondere Position im Wettbewerb einzunehmen und dauerhaft zu behaupten.

## 3.3.3 Nachfragestrategien

Im touristischen Marketing ist die Strategie der Zielgruppenorientierung oder der Marktsegmentierung nach Zielgruppen der am weitesten ausgearbeitete Strategiebaustein. Die potenziellen Kundengruppen unterscheiden sich voneinander durch ihren Bedarf, ihr Kauf- und Konsumverhalten und/oder differenzierte Reaktion auf den Einsatz von Marketinginstrumenten.

Das Unternehmen wird zunächst darüber zu befinden haben, ob es einen Markt hinsichtlich der verschiedenen Kundensegmente vollständig oder teilweise segmentieren will. Anschließend ist zu entscheiden, ob es sich mit seinem Angebot an alle oder an ausgewählte Kundensegmente wenden will.

Konkret erfolgt die Markteingrenzung über die Bildung von möglichst homogenen Kundengruppen (Lebensphasen, Einkommenshöhe, Bildung, Motive, Reiseverhalten, Qualitätsorientierung, Stammkunden, Gelegenheitskunden, Übernachtungs- oder Tagesgäste usw.). Eine Variante ist die Marktsegmentierung nach geographischen Aspekten. Dabei spielen sowohl die Herkunft des Gastes (Segmentierung nach Quellgebieten) als auch sein Reiseziel (Segmentierung nach Zielgebieten) eine Rolle.[54]

## 3.3.4 Positionierungsstrategien

Unter Positionieren versteht man das Zuordnen eines Produkts auf einen bestimmten Zielmarkt und das Füllen des Produkts mit spezifischen wertbildenden Eigenschaften. Positionierung ist in diesem Zusammenhang das Bestreben, an sich austauschbaren Produkten eine gewisse Eigenständigkeit zu verleihen, die sie quasi unverwechselbar macht. Bei der Positionierung eines Angebots geht es jedoch nicht darum, seine besonderen (funktionalen) Eigenschaften herauszustellen. Vielmehr werden dessen Vorteile bzw. der besondere Nutzen/Wert für den Verbraucher in den Vordergrund gerückt. Positionierung versucht also, die Kompetenz des eigenen Angebots oder einer Marke so zu gestalten, dass sie für definierte Kundengruppen bessere Problemlösungen bietet, als dies die Mitbewerber zu tun vermögen. Positionierung ist in diesem Zusammenhang nicht das, was man mit dem Produkt macht. Vielmehr geht es darum, das Produkt oder die Marke längerfristig in die Gedankenwelt der Kunden hinein zu positionieren, damit diese eine Präferenz für das Produkt entwickeln können.[55]

---

[54] Vgl. Bieger, 2000, S. 191-193.
[55] Vgl. Dettmer/Haussmann/Kloss/Meisl/Weithöner, 1999, S. 116-117.

In der Literatur werden folgende Grundgedanken der Positionierung diskutiert:

- Die Premium- oder Luxusstrategie setzt auf Leistungs-, Qualitäts, Präferenz- oder Imagevorteile gegenüber der Konkurrenz. In den dazugehörigen Marketingaktivitäten werden Qualität, Service, oft auch Exklusivität und hohe Preise sowie Zusatzleistungen in den Vordergrund gestellt (Präferenzstrategie).
- Die Low-Budget-, Discount-, Billig- bzw. No-Name-Strategie unterstreicht eindeutige Preisvorteile. Die Strategie ist preisdominant (günstig, billig) und mengenorientiert (so genannte Preis-Mengen-Strategien). Reisen gelten als Sonderangebote und Massenartikel, das Leistungsangebot beschränkt sich auf die Kernleistungen, die Qualität tritt meist etwas in den Hintergrund.[56]

Bei der Positionierung eines Produkts spielen sowohl die Bedürfnisse potenzieller Kunden als auch das Interesse des Anbieters, Ressourcen effizient und gewinnbringend einzusetzen, eine Rolle. Die Positionierung kann in diesem Zusammenhang verschiedene Zielrichtungen haben. Sie kann zum einen die Beibehaltung der Marktposition anstreben. In diesem Fall zielt die Strategie darauf ab, eine als wirtschaftlich tragfähig erwiesene Zielgruppe zu halten. Die Umpositionierung behält einerseits die bisherige Zielgruppe im Blick, verfolgt zusätzlich aber eine gewisse Zielgruppenverlagerung bzw. Zielgruppenerweiterung. Gründe für die Umpositionierung können gewandelte Vorstellungen einer Zielgruppe (z.B. Umstieg vieler Wintersportler auf das Snowboard), eine nicht ausreichende Größe des gegenwärtigen Zielsegments oder aber auch Imitation durch Mitbewerber sein. Wenn für bisherige Marketingstrategien keine ausreichenden Marktchancen mehr bestehen, ist eine Neupositionierung notwendig, die von einer stark veränderten Zielgruppe ausgeht.[57]

*Präferenzstrategien*

Ziel jeder Positionierungsstrategie ist es, beim (potenziellen) Kunden eine klare Vorstellung von einem Produkt oder einer Marke zu schaffen. Bestimmte Produkt- und Leistungseigenschaften sollen in der Weise dem Kunden kommuniziert werden, dass der Nachfrager diese Eigenschaften in seine Vorstellungswelt übernimmt und damit letztlich zum Hauptgrund seiner Entscheidung für ein Produkt macht. Präferenzstrategien stellen insbesondere darauf ab, dass nicht der Preis, sondern andere Produkteigenschaften Determinanten der Kaufentscheidung werden.
Präferenzbildende Eigenschaften und Möglichkeiten im Tourismus sind z.B. günstiges Klima, Landschaftsbilder, Landeskultur, Attraktionen, Events, Spitzenhotellerie und Gastronomie, Ausstattung mit exklusiver Freizeitinfrastruktur,

---

[56] Vgl. Freyer, 2001², S. 396-398.
[57] Vgl. Walch, 1999, S. 71-73.

Image oder Life Style. Aber auch Atmosphäre, Ruhe, Erholung und Gesundheitsförderung spielen eine Rolle.

*Die Marke als Positionierungselement*

In den letzten Jahren tritt im Tourismusbereich die Markenpolitik immer mehr in den Vordergrund. Aus Kundensicht erleichtern Marken die Identifikation eines Produkts – trotz der Fülle konkurrierender Angebote. Marken geben dem Käufer die (scheinbare) Sicherheit, eine erwartete Leistung auch tatsächlich zu erhalten und reduzieren für ihn damit scheinbar das Risiko, Fehlkäufe zu tätigen.
Aus Sicht der Anbieter soll die Markenpolitik beim Kunden Präferenzen für eine bestimmte Marke erwirken. Zugleich wird versucht, mit Hilfe des Markenlogos immaterielle touristische Leistungen für den Kunden wahrnehmbarer zu machen. Kaufwiederholung und die Bildung einer Stammkundschaft sind die längerfristigen Ziele.

Eine Marke besteht aus den Elementen Symbol/Name/Logo, Zielgruppe/Bedürfnis/Produkt und einem Slogan als geistigem Anker.

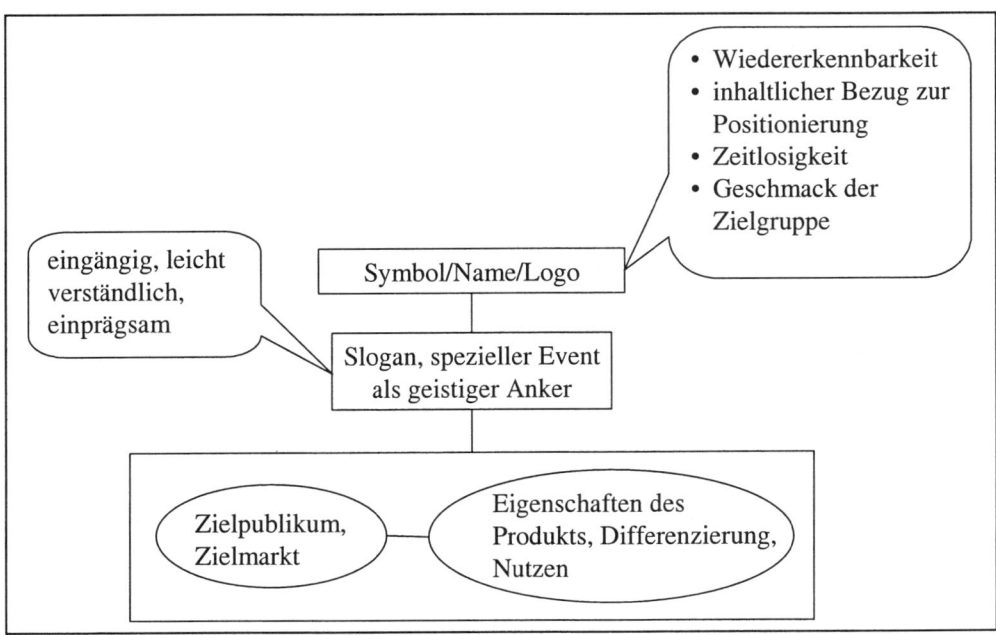

**Abbildung 68:** Elemente einer Marke

Die touristische Markenpolitik konzentriert sich derzeit vor allem auf die Positionierung von Firmenmarken oder Regionalmarken. Am bekanntesten dürften die markenpolitischen Aktivitäten der großen Reiseveranstalter, der Fluggesellschaften und der Hotelbetriebe sein. Im Regional- bzw. Destinationsmarketing hat sich die Markenpolitik noch wenig durchgesetzt.

Die Lancierung einer neuen Marke setzt ein nicht unerhebliches finanzielles Budget sowie die Bereitschaft des Anbieters voraus, über einen längeren Zeitraum eine konsequente Markenbildung durchzuführen. So bedarf es für den Erfolg einer Marke einer längeren, konsequenten Marktbearbeitung, wobei im Verlauf insbesondere die Kunden und die Veränderungen ihrer Bedürfnisse beobachtet werden müssen.

Drei Grundstrategien der Markenpolitik können unterschieden werden:

a) Einzelmarkenstrategie:
Die Einzelmarkenstrategie gilt als die klassische Markenstrategie. Einzelnen Leistungen oder Produkten wird ein Markenname zugeordnet und mit einer Produktaussage bzw. mit einem Produktversprechen versehen. Jedes weitere Produkt erhält ebenfalls einen eigenständigen Markennamen mit ganz präzisem Leistungsversprechen und entsprechender Positionierung.
Traditionell werden Einzelmarken losgelöst vom Herstellernamen entwickelt. Die Marke steht dann für das Produkt oder die Dienstleistung und nicht für den Hersteller.

b) Mehrmarkenstrategie:
Hier werden einzelne Marken innerhalb eines Unternehmens gebildet. Die Herausforderung besteht darin, die Marken gegeneinander abzugrenzen und zu profilieren. So versucht die Firma *Accor*, auf dem Hotelmarkt mit den Namen *Ibis* (niedriger Preis), *Mercure* (mittlerer Preis) und *Sofitel* (First Class) verschiedene Marktsegmente anzusprechen.
Eine Variante der Mehrmarkenstrategie ist die Markenfamilie, bei der mehrere Produkte zu einer Produktgruppe zusammengefasst und mit einer Marke versehen werden. So können Reiseveranstalter ihre Angebotspalette in die Sparten Seniorenreisen, Familienreisen oder Fernreisen untergliedern. Die einzelnen Markenfamilien werden dann jeweils zielgruppenspezifisch beworben und positioniert.

c) Dachmarke:
Die Dachmarkenstrategie ist eine Fortführung der Mehrmarkenstrategie bzw. Markenfamilienstrategie. Auch Einzelmarken können eingebunden werden. Vor allem große Anbieter mit breiter Angebotspalette nutzen Dachmarken. So tritt z.B. die *TUI* als Dachmarke auf, während *Club Robinson* als Einzelmarke oder *TUI*-Sprachreisen als Markenfamilie unter der Dachmarke firmieren.

Dachmarkenstrategien bieten sich auch für eine touristische Region an. Mit ihrer Dachmarke können sich Regionen einer breiten Öffentlichkeit im In- und Ausland präsentieren. Den regionalen Anbietern eröffnen sich dadurch erweiterte Absatzmöglichkeiten. Zugleich können Transaktionskosten gesenkt werden. So kann einer eingeführten Dachmarke, ähnlich wie schon dem Leitbild, eine marktwirksame Vertrauenseigenschaft zugesprochen werden. Das gemeinsame Marketing erreicht breitere Kundenkreise und durch ein koordiniertes Zusammenwirken der Leistungsträger kann ein wettbewerbsfähiges Gesamtprodukt „Region" auf den Markt gebracht werden.[58]

Ein Problemfeld bei der Bildung einer regionalen Dachmarke ist die Vielzahl der Anbieter. Diese verfügen zum Teil schon über eine eigene Markenidentität und befürchten daher, im Kontext einer Dachmarke unterzugehen, einen Identitätsverlust zu erleiden. Ebenso bilden unterschiedliche Qualitätsvorstellungen ein relevantes Hindernis. Die erfolgreiche Positionierung einer Dachmarke setzt damit die Bereitschaft der Akteure voraus, gemeinsam die Markenbildung voranzutreiben, sich der verabredeten Zielrichtung bzw. den festgelegten Leistungsstandards verpflichtet zu fühlen.

Zum Beispiel präsentiert die *Tourismus & Service GmbH, Ahr Rhein Eifel, Bad Neuenahr-Ahrweiler*, ein Zusammenschluss touristischer Anbieter im Landkreis Bad Neuenahr-Ahrweiler, Rheinland-Pfalz, den Großteil des touristischen Angebots der Region unter der Dachmarke *WohlSein365*. Die Positionierung erfolgt dabei über die Darstellung der Kur- und Gesundheitskompetenz, der Naturausstattung der Region (Vulkan-Eifel, Rheintal) sowie als Weinanbau- bzw. Erlebnisregion. Dementsprechende Angebotssparten werden gebildet:

- Wellness & Kuren:
  Kuraufenthalt und medizinische Betreuung, Thermalbad, Wellness- und Beautyarrangements, Erholung für Diabetiker, traditionelle chinesische Medizin, Nach-Krankenhaus-Behandlung usw.
- Sport & Fitness:
  Erlebnis Rotweinwanderweg, Radfahren und Genießen, Mountainbiketouren, Sportklettern oder aber ein Aufenthalt am Nürburgring.
- Gourmet & Wein:
  Weinproben, geführte Wanderung über den Weinbaulehrpfad, Jazz & Wein, Ferien beim Winzer, Schlemmer-Wochenenden usw.
- Kunst & Kultur:
  Ahrmuse-Kleinkunst und Kabarett-Serie, Mondkultur-Museumsnacht usw.

---

[58] Vgl. Freyer, 2001[2], S. 398-403 ; vgl. Bieger, Thomas, 2000, S. 202-203.

Bundesumweltministerium (Hrsg.): Folgeprozess zur UN-Konferenz für Umwelt und Entwicklung, Bonn 1993.

Bundesumweltministerium: Auf dem Weg zu einer nachhaltigen Entwicklung in Deutschland, Bonn 1997[1].

Bundesumweltministerium (Hrsg.): Schritte zu einer nachhaltigen, umweltgerechten Entwicklung; Berichte der Arbeitskreise anlässlich der Zwischenbilanzveranstaltung, Bonn 1997[2].

Bundesumweltministerium (Hrsg.): Ökologie; Grundlage einer nachhaltigen Entwicklung in Deutschland, Bonn 1997[3].

Bundesumweltministerium: Nachhaltige Entwicklung in Deutschland. Entwurf eines umweltpolitischen Schwerpunktprogramms, Bonn 1998.

Bundesumweltministerium: Ziele des Naturschutzes und einer nachhaltigen Entwicklung in Deutschland, Bonn 1998[2].

Bundesministerium für Wirtschaft und Technologie: Tourismus in Deutschland, Bonn 2000.

Bundesministerium für Wirtschaft und Technologie: Städte profitieren vom Wirtschaftsfaktor Volksfest, Pressemitteilung vom 25.04.2001, Berlin 2001.

Canadian Tourism Commission: Catalogue of Exemplary Practices in Adventure Travel and Ecotourism, Ottawa 1999.

Chung, Chris/Gillespie, Brendan: Globalisation – New Challenges for the Public and Private Sectors, in: OECD (Hrsg.), Globalisation and the Environment; Perspectives from OECD and Dynamic Non-Member Economies, Paris 1998.

Dettmer, Harald (Hrsg.): Tourismuswirtschaft; Arbeitsbuch für Studium und Praxis, Köln 1998.

Dettmer, Harald/Hausmann, Thomas/ Kloss, Ingomar: Tourismus-Marketing Management, München – Wien 1999.

Deutscher Bundestag, Bericht des Ausschusses für Bildung, Forschung und Technologieabschätzung: „Entwicklung und Folgen des Tourismus", Bonn 1999.

Deutscher Fremdenverkehrsverband: Nachhaltige Entwicklung: Tourismus und Umwelt in Deutschland, Bonn 1998.

Deutscher Heilbäderverband: Der Kurort der Zukunft, ein 15-Punkte-Programm, 2001.

Deutscher Hotel- und Gaststättenverband (Hrsg.): So führen Sie einen umweltorientierten Betrieb: Tipps für das Gaststättengewerbe, Bonn 1997.

Deutscher Tourismus-Verband: Verkehrspolitisches Positionspapier des Deutschen Tourismusverbandes, Bonn.

Deutscher Wellness Verband: Anforderungen des Verbandes an Wellness-Hotels, Stand Mai 2001.

DIN 33922, Umweltberichte für die Öffentlichkeit, 1995.

DIN EN ISO 14001, Umweltmanagementsysteme, Spezifikation mit Anleitung zur Anwendung, 1996.

Dobschütz von, Sigismund: Der Kurort als Erlebnisdestination ? in: Keul, A. G./ Bachleitner, Reinhard/Kagelmann, H. Jürgen (Hrsg.): Gesund durch Erleben ? Beiträge zur Erforschung der Tourismusgesellschaft, München 2001.

Dreyer, Axel: Kundenzufriedenheit und Kundenbindungs-Marketing, in: Bastian, Harald/Born, Karl/Dreyer, Axel (Hrsg.): Kundenorientierung im Touristikmanagement, München-Wien 2000.

Dunn, H.L.: What high-level wellness means, in: Canadian Journal of Public Health, Nr. 50, 1959.

Echtenmeyer, Monika: Elektronisches Tourismusmarketing; Globale CRS-Netze und neue Informationstechnologien, Berlin – New York 1998.

Enquête-Kommission „Schutz des Menschen und der Umwelt": Die Industriegesellschaft gestalten; Perspektiven für einen nachhaltigen Umgang mit Stoff- und Materialströmen, Bonn 1994.

Enquête-Kommission „Vorsorge zum Schutz der Erdatmosphäre" des Deutschen Bundestages (Hrsg.): Schutz der Grünen Erde; Klimaschutz durch umweltgerechte Landwirtschaft und Erhalt der Wälder, Bonn 1994.

Enquête-Kommission „Schutz des Menschen und der Umwelt" des Deutschen Bundestages: Konzept Nachhaltigkeit; Fundamente für die Gesellschaft von morgen, Bonn 1997.

Enquête-Kommission „Demographischer Wandel – Herausforderungen unser älter werdenden Gesellschaft": Zweiter Zwischenbericht, Bonn 1998.

Europäische Kommission: Beschäftigung und Tourismus: Handlungsmaxime für Maßnahmen, Schlussbericht, Luxemburg 1997.

European Commission, DG XXIII: The Europeans on Holidays, Brüssel 1998.

Europäische Kommission: Europäisches Tourismusforum; Integriertes Qualitätsmanagement im Tourismus, Schlussfolgerungen, Mayrhofen 1998[2].

European Commission: Agenda 2010 for small businesses in the World's Largest Industry, Llandudno 1998[3].

European Commission: A European Strategy to support the development of sustainable tourism in developing countries, Brüssel 1998[4].

Europäische Kommission: Wertungen und Empfehlungen der High Level Group für Tourismus und Beschäftigung, Brüssel 1998[5].

European Commission: European Hearing on Instruments favouring Sustainable Tourism and Green Purchasing, Athen 1999.

European Commission: The 1st Conference on Cultural Tourism Economy and Values in the XXI Century, Barcelona 2001.

Eurostat: Reiseziel Europäische Union, Nr. 12/2000, Luxembourg 2000.

Eurostat: Tourismus und kleinere und mittlere Unternehmen, Nr. 4-8/2000, Luxembourg 2000[2].

Fetscher, Iring: „Arbeit" und „Freizeit", in: Opaschowski, Freizeitpädagogik in der Leistungsgesellschaft, Bad Heilbrunn, 1977.

Fontanari, Martin/Scherhag, Knut (Hrsg.): Wettbewerb der Destinationen; Erfahrungen, Konzepte, Visionen, Wiesbaden 2000.

Frank, Jochen: Erlebnis- und Konsumwelten: Entertainment-Center und kombinierte Freizeit-Einkaufs-Center, in: Steinecke, Albrecht: Erlebnis- und Konsumwelten, München – Wien 2000.

Freyer, Walter: Globalisierung in der Tourismuswirtschaft in: Landgrebe, Silke (Hrsg.): Internationaler Tourismus, München – Wien 2000.

Freyer, Walter: Tourismus; Eine Einführung in die Fremdenverkehrsökonomie, München 2001.

Freyer, Walter: Tourismus-Marketing, München – Wien 2001[2].

Freyer, Walter: Sport und Tourismus in: Trowen/Dinkel (Hrsg.), Sport-Tourismus als Wirtschaftsfaktor, Nürnberg 2001[3].

Gunn, Clare A.: Tourism Planning, 1994.

Günther, Armin: Reisen als ästhetisches Projekt. Über den Formwandel touristischen Erlebens, in: Hartmann/Haubel (Hrsg.), Freizeit in der Erlebnisgesellschaft, Wiesbaden 1998.

Gratton, Chris/Taylor Peter: Economics of Sports and Recreation, London 2000.

Gregory, Alexis: Die goldene Zeit des Reisens, München 1990.

Haubel, Rolf: „Welcome to the Pleasure Dome", in: Hartmann/Haubel (Hrsg.), Freizeit in der Erlebnisgesellschaft, Wiesbaden 1998.

Henkel, Hans-Olaf: Globalisierung der Wirtschaft: eine Herausforderung für die internationale Gemeinschaft, in: Zeitschrift für die Vereinten Nationen, 43. Jahrgang, Nr. 5-6, Bonn 1996.

Hillyard/Hines/Lang: Who Competes ? Changing Landscapes of Corporate Control, in: The Ecologist, Vol. 26, Nr. 4, London 1996.

Honey, Martha: Ecotourism and Sustainable Development. Who Owns Paradise ? Washington 1999.

Hopfinger, Hans/Ullenberger, Andrea: Freizeitparks in der Erlebnisgesellschaft, in: Keul, Alexander G./Bachleitner, Reinhard/Kagelmann, H. Jürgen (Hrsg.), Gesund durch Erleben ? Beiträge zur Erforschung der Tourismusgesellschaft, München 2001.

International Ecotourism Society: Newsletter, Nr. 1, Vermont 1991.

International Ecotourism Society: Ecotourism Guidelines for Nature Tour Operators, Vermont 1993.

International Hotels Environment Initiative: Green Gotelier, Nr. 12, Aldeslot 1998.

Jungk, Robert: Wieviel Touristen pro Hektar Strand ? in: GEO, Nr. 10, 1980.

Kahlenborn, Walter/Kraack, Michael/Carius, Alexander: Tourismus und Umweltpolitik, ein politisches Spannungsfeld, Heidelberg 1999.

Keul, Alexander G./Bachleitner, Reinhard/Kagelmann, H. J. (Hrsg.): Gesund durch Erleben ? Beiträge zur Erforschung der Tourismusgesellschaft, München 2001.

Koob, Clemens/Weber, Michael: Authentizitätsorientiertes Marketingkonzept, in: Seitz, Erwin (Hrsg.): Fallstudien zum Tourismus-Marketing, München 2001.

Krippendorf, J.: Die Ferienmenschen – Für ein neues Verständnis von Freizeit und Reisen, Zürich 1984.

Krohn, Olaf: Ying Yang für Millionen, in: DIE ZEIT, Nr. 40, Hamburg 2001.

Krug, Stefan: Nachhaltige Tourismusentwicklung aus politischer Sicht, in: Fontanara/Scherhag (Hrsg.), Wettbewerb der Destinationen, Wiesbaden 2000.

Landgrebe, Silke (Hrsg.): Internationaler Tourismus, München – Wien, 2000.

Lanz Kaufmann, Eveline: Wellness-Tourismus; Marktanalyse und Qualitätsanforderungen für die Hotellerie – Schnittstellen zur Gesundheitsförderung, Bern 1999.

Lassberg, Dietlind von: Entwicklungsperspektiven des internationalen Tourismus, in: Landgrebe, Silke (Hrsg.): Internationaler Tourismus, München – Wien, 2000.

Lindloff, Karsten/Schneider, Lothar: Handbuch nachhaltige Regionalentwicklung; Kooperations- und Vernetzungsprozesse in Region, Landkreis, Stadt und Gemeinde, Dortmund 2001.

Lohmann, M. Langfristige Erholung, in: Hahn, H./Kagelmann, H. J. (Hrsg.), Tourismussoziologie und Tourismuspsychologie, München 1993.

Lohmann, M.: Was hat der Mensch vom Reisen ?, in: F.U.R. (Hrsg.), Forschungs-Forum Tourismus, Hamburg 1996.

Luger, Karl: Der Abenteuer-Urlaub, in: Keul, Alexander G./Bachleitner, Reinhard/Kagelmann, H. Jürgen (Hrsg.): Gesund durch Erleben ? Beiträge zur Erforschung der Tourismusgesellschaft, München 2001.

Lufthansa: Balance; Daten und Fakten, Frankfurt 2001.

McLaren, Deborah: Rethinking Tourism and Ecotravel: The Paving of Paradise, West Hartford, 1998

Meier, A.: Kultur-Events im touristischen Marketing der Schweiz, in: FIF (Hrsg.), Kultur-Events im Tourismus, Bern 1996.

Meinecke, Bianca: Audi-Unternehmensauftritt am Standort Ingolstadt, in: Steinecke, Albrecht: Erlebnis- und Konsumwelten, München Wien 2000.

Müller, Hansruedi: Freizeit und Tourismus; Eine Einführung in Theorie und Politik, Bern 1999.

Müller, Hansruedi/Flügel, Martin: Tourismus und Ökologie; Wechselwirkungen und Handlungsfelder, Bern 1999.

Müller, Hansruedi: Qualitätsorientiertes Tourismus-Management, Bern 2000.

Mundt, Jörn (Hrsg.): Reiseveranstaltung, München – Wien 2000.

National Audubon Society: Environmental responsible Travel, New York 2000.

Obier, Cornelius/Baake, Wolf Jan: Trends, Entwicklungen, Strukturen im Nachfrageverhalten von Städtereisenden, in: Fontanari/Scherhag (Hrsg.): Wettbewerb der Destinationen, Wiesbaden 2000.

Opaschowski, Horst: Freizeitökonomie, Marketing von Erlebniswelten, Opladen 1995.

Opaschowski, Horst: Einführung in die Freizeitwissenschaft, Opladen 1997.

Opaschowski, Horst: Umwelt, Freizeit, Mobilität, Opladen 1999.

Opaschowski, Horst: Kathedralen und Ikonen des 21. Jahrhunderts: Die Faszination von Erlebniswelten, in: Steinecke, Albrecht: Erlebnis- und Konsumwelten, München Wien 2000.

Opaschowski, Horst: Das gekaufte Paradies; Tourismus im 21. Jahrhundert, BAT-Freizeitforschungsinstitut Hamburg, Hamburg 2001.

Opaschowski, Horst: Freizeitmonitor, Ausgabe 163, 22. Jahrgang, Hamburg 2001$^2$.

Opaschowski, Horst: Tourismus; Eine systematische Einführung, Opladen 2002.

Organisation für wirtschaftliche Zusammenarbeit und Entwicklung (OECD): Neue Dimensionen des Marktzugangs im Zeichen der wirtschaftlichen Globalisierung, Paris 1996.

Organisation für wirtschaftliche Zusammenarbeit und Entwicklung (OECD): Globalisation and the Environment; Perspectives from OECD and Dynamic Non-Member Economies, Paris 1998.

Organisation für wirtschaftliche Zusammenarbeit und Entwicklung (OECD): Nachhaltige Entwicklung; Politikkonzepte der OECD für das 21. Jahrhundert, Paris 1998$^2$.

Pompl. Wilhelm: Das Produkt Pauschalreise – Konzept und Elemente, in: Mundt, Jörn (Hrsg.): Reiseveranstaltung, München – Wien 2000.

Pongratz, Christian Alexander: Massentourismus, Frankfurt 2001.

Preussag AG: Profile, No. 2, Hannover 2001.

Quack, Heinz-Dieter: Die Inszenierung der Innenstadt: Das CentrO in der neuen Mitte Oberhausens, in: Steinecke, Albrecht: Erlebnis- und Konsumwelten, München – Wien 2000.

Roe, Dilys/Leader-Williams, Nigel/Dalal-Clayton, Barry: Take only photographs, leave only footprints: the environmental impacts of wild life tourism, London 1997.

Rossmann, Dominik/John, Frank-Ulrich: Neupositionierung eines Kurbades, in: Seitz, Erwin (Hrsg.): Fallstudien zum Tourismus-Marketing, München 2001.

Roth, Peter/Schrad, Axel: Tourismusmarketing; Das Marketing der Tourismusorganisation, Verkehrsträger, Reiseveranstalter und Reisebüros, München 1999.

Schmude, Jürgen: Erlebniswelt Musical: Bilanz eines Booms, in: Steinecke, Albrecht: Erlebnis- und Konsumwelten, München Wien 2000.

Rudolf, Harry: Tourismus-Betriebswirtschaftslehre, München 1999.

Seitz, Erwin (Hrsg.): Fallstudien zum Tourismus-Marketing, München 2001.

Standeven, Joy/Knop, Paul de: Sport Tourism, New York 1999.

Statistisches Bundesamt: Tourismus in Zahlen, Wiesbaden 1999.

Steinbach, Josef: Das Marktpotenzial für den Gesundheits- und Wellness-Tourismus, in: Keul, Alexander G./Bachleitner, Reinhard/Kagelmann, H. Jürgen (Hrsg.): Gesund durch Erleben ? Beiträge zur Erforschung der Tourismusgesellschaft, München 2001.

Steinecke, Albrecht: Erlebnis- und Konsumwelten, München Wien 2000.

The Ecotourism Society: Ecotourism; Statistical Factsheet, North Bennington, 1998.

Theobald, William F. (Editor): Global Tourism, Oxford 1999.

Tour Operators Initiative: Good Practice in Sustainable Tourism, Paris 1999.

TUI Deutschland: Made by Tourism; Sustainable Tourism als globale Strategie für nachhaltige Entwicklung, Hannover 1999.

TUI Deutschland: Umwelt-Checkliste 2001 für Hotels, Clubs, Appartments, Hannover 2001.

TUI Deutschland: Umwelt-Kriterien für Destinationen, Hannover 2001[2].

Ulrich, Dave: Strategisches Human Resource Management, München – Wien 1999.

Umweltbundesamt: In die Zukunft reisen ? Perspektiven für unseren Traum-Urlaub, Berlin 2001.

Veal, A.J.: Research Methods for Leisure and Tourism; A Practical Guide, Edinburgh 1999.

Viegas, Angela: Ökomanagement im Tourismus, Wien 1998.

Viegas, Angela: Ökodestinationen, München 1998.

Walch, Siegfried: Implementierung von Marketingstrategien in Tourismusregionen, Bern-Stuttgart-Wien 1999.

Wearing, Stephen/Neil, Jon: Ecotourism; Impacts, Potentials and Possibilities, Oxford 1999.

Weid, Martina: Vom Verkäufer- zum Käufermarkt; Kurorte und Heilbäder in Rheinland-Pfalz auf dem Weg zur Wettbewerbsfähigkeit, in: Fontanari/Scherhag (Hrsg.): Wettbewerb der Destinationen, Wiesbaden 2000.

Weltkommission für Umwelt und Entwicklung: Auf dem Weg zu einem globalen Bewußtsein; Der Bericht der Weltkommission für Umwelt und Entwicklung, in: Hauff, Volker (Hrsg.), Unsere gemeinsame Zukunft, Bonn 1987.

Wiesenthal, Helmut: Folgen und Dimensionen der Globalisierung; Einige Koordinaten auf unbekanntem Terrain, in: Institut für ökologische Wirtschaftsforschung (Hrsg.), Ökologisches Wirtschaften, Ausgabe 1, Berlin 1997.

Wilms-Kegel: Heilbäder und Kurorte in Zahlen, in: Deutscher Heilbäderverband (Hrsg.), Kurinformationen Nr. 5, 1999.

Wöhler, Karlheinz/Schwertler, Wolfgang (Hrsg.): Touristisches Umweltmanagement, Limburgerhof 1993.

Wopp, Christian: Wenn der Globus zum Sportplatz wird, in: Trosien/Dinkel (Hrsg.), Sport-Tourismus als Wirtschaftsfaktor, Nürnberg 2001.

World Travel & Tourism Council: European Union, Travel & Tourism, Creating Jobs, London 1997.

World Travel & Tourism Council: Travel & Tourism: European Union Economic Impact, London 1999.

World Tourism Organisation (WTO): Sustainable Tourism Development; Guide for local Planers, Madrid 1993.

World Tourism Organisation (WTO): Tourist Carrying Capacity, in: UNEP, Industry and Environment, Madrid 1984.

World Tourism Organisation (WTO): Globaler Ethikkodex für den Tourismus, Santiago 1999.

World Tourism Organisation (WTO): Tourism Highlights, Madrid 2001.

World Tourism Organisation (WTO)/United Nations Environment Program (UNEP): Ecotourism, a Tool for Sustainable Development in the 21$^{th}$ Century, Madrid 2001.

Wc                                                                    Tourism, Santi-

a\;

Buch
Nr.

Dieses Buch ist zurückzugeben bis zum

Bestell-Nr. 0520

4-729

III. 13-11 LpG 039-225-87